长春统计年鉴

2007

长 春 市 统 计 局　　编

中国统计出版社

（京）新登字041号

图书在版编目（CIP）数据

长春统计年鉴.2007/长春市统计局编.
—北京：中国统计出版社，2007.6
ISBN 978-7-5037-5166-0

Ⅰ.长…
Ⅱ.长…
Ⅲ.统计资料—长春市—2007—年鉴
Ⅳ.C832.341-54

中国版本图书馆CIP数据核字（2007）第051829号

长春统计年鉴——2007

作者/长春市统计局
责任编辑/郑淼淼
E-mail/yearbook@stats.gov.cn
责任校对/高岩
封面设计/鄢萍
出版发行/中国统计出版社
通信地址/北京市西城区三里河月坛南街57号　中国统计出版社
邮编/100826
电话/（010）63376907
印刷/吉林华源国际实业有限公司印业商社
经销/新华书店
开本/890×1240毫米 1/16
字数/48万字
印张/28.5
印数/1-1000
版别/2007年9月第1版
版次/2006年9月第1次印刷
书号/ISBN 978-7-5037-5166-0/F·2466
定价/268.00元

《长春统计年鉴——2007》编委会

《长春统计年鉴——2007》编辑人员

总　　编　　辑：鄢　萍

责 任 编 辑：郑淼淼　高　岩

英 文 翻 译：路　路

校　　　　对：高　岩　祝遵勇

承　　　　印：吉林华源国际实业有限公司印业商社

专论

SPECIAL TOPIC

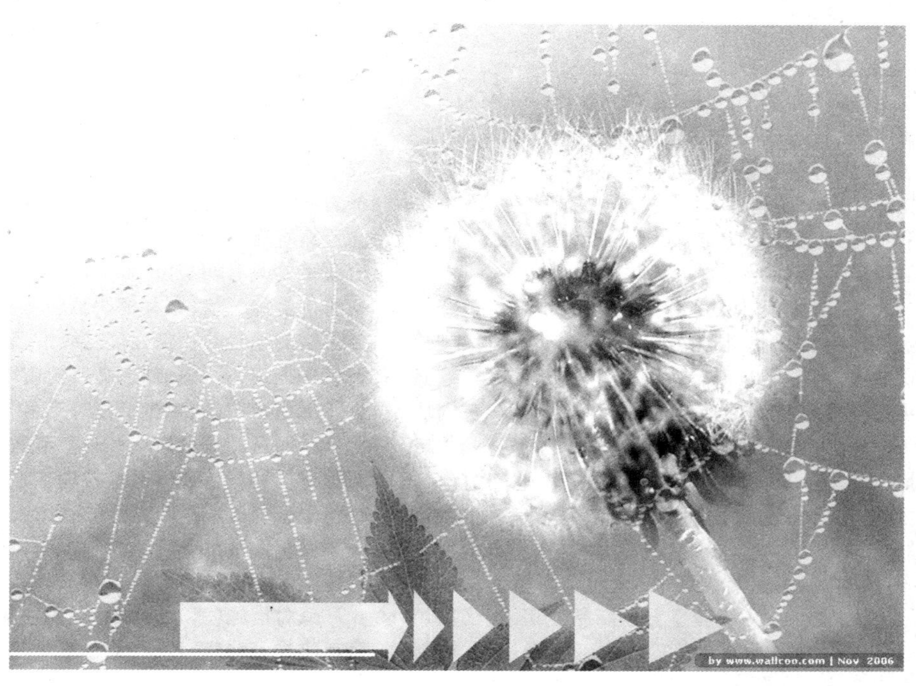

“国六条”政策对我市房地产业的影响

一、“国六条”的主要内容

继国务院宏观调控的“国八条”颁布后，今年5月24日，国务院又推出了对房地产进行宏观调控的“国六条”。国务院总理温家宝17日主持召开国务院常务会议，研究促进房地产业健康发展措施。会议认为：中央去年实施加强房地产市场调控的决策和部署以来，房地产投资增长和房价上涨过快的势头初步得到抑制。但房地产领域的一些问题尚未根本解决，主要是少数大城市房价上涨过快，住房供应结构不合理矛盾突出，房地产市场秩序比较混乱。今年前两个月，全国城镇购房定金和预收款下降了24.5%。同时全国商品房空置面积仍在以每年数千万平方米的速度增加。前两个月，全国房地产开发贷款同比上升了20.5个百分点，有12个省、区、市一季度的房地产投资增幅超过了30%。一批房地产上市公司的年报显示，开发商们还在大量囤积土地，一年来不少城市房价涨幅仍然超过10%。

此次颁布“国六条”的主要内容：一是切实调整住房供应结构。重点发展中低价位、中小套型普通商品住房、经济适用住房和廉租住房。各地都要制定和实施住房建设规划，对新建住房结构提出具体比例要求。二是进一步发挥税收、信贷、土地政策的调节作用。严格执行住房开发、销售有关政策，完善住房转让环节税收政策，有区别地适度调整信贷政策，引导和调节住房需求。科学确定房地产开发土地供应规模，加强土地使用监管，制止囤积土地行为。三是合理控制城市房屋拆迁规模和进度，减缓被动性住房需求过快增长。四是进一步整顿和规范房地产市场秩序。加强房地产开发建设全过程监管，制止擅自变更项目、违规交易、囤积房源和哄抬房价行为。五是加快城镇廉租住房制度建设，规范发展经济适用房，积极发展住房二级市场和租赁市场，有步骤地解决低收入家庭的住房困难。六是完善房地产统计和信息披露制度，增强房地产市场信息透明度，全面、及时、准确地发布市场供求信息，坚持正确的舆论导向。

二、对“国六条”六大措施的解读

1、对措施(一)的解读：新政策基本是去年政策的延续和提升，有些举措是去年政策的承接。去年“国八条”提到要改善住房结构至今，房地产产品供应依旧存在户型偏大问题。去年的调控政策是强调“改善”商品房结构，而今年则要求“切实调整”，这说明中央政府要求各地政府要通过实际行动来改变目前市场上住房结构不平衡的现状。

2、对措施(二)的解读：用环节税抑制投资性炒房。政策中有一个新的转变，就是完善住房转让环节税收政策，有区别地适度调整信贷政策，引导和调节住房需求。这说明中央政策明确要求通过加强交易环节的税收，来抑制投资性需求。

3、对措施(三)的解读：具体执行需把握好尺度。实施这条新政策，应该考虑拆迁带来的实际供应的增长应该是大于“被动需求”的。目前所进行的旧城改造，城中村改造所进行的拆迁改造，一般拆迁行为都是拆旧盖新、拆平建楼。如果拆了100户的住房，则可能盖了500套房子，要考虑到拆迁带来的人为供应量增加的作用。因此，这个政策在具体的执行过程中要有所选择的进行，把握好一个适当的尺度。

4、对措施(四)的解读：这是政府首次提出对房地产开发行为的全程监管。目前房地产开发商以“销控”的方式进行囤积房源和哄抬房价已经是市场上公开的行为，开发商一般都是将位置、户型等相对较差的房子先销售，而将位置和户型等较好的房子留到最后销售，随之开发商也提高房屋的销售价格，因此囤积房源和哄抬房价是一个关联关系。虽然目前北京已经出台了政策要打击囤积房源和哄抬房价的行为，囤积房源将禁销一个月，显然这种处罚在一定程度上是帮助开发商再次进行房源的囤积，很难起到真正的规范作用，从其处罚的力度来看，则很难产生实际效应。

5、对措施(五)的解读：二手房活跃未必能抑制涨价。这个政策是具有切实可行的意义，通过激活存量市场来解决目前房价上涨过快，尤其解决低收入家庭的住房困难问题是一条不错的途径。积极发展二级市场和租赁市场就需要通过拓宽市场渠道，尤其是创造良好的市场交易环境和交易环节，比如降低税收门槛、减少交易环节和周期等等配套性举措需要出台。而且二手房市场和一手新房市场是联动的，目前，一手新房市场和房价飞涨已经拉动二手房市场房价也在上涨。从目前上海、深圳等城市实践来看，二手房活跃未必能完全抑制一手新房上涨的速度，建议在具体的实施细则中应该考虑通过税收等手段进行调解。

6、对措施(六)的解读：信息披露制度应落实并完善。北京市建委和北京市统计局的就一不样，同时国家统计局与北京的统计数据也不一样。因此，完善房地产统计和信息披露制度，全面、及时、准确地发布市场供求信息是非常必要的。公开、准确的数据不仅仅给购房者作出相对理性的购买判断，同样也可以帮助开发商进行投资方面的合理判断，这样就可以保持一个理性的供需市场。

三、“国六条”出台后主要城市和各方面人士的反应

(一)各城市的反应：

北京：宏观调控政策实施之前，北京市房价一路高歌猛进，同样呈上涨状态的还包括房地产开复工面积。6月1日无疑是北京房地产市场的分水岭，然而房价似乎仍未有明显的变化，但部分开发商开始停止按原计划上调住宅售价和频率，等待北京相关政策的出台。“国六条”出台后的一周与出台前一周相比，房屋租赁的成交量上涨了15.7%。一项针对二手房消费者的调查显示，67%的自住需求者表示，政策出台后将采取观望并暂时推迟购房计划，而有32.65%的消费者表示将购房计划推迟在1年之后。同时，“国六条”颁布一周后，北京高、低两端二手房房源挂牌量显著增加，其中100万元以上的高端房产和40万元以下的低端房源挂牌量分别增长了35.8%和29.3%。专家分析，因为投资高端房产收益较大，而投资低端房产的成本相对较低，将来容易出手。

上海：从春节过后开始，上海楼市已经出现回暖迹象，成交量持续放大，三四月份甚至出现了成交量“井喷”。但“国六条”出台后，上海的成交量呈现下跌趋势。中国指数研究院(华东)统计数据显示，5月份上海楼市成交呈现先扬后抑格局。“五一黄金周”过后的第一周(5月8日～5月14日上海楼市成交商品房6784套(上周2323套)，共签约面762557平方米(上周254920平方米)，其中住宅成交面积680362平方米(上周238472平方米)，环比大幅上升。此后一

编 者 说 明

一、《长春统计年鉴——2007》是一部全面反映长春市2006年经济和社会发展情况的资料性刊物。本书收录了2006年长春市经济和社会各方面大量的统计数据，以及重要年份的主要统计数据，是认识和研究长春市经济社会发展，指导经济工作和进行决策的经济类工具书。

二、全书共包括四部分。（一）特载，（二）专论，（三）县（市）区经济，（四）统计资料。统计资料按其内容分为18个篇目，即（1）综合；（2）人口；（3）单位从业人员及劳动报酬；（4）固定资产投资；（5）能源消费与库存；（6）财政；（7）物价；（8）人民生活；（9）城市建设；（10）农业；（11）工业；（12）交通运输邮电通信业；（13）建筑业；（14）批发零售贸易和餐饮业；（15）对外经济贸易和旅游业；（16）金融保险业；（17）教育、科技及文化事业；（18）体育、卫生及其他事业。

三、本书资料大部分来自于各专业年报资料，部分资料取自抽样调查。

四、本书中文字资料主要是统计部门人员撰写。

五、本书中所使用的价值量指标及构成，除已注明外，均按当年价计算，发展速度按可比价格计算。

六、本书采用国际统一标准计量单位。

七、书中符号使用说明：“#”表示其中的主要项，“空格”表示该项指标数据不详或无该数据。

八、本书特载中无统计公报，公报将以单行本形式出版。

PREFACE

Ⅰ. *Changchun statistical yearbook*—2007 *is an annual statistical publication, which comprehensively reflects the conditions of economic and social development of changchun in* 2006. *We select various aspects of statistical data on economic and social development in* 2006 *and main statistical data in important years of changchun. It is an economic reference book for recognizing and researching on economic and social development of changchun guiding economic work and making decisions.*

Ⅱ. *This book covers the following four parts* 1. *Special reports.* 2. *Special topics* 3. *Economy of counties (cities) and districts* ; 4. *Statistical data. Statistical data contains* 18 *lists of articles. That is* (1) *General survey* (2) *Population,* (3) *Employment and wages,* (4) *Investment in fixed assets,* (5) *Energy consumption and inventory,* (6) *Government finance,* (7) *Commodity price,* (8) *People′s livehood,* (9) *City construction,* (10) *Agriculture,* (11) *Industry,* (12) *Transportation , post and telecommunications services,* (13) *Construction,* (14) *Wholesale ; retail trade and catering,* (15) *Foreign trade and tourism,* (16) *Finance and insurance,* (17) *Education, science and technology, culture* (18) *Sports , health care and others.*

Ⅲ. *The major data sources of this publication are obtained from annual statistical reports , and some from sample survey.*

Ⅳ. *Special reports and special topics are obtained from statistical departments and relative departments.*

Ⅴ. *The quantity of value indicators and composition used in this book are at current price except notes have made , growth rate is calclaled by constant price.*

Ⅵ. *The units of measurement used in this book are internationally standard measurement units.*

Ⅶ. *Explantory notes for notations used in this book:* "#" *indicates the major items of the total ,* "*blank*" *indicates that the data are not available.*

Ⅷ. *There is no annual statistical bulletin in special report. The bulletin will be publish in form of separate volume.*

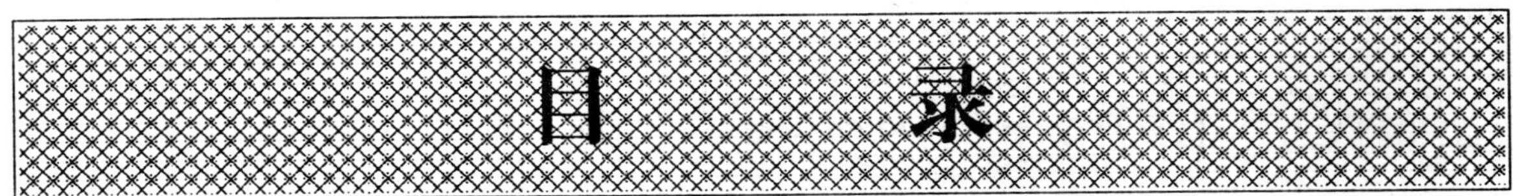

SPECIAL REPORT

专 论

SPECIAL TOPIC

县（市）区经济

ECONOMY OF COUNTY（CITY）AND DISTRICT

STATISTICS

第一篇 综合
1. GENERAL SURVEY

第二篇 人口
2. POPULATION

第三篇　单位从业人员与劳动报酬
3. EMPLOYMENT AND WAGE

第四篇　固定资产投资
4. INVESTMENT IN FIXED ASSETS

第五篇　能源消费与库存
5. CONSUMPTION AND STORAGE OF ENERGY

第六篇　财政
6. GOVERNMENT FINANCE

第七篇　物价
7. PRICE

第八篇　人民生活
8. PEOPLES LIVELIHOOD

第九篇　城市建设
9.GENERAL SURVEY OF CITY

第十篇　农业
10. AGRICULTURE

第十一篇　工业
11. INDUSTRY

第十二篇　交通运输、邮电通信业
12. TRANSPORTATION, POST AND TELECOMMUNICATION

第十三篇　建筑业
13. CONSTUCTION

第十四篇 批发零售贸易和餐饮业

14．WHOLESALE RETAIL TRADES AND CATERING

第十五篇 对外经济贸易和旅游业

15．FOREIGN TRADE AND TOURISM

第十六篇 金融保险业

16．BANKING AND INSURANCE

第十七篇　教育、科技及文化事业

17. EDUCATION, SCIENCE AND TECHNOLOGY CUITURE

第十八篇　体育、卫生及其他事业

18. SPORTS，PUBLIC HEALTH AND OTHERS

特载

SPECIAL REPORT

政府工作报告

——2007年2月12日在长春市第十二届人民代表大会第五次会议上

市长　祝业精

各位代表：

我代表市人民政府向大会作工作报告，请予审议，并请列席会议的同志提出意见。

一、2006年工作简要回顾

2006年，是全面贯彻落实科学发展观，深入实施振兴老工业基地战略，改革开放和现代化建设取得显著成效的一年。一年来，在市委的正确领导下，在市人大、政协的监督和支持下，我们紧紧依靠全市人民，知难而进，开拓创新，较好地完成了市十二届人大四次会议确定的各项目标，实现了"十一五"时期的良好开局。实现地区生产总值1934.1亿元，比上年增长14.5%；实现全口径财政收入210.6亿元，增长14%；完成固定资产投资950.1亿元，增长46.1%；实现城镇居民人均可支配收入11358元，增长12.8%。上述4项主要指标，提前完成本届政府工作目标，标志着我市向富民强市、全面建设小康社会的目标又迈出重要一步。

——社会主义新农村建设顺利起步。农业生产喜获丰收，粮食产量达到162.7亿斤。园艺特产之乡发展到20个，无公害和绿色食品基地发展到175万亩，各类优质原料基地发展到530万亩。新建标准化牧业小区100个，养殖大户发展到近3万户，规模饲养的比重达到50%以上。实现农民人均纯收入4480元，增长7.2%。基本实现村村通油（水泥）路，农安、德惠、玉米工业园引水工程，新农村试点的村容镇貌综合整治等一批重点项目全面启动。"三北"防护林建设扎实推进，完成植树造林7800公顷。波罗湖湿地建设步伐加快，生态环境进一步改善。县域经济快速增长，四县（市）和双阳区生产总值、财政收入增幅均高于全市平均水平。

——工业经济运行质量明显提高。规模以上工业实现产值2125亿元，增长20.3%；实现利润68.4亿元，增长55.7%。工业经济效益综合指数达到175%，提高19个百分点。高新技术产业产值突破1000亿元，增长22.7%。汽车工业迅速回升，实现产值1475.7亿元，增长21.9%。农产品加工业不断壮大，实现产值294.7亿元，增长24.9%，占全市工业的比重达到13.9%，成为名副其实的支柱产业。光电信息、生物医药、能源、建筑和材料制造等主导产业、重点产业稳步增长，优势正在逐步显现。

——现代服务业竞相发展。铁北等物流产业园区稳步发展，物流企业快速壮大，现代物流业营业收入增长22%。旅游和会展业快速发展，被评为"中国最佳旅游城市"试点观察员城市，长影世纪城被评为国家4A级景区，伪满皇宫顺利通过全国首批5A级景区专家初评，汽车文化公园开工建设，成功举办了东博会、农博会、汽配会、冰雪节、电影节、雕塑展、中日韩商务论坛、中日经济合作会议等20个重点展会，旅游和会展业收入分别增长23.2%和21.5%。动漫产业基地初具规模，文化产业迅速发展。房屋交易突破500万平方米，交易额突破百亿元，二手房市场不断完善。浦发银行长春分行正式挂牌运营。市商业银行完成综合治理，资本充足率达到10.29%，不良贷款率降低到1.04%。年末各类金融机构存款余额2396.2亿元、贷款余额2194.8亿元，分别增长17.8%和17.3%。

——投资力度进一步加大。固定资产投资净增300亿元，增速在15个副省级城市中位居第1位，前移2位。开工建设项目1994个，其中超亿元255个，新开工1594个。非国有投资592亿元，净增220亿元，占全部投资的66.5%，投资自主增长机制初步形成。整合挖潜存量土地，积极争取项目建设用地，基本保证了项目建设需求。土地投资强度增长25%，土地利用集约化程度明显提高。

——各项改革取得突破性进展。国企改革基本结束。列入省市国企改革攻坚计划的254户国有企业，除6户因资产或法律原因外，其余全部完成改革操作程序，建立起新型产权制度，生机与活力明显增强。县（市）、区事业单位人事制度改革全面启动，市属事业单位公开招聘制度全面建立。供暖制度改革实现重大突破，热费补贴由"暗补"变为"明补"。乡镇机构改革、县乡财政管理体制改革和农村义务教育管理体制改革进入收尾阶段。投融资体制改革步伐加快，启动实施项目代建制和重大项目竣工验收、稽查制度，政府投资项目管理进一步规范。人口与计划生育综合改革取得显著成效，文化、医疗卫生体制改革也取得不同程度进展。

——对外开放取得突出成绩。新批外商投资企业149家，引进投资超千万美元的外资项目33个、超8000万元的内资项目133个，引进英荷壳牌、美国AB、上海宝钢等一批知名企业，新增世界500强企业投资项目4个。实际利用外资14.1亿美元，引进内资253.8亿元。进出口总额完成52.3亿美元，增长15.1%。汽车及零部件等出口大幅增长，工业制成品出口完成7.5亿元，增长15%，占全部出口的比重达到74%，提高27个百分点。新开通和开发3条国际航线、8条国际中转航线。开发区经济全面提速。生产总值增长26.4%，实际利用外资增长20%，实际利用内资增长35.3%，固定资产投资增长98%，占全市的比重分别达到52.5%、90%、79%和55.5%。引进超千万美元的外资项目19个、超8000万元的内资项目103个，分别占总数的57.6%和79.2%。县域工业集中区引进超千万元的项目274个。

——城市建设取得显著成效。市行政中心南迁，南部新城建设拉开序幕。"523台"搬迁，宽城行政中心开工建设，改造大铁北顺利起步。综合科技文化中心前期工作就绪，净月生态城建设快速启动。高新开发区、经济开发区继续保持旺盛的生机与活力，汽车产业开发区以及空港开发区、玉米工业园区开局良好。各城区、开发区以竞相发展的态势，拉开了双中心、多组团的城市发展空间格局。伊通河排污治理工程基本完工，生态工程建设进展顺利，完成三段蓄水。轻轨二期正式通车运营，长双烟铁路完成工程总量的70%，102国道绕行线等重点项目建设顺利推进，长吉快速铁路、哈大铁路客运专线项目完成前期准备。8路5桥2出口工程竣工，新建道路99条，大中修道路142条，基本完成主次干道改造，道路完好率达到98%。房地产开发施工1214万平方米，增长81.3%。超额完成省下达的棚户区改造任务，拆除棚户区房屋290万平方米，超计划21%。实施货币和房屋安置43334户，安置历年超期回迁居民1596户。改造居民巷道1986条，安装街路照明灯具11128套，三环路以内巷道硬铺装率和亮化率分别达到95%和94%。改造排水管线122公里、供水管线

50公里、燃气管线65公里。加大市容环卫投入,更新环卫车辆333辆,水冲公厕达到623座。绿化街路31条,新建大块绿地117块,改造续建4个公园,裕华园开工建设,天嘉公园建成并荣获中国人居环境范例奖,建成区新增绿地300公顷。拆除烟囱327根,治理不合格锅炉501台(套),烟尘排放达标率达到90%,城区优良级天数达到345天,优良率达到94.5%,空气质量进一步提高。城市管理行政执法工作取得明显成效。创建国家卫生城市工作不断深入,顺利通过省级卫生城市验收,具备了申请国家卫生城市的基本条件。

——各项社会事业健康发展。积极促进义务教育均衡发展,改造聋哑学校等5所城乡结合部薄弱学校和朝鲜族中学,改造农村中小学危倒校舍11万平方米,农村中小学现代远程教育普及率达到100%。积极推进素质教育,中考推荐生比例提高20个百分点,高考高分段比例提高5个百分点。职业教育迅速发展,毕业生一次性就业率达到95%。城乡实训中心建设初见成效,培训城乡劳动者72.5万人次。科技创新步伐加快,45项光电产业自主创新技术成果实施产业化,76个项目列入省工业企业技术创新工程计划,专利申请量达到2700件,增长15%,技术市场交易额增长30%,承担的国家和省一批重大科技项目成果显著,中俄科技园开工建设。名牌战略扎实推进,皓月、鼎鹿商标荣获中国驰名商标。全面实施人才强市战略,引进各类急需人才1.2万人。公共卫生体系基本建立,农村和城市社区卫生快速发展。北方肝胆医院、儿童医院、妇产医院扩建改造工程竣工,实现了三年改造市属医疗单位的目标。实施食品放心工程卓有成效,在全国31个省会以上城市综合评价检查中位居第四名。人口与计划生育工作不断加强,人口自然增长率低于全省平均水平。和谐文化建设扎实推进,成功开展了"第四届长春文化艺术周"和"2006精品艺术系列演出"活动,演出市场进一步活跃。竞技体育工作取得新成绩。夺取第十五届省运会金牌总数、团体总分等5个第一,成功举办国际滑联短道速滑世界杯赛、瓦萨国际越野滑雪赛等国际大型体育赛事,亚泰足球获中超联赛第四名,华信女足成功冲超。科技拥军工作取得显著成效,预备役炮兵师信息化建设成为全军先进典型。妇女儿童、广播电视、新闻出版、民族宗教、侨务、老龄、残联、气象、人防、震灾、援藏、档案和修志等工作也都取得了新成绩。

——举办第六届亚冬会获得圆满成功。亚奥理事会45个成员国和地区全部参会,首次实现亚洲奥林匹克大家庭在冬季运动史上的大团圆。赛会场馆设施先进,各项服务细致周到,竞赛组织规范有序,比赛氛围文明活跃,文化活动异彩纷呈,宣传报道热烈精彩,是亚洲规模最大、最具魅力的冰雪体育盛会。"冰雪亚运、魅力长春"唱响世界,进一步弘扬了奥林匹克精神,提升了长春对外的整体形象和知名度,增强了全市人民的凝聚力和向心力。整个筹备工作所创造的精神和经验,必将成为全市发展各项事业的强大动力和宝贵财富。

——社会保障工作扎实推进。开发就业岗位9.7万个,实现就业再就业8.7万人,安置"4050"人员2万人,安置残疾人就业2500人。通过公益性岗位开发,为有就业能力和愿望的"零就业"家庭提供了就业岗位。城镇登记失业率控制在4%以内。启动了新征地农民养老保险试点、城区居民住院医疗保险试点以及榆树、农安新型农村合作医疗试点。全市养老保险参保118.1万人,纳入城镇医疗保障111万人,纳入农村医疗保障182万人,全市失业保险参保66.3万人,工伤保险参保62万人,各项保险基金征缴率达到95%,按时足额发放率达到100%。为32万离退休人员发放养老金26亿元,为29万人次发放失业金6000万元。基本解决改制企业离退休职工养老、医疗保险以及采暖费补贴问题,退休人员社会化管理率达到98.2%。覆盖城乡的社会救助体系基本建立。全市投入救助资金1.9亿元,救助城市低保20余万人。城市低保家庭全部纳入住院保险范围,6315户住房困难家庭享受廉租住房政策,6500户特困家庭享受采暖救助政策,2万余名城乡贫困学生得到教育资助。提前一年完成敬老院三年改造工程,129所农村社会福利中心投入使用,8208名集中供养的五保老人生活质量明显改善。加强社会治安综合治理,深入开展严打斗争,刑事案件立案下降9.6%,破案率提高9.7%,命案破案率达到92.5%。公安后勤保障工作不断提升,新建消防指挥中心和75个派出所。科技强警工作不断加强,提高了打击刑事犯罪和处置突发事件的能力,人民群众安全感进一步增强。进一步落实消防三级管理责任制,加大重大火险整改力度,实现连续4年无重大火灾。深入实施畅通工程,在全国846个参评城市中位居第3名。各类伤亡事故和死亡人数控制在省下达指标以内,安全生产形势稳定。

——民主法制和政府自身建设不断加强。自觉接受人大及其常委会的法律监督、工作监督和政协的民主监督,认真办理人大议案、建议和政协提案,办复率达到100%。提请市人大常委会审议通过地方性法规4件,制定政府规章及规范性文件23件。扎实推进依法治市,被评为全国法制宣传教育先进城市。全面履行政府职能,服务型政府建设不断加快。政务中心服务功能进一步强化,依法行政深入推进,电子政务不断发展。深入开展"清费减负"等多项活动,加快构建"信用长春",发展环境明显改善。廉政建设和反腐败斗争不断深入,严肃查处各类违法违纪案件,政风行风建设进一步加强。认真办好市长公开电话。进一步落实各级领导干部接待群众来信来访责任制,解决了一大批重大、疑难信访案件,维护了人民群众的合法权益,社会保持和谐稳定。

这些成绩的取得,是全面贯彻落实党中央、国务院和省委、省政府各项方针政策的结果,是市委正确领导的结果,是人大代表、政协委员监督与支持的结果,是全市人民团结奋斗和社会各界朋友鼎力相助的结果。在此,我谨代表市人民政府,向辛勤工作在各行各业的全体市民,向给予政府工作积极支持的人大代表和政协委员,向各民主党派、工商联和各界人士,向驻长部队和武警官兵,向所有关心和支持长春改革发展稳定的同志们、朋友们,表示衷心的感谢!

过去的一年,我们坚持用科学发展观统领各项工作,着重抓了五个关键环节。一是始终用发展的办法解决前进中的问题,无论遇到什么困难,都坚持加快发展不动摇。二是坚持统筹兼顾,协调推进城乡发展、经济社会发展、人与自然和谐发展,努力使各方面发展相互促进。三是牢固树立以人为本、执政为民的理念,真心实意为群众多办实事、多办好事,努力使改革开放成果惠及千家万户。四是正确处理改革发展稳定的关系,把改革力度、发展速度与社会可承受程度统一起来,在发展中保持社会和谐稳定。五是坚持立足当前与着眼长远相结合,切实解决事关长春长远发展的深层次矛盾和关键问题。

在充分肯定所取得成绩的同时,我们也清醒地认识到,当前我市经济社会发展仍面临不少困难和问题。农业基础设施比较薄弱,农村市场发育滞后,农民持续增收的难度加大;经济结构有待进一步优化,转变经济增长方式、提高经济增长质量的任务还相当繁重;产学研结合不够紧密,科技创新和企业自主研发能力较弱;就业再就业任务还很艰巨,部分群众生活困难,社会保障体系还有待进一步完善;土地征用、房屋拆迁等方面还存在一些不容忽视的问题;部分公务员的素质和能力不适应新形势、新任务需要,行政效率和服务水平不高,发展软环境还有待进一步改善,等等。对于这些问题,我们将高度重视,并采取有效措施,认真加以解决。

二、2007年主要任务

2007年,是保持经济社会发展良好态势,全面完成本届政府任期目标,为长远发展打好基础的关键一年。当前,世界经济正处于新一轮增长期,全国进入消费升级、结构优化新阶段,"南资北移"势头强劲,省委、省政府支持长春在全省率先发展的力度越来越大。实施振兴老工业基地战略以来,我市体制机制创新取得实质性突破,投资拉动效应持续显现,经济增长动力明显增强,具备了进一步加快发展的良好基础和有利条件。只要我们紧紧抓住机遇,强化发展措施,加大工作力度,就一定能够克服前进道路上的各种困难,推动经济社会更好更快发展。

2007年政府工作的总体思路是:全面贯彻落实党的十六届四中、五中、六中全会和省委八届十次全会以及市第十一次党代会精神,以邓小平理论和"三个代表"重要思想为指导,以科学发展观为统领,以构建和谐社会为目标,以解决人民群众最关心、最直接、最现实的利益问题为重点,创新发展模式,加快发展速度,提高发展质量,深化改革开放,加大投资力度,加强资源节约和环境保护,增强自主创新能力和产业竞争力,大力发展社会事业,建设和谐文化,完善社会管理,增强社会活力,着力解决民生问题,保持社会和谐稳定,努力实现经济社会更好更快发展。

全市经济社会发展的主要预期目标是:地区生产总值增长13%以上,全口径财政收入增长10%左右,固定资产投资增长37%左右,城市居民人均可支配收入增长12%左右,农民人均纯收入增长7%左右,城镇登记失业率控制在4%以内,单位GDP能耗降低7%左右。

(一)扎实推进社会主义新农村建设,促进城乡协调发展。坚持以发展农村经济、促进农民持续增收为核心,继续推进农业和农村经济结构战略性调整,加快现代农业建设,大力发展优质粮食生产,集中连片建设优质农产品原料基地,优化种植业结构。突出发展农产品加工业,积极发展精品畜牧业、园艺特产业、绿色食品和劳务经济。建设10大优良畜禽基地,新建标准化牧业小区100个,力争劳务输出100万人次。编制新农村建设总体规划,完成新农村10个试点镇、31个试点村的村容镇貌综合整治。不断完善农村金融服务体系,建立财政支农资金稳定增长机制,扩大公共财政的农村覆盖面,加强农村基础设施建设。加快实施广播电视村村通、乡镇综合文化馆、农村电影放映、农民书屋等工程,完善农村文化基础建设。搞好村镇周边和庭院绿化美化,推进农防林更新改造和近郊生态林等重点工程建设,植树造林5000公顷。改善农村氟病区饮水条件,解决农安、榆树10万人饮水安全问题。新改建乡村公路500公里。

(二)加快结构调整,促进工业经济持续快速增长。坚持把工作的着力点放在工业及技术改造上,放在调整结构、转变增长方式、实现可持续发展上。按照走新型工业化道路要求,搭建产业发展平台,加速构建产业集群。加快建设光电产业、生物产业基地,高新技术产品、汽车零部件、医药国家级出口基地,中俄、中德合作基地。培育壮大汽车、玉米、轨道客车产业园区。实施名牌战略,争创国家名牌产品和驰名商标。加快新产品开发,提升产品市场竞争力。继续举全市之力支持一汽加快发展,扶持大成、德大、皓月、富奥、西门子VDO等重点企业做大做强,加快培育一批主业突出、竞争力强的中小企业,规模以上工业企业突破1000户。加强工业经济运行监控和服务,搞好资金、电力、燃气保障,支持重点企业、重点产品增加生产,提高效益。规模以上工业产值增长16%左右。

(三)努力扩大消费,加快发展现代服务业。改造长春铁路货运口岸,加快建设重点物流园区,引进和培育物流骨干企业,物流业营业收入增长20%以上。抓好旅游重点项目建设,加大旅游促销力度,争创"中国最佳绿色旅游城市",旅游业收入增长20%以上。大力发展会展业,办好冰雪节、汽车节、汽博会、东博会等重点展会,举办各类会展活动125项以上。集中建设长江路、重庆路、桂林路、红旗街、东盛路等重点商业街区,继续推广连锁经营、物流配送等现代流通方式。引导住宅类房地产优化供给结构,扩大中低档商品房建设,搞好居民回迁房建设,大力激活二手房市场,促进房地产市场健康发展。加快发展地方金融机构,推进社会信用体系建设,做大做强融资担保机构。继续扩大汽车、旅游、信息、健身等消费,促进消费结构升级。积极发展农村新型流通组织,不断开拓农村消费市场。整顿和规范市场秩序,改善消费环境,保护消费者利益。社会消费品零售总额增长12%左右,第三产业增加值增长13%左右。

(四)深入开展"项目建设年"活动,突出抓好重点项目建设。发挥企业投资主体作用,加大政府推动力度,充分挖掘各方面潜力,广泛吸引社会资本,集中全社会力量抓投入、上项目,促进投资主体多元化、资金来源社会化,努力实现民间投资、外企投资、政府投资的新突破。完成固定资产投资1300亿元,净增350亿元左右。围绕"十一五"规划,谋划启动一批关系全局、带动作用强、发展后劲足的大项目,突出抓好主导产业、城市建设、农业水利、公益事业等骨干和重点项目。积极推进SUV和皮卡20万辆汽车、100万吨化工醇、100万张皮革深加工、PLED有机电致发光屏、奇健生物制药、国家生物产业基地实验动物中心、九台华能电厂、壳牌油母页岩、亚泰水泥熟料等一批市场前景好、技术含量高、经济效益显著的骨干项目。延伸项目集中审批"绿色通道",强化重大项目推进服务,构筑更具吸引力的投资环境。节约利用土地,盘活土地存量资源,确保重点项目需求。

(五)继续深化改革、扩大开放,进一步增强经济社会发展的动力和活力。巩固国企改革成果,积极稳妥处理各种遗留问题,支持改制企业加快发展。完善国有资产监督管理体制,加大监管力度,确保国有资产保值增值。力争完成厂办大集体改革试点。积极推进文化体制改革。进一步深化事业单位人事制度改革,扩大面向社会公开招聘范围,促进从身份管理向岗位管理转变。全面实施民营经济腾飞计划,推动民营经济大发展。以发展中小型企业为重点,实施创业孵化基地工程。搭建银企对接平台,着力解决中小企业融资难问题。大力发展和扶持个体工商户。进一步完善支持民营经济发展的配套政策,降低门槛、减轻负担、鼓励创业、发展企业,努力营造有利于全民创业的浓厚氛围和优良环境。

改善招商基础,健全招商体系,拓展招商领域,突出招商重点,创新招商方式,积极引进境内外资金、先进技术、先进管理和高端人才,大力发展以优势产业的重大项目为龙头的产业集群,努力实现招商规模和质量的新突破,实际利用内、外资均增长20%以上。巩固日本、韩国、香港等周边传统市场，深度开发美、德、英、法、意等欧美市场，积极开发东南亚和台湾地区市场，进出口总额完成56亿美元以上。不断优化出口产品结构，工业制成品出口比重达到80%以上，增长20%以上。积极鼓励企业"走出去"，充分利用国际国内两种资源、两个市场。

加快开发区建设。加强和完善基础设施配套建设，提高项目建设的承载能力。深化体制机制创新，优化投资环境，发挥政策优势，形成集聚效应，不断增强对外开放的先导和辐射带动作用。高新、经开、净月、汽车四个开发区完成固定资产投资609亿元以上，其中工业投资占60%以上；生产总值和一般预算全口径财政收入均增长20%以上。加快建设五棵树、合隆、米沙子、奢岭、卡伦等县域工业集中区。

(六)加强创新型城市建设，不断增强可持续发展能力。积极实施《长春市中长期科技发展规划纲要》。加强政府引导，加大政府科技投入，加快推进以企业为主体的自主创新体系建设，不断提高自主创新能力，促进高新技术成果的开发、转化和产业化，高新技术产业产值增长20%左右。围绕重点领域、关键技术，适时启动12个重大技术专项，增强原始创新、集成创新和引进消化吸收再创新能力。实施"科技成果转化百亿增值工程"和"科技创业风险投资促进百户企业快速发展工程"，为科技成果转化和科技企业发展提供全方位政策支持。加强知识产权创造和保护。强化科技成果转化平台建设，逐步培育建设一批国家级企业技术中心和科技企业孵化器。

进一步强化环境综合治理和自然生态保护。以解决制约经济社会发展和危害群众健康安全的环境问题为重点，加快建设资源节约型、环境友好型社会。深入落实环保目标责任制，强化环保政绩考核及违法违纪责任追究。依靠科技进步，发展循环经济，推广清洁生产，加大执法力度，倡导生态文明，努力改变先污染后治理的状况。加强集中式饮用水源安全保护和重点流域污染防控，取缔一级保护区内排污企业，关闭二级保护区直接排污口。深入开展"整治违法排污企业保障群众健康环保专项行动"，着力整治扰民环境污染，依法淘汰落后工艺和落后产品，努力改善生态环境质量，维护环境健康安全，切实增强可持续发展能力。

(七)加强城市建设与管理，全力创建国家卫生城市。坚持统筹兼顾、循序渐进原则，协调推进南部新城、净月生态城建设和铁北改造，加快推进城市综合换乘中心、铁路西客站项目建设前期准备，力争开工建设长吉城际铁路、哈大铁路客运专线、长松高速公路、轻轨4号线。实施102国道绕行线、长乐公路出入口等10路4桥2出口建设、改造工程。改造供水管网20公里，发展燃气用户2万户，新增集中供热面积200万平方米。

对照《国家卫生城市标准》，加大创建工作力度，逐项整改达标，力争通过国家考核验收。继续改造棚户区，拆除房屋265万平方米以上，居民安置回迁率达到80%以上。房地产开发施工800万平方米、竣工270万平方米以上。继续整治裸露地面，实施居民巷道、街路亮化、排水明沟改造。新增绿化街路25条，新建大块绿地142块。基本完成裕华园改造。加强城市管理综合行政执法，进一步落实"门前三包"责任制，深入搞好市容环境综合整治，查处扰民污染。加大城区物业治理力度，提高物业管理水平。继续建设三间村粪便无害化处理厂、蘑菇屯垃圾无害化处理场、南部污水处理厂，通过北郊污水处理厂升级改造等措施，污水二级处理率达到70%以上。

(八)大力发展社会事业，促进社会和谐发展。深入开展群众性精神文明创建活动，在全社会树立以"八荣八耻"为主要内容的社会主义荣辱观，形成知荣辱、讲正气、促和谐的良好风尚。坚持教育优先发展，促进教育公平。继续加大对教育事业的投入。巩固义务教育成果，继续实施薄弱校改造工程，在铁北建设一所省级示范高中。全力支持农村教育，逐步缩小城乡教育发展差距，促进义务教育均衡发展。全部免除农村义务教育阶段学生学杂费，对贫困家庭学生免费提供教科书并补助寄宿生生活费，着力解决城市低收入家庭和农民工子女义务教育阶段上学困难问题，确保每个孩子都有接受义务教育的机会。大力发展职业教育，加快产业技能人才培训中心和县(市)职教中心建设，强化农村实用技术培训，完成各类培训80万人次。建立一批标准化、示范性"农民夜校"和社区活动阵地。鼓励、支持、规范、引导民办教育健康发展。全力支持高校加快发展。实施人才强市战略，大力开发人才资源，切实强化高层次和紧缺人才队伍建设，引进高层次及各类急需紧缺人才1万人左右。全面落实《全民科学素质行动计划纲要》，努力提高市民科学素质。

强化政府公共卫生责任，完善城乡医疗卫生服务体系，建立医疗保障体系。加快城市社区卫生事业发展，强化医疗行业监管和医疗卫生服务，推进医药分业改革试点，提高医疗服务质量，减轻患者就医负担。进一步扩大城区住院医疗保险范围。启动德惠市、双阳区和城区新型农村合作医疗试点，实现农村人口医疗保障制度全覆盖。继续推进食品放心工程建设，加强药品监管和农村医药"三网"建设，整顿规范药品生产和流通秩序，保障群众饮食用药安全。稳定人口低生育水平，提高出生人口素质。

加快发展文化事业，加强公益性文化设施建设，逐步完善公共文化服务体系，不断满足人民群众需求。大力发展文化产业，鼓励非公有资本依法进入文化产业。抓好重大文化产业项目，确保综合文化科技中心按期开工建设。加快体育产业化进程，办好越野滑雪世界杯赛、亚洲冰球联赛、全国篮球甲级联赛等国际国内体育赛事，促进体育事业健康发展。繁荣文学艺术、社会科学、广播影视、新闻出版事业。

(九)不断完善城乡就业和社会保障体系，切实解决涉及群众切身利益的问题。坚持以人为本，关注民生，努力构建和谐社会。大力发展劳动密集型产业、服务业，多渠道、多方式增加就业岗位。加强政府对就业工作的指导和服务，全面落实促进就业再就业的各项政策，按照国家城乡统筹就业试点部署，进一步构建制度健全、功能完善、规范高效、服务社会、覆盖城乡的就业服务体系。新增就业岗位10万个左右，安置下岗失业人员7万人左右，其中"4050"人员1万人左右。建立"零就业"家庭动态援助机制，切实解决"零就业"家庭就业问题。培训下岗失业人员2.7万人左右，培训后就业率达到65%以上。健全劳动保障监察体制和劳动争议调处机制，维护劳动者特别是农民工的合法权益。

立足于全体社会成员普遍受惠，多渠道筹集社会保障基金，适度增加财政的社会保障投入。进一步调整社会保险参保结构，扩大失地农民养老保险、城区居民住院医疗保险覆盖面。积极探索建立农村养老保险制度，启动机关事业单位养老保险改革试点，推进非公经济组织和个体户参保，逐步将符合条件的城镇各类从业人员纳入社会保险范围，全市养老保险参保130万人以上，失业保险参保76万人以上，城镇医疗保险参保120万人以上，全市工伤保险参保65万人以上，生育保险参保28万人以上。加快信息和服务网络建设，全面提高退休人员社会化管理服务水平。继续实施扶残助业工程，适时提高城市最低保障标准。不断完善城乡低保、农村五保户供养、特困户救助、灾民救助等制度，加强法律援助，逐步建立社会保险、社会救助、社会福利、慈善事业相互衔接的社会保障体系。继续开展以科技拥军为特色的“双拥”工作，争创国家双拥模范城。广泛开展创建和谐社区活动。深入创建“平安长春”。严厉打击各种刑事犯罪，强化社会治安综合治理，搭建社区、农村、厂区警务平台，整合、建设安全防控网络体系，开展打击黄赌毒斗争，不断增强人民群众安全感。进一步加强信访工作，及时化解各类矛盾。切实加强生产安全、交通安全和消防安全管理，预防重特大事故发生。注重城市公共安全，完善应急管理体制机制，有效应对各种风险。加强国家安全工作，严密防范、坚决打击各种敌对势力的渗透和破坏活动。

(十)加强民主法制建设，努力建设服务型政府。深入贯彻《各级人民代表大会常务委员会监督法》，认真执行人大及其常委会决议，完善工作报告制度，自觉接受人大的法律监督、工作监督。及时向市政协通报重要工作，更好地尊重和发挥人民政协政治协商、民主监督、参政议政职能。大力推进民主政治，扩大基层民主，保证人民群众当家作主、依法行使民主权利。健全社会组织，完善居(村)民自治，依法组织好社区居委会、村委会换届选举。全面落实“五.五”普法规划。

进一步优化经济发展软环境，加快社会信用体系建设。强化政府社会管理和公共服务职能，创新服务体制，改进服务方式，提高服务质量，逐步形成惠及全民的基本公共服务体系。继续贯彻《依法行政实施纲要》，推进法治政府建设，加快推行行政执法责任制。加大政务公开力度，进一步提高政务中心行政审批即办件的比重。深化信息公开，提高行政运行透明度。完善政府新闻发布制度，满足社会公众对政府信息的需求。加快发展电子政务，提高行政运行效率和服务公众能力。加强和改进审计工作。认真落实党风廉政建设责任制，严格履行“一岗双责”制。深入治理商业贿赂，严格执行建设工程招投标、土地招拍挂、政府采购和产权交易制度，推行项目代建制。大力改进政风，继续开展民主评议政行风和“百名处长”活动，严肃查处干扰和破坏发展软环境的重大案件。认真贯彻《公务员法》，着力提高促进和服务发展的能力，努力建设一支政治坚定、业务精通、清正廉洁、作风优良的公务员队伍。

各位代表，回首过去的一年，我们用辛勤的劳动和汗水，换来了丰硕的果实；展望新的一年，我们面临着新的机遇和挑战。让我们紧密团结在以胡锦涛同志为总书记的党中央周围，在市委的领导下，团结和带领全市各族人民，齐心协力，开拓进取，扎实工作，为实现更好更快发展和全面建设小康社会的宏伟目标而努力奋斗！

2006年长春市国民经济和社会发展统计公报

长春市统计局

2006年，全市人民在市委、市政府的正确领导下，认真贯彻和落实国家和省一系列重大决策部署，认真实施“十一五”规划，以科学发展观指导全市经济和社会发展工作，围绕全年经济建设重点任务，进一步加快改革开放，增强自主创新能力，着力调整经济结构和转变增长方式，提高经济增长的质量和效益，促进经济社会事业和谐发展，城乡人民生活水平进一步提高，较好地实现了“十一五”时期开局之年的各项工作任务和目标。

一、综合

经济总量：初步核算，全年实现地区生产总值1741.2亿元，按不变价格计算，比上年增长15.1%。其中，第一产业增加值162亿元，比上年下降2.2%；第二产业增加值851.8亿元，增长20.8%；第三产业增加值727.4亿元，增长13%。三次产业比重分别为9.3%:48.9%:41.8%。人均生产总值达到23677元(按户籍年平均人口数计算)，比上年增长13.9%。

表1　地区生产总值

单位：亿元

指　标	2006年	比上年增长%
地区生产总值	1741.2	15.1
第一产业	162.0	-2.2
第二产业	851.8	20.8
工业	684.0	24.4
建筑业	167.8	7.5
第三产业	727.4	13.0
交通运输、仓储和邮政业	99.9	10.2
批发和零售业	184.7	7.4
住宿和餐饮业	37.2	10.1
金融业	47.0	11.6
房地产业	55.0	17.8
其他服务业	303.6	17.6

财政税收：全市一般预算全口径财政收入210.6亿元，增长14%。全市地方留用收入71.6亿元，增长17.3%；地方财政支出146.7亿元，增长20.6%。财政收入占GDP的比重为12.1%，与上年基本持平。

居民消费价格指数：全年居民消费价格总指数为101.3%，比上年上升1.3个百分点，其中，除食品、娱乐教育文化用品及服务和居住价格有不同程度上涨外，其他消费品价格均有所下降。

表2:居民消费价格指数

单位:%

指　　标	2005年	2006年
居民消费价格指数	101.7	101.3
其中:服务项目价格指数	102.0	101.6
消费品价格指数	101.6	101.2
食　品	101.7	102.2
烟酒及用品	102.3	99.2
衣　着	101.0	99.9
家庭设备用品及维修服务	100.7	99.8
医疗保健和个人用品	99.5	99.2
交通和通讯	96.0	98.0
娱乐教育文化用品及服务	103.6	101.0
居　住	105.3	105.7
商品零售价格指数		101.4

国企改革:2006年,加速推进国企改革,不断探索国资监管新途径,促进资产合理流动,整合存量资源。2006年底,全市列入国企改革攻坚目标的254户企业全部完成了方案审批,其中:210户企业完成了全部国企改革程序。加上目标外企业,实施改革的企业已达345户。2006年共理顺职工劳动关系9万人,安置离退休人员5.8万人,盘活资产113.5亿元。

二、农业

农业生产:全年完成农林牧渔业总产值289亿元,比上年增长5.9%。其中:种植业产值142.2亿元,增长8.7%,占农林牧渔业总产值比重为49.2%;林业产值1.7亿元,下降19.3%;牧业产值142.3亿元,增长3.6%,占农林牧渔业总产值比重为49.2%;渔业产值1.5亿元,增长1.7%;农林牧渔服务业产值1.3亿元,增长7.9%。

农牧业产量:全年粮食总产量达到813.7万吨,比上年增加15.3万吨。2006年,全市肉类总产量达到163.6万吨,比上年减少2.3%。禽蛋产量37.3万吨,比上年减少4.1%。三元杂交猪、牛比重分别达到80%、67%,鸡良种覆盖率达到98%。

种植业结构:全年粮食作物播种面积100.7万公顷,比上年增长0.4%。经济作物播种面积增长10.6%,优质专用玉米、大豆、水稻播种面积达94.8万公顷,占粮食作物播种面积的94.2%。全市菜田面积发展到8.5万公顷,保护地面积1.5万公顷。无公害蔬菜工程建设进一步加速,全市已认定无公害蔬菜和绿色农产品基地100个,无公害蔬菜和绿色农产品监控面积达到175万亩,全市种植无公害蔬菜和绿色食品蔬菜4.7万公顷,比上年增加0.7万公顷,提供无公害蔬菜和绿色食品蔬菜14.1亿公斤。

现代农业:农业产业化龙头项目建设进展顺利。全市新建续建投资规模亿元以上农产品加工业重点项目24个,总投资28.8亿元。

农村改革:积极稳妥地推进乡镇机构、县乡财政管理体制和农村义务教育管理体制三项改革,全市共撤并乡镇50个,精简乡镇行政编制1299个,撤并农村中小学244所,落实国家政策性补贴资金8.8亿元,农民人均获得补贴216元。在新农村建设方面,确定了省、市、县三级10个试点镇、31个试点村,全市投入新农村建设的资金总额达33.5亿元,其中新农村试点村镇基础设施和社会事业建设资金投入8.5亿元。

三、工业

工业生产:2006年,长春市紧紧抓住国家实施振兴东北老工业基地政策的有利时机,不断推进工业化进程,工业经济整体素质和市场竞争能力进一步增强。工业生产运行继续保持平稳态势。全年完成全口径工业增加值684亿元,规模以上工业完成总产值2140亿元,比上年增长23.8%。

工业经济结构:工业经济结构进一步优化,汽车工业、农副食品加工业、光电信息、生物医药、能源、建筑和材料制造等主导产业、重点产业成为支撑全市经济发展的重要力量。汽车工业累计完成产值1484.3亿元,增长21.9%,占规模以上工业总产值比重达到69.4%;农副食品加工业完成产值308.4亿元,增长24.9%,占规模以上工业总产值比重达到14.4%;生物及医药工业完成产值35.3亿元,增长33.3%,占规模以上工业总产值比重为1.6%;光电子信息工业完成产值24.2亿元,增长29.6%,占规模以上工业总产值比重为1.1%;建材工业完成产值81.8亿元,增长40.8%,占规模以上工业总产值比重为3.8%;能源工业完成产值70.8亿元,增长10.7%,占规模以上工业总产值比重为3.3%。40户重点工业企业完成工业总产值1636.7亿元,占规模以上工业总产值的比重达到76.5%。新产品开发能力不断增强。全年完成新产品产值1120.5亿元,比上年增长40.5%,新产品产值率达到52.3%。

重点工业产品产量:重点工业产品产量大幅度增长。在全市30种重点工业产品中有21种上升,增幅较大的有:水泥1268.5万吨,增长95.7%;内燃机3147.4万千瓦,增长39.4%;自动化仪表1285台,增长34.6%;发电量117.5亿千瓦时,增长31.3%;啤酒32.1万吨,增长22.9%;汽车63.3万辆,增长20.2%;食用植物油9.4万吨,增长19.8%;铁路客车1121辆,增长15%;配混合饲料123万吨,增长14.7%;无酒精饮料26.6万吨,增长12.9%;淀粉142.3万吨,增长12.1%;原煤296.3万吨,增长12%。

工业经济效益:2006年以来,工业企业克服能源供应紧张、原材料涨价等影响因素,工业经济效益稳步增长。工业经济效益综合指数达到185%,增长36.4个百分点;实现主营业务收入1936.7亿元,比上年增长19.2%;利税总额172.1亿元,增长28.5%;盈亏相抵后实现利润总额71.9亿元,增长60.9%。

四、建筑业 房地产开发

建筑业:全年建筑业完成增加值167.8亿元,比上年增长7.5%。资质以上建筑业完成总产值344亿元,比上年增长22.2%。

房地产开发:全年商品房施工面积1365.5万平方米。商品房竣工面积331.9万平方米。

商品房销售面积408.3万平方米,商品房销售额104.4亿元。商品房空置面积266万平方米。

五、固定资产投资

投资总量:全年完成固定资产投资总额950.4亿元,比上年增长46.1%。其中:城镇固定资产投资715.7亿元,比上年增长43.3%;房地产开发投资174.2亿元,比上年增长63.4%;农村固定资产投资60.6亿元,比上年增长51.4%。全年城镇投资项目建成投产率为78.5%,城镇和房地产开发投资中新增固定资产604.6亿元,固定资产交付使用率为67.9%,比上年上升19.1个百分点。房屋建筑面积竣工率为43.2%。

投资结构：从各产业完成投资情况看，第一产业投资增长最快，比上年增长121.4%，第三产业比上年增长52.4%，第二产业投资增长37.8%；从投资主体看，国有经济投资296.7亿元，比上年增长25.7%；非国有经济投资593.2亿元，比上年增长60.3%，占全社会固定资产投资的比重由上年的61%上升到66.7%。

六、国内贸易

消费品市场：全年实现社会消费品零售总额666.3亿元，比上年增长11%。分行业看，批发零售贸易业零售额591.1亿元，比上年增长11.2%。其中：限额以上批发贸易业零售额230.4亿元，比上年增长12.4%，限额以下及个体零售额360.7亿元，比上年增长10.5%。住宿和餐饮业零售额75亿元，比上年增长9.9%。住宿业中星级（限额以上）企业零售额16.2亿元，比上年下降4.1%，星级（限额以下）企业及个体户零售额58.8亿元，比上年增长14.5%。

市场建设：市场建设步伐加快。全年新建各类市场27处，其中：城区8处，县（市）19处。各类商品交易市场已发展到333处。其中：城区市场195处，县（市）市场138处；生活资料市场258处，生产资料市场75处。36个年成交额在亿元以上的商品市场全年实现交易额168亿元。

七、对外经济、旅游、会展

对外贸易：全年实现进出口总额52.3亿美元，比上年增长15.1%。其中，进口41.4亿美元，比上年增长26.4%；出口10.9亿美元，比上年下降14.1%。在出口中，国有企业出口5.3亿美元，比上年下降38%；外商投资企业出口3.5亿美元，比上年增长20.7%；一般贸易出口8.9亿美元，比上年下降17.7%。外贸依存度为23.7%，比上年下降0.6个百分点。

利用外资：全年新批外资项目（企业）149个，其中投资总额超千万美元项目33个。全年实际利用外资14.1亿美元，比上年增长20.2%。其中，直接利用外资5亿美元，比上年增长23.2%。

对外合作：对外承包工程与劳务合作继续展开。全年完成营业额1.9亿美元，外派劳务人员1.4万人次。

旅游：全年来长旅游人数达到1381万人次。其中，接待入境游客15.1万人次，比上年增长37%；接待国内旅游者1366.7万人次，增长12.2%。旅游总收入148.2亿元，增长23.2%。全年旅游外汇收入6665万美元，增长30%。

会展：全年共举办会展活动176项，其中展览67项，会议30项，节庆活动10项，重要赛事26项，大型演出18项。实现会展业直接收入8.75亿元，带动相关产业收入78.7亿元，分别比上年增长21.5%和21%。

八、交通运输 邮电通信

交通运输：全年公路货物周转量37.1亿吨公里，比上年增长3.9%；旅客周转量为27.3亿人公里，比上年增长5%；全年营运收入21.3亿元，比上年增长3.7%。民航完成货邮吞吐量2.6万吨，比上年增长32.3%；完成旅客吞吐量222.7万人，比上年增长27.2%；全年营运收入11176.7万元，比上年增长28.3%。

邮电通信：2006年完成邮电业务总量46.6亿元，比上年增长12.6%。其中：邮政业务总量4.2亿元，比上年增长35.5%；电信业务总量42.4亿元，比上年增长10.6%。全年特快专递完成185.1万件，比上年增长2.9%。全市市话年末达到115.3万户，比上年减少36.6%；农话年末达到47.3万户，比上年减少3.8%；小灵通电话用户67.6万户。移动电话年末达到562.9万户，比上年增长28%。到2006年末，互联网用户已经达到98.2万户，其中宽带用户30.8万户。

九、金融

截至2006年末，全市拥有银行18家，保险公司16家，证券公司2家。

银行：金融机构本外币各项存款余额2396.2亿元，比年初增长17.8%。其中，企事业单位存款余额696.5亿元，比年初增长21.4%；储蓄存款余额1219.5亿元，比年初增长13%。全市金融机构本外币各项贷款余额2194.8亿元，比年初增长17.3%。其中，短期贷款余额868.1亿元，比年初增长6.4%；中长期贷款余额1258.7亿元，比年初增长33.1%。金融机构现金累计收入5657.7亿元，比上年增长10%；现金累计支出5569.3亿元，比上年增长9.9%；现金净回笼88.5亿元，比上年增长19.1%。

证券：全市拥有股票交易机构2个，股票交易网点33个。上市企业16个。开设股民帐户75万户。全市有价证券成交总额1539.5亿元，比上年增长170.9%。其中，股票交易成交额1507.1亿元，比上年增长179.1%；国债成交额8.5亿元，比上年下降63%；基金成交额23.9亿元，比上年增长3.3倍。

保险：全市拥有保险公司16家。全年保费收入35.1亿元，比上年增长13.7%。其中，财产险保费收入8.8亿元，比上年增长31.8%；人身险保费收入26.3亿元，比上年增长8.6%。全年赔付总金额9亿元，比上年增长65.8%。其中，财产险赔付金额4.5亿元，比上年增长21.5%；人身险赔付金额4.5亿元，比上年增长159.7%。

十、城建 公用事业

城市建设：2006年，我市继续加大对基础设施的建设投入，进行了南部新兴工业区基础设施工程、一汽及周边城区基础设施工程、铁北老工业区改造工程、粪便无害化处理工程、道路改造工程、街路亮化工程、巷道及道路维护工程以及环境治理工程等建设项目，极大提高了城市基础设施水平。全年完成道路新建和扩建长度182公里。到2006年末，全市道路总面积达3086万平方米，道路长度达1550公里，人均道路面积12.3平方米。（不含村镇公路长度461公里、面积639万平方米）

公用事业：2006年，全市水厂日综合生产能力达104.4万立方米，规划区使用自来水人数达225.8万人。全市人工煤气和天然气供气总量分别达到14003和21649万立方米；液化石油气供气总量达6.5万吨。市区使用煤气、天然气、石油液化气户数达111.7万户。城区集中供热面积达到7717.7万平方米。全市拥有营运公共电、汽车3792辆，运营线路网长度2791公里；拥有轨道运营车辆54辆，运营线路网长度31公里。

园林绿化：到2006年末，全市园林绿地面积达8459公顷，公共绿地面积达2875公顷，建成区绿化覆盖面积达9617公顷，建成区绿化覆盖率达到41.48%。

十一、科技 质量技术监督 教育

科技项目及专利：2006年，全市列入市级以上各类科技发展计划694项。其中：国家级计划项目96项，省级计划项目247项，市级计划项目351项。全年专利授权量由上年的2409件增加到2680件，增长11.2%。全年通过鉴定、验收和认定的科技成果143项，获得市以上科技进步奖励成果189

项。其中:获国家级奖励3项,省级奖励157项。

科技人员及机构:2006年末,在全市各级各类科技人员中,“两院”院士26人,享受政府特贴人员累计达到551人。其中,国务院特贴人员237人,长春市人民政府特贴人员314人。全市独立科学研究与技术开发机构95个。其中,自然科学和技术领域研究与开发机构60个,社会科学与人文领域研究与开发机构16个,科技信息与文献领域机构6个。全市技术开发、咨询、转让等服务机构发展到2878户,技术成果交易额达13.3亿元。市科技管理部门共投入科技经费4221万元。

高新技术:2006年,全市新认定高新技术企业729户,高新技术产业实现产值1010亿元,比上年增长23.9%。产值超亿元的高新技术企业已发展到77家。

质量技术监督:质量技术监督工作对经济和社会发展的促进作用不断提升。全市有产品质量检验机构98个,法定计量技术机构6个。全年共定期监督检验产品2255批次,其中定期监督检验小麦粉、食用油等产品1302批次,监督抽查化肥、建材等产品191批次,受理委托检验8766批次。国家和省的监督抽查产品质量平均合格率分别达到78.3%和76.3%。

十二、教育

教育整体水平得到进一步提升。年末全市普通全日制高等院校28所,共招收本、专科学生9.2万人,年底在校生30.8万人。全市各类成人高等学校10所,共招收本、专科学生3.97万人,年底在校生10.4万人。年末中等职业技术学校64所(不含技工学校),招收学生2.7万人,年底在校生6.5万人。普通中学374所,在校生43万人,其中:初中297所,在校生28万人;小学1665所,年底在校生46.1万人,小学适龄儿童入学率达99.94%。特殊教育学校10所,在校生0.14万人。全市幼儿园782所,在园儿童11.6万人。

十三、文化、卫生和体育

文化:2006年,全市共有文化(文物)事业机构202家,其中艺术表演团体9家,艺术表演场馆19家,公共图书馆12家,艺术馆、文化馆12家,文化站112家,文化艺术科技、科研机构2家,文物保护单位1家,其他文化产业17家,文物保护管理机构4家,博物馆2家,文化市场管理机构12家。公共图书馆总藏量174万册,其中少儿图书馆藏量31万册。全市共有国家综合档案馆11个,馆藏档案117.95万卷,开放档案17.54万卷。

全市有各类文化经营场所2467家,其中互联网上网服务营业场所934家(连锁58家);文化娱乐场所420家;演出场所43家;音像制品经营场所1057家;保龄球馆(室)6家;古玩书画店7家。其中市区(含开发区)文化经营场所1544家,其中互联网上网服务营业场所657家(连锁58家);文化娱乐场所126家;演出场所27家(市直5家);音像制品经营场所721家;保龄球馆(室)6家;古玩书画店7家。

长春电影制片厂全年共生产故事片16部,译制片6部,科教片6部,数字电影4部。

2006年,全市有广播电台5座,节目9套,中波发射台和转播台2座,广播人口覆盖率为100%;电视台5座,节目9套,电视人口覆盖率为100%。

卫生:2006年末,全市卫生医疗机构发展到1832个,其中医院、卫生院320所,拥有医疗、疗养床位2.6万张,比上年增长8.3%。卫生技术人员为3.5万人,比上年上升6.1%。农村设村卫生室2094个。每千人拥有执业医师和执业助理医师3.25人。

大力推进社区卫生服务,已经建立1个社区卫生服务医疗培训指导中心,5个社区卫生服务指导中心,24个社区卫生服务中心,121个社区卫生服务站。

体育:2006年底,全市行政区域内共有体育场馆40个,80%的社区都拥有健身场地和健身设施。全年成功承办了国际滑联短道速滑世界杯赛、自由式滑雪空中技巧世界杯赛、国际雪联越野滑雪短距离世界杯赛、远东杯沃尔沃国际瓦萨越野滑雪赛等国际大型体育赛事8项次;短道速滑、自行车、自由式滑雪、举重、射击射箭、田径、篮球、足球、网球等全国比赛20余项次;其它各级各类体育赛事150余项次。竞技体育取得可喜成绩。全年,长春及长春籍运动员参加本年度国际、国内系列比赛29项次,获得世界冠军3个、亚军10个、季军8个;获得全国冠军47个、亚军52个、季军38个;在第十五届省运会中,我市共获金牌460枚,占金牌总数的45%。

一年来,开展各类群体活动500余项次,参与人次达1000余万。成功举办了全国男篮甲A联赛和中国男子足球超级联赛,获得良好的社会效益和经济效益。全年共销售体育彩票4.65亿元,同比增长62%。

十四、环境保护

环境质量总体状况良好,工业污染防治能力不断增强。2006年,全市工业废水排放达标率和工业固体废物综合治理率分别达到97.16%和99.04%,重点工业污染源实现全面达标排放。到2006年末,全市烟尘控制区面积208.4平方公里,环境噪声达标区面积143平方公里,区域环境噪声平均值控制在56.4分贝,道路交通噪声平均值控制在68分贝,噪声达标区覆盖率达74.2%以上,达到全国文明城市A类标准。

全市开展生态示范区建设试点面积1.9万平方公里,达到了幅员的92.4%,生态示范区省级建成率达到50%,国家级建成率达到33%。

2006年,城区空气质量保持良好水平。城区空气污染指数(API)为75;空气环境质量优良级天数340天,占总天数的93.2%,其中,优级天数23天,占6.3%;良级天数317天,占86.8%;空气首要污染物总悬浮颗粒物(PM10)年日均值每立方米99微克,与上年相同;二氧化硫年日均值每立方米27微克,比上年上升1微克;二氧化氮年日均值每立方米38微克,比上年上升3微克;饮用水源水质达标率100%;城市地表水质达标率80.6%(按新标准计算)。

十五、人口 就业

人口:2006年末,全市户籍总人口为739.3万人。其中,市区人口348.8万人,四县(市)人口390.5万人。全市人口出生率为9.77‰,死亡率为4.46‰,自然增长率为5.31‰。就业:全市从业人员总数已达326.4万人。其中,第一产业从业人员132.1万人,占全市从业人员总数的40.5%,第二产业从业人员78.8万人,占全市从业人员总数的24.1%,第三产业从业人员115.5万人,占全市从业人员总数的35.4%。其中,年末城镇单位从业人员95.6万人,从事个体劳动的有22.5万人。在岗职工年平均货币工资19955元,比上年增长12.5%。

十六、人民生活 社会保障

人民生活:人民生活继续改善。城市居民人均可支配收入达11358元,比上年增长12.8%,人均消费性支出8881元,比上年增长6.9%。农村居民人均纯收入4480元,比上年增长7.2%。城乡居民消费结构发生较大变化,生活质量不断提高。城市恩格尔系数为35%,农村恩格尔系数为42.1%。城市居民每百户拥有彩电136.3台,电冰箱及冰柜111台,洗衣机103.3台,拥有家用电脑和移动电话46.3台和171部。农村居民每百户拥有彩电92台,电冰箱17台,移动电话75部,摩托车42辆。城市人均住房建筑面积由上年的24.62平方米增加到25.56平方米,农村人均住房面积达到22.3平方米。

社会保障:社会保险保障功能得到进一步完善,社会保险保障覆盖面稳步扩大。2006年底,全市参加基本养老保险职工人数达118.1万人,同比增长8.2%,其中在职职工85.8万人,同比增长7.5%。年末参加失业保险人数66.3万人,同比增长4.3%。全年征缴养老保险基金35.1亿元,增长34%;失业保险征缴基金2.8亿元,增长34%。为32.4万名离退休人员和5万名失业人员发放养老金、失业保险金31.5亿元。企业退休人员社会化管理率达98.4%。参加基本医疗保险达到112万人,其中城区居民参加住院医疗保险11.6万人,工伤和生育保险参保人数达到61.6万人和26.6万人。2006年全市开发各类用工岗位9.7万个,城镇新增就业8.7万人,安置下岗失业人员实现再就业7.3万人,指导和帮助4008户"零就业家庭"和"4050"人员等就业困难对象实现再就业2万人,培训下岗失业人员和在岗职工7.2万人。城镇登记失业率为3.91%。全年实现劳务输出95.5万人。2006年,城市共有10.3万户、21.9万人得到最低生活保障,全年共发放保障金1.7亿元;农村共有14万人得到最低生活保障,全年累计发放资金2988万元。

福利事业:全市共有养老服务机构231家,总床位数9134张。其中:国家办养老机构6家,社会力量投资兴办的养老机构225家。农村敬老院129所。全年销售社会福利彩票5亿元,筹集社会福利资金1.75亿元。全年募集善款2459.2万元,总支出慈善募捐款1932.2万元,受助群众7.7万人次。

注:1、本公报各项统计数据为年度快报数或初步统计数。

2、本公报行业数据系有关部门(行业)提供。

3、本公报长春市生产总值、各产业增加值绝对数按现价计算,增长速度按可比价格计算。

周保持了成交量的稳定。但随着"国六条"于5月17日的出台,上海楼市的成交量迅速下滑。5月22日～28日一周内,上海共成交商品房6062套,签约面积达705325平方米,比前一周下跌了11个百分点,其中住宅类房源成交5120套,住宅成交面积606642平方米,较前一周跌幅近10个百分点。在上海楼市曾经翻云覆雨的温州购房团悄悄隐退,外资购房已经越来越走向机构化,而山西购房团也始终是雷声大雨点小。从近期上海市政府部门的政策和表态来看,防止房价大起大落仍是调控的主要目的,因此近期盘整将是上海楼市目前主要的特征。房产分析师认为,市场的观望气氛是不可避免的,但对整体市场的影响在具体政策出台前还很难判断。一些原本有购房意向的居民选择了观望。业内人士分析,在未来一段时间里,上海房地产市场成交状况不是很乐观,估计至少要影响3个月到半年时间。

深圳:从去年年底到2006年第一季度结束之时,深圳一直处于全国房地产市场的风头中,房价节节攀高。今年一季度,深圳全市商品房均价达8752.94元/平方米,同比上涨20.62%。其中,商品住宅均价为8126.14元/平方米,同比上涨25.63%。国家政策出台后,6月初深圳新房成交量下跌了五成,二手房的成交量也在同步下跌。自6月6日至昨天这半个月以来,该中心收到的二手房过户登记文件量比以前减少了四成左右。

在"国十五条"细则出台20余天后,6月20日,深圳市政府在全国重点城市中率先推出了贯彻中央楼市调控的地方细则,即《关于贯彻落实国务院办公厅转发建设部等部门关于调整住房供应结构稳定住房价格意见的通知》(以下简称"深十条")。仅仅两天后的22日,深圳建市以来首次以市政府名义召开的土地管理工作会议上,《深圳市人民政府关于进一步加强土地管理推进节约集约用地的意见》及7个配套文件(以下简称"1+7"文件)同时出台。按照政府确定的目标,今后深圳将采取最严格的土地管理手段,实现城市土地的高效利用。6月25日,深圳国土资源与房产管理局表态,"深10条"出台后,该局将不折不扣地执行有关土地与房地产管理的规定,注销一批开发商与中介企业的资质。

(二)开发商、房产中介、银行和购房者的反应:

开发商:此次"国六条"显然是力图触及房地产行业深层,内容涉及土地供给、住房保障、税收管理和信贷调控多个方向。另一个局面是如果加大了经济适用房和廉租房的供给,势必影响商品房的消费需求;如果政府要求开发商建更多的限价商品房,微厚的利润将令开发商进退两难。

房产中介:虽然具体的调控措施并未出台,但是个人购房贷款的首付比例可能提高已经被市场广泛提及。强化税收、信贷和土地调控都会导致开发商成本增加,利润减少。而开发资金一旦遭遇瓶颈,将导致一些小型开发商转而投资其它产业,从而一手房的总量会减少。预计这种局面将为二手房市场带来更大交易空间。

地方银行:调高首付比例、缩短贷款年限的做法并不可能抑制高端客户的购房行为,只会对中低收入的大众客户带来影响。而这一结果可能与此前的"支持自住"的宏观调控目标背离。"毕竟,依赖贷款的更多是普通购房者。"

购房者:根本不再想投资房产。

四、"国六条"对我市房地产业的影响

目前,国家在保持宏观调控政策基础上,针对当前房地产市场的突出问题加大了调节力度,但是我们从统计数据和专项调查结果看,"国六条"对于我市一个固定资产投资并不过热的城市来说,上半年影响不大。

从统计数据看:

1、供地量持续、平稳增长。2006年,我市土地市场不断规范和发展,市场建设不断加强,土地利用水平不断提高。1－5月份,土地供应量为808万平方米。其中:土地协议出让357.4万平方米,占土地供应总量的44.2%;招、拍、挂出让为206.6万平方米,占土地供应总量的25.6%。土地储备充足,有力地促进了城市建设。

2、供地量市场化水平不断提高。近几年,我市划拨方式的供地量逐年减少,招标拍卖挂牌和协议出让等有偿方式的供地量快速增长,土地市场日趋成熟,市场化水平不断提高。1－5月份,有偿土地出让564万平方米,占土地供应总量的七成。划拨土地244万平方米。占土地供应总量的三成。

3、房地产开发投资稳步增长。今年以来,我市房地产开发基本保持平稳有序地发展状态。1－5月份,我市完成房地产开发投资16.5亿元,同比增长37.5%。其中:住宅投资13.2亿元,增长46.7%。房地产开发施工规模为477万平方米,其中:住宅385万平方米。截止5月末,商品房空置面积为214万平方米,下降16.6%。其中:住宅126万平方米,下降32.3%。随着我市房地产开发投资的不断加大和商品房空置面积的逐渐减少,说明我市商品房交易日趋活跃,不断消化历年积压的商品房。

4、房地产开发投资额占固定资产投资总额的比例呈上升趋势。1－5月份,我市房地产开发投资又以37.2%的增长速度持续发展。前5个月完成房地产开发投资16.5亿元,其中:住宅投资完成13.2亿元,增长46.7%,继续高位运行。房地产开发投资占固定资产总投资比例的17.7%,同比提高1.7个百分点。

5、房地产贷款投向主要是个人购房。1－5月份,我市房地产开发贷款余额为31.3亿元,其中:住宅贷款余额为17.5亿元,同比增长33.6%;购房贷款余额为66.7亿元,其中:个人购房贷款余额为66.5亿元,占总量的99.7%。个人住房贷款余额同比下降5%。

6、增量房价格微升。1－5月份,我市增量房成交均价为每平米2254.5元,比去年年末上涨1%。各城区增量住房成交均价为每平米分别为:南关2338.7元,宽城1905.3元,朝阳2728.3元,二道2131.6元,绿园1805.3元,双阳896.7元。

从抽样调查看:

近期,长春市城调队组织实施了快速调查,调查抽选城区100户居民家庭为样本。调查结果显示:1、多数居民对"国六条"出台持赞同肯定态度;2、半数以上居民对"国六条"规范市场解决普通居民住房持有信心;3、对"国六条"调控措施肯定与疑虑并存;4、多数居民认为地方政府应积极贯彻落实九部委《意见》;5、44.1%的计划购房居民改变了购房计划。根据调查结果我们分析,我市居民对"国六条"出台,多数持积极肯定的态度,认为对消费者是利好消息。但仍有近40%的居民对"国六条"的操作可行性存有疑虑。据调查,我市计划购房居民考虑推迟或延缓购房,近六成以上居民因为贷款利率上调而感到有压力。有63.3%的居民认为,贷款利率提高"可能抑制普通百姓购房"。还有一部分原因是其他预期心理作用。部分被调查居民强调,国家宏观调控如不考虑地区经济发展的不平衡性,很可能制约像我市这样尚不发达地区的房地产业发展。

一位被调查居民非常认真地要求我队反映:"北京、上海等发达城市房市'有病',连累我们这样的不发达城市跟着'吃药'这不仅是政策不公,而是限制正常消费"。他举例说:"我三年前购的房,单位年底迁移,我必须将这房卖掉,买一处离新迁办公楼近一些的房子,可购房不足5年转让,须全额缴纳营业税的规定让我很伤脑筋。马上卖房不行,可过一段卖房又要交一大笔税,国家这一规定不是有的放矢,而是不加考虑对所有城市一律打板子!"应当说,类似反映,在我们调查的部分居民中具有一定代表性。

据匡算,今年前5个月,我市住房销价平均二千多元,大大低于北京、上海、大连等地,且房价增幅十分有限,今年前5个月,我市商品房只涨1.8%,比全国一季度商品房销价涨5.5%和5月份销价涨5.8%,低3.7和4个百分点。

国家房地产调控不分区域情况,对我市这样房地产市场正常发展城市,也实施"一刀切"政策,显然不利于我市这样收入相对较低的城市居民的消费,尤其不利于我市二手房市场发展。我们认为,绝大多数居民住房问题的解决,要依靠房地产市场,只有生活能力较弱的贫困户和老、弱、病、残居民,应由政府提供经济适用房或廉租房解决。如果住房政策是要中低收入家庭都去买房,而且是买新房,这肯定不符合我国尚处发展阶段的基本国情。因为即便是经济发达的美、英两国,居民拥有产权房比率也不过68%和56%,剩余百分比大多是租房。我国住房消费的引导,也应采取鼓励部分居民租房,而不是买房的政策,这样既可抑制占用耕地问题,又可解决住房消费与购买能力不相适应的一定阶层居民的实际问题。

建议国家房地产宏观调控,能依据全国区域的经济发展不平衡性,实现"控"有重点、"调"有区别的不同调控措施,如,贷款利率、税收和首付款比率调整,应实行房价较高地区的高利率、高税收、高首付政策,而房价较低城市,应实行微调或不调政策,有效促进房地产持续稳定发展。

总体来说,虽然"国六条"对我市上半年房地产业产生的影响不明显,但是预计在下半年乃至今后一段时间内将会带来一定的影响。主要理由:一是今后国家将加强土地使用和监管,控制拆迁规模和进度,通过土地拍卖和城市规划对土地的开发、利用进行控制,制止土地的囤积行为,这从房地产开发源头上进行了限制;二是国家调整信贷政策。一方面房地产开发商在银行贷款受限,另一方面提高了消费者在购房加大首付比例和按揭贷款首付比例,这对于我市这样一个低收入的城市来说,将增加居民的购房负担,对未来居民住房需求产生一定影响;三是将推动我市住房结构的变化,今后一段时期内,我市房地产开发将向中小户型发展。

(尹春艳　刘艳秋)

长春市发展农村循环经济的可行性研究

一、循环经济概述

循环经济是指对物质闭环流动型经济的简称,是以物质、能量闭路循环使用为特征的,在环境方面表现为污染低排放,甚至污染零排放。循环经济把清洁生产、资源综合利用、生态设计和可持续消费等融为一体,运用生态学规律来指导人类社会的经济活动。循环经济的根本宗旨就是保护日益稀缺的环境资源,提高环境和资源的配置效率。

循环经济与传统经济相比较,其不同之处主要有两点,一是传统经济是由"资源——产品——污染排放"所构成的物质单行道流动的经济。在这种经济中,人们以越来越高的强度把地球上的物质和能源开采出来,在生产加工和消费过程中又把污染和废物大量地排放到环境中去,对资源的利用常常是粗放的和一次性的。而循环经济倡导的是一种建立在物质不断循环利用基础上的经济发展模式,它要求把经济活动按照自然生态系统的模式,组织成一个"资源——产品——再生资源"的物质反复循环流动的过程。循环经济提出"没有废弃物,只有放错地方的资源"的理念,使得从整个经济系统以及生产和消费过程基本上不产生或者只产生很少的废弃物。二是传统经济通过把资源持续不断地变成废物来实现经济的数量型增长,这样最终导致了许多自然资源的短缺与枯竭,并酿成了灾难性的环境污染后果。而循环经济从根本上消解长期以来环境与发展之间的尖锐矛盾。循环经济不但要求人们建立"资源——产品——再生资源"的经济新思维,而且要求在从生产到消费的各个领域倡导新的经济规范和行为准则。

循环经济与生态经济既有区别,又有联系。生态经济是指按生态学原理建立起来的一类社会、经济、自然协调发展,物质、能量、信息高效利用,生态良性循环的社会经济发展模式。它强调以人的行为为主导、自然环境系统为依托、资源流动为命脉、社会体制为经络的"社会—经济—自然"的复合系统中,各种关系之间的协调和可持续发展。最终实现经济效益、社会效益、生态效益的高度统一,达到"多赢"的目标。循环经济则重点考虑的是资源的综合利用,以废弃物零排放为目标。所以说循环经济是生态经济的重要组成部分和关键环节。就我市现阶段社会经济发展水平看,提出发展循环经济更实际一些,更贴切一些,也更现实一些。

发展农村循环经济具有以下意义:

第一,农业推行循环经济是整个国民经济社会体系全面发展循环经济、建立循环社会关键性的基础环节。

第二,农业可持续发展迫切需要追赶发展循环经济的时代大潮。

第三,从可持续发展的角度来看,发展以循环经济为中心的农业可持续发展模式,才是建设社会主义新农村、解决"三农"问题的现实可行途径。

第四,常规农村经济所面临的环境污染、生态破坏、资源耗竭、耕地质量下降等问题有待于运用循环经济原理与方法来解决。

因此,发展循环经济,不但具有现实意义,还具有深远的历史意义,是一项利国利民造福子孙后代的工程。

发展农村循环经济具有得天独厚的优势:

第一,农业与自然生态环境有着紧密相连、水乳交融、密不可分的"先天条件",使得农业经济系统更易于和谐地纳入到自然生态系统的物质循环的过程中,进而建立循环经济发展模式。

第二,农业与人类自身消费更贴近,人类处于食物链网的最顶端,是自然的一部分,参与整个系统的物质循环与能量转换,这为循环经济要求从根本上协调人类与自然的关系、促进人类可持续发展提供了更为直接的实现途径。

第三,农业的产业构成特点更易于发展循环经济。农业产业系统是种植业系统、林业系统、渔业系统、牧业系统及其延伸的农产品贸易与服务业系统、农产品生产加工业系统、农产品消费系统之间相互依存、密切联系、协同作用的耦合体。农业产业部门间的“天然联系”、农业产业结构的整体性特征,正是循环经济所要建立和强化的,是建立农业生态产业链的基础。也正是农业产业结构的整体性特征决定着必须推行农业产业协调发展。

二、国内外发展循环经济的情况

国外最先提出“循环经济”一词的是美国经济学家 K.波尔丁,他在 20 世纪 60 年代提出生态经济时谈到的。

循环经济的提出,启发了 20 世纪 60 年代开始的关于资源与环境的国际经济研究。1968 年 4 月,意大利“罗马俱乐部”发布了《增长的极限》的研究报告,专门说明了资源循环问题。

1983 年,联合国世界环境与发展委员会开始研究“没有极限”的可持续发展问题,于 1987 年提交了题为《我们共同的未来》的研究报告。报告着重指出了按生态系统的自然规律,循环使用自然资源,解决可持续发展问题。

随着循环经济理论和科技实验工作的逐步发展,各国有关循环经济的立法工作也开始进行。上世纪 80 年代以来,美国的一些州先后制定了促进资源再生循环法规,现在已有半数以上的州制定了不同形式的资源再生循环法规。2000 年,日本“环保国会”上制定了《推进形成循环型社会基本法》、《促进资源有效利用法》、《建筑工程资材再资源化法》等有关循环经济法规。2002 年,法国也制定法令,提出 2003 年应有 85%的包装废弃物得到循环使用。此外,英国、意大利、西班牙、新加坡、韩国、荷兰等国家也颁布了发展循环经济的法律。2005 年 6 月,我国财政部有关领导表示:“中国将从增加环保资金投入、完善税收政策、推进污水处理产业化、促进资源有偿使用四个方面大力支持发展循环经济,以使中国走上可持续发展之路”。

国家环保总局出台四大措施发展循环经济,一是建立和完善促进循环经济发展的法律法规体系和经济政策;二是开发研究循环经济与生态工业的技术支撑体系;三是加强循环经济和生态工业的宣传交流;四是继续开展循环经济和生态工业的试点。

国家“十一五”规划建议提出“必须加快转变经济增长方式,发展循环经济,加快建设资源节约型、环境友好型社会,促进经济发展与人口、资源、环境相协调”。并于 2005 年正式启动循环经济试点工作,选择钢铁、有色、化工等七个重点行业的十二家企业,以及东、中、西部和东北老工业基地的十个省市开展循环经济试点工作。目前,我国已有十几个省市开展循环经济的试点和推进工作,深圳正在建立绿色 GDP 指标,用以考核循环经济发展情况。

各国政府在推进循环经济科研和立法的同时,也在大力推进和引导企业进行循环经济的实验,这些活动得到了企业的积极响应。下面介绍几个发展循环经济的成功实例:

1、企业界的早期响应:

20 世纪 80 年代末,当时居世界大公司 500 强第 23 位的杜邦公司,开始循环经济理念的实验。公司的研究人员把循环经济三原则发展成为与化工生产相结合的“3R 制造法”,即资源投入减量(Reduce)、资源利用循环(Recycle)和废弃物资源化(Reuse),以少排放以至零排放废弃物,改变了只管资源投入,而不管废弃物产出的生产理念。通过放弃对环境有害化学物质的投入和生产、减少生产过程中废物排放新工艺和回收废物再利用的新技术,到 1994 年,该公司生产造成的废弃物减少了 25%,空气污染物排放量减少了 70%。同时,他们通过废塑料回收,开发出了使用寿命长的乙烯等新材料。

2、国外发展循环经济实例

农业经济生产的发展集中了土地资源和劳动力,出现了地主庄园;传统工业经济生产要发展,就要通过一种新技术来集中资本、资源和劳动力,因而出现了工厂;而循环经济要发展,则是通过一种新的生产理念来集中不同产业,实现资源的循环。因此,20 世纪 80 年代末、90 年代初一种循环经济的“新工厂”——科技工业园区就应运而生了。

丹麦小镇卡伦堡近郊的科技工业园区以生态型生产而著称,因而又被称为生态工业园区。在循环经济的生态型生产中脱颖而出的科技工业园区,使这个不为人知的小镇在世界上著名起来。

卡伦堡生态工业园区是在企业之间实现循环生产,即通过科技工业园区把不同的工厂联结起来,形成网络循环,使得一家工厂的废气、废热、废水、废渣等成为另一家工厂的原料和能源。这个科技工业园区的主要企业是火电厂、炼油厂、制药厂和石膏板厂。这四个企业形成一个生产链,一个企业通过贸易方式利用其他企业生产过程中产生的废弃物作为自己生产原料,形成生产发展和环境保护的良性循环。

燃煤电厂位于这个工业生态系统的中心。首先,其本身对热能进行了多次循环使用,对废物进行了综合利用。其次,电厂向炼油厂和制药厂供应发电过程中产生的蒸汽,使炼油厂和制药厂获得了热能;还通过地下管道向卡伦堡全镇居民供热,从而关闭了镇上 3500 座建筑物燃烧油渣的自备锅炉,减少了大量的烟尘排放。再次,将除尘脱硫的副产品工业石膏,全部供修路和生产水泥之用。炼油厂和制药厂之间也实现了资源的循环利用。炼油厂产生的废气火焰通过管道供石膏板厂用于干燥石膏板的生产,减少了火焰气的排空。炼油厂脱硫生产的稀硫酸供给附近的一家硫酸厂,脱硫气则供给电厂燃烧;炼油厂的许多化学废料和副产品,如煤焦油等又成为制药厂的原料。卡伦堡生态工业园区还进行了水资源的循环使用。炼油厂的废水经过生物净化处理,通过管道向电厂输送,每年提供电厂 70 万立方米的冷却水。整个园区由于水的循环作用,每年减少 25%的需水量。

园区内有一支十分精干的管理人员队伍,在四个厂之间包括和园区以外的厂进行协调、组织、结算、监督工作,还对新的废物利用项目予以资金和技术的支持,使物流、能流和信息流优化配置,使循环生产有序进行。

3、国内发展循环经济实例:

一条“资源——产品——再生资源——再生产品”的循环经济新路,已经在上海化工区铺开。这个化工区是联合国环境署开展循环经济研究的合作单位,也是上海市循环经济的试点工业区。5 年前开工伊始,这里就吸引了拜耳、巴斯夫、BP 等世界石化巨头,一期开工项目的投资强度高达 13.8 亿美元/平方公里,为国内开发区平均投资强度的 3 到 4 倍,年新增工业产值高达 200 亿元。

没有无用的资源,只有不合理的生产工艺和落后的技术;副产品也只是在没有很好地利用时,才成为废弃物。上海化工区发展循环经济的主要经验,就是根据化工产品的特点,从招商引资开始,精心编织一条有机连接上中下游企业的一体化产业链。在这条链条上,"上一环节的产品、副产品和废物正好是下一环节的原料""上一环节的废气正好是下一环节的能源",循环常在,生生不息。

中石化与英国BP公司合资的上海赛科90万吨乙烯工程居上游,中方与巴斯夫合资的上海联合异氰酸酯工程、德国拜耳公司聚碳酸酯等项目在中游,德国德固赛公司的精细化工诸项目居下游,各企业在原料、中间体、产品、副产品及废弃物等方面互供、共享。

要实现资源的循环利用,关键在于改进生产理念、技术与流程。譬如,天原集团按传统的生产模式,每生产30万吨聚氯乙烯,需要20万吨氯气和15万吨乙烯配对,同时产生大量"三废"。如今,在上海化工区内,其生产流程因新的产业链条及新的工艺技术而得以改变:20万吨氯气先送到巴斯夫公司,生产出29万吨MDI/TDI,同时回收副产品氯化氢。这些对于巴斯夫公司而言已是"废物"的氯化氢,被送回天原公司,与乙烯配对,生产出聚氯乙烯。这一工艺既可变副产品为原料,每年可降低成本2.98亿元;同时又实现了一份氯在两个企业"打两份工",氯的利用率提高了1倍,环境污染减半。

减量化、可循环、再利用的循环经济发展模式,在上海化工区随处可见。英国璐彩特公司利用上海赛科公司丙烯腈装置的副产物氰氢酸来生产MMA(制造液晶玻璃的原料),而生产中的废酸又回供赛科作为其生产所需的高浓度硫酸。原本是各自的污染负担,现在在循环链中均可卖钱。还有,赛科在乙烯生产中产生的废焦油,被哥伦比亚化学公司引进,生产炭黑,用作汽车轮胎的添加材料;而天原烧碱项目产生的盐泥,也被其他企业用来生产人行道板。

"吃干榨尽"是循环经济的追求,在上海化工区,资源再利用方面"吝啬"到连"一口气""一滴水"也不放过。化工企业反应中释放的热能会产生大量蒸汽,如直接排放,既有噪音又影响空气质量,上海化工区因此启动了余热发电项目,每天"搜"来的余热可发电20多万度,每年发电量可达1亿度。耗水是化工企业的另一特征,上海化工区开启了中水回用项目,将污水厂出水处理至中水,供绿化喷灌、道路和车辆清洗、景观用水等。正在建设中的湿地净化项目建成后,上海化工区有望实现废水零排放。

现在,上海化工区每万元产值能耗只有1.2吨标准煤,不到同行业平均水平的二分之一;万元产值耗水33吨,不及同行业的十四分之一。

三、长春市发展农村循环经济的可行性

提到循环经济,人们首先会想到的是它在工业方面的应用。其实在农村、在农业方面,也是非常有益的。它对农村经济的发展,对农民生活质量的改善和农村环境的保护具有非常重要的现实意义和历史意义。下面就介绍几种循环经济技术在农村的应用:

1、秸杆气化技术的应用

秸杆气化技术是20世纪90年代在我国发展起来的一项新的生物质能源利用技术,它能利用农村丰富的农作物秸杆和山林柴草为原料,生产气体燃料(主要成分为氮气),然后利用管道供给农户作为生活和生产所需的气体燃料。对于现阶段的中国来说,开发利用包括秸杆在内的农林废弃物资源,具有特殊而重要的意义。秸杆气化不但可以提高燃料品位,提高能源利用率,而且气体燃料清洁,易于输送,使用方便,是小城镇建设中值得推广的一项好技术。

秸杆一直是广大农村生活的重要能源之一。当前,由于秸杆较多,部分剩余的秸杆被农民在农田中就地烧掉。这既是一种资源的浪费,又对环境造成了严重的污染,同时也造成了一些不该发生的意外事故,如在交通干道附近焚烧秸杆,影响司机视线,造成交通事故每年都有报道。因此,高效合理地使用秸杆资源,可增加作物秸杆的回田,有效减轻现代农业带来的化肥对耕地的污染及水体的负营养化等方面的困惑,同时还可以减少对森林的砍伐,增加森林覆盖率,保持水土,促进生态良性循环。能源的利用水平、质量与数量,是一个国家文明程度的重要标志。生活水平的现代化也是用能水平的现代化。

从80年代初开始,经过20多年的努力,我国生物质气化技术也日趋完善。我国自行研制的集中供气和户用气化炉产品已进入实用化试验及示范阶段,形成了多个系列的炉型,可满足多种物料的气化要求,在生产、生活用能、发电、干燥、供暖等领域得到利用。近年来,还将煤气化技术引入到生物质气化方面来,如沸腾流化床技术可用在细粒状的生物质气化,克服了此类原料在固定床连续加料的困难,同时生物质流化床技术也被很多研究单位和高校重视,有关该项技术的实验研究也在进行中。

现在,我国使用的秸杆气化技术,主要以固定床为主。固定床工艺一般采用空气为气化剂,这类工艺,不论是上吸式、下吸式或是平吸式的气流方式,都有设备结构简单、易于操作、可以实现多种生物质原料的热解气化、投资少等特点。

目前,江苏省正在利用秸杆气化技术进行稻皮发电,稻皮燃烧后产生的碳黑,作为上好的工业原料进行回收利用。九台市劳教所也在使用此项技术,为单位食堂及家属楼提供了清洁能源,其成本仅为购买煤炭的三分之二左右,每年可节省120万元的煤炭购买量,节省资金40万元。我市秸杆资源丰富,2005年各类秸杆产量在1000万吨以上,充分利用这些资源、缓解能源紧张、提高能源品位、改善环境质量、提高人民生活水平等诸多方面具有重要意义。

2、沼气技术的应用

此项技术是将人、畜粪便通过沼气池发酵、气化,产生可燃气体(主要成分是甲烷,约占气体总量的55%-70%)。沼气是可再生清洁能源,既可替代秸秆、薪柴等生物能源,也可替代煤炭、天然气、液化石油气等石化能源,其燃能效率明显高于秸秆、薪柴、煤炭,一个容积8-10立方米的户用沼气池每年可节省薪柴和秸秆1.5吨左右,其热值与3.5亩薪炭林或6亩林地年生长量相当。近几年随着人们的环保、可再生能源等理念的强化,尤其是沼气因其应用领域的拓宽和技术的日趋成熟,正呈重振之势。一方面由于混凝土、玻璃罐、陶罐等技术的应用,解决了冬季气温偏低不利于产生沼气的问题。另一方面沼气应用不仅局限于农村的取暖、做饭、照明以及蔬菜大棚的采暖,甚至应用于发电等领域。现在新的USR反应器的科技新成果,使得沼气的产生告别了单纯依赖地温的自我积累发酵,实现了自动化生产方式——用泵打入原料、搪瓷罐保温发酵、贮气柜储气,既方便快捷又平稳安全。沼气产业是一个能将"污"转化为"肥",将"废"转化为"能",将"害"转化为"利"的产业。大力推广沼气技术,对于提高农民收入,缓解能源紧张,改善农村环境,建设新农村以及创建文明城镇都具有十分重要的意义。

长春市地处世界著名的黄金玉米带之中,年产玉米600万吨左右。针对玉米的消化问题,长春市实施了"粮转肉"工程,畜牧业得到了较快发展。但随之而来的是:畜禽粪便造成的环境污染,特别是对农村地下水的污染已经显现。那么,发展沼气产业,不但可以生产出清洁能源,替代传统能源的消耗;还可以减少畜禽粪便对环境的污染;同时,沼气废渣又是上好的有机肥料(沼肥还有防治植物病虫害的作用),进而生产出绿色粮食和蔬菜。在整个物质循环过程中,废弃物全部被有效利用。目前,长春市农委正在推广此项技术,并已申请到国家的资金支持。现在长春市的四县(市)中,榆树、德惠、九台每建一个沼气池,国家补贴 1200 元,九台市此项工作开展较快,现已发展到 1300 多个。现在,长春市有 110 多万个乡村住户,应该讲,全市发展沼气产业的空间是非常大的。

3、农村大循环经济体系的可行性

在农村,农业产业和乡村工业的资源约束和污染物排放,是农村环境污染的源头。在资源节约与高效利用方面,如何有效降低农业生产对耕地、水等各项资源的消耗及生产成本,如何有效解决乡镇企业对资源的浪费,从根本上缓解资源约束矛盾;在废弃物和可再生资源利用方面,如何建立循环可持续的资源化利用方式,有效减轻农业污染和企业排污对农村环境污染造成的压力;等等,环境问题已经成为发展农村经济、建设社会主义新农村的重要制约因素,需要我们认真研究和解决。

因此,生态农业乃至整个农村的循环经济,在我国循环经济中所占的位置十分重要。发展农村循环经济是建设社会主义新农村、解决"三农"问题的重要策略,也是解决农村环境问题的有力手段。

前面,我们介绍了国内外发展循环经济的实例以及农村发展循环经济的雏形。应该讲,长春市发展农村循环经济不但是可行的,而且具有某些得天独厚的优势。

当然,前面介绍的只是农村循环经济的一部分,就长春市的现实情况看,发展农村循环经济才刚刚起步,还有很长的路要走,还需要人们对此项工作的认识和重视,还需要各方面的关注和政策扶持,还需要科技方面的研究和技术支持,还需要进行统筹考虑、合理规划、系统布局。

四、发展农村循环经济的几点建议

1、认识和观念的进一步提高

发展农村循环经济的关键是确立农村循环经济的新理念,要通过强化宣传,形成共识。首先,要摆脱传统农业的束缚,树立系统科学理念。要把农业生产某一领域的相关环节统筹作为一个大的生产系统,从内在联系上考察各生产要素之间的关系及要素优化组合的整体结构和功能,寻求建设农村循环经济的新思路。其次,要跳出单一生产的框框,运用自然科学规律考察农业生产结构、功能和发展前景,探索出农村、农业循环经济发展的新途径。再次,要确立资源集约型发展理念,彻底摒弃依靠消耗资源来发展经济的做法,把农业系统作为经济再生系统,寻求各种资源的优化配置,提高资源的利用率,走低消耗、高增长、可持续的农村循环经济发展的新途径。最后,农业经济主体和消费者都要转变生产经营和消费观念,形成符合循环经济发展的绿色生产和绿色消费氛围,提倡健康文明、有利于节约资源和保护环境的生产、生活方式。

2、政策方面的鼓励和支持

循环经济建设是一项系统工程,需要全社会各方面的广泛参与,其中最重要的就是靠各级政府引导和推动。一是制订规划,要把发展循环经济、循环农业的内容列入"十一五"规划和 2020 年的长期发展规划中,建立循环经济评价指标体系及相关统计制度,确定循环经济建设的战略目标,分阶段有计划的实施。二是有法可依,要研究制定发展循环经济、循环农业的法律法规和行政措施,使之有法可依、有章可循。三是协调扶持,要建立相应机构或由综合职能部门纳入议事日程组织协调,通过优先立项给予资金、人力、技术等方面的支持,加大对农村循环经济建设的投入,建立循环经济的核算机制,改变过去只重视经济效益、忽视生态环境效益的做法,并纳入领导干部的政绩考核体系。四是搞好试点,各级政府要在本行政区域内选择条件较好的地区进行试点,着重在重点行业、农业科技园区、规模种养集中区等,试行农村循环经济发展模式,总结经验加以推广应用。五是实施运行新机制,在政府的扶持下,由企业作为循环经济的实施主体,负责生产经营的全过程,科研部门作为技术支撑,农民参股,并从中受益。

3、加大技术方面的指导

农村循环经济不仅是一种农村经济发展的新理念,在实践上更是一种发展模式或技术规范。在强调和实施 3R 原则的前提下,创新具有区域个性化的循环经济发展模式。循环经济发展模式的建立和优化,必须依靠集约性、综合性、多样性的相关配套技术的支持。无论是模拟循环系统立体结构、优化组合的立体农业模式,还是模拟生态系统食物链结构,实现生物能量多级利用的循环再生农业模式,抑或庭院立体经营模式等,均离不开立体种养技术、物质能量的良性循环再生技术等一系列技术的支撑。因此,要有效地推广符合循环农业发展的主体生产技术,既要开发资源节约和循环经济链结上的循环农业模式,更要注重研究体现新型工业化、农业现代化、市场化新形势下的循环经济模式。要对传统的初级循环农业模式进行研究改造,使之适应现代农业发展和农村循环经济发展的需要。对新兴的以沼能、风能、太阳能、生物质能应用技术和以有益生态食物链技术为中心的成熟的循环农业新模式,要加强示范和推广,及时总结经验。同时要加强对农民的技术培训,使其掌握要领,取得实实在在的经济、社会和环境效益。

4、加大金融方面的支持力度

以专项、大项目资金等形式支持循环经济发展和关键技术的研究开发,支持发展循环经济的政策研究、技术推广、示范试点、产业化发展、宣传培训等。对于发展循环经济的重大项目、政府有关部门应给予资金补助或贷款贴息等支持。银行通过调整信贷结构,优先支持和保证与节约降耗、清洁生产、资源综合利用和环保产业等循环经济相关的产业、企业和建设项目的资金需要,严格控制对盲目投资、低水平重复建设、高耗能、高耗水、高污染等产业、企业和建设项目的信贷资金投放,以此促进循环经济的发展和经济增长方式的转型。

(李振声　邹旭昕)

对我市城乡居民收入差距问题的研究

城市居民人均可支配收入和农村居民纯收入是反映城乡居民收入的主要指标。在我市国民经济和社会事业呈现持续稳定发展、人民生活水平不断提高的同时，城乡居民收入的差距有逐年拉大的趋势，2005年为2.41:1。缩小城乡居民收入差距是构建社会主义和谐社会，实现全面小康社会急需解决的问题，也是提高城乡居民生活水平，实现共同富裕的根本途径。

一、城乡居民收入差距的现状

近二十年来，我市城乡收入差距经历了一个先缩小再扩大，再缩小再扩大的发展过程。1986－2005年，我市城市居民人均可支配收入由831元增至10065元，增加9234元，增长11.1倍，年均增长14.2%，高于同期GDP年均增长速度1.2个百分点；农村居民人均纯收入由443元增至4180元，增加3737元，增长8.4倍，年平均增速为13.3%，高于同期GDP年均增速0.3个百分点。二十年来，我市的城镇居民人均可支配收入和农村居民人均纯收入都有较大幅度的增长，平均增速均高于同期GDP的平均增速，城乡居民生活水平都有较大提高。但在发展过程中，城镇居民人均可支配收入增长量及增长幅度均高于农村居民人均纯收入，城乡居民人均收入的差距也不断拉大，从1986年的388元，增加到2005年的5885元，城乡居民收入差距比从1986年的1.88:1提高到2005年的2.41:1，差距系数增加了0.53个百分点。

分阶段来看，1986－1990年，我市城镇居民人均可支配收入平均增长速度为12.4%，而农村居民人均纯收入平均增长速度为16.9%，高于城镇居民人均可支配收入平均增速4.5个百分点，城乡居民收入差距处于缩小的阶段，差距系数年均为1.85:1。离1991－1993年，我市城镇居民人均可支配收入平均增长速度为16.9%，而农村居民人均纯收入平均增长速度为6.9%，低于城镇居民人均可支配收入平均增速10个百分点，城乡居民收入差距处于扩大的阶段，差距系数年均为2.15:1。1994－1998年，我市城镇居民人均可支配收入平均增长速度为18.5%，而农村居民人均纯收入平均增长速度为22.1%，高于城镇居民人均可支配收入平均增速3.6个百分点，城乡居民收入差距处于缩小的阶段，差距系数年均为1.85:1。1999－2005年，我市城镇居民人均可支配收入平均增长速度为7.5%，而农村居民人均纯收入平均增长速度为7.5%，低于城镇居民人均可支配收入平均增速3.8个百分点，城乡居民收入差距处于扩大的阶段，差距系数年均为2.25:1。

从城乡居民储蓄存款余额的构成及其变化，也可以看到城乡居民收入的差距。2000－2005年，我市城镇储蓄余额从495.7亿元，增加到991.1亿元，五年增长了99.9%，占全市存款余额的比重由92.9%提高到93.6%，提高了0.7个百分点；而同期的农户储蓄余额由38亿元，增加到68.2亿元，五年增长了79.2%，占全市存款余额的比重由7.1%下降到6.4%，下降了0.7个百分点。城镇储蓄余额的增长量、增长速度及占全市的比重均高于农户储蓄。农村人口和农业劳动力过多是我市的实际情况。截止2005年末，我市农村人口数为410.4万人，占全市总人口数的56.1%。切实有效地保证农民增收，不仅是缩小我市城乡收入差距的有效手段，也是我市加快国民经济发展、创建安定和谐社会的根本保障。1995－2005年长春市GDP及城乡收入指标详见表一：

1985－2005年长春市GDP及城乡收入情况一览表

年份	GDP（亿元）	GDP增长（%）	城镇居民人均可支配收入（元）	农村居民人均纯收入（元）	城乡收入差距比	城镇居民人均可支配收入增幅（%）	农村居民人均纯收入增幅（%）
1985年	59.8	10.3	706	347	2.03		
1986年	63.6	7.1	831	443	1.88	17.71	27.67
1987年	77.8	21.2	901	512	1.76	8.42	15.58
1988年	97.3	10.8	1048	580	1.81	16.32	13.28
1989年	97.8	－9.3	1176	554	2.12	12.21	－4.48
1990年	112.9	7.2	1268	759	1.67	7.82	37.00
1991年	121.4	1.9	1415	663	2.13	11.59	－12.65
1992年	164.8	21.3	1613	750	2.15	13.99	13.12
1993年	238.5	34.0	2029	929	2.18	25.79	23.87
1994年	337.0	25.7	2580	1416	1.82	27.16	52.42
1995年	412.9	19.7	3305	1841	1.80	28.10	30.01
1996年	488.2	14.9	3939	2245	1.75	19.18	21.94
1997年	541.2	12.2	4550	2280	2.00	15.51	1.56
1998年	621.0	12.5	4750	2520	1.88	4.40	10.53
1999年	738.8	13.0	5110	2560	2.00	7.58	1.59
2000年	861.0	13.1	5550	2420	2.29	8.61	－5.47
2001年	1003.0	13.4	6339	2785	2.28	14.22	15.08

年份	GDP（亿元）	GDP增长（%）	城镇居民人均可支配收入（元）	农村居民人均纯收入（元）	城乡收入差距比	城镇居民人均可支配收入增幅（%）	农村居民人均纯收入增幅（%）
2002年	1150.0	13.1	6900	3147	2.19	8.85	13.00
2003年	1338.0	14.2	7905	3411	2.32	14.57	8.39
2004年	1415.6	13.5	8900	3906	2.28	12.59	14.51
2005年	1508.6	8.1	10065	4180	2.41	13.09	7.01
年均增长%		13.0				14.2	13.3

二、城乡居民收入差距产生的原因分析

产生我市城乡收入差距的原因是多方面的，主要原因是现行的城乡隔离的行政管理制度。其次，城乡产业特性的差别、城乡投入的差异以及城乡劳动力市场的分割也是产生城乡收入差别的重要原因。

（一）城乡二元经济结构导致城乡居民收入差距加大。长期以来，我国在实行计划经济体制过程中，形成了城乡二元分割的经济社会结构，并主要依靠农业提供的积累，建立起了比较完整的工业体系和国民经济体系，农村为国家工业化和城市的发展做出了重大贡献。但是，城乡二元结构严重限制和制约了农村自身的发展，造成了农村经济发展水平和社会发展水平都大大滞后于城市的现状，这是城乡居民收入差距不断加大的重要原因。

（二）城乡产业特性差异导致城乡居民收入差距加大。目前农村虽然已经实现了多种产业共同发展，但农业在其经济结构中依然占有主导地位。第一产业与二、三产业产品收入需求弹性不同，一般农产品的收入需求弹性小于其它产品的收入需求弹性，农民丰产但不一定丰收，这就注定了经济发展到一定程度，即解决温饱后，农业的发展必然要慢于二、三产业的发展。从这种产业特性来看，农业的发展与工业发展相比必然处于劣势，农民收入增长速度也将慢于城镇居民收入增长速度，农民的收入水平与城镇居民收入水平的差距逐渐拉大。

（三）城乡投入的差异导致城乡居民收入差距加大。建国以后，我国在很长一段时间内是依靠农业支持优先发展工业的，这种非均衡发展战略不仅使城市的产业快速发展，而且城市的各种基础设施建设也不断加强。城乡物质基础的差距将继续推动经济发展的差距进而推动城乡收入的差距。2005年，我市全社会固定资产投资额完成650.4亿元，其中农村固定资产投资额为40亿元，仅占全市的6.2%。

（四）城乡劳动力市场的分割导致城乡居民收入差距加大。根据国际惯例，人口增长率每提高1个百分点，就要求国民经济增长3个百分点，否则，就必然造成劳动力的闲置和浪费，并使得生活水平下降。2005年，我市第一产业增加值在GDP中的比重为10.7%，而农业人口在全市总人口中的比重为56.1%，过小的GDP比重和过大的人口比重严重不平衡。加之农村的经济增长本来就比较慢，而且增长质量不高，难以承受不断增加的人口负担，物质财富的增长基本上被迅速增加的人口所消耗，导致经济增长在较低的水平上徘徊。同时由于城乡二元经济结构，劳动力的流动成本很高，农民想变成一个真正的“城市人”，仍然是一种极不容易的事情。在就业、子女上学、住公房、吃补贴、使用公用设施等方面与城里人都大不一样。这也是城乡收入差距扩大的一个重要原因所在。

三、城乡居民收入在全国的位次比较分析

2005年，我市城镇居民人均可支配收入10065元，比上年同期增长13.1%，低于全国城镇居民人均可支配收入428元，高于全省城镇居民人均可支配收入1374元。在全国十五个副省级城市中，绝对量与哈尔滨市并列第13位，仅高于西安市，位次较2004年前移1位，增长幅度与济南并列第7位，位次较2004年下降2位；农村居民人均纯收入为4180元，比上年同期增长7%，高于全国农村居民人均纯收入925元，高于全省农村居民人均纯收入785元。由于深圳已没有农村居民，我市农村居民人均纯收入在全国十四个副省级城市中，绝对量列第12位，高于哈尔滨和西安市，位次与2004年持平，增长幅度列第12位，高于广州和西安市，位次较2004年持平。

2005年，我市城乡收入之比为2.41:1，比全国低0.81，比全省低0.25。在东北四城市比较中，分别高于大连市、沈阳市、0.38、0.41，低于哈尔滨0.1。

从以上分析可以看出：二十年来，我市城乡居民收入都有较快增长，城乡居民的生活水平都有很大的提高，但与全国副省级城市相比还有较大差距，城镇居民人均可支配收入和农村居民人均纯收入都排在全国的后面，因此，在努力提高我市城乡居民收入水平的基础上，不断缩小城乡居民收入的差距是政府义不容辞的责任。2005年长春市城乡居民收入在全国十五个副省级城市中的位次，详见表二：

2005年长春市主要经济指标在十五个副省级城市中的位次

单位：元

	GDP（亿元）		城镇居民人均可支配收入		农村居民人均纯收入	
	绝对量	比上年增长（%）	绝对量	比上年增长（%）	绝对量	比上年增长（%）
长春位次	13	15	13	7	12	12
长春	1678.5	8.8	10065	13.1	4180	7.0
沈阳	2240.0	16.0	10098	13.2	5050	15.0
大连	2290.0	14.2	11994	15.6	5617	10.0
哈尔滨	1830.4	14.1	10065	12.6	4000	10.4
南京	2413.0	15.2	14997	19.9	6250	13.0

	GDP(亿元)		城镇居民人均可支配收入		农村居民人均纯收入	
	绝对量	比上年增长(%)	绝对量	比上年增长(%)	绝对量	比上年增长(%)
杭州	2918.6	12.5	16601	14.0	7500	13.0
宁波	2446.4	12.5	17408	9.6	7810	11.3
济南	1876.5	15.6	13578	13.1	4750	15.4
青岛	2695.5	16.9	12920	16.5	5800	14.0
武汉	2238.0	14.7	10850	13.4	4340	9.7
广州	5115.8	13.0	18287	8.3	7089	7.0
成都	2371.0	13.5	11359	9.3	4471	9.8
西安	1270.1	13.1	9628	12.7	3362	7.0
深圳	4926.9	15.0	21494	8.7		
厦门	1029.6	16.0	16403	10.3	6230	10.0

四、缩小城乡居民收入差距的对策建议

城乡之间存在一定的差距是客观的，也正是差距的存在才促进了城乡之间要素的流动。从这个意义上说，差距也是一种发展的动力，但城乡差距过大，就会成为发展的障碍。因此，要控制和缩小城乡的差距，必须加快推进城乡统筹发展。

(一)改变城乡二元结构，还农民以真正的“国民待遇”。农村人口不减少，城乡二元结构就难以改变，城乡收入差距也难以缩小。

1、加快户籍制度改革。以往户籍制度的改革并没有改变与农民身份有关的相应制度，如劳动用工制度、教育制度、财政制度和社会保障制度等；城市消费水平高，进城的农村人口承受不起。改革现行城乡分割的户籍制度，必须以给予农民平等的公民权为基础，把农村人口的社会流动纳入到国家整体的社会流动，使农村人口的职业转移与居住变迁、社会地位变迁同步进行。

2、加快小城镇建设，提高农村城镇化水平。包括县城在内的小城镇是连接城乡的地域中枢，是农村工业化、城镇化的最主要载体。统筹城乡发展，必须有效地发挥好小城镇的经济集聚和人口集聚作用，通过小城镇带动，提升农村经济社会的发展水平和层次。加快小城镇的配套建设，强化小城镇的城市功能，是当前统筹城乡发展、提高农村城镇化水平的一项重要工作。我们要通过加快小城镇建设，完善小城镇的功能，使小城镇成为产业活动发达、生活配套齐全、就学就医便利的地方，使广大农民在离土不离乡的基础上，自愿向小城镇聚集，以实现多数农村人口的城镇化。

3、建立城乡居民自由流动机制。现在农民工进城务工往往被要求办理各种证件，如务工证、暂住证、健康证等，每一种证件都进行收费，给进城务工农民造成很大的负担。政府部门要做好对农民工外出务工的组织、信息引导和技能培训等服务性工作，简化手续，减免收费。还要创造条件为进城打工的农民提供社会保障及子女教育等方面的服务。

(二)加快对农业和农村经济结构的战略性调整。农业和农村经济结构战略性调整主要指农业内部的农、林、牧、渔结构的调整和农村内部一、二、三产业的调整。农业内部的调整要本着比较优势的原则，结合各地的具体实际情况发展特色、优势农业。农村内部的调整主要是积极引导农村剩余劳动力直接进入二、三产业，同时加速乡镇企业的结构调整。应积极引导工商企业、包括外资进入农业，让农户作为第一车间，分享农产品加工转化链条上的利润，形成以龙头企业带动千家万户的农业产业化。通过调整农村的产业政策，鼓励建立农产品的深加工项目，改变农村单一输出农产品的状况，使资源得以充分利用，同时增加更多的就业机会。要完善农业社会化服务体系，建立灵敏而全面的农业信息网络，加快农业科技创新和推广体制的改革，政府要承担起对农民的培训责任。应积极扶持农村经济合作组织，充分发挥各种农业协会等的作用，在农户和企业之间架起“风险共担、利益共享”的桥梁，为农业的产业化、标准化、规模化奠定基础。同时，为乡镇企业的发展提供资金、税收政策等“国民待遇”，引导乡镇企业与城镇企业在分工上形成优势互补。

(三)调整国民收入分配格局，增加对农村发展的投入。胡锦涛总书记在党的十六届四中全会上提出了“两个趋向”的重要论断，这标志着我国工业反哺农业、城市支持农村时代的到来。我们要按照“两个趋向”重要论断的要求，从城乡统筹发展的高度，合理调整国民收入分配结构和政策，继续加大对“三农”的投入、支持和保护力度，让广大农民更多地享受到经济社会发展所带来的好处。当前，应在以下四方面加大财政的投入力度。

1、加大对农业和农村基础设施建设的投入。应适当调整财政支出结构，增加农村地区、贫困地区基础设施建设的投入，促进城乡协调发展。不仅要增加用于农田水利等农业基础设施的投入，也要将农村生活基础设施的建设逐步纳入公共财政领域，增加农村道路、农村教育投入，加大对交通网、电信网、广播电视网、电网进行改造力度，为农民增收创造条件。要拿出部分资金支持农产品储存、保鲜等市场设施的建设。在农村基础设施的建设中，尽量使用农民工，以增加农民的劳务收入。

2、加大对农村社会保障制度建设的投入。从总体上看，目前农村的社会保障制度建设还处在初创阶段，政府不仅需要在制度创新上继续进行深入的探索，而且更需要通过财政的投入建立起各种保障基金，重视和加强对农村低收入群体的保护，同时适当减免贫困农民的医疗费，不能使农民因为穷而看不起病，或者甚至不去看病。随着城镇化的推进，现行以土地为基础的农村社会保障越来越不适应经济社会发展的需要。目前，应该积极试行由国家、集体、农民个人共同出资、合理负担的农村养老制度和农村医疗保险制度，并结合农村扶贫政策和其他民政补贴政策，试行农民最低生活保障制度。

3、加大对农村社会事业发展的投入。政府应重点抓好农村文化、教育、卫生等公共事业的发展，逐步改变农民子女义务教育阶段以后继续读书负担重和农民看病难、看病贵等问题。同时，要加大对农民技术培训和农村市场流通和信息服务体系等方面的建设投入，使农民能够熟练掌握一两门实用技术，及时准确掌握市场信息，从而拓宽增收门路。

（四）提高农村居民的人力资本积累水平。人力资本对农民收入增长的影响越来越大。教育资源的匮乏使得农村居民接受教育的机会远远低于城镇居民。农民改变身份与职业的主要途径是接受高等或中等教育，这是被城市接纳的基本条件。以初中文化程度为主的民工在城市中只能从事建筑业、饮食业、服务业等重体力劳动。随着我市经济发展的加快，对高素质人才的需求越来越多，对文化程度的要求越来越高，提高农民的文化程度，是增加农民社会流动的前提条件。各级财政应该加大对农村教育的转移支付，特别是要加大贫困地区的教育投资，积极发挥"希望工程"等社会力量的作用，改善农村教育设施条件，增强师资力量。在保证九年义务教育的基础上，开放中学社会办学教育市场，形成一个充分竞争的高效的农村教育市场，降低农民接受教育的成本，力争尽快普及农村高中教育。加强对农村的职业技术教育也是提高农村劳动力素质，满足农业产业化需求的当务之急。

县(市)区经济

ECONOMY OF COUNTY(CITY) AND DISTRICT

【农安县】农安县隶属于吉林省长春市,位于松辽平原腹地,年平均气温4.7度,无霜期145天,降水量507.7毫米,有效积温2800度,地势平坦,四季分明,属北温带大陆性气候。

幅员5400平方公里,其中耕地435万亩,林地95.5万亩,草原52.5万亩,水域33万亩。撤并乡镇后,辖22个乡镇,376个村,总人口113.5万,其中农业人口89.9万。农安是全省幅员超过700万亩的10个县份之一,耕地超过400万亩的3个县份之一,人口超过百万的2个县份之一。

农安县交通区位优势明显。南距省会长春市只有60公里,位于长春市一小时经济圈之内。长白铁路、长白公路和302国道纵贯南北。全县376个村全部实现"村村通"。

就自然和社会资源禀赋而言,农安县具有粮食产量高、畜禽总量大、矿产资源丰富、基础教育质量好、文化底蕴丰厚等几个特点。体现在粮食生产上,1990年进入全国十大产粮县行列,目前年总产量稳定在45亿斤左右的阶段性水平,约占全省十分之一。体现在畜牧发展上,2003年成为全国肉类总产量第一大县,畜禽发展总量超过1亿头(只),肉类总产量达到40万吨以上。体现在矿产资源上,天然气工业储量50多亿立方米。油母页岩工业储量168亿立方米。陶土工业储量1000万吨。二氧化碳气工业储量90亿立方米。三岗乡宝泉村天然矿泉水日涌水量2000吨。体现在基础教育上,全县在校生20多万人,近几年高考进线率都在90%以上,2005年升入高等院校学生达6850人。体现在文化底蕴上,农安镇建城2000多年,史称黄龙府,是西汉时期北方夫余国的国都和渤海、辽、金时期的军事重镇。以民族英雄岳飞的誓言"直抵黄龙府,与诸君痛饮耳"和"五四"运动领导人李大钊的诗句"何当痛饮黄龙府,高筑神州风雨楼"而闻名。位于县城中心的辽塔,是我国最北端的一座佛塔,距今已有近千年的历史。

经济运行继续保持平稳增长。全年实现地区生产总值1,483,422万元,比上年增长17.7%。一、二、三产业增加值分别达到537,865万元,479,734万元,465,823万元,分别增长了11.2%,19.2%,24.5%。

全县产业结构调整取得成效,产业结构进一步趋于合理。在经济总量持续增长的基础上,第一产业稳定发展,第二产业快速增长。全县地区生产总值中的第一、二、三次产业增加值占全县地区生产总值的比重由2000年的43.3:27.0:29.7,调整为2006年的36.3:32.3:31.4。所有制结构不断完善,三次产业内部结构进一步优化。

县财政紧紧围绕广泛集资财力这一主题,上争下收,外引内培,在支柱企业停产短收的严峻形势下,经过各部门和各乡镇的共同努力,完成了全县财政收入目标,增加了经济建设收入,支持了社会各项事业发展,维护了全县改革、发展、稳定的大局。一般预算全口径财政收入完成29,757万元,比上年增收2,960万元,比上年增长11%,完成年度预算的108.2%。全县一般预算财政支出完成101,252万元,同比增加33,107万元,同比增长48.6%。

农村经济稳定发展,农民收入渠道增加。全县实现农业总产值769,396万元,比上年增长12.33%;实现农业增加值537,865万元,比上年增长11.2%。

2006年粮食生产喜获丰收。全县册内地粮食播种面积299,949公顷,比上年增长16.21%,其中:玉米播种面积217,135公顷,比上年下降0.53%;大豆播种面积13,745公顷,比上年下降3.77%;水稻播种面积7,201公顷,比上年增长12.7%。经济作物播种面积34,251公顷,比上年下降17.27%。农业生产实现了稳定性发展。册内地粮食总产量达到2,317,505吨,比上年增长1.18%。其中:玉米产量2,050,392吨,比上年下降0.62%;大豆产量58,034吨,比上年增长20.18%,水稻产量64,099吨,比上年增长2.25%。经济作物获得较好的收成。全县油料总产量21,872吨,其中:葵花籽产量15,775吨,蔬菜产量528,003吨,瓜类产量150,709吨。全年实现种植业总产值370,839万元。

林业生产持续发展。全年实现林业总产值6,468万元,全年完成造林面积578公顷,全县森林覆盖率10.3%。

牧业生产发展相对稳定。全年实现畜牧业总产值386,137万元,比上年增长13.3%。

肉类总产量达到476,343吨,比上年增长2.37%;奶类产量4,369吨,比上年增长26.64%;禽蛋产量53,132吨,比上年增长3.33%。生猪总头数发展到3,662,544头,比上年增长3.02%。其中:生猪存栏1,156,214头,比上年增长0.57%;生猪出栏2,506,330头,比上年增长4.19%。大牲畜存栏达到735,267头(匹),比上年增长0.93%;羊存栏584,878头,比上年增长1.69%。

渔业生产继续发展。全年水产品产量4,000吨,比上年增长26.30%。全年实现渔业总产值2,463万元。

农业投入相对平稳。全县化肥施用量(实物量)21,4131吨,比上年 下降1.66%;农村用电量136,847万千瓦/时,比上年增长8.24%。农业生产条件进一步改善,抵御自然灾害的能力有所提高。

2006年,工业经济快速发展,运行质量明显提高。规模企业发展到74户,比上年净增10户。医药化工、食品加工、建筑材料,服装包装、机械加工五大主导产业格局基本形成。民营工业已成为工业经济主体。全县规模企业工业总产值达到235,095万元,比上年增长23.03%。实现利税15,350万元,比上年增长41.46%,全口径工业总产值实现1,066,993万元。合隆经济开发区、农安镇工业园区、华家工业园区、哈拉海工业园区发展势头良好。

招商引资步伐加快,项目开发成果喜人,大力实施了投资拉动战略,有力地推动了全县固定资产投资的高速增长。2006年全社会固定资产投资完成351,934万元,比上年增长40.5%。其中,城镇固定资产投资完成327,091万元,农村固定资产投资完成20,540万元。

2006年,建筑业快速发展。全县建筑业增加值实现129,539万元,比上年增长40.8%,建筑业增加值占第二产业增加值的比重为27%。

我县运输邮电部门积极服务于社会生产和人民生活,交通运输邮电业的发展促进了国民经济的发展,国民经济的持续发展又带动了运输邮电业的迅速发展。2006年,全县实现交通运输、仓储及邮电通信业增加值123,173万元,比上年增长23.9%。邮电业务收入达到21,130万元,比上年增加了4,674万元,增长28.4%。

全县商贸经济飞速发展,消费需求持续旺盛,消费品市场十分活跃。全县集市贸易成交额达到13.8亿元,全县社会消费品零售额达到300,294万元,比上年增加58,538万元,增长了24.2%。

改革发展成果惠及城乡,社会各项事业全面进步。全面落实惠农政策,"一镇三村"新农村试点建设已经启动,并取得了初步成果。全县村级公路建设435公里,355个村实现了村村通。投入资金6,000多万元,储备工业用地104公顷,完成农安工业集中区水电路等部分基础设施建设工程。

2006年金融保险业持续发展。银行各项贷款余额达到663,022万元,其中:农业贷款113,600万元;各项存款余额达到560,617万元。保费承保总额13,695万元,已诀理赔支出9,262万元。金融保险业为促进生产、保障人民生活起到了应有的作用。

科技综合实力增强。2006年末,全县拥有各类科学技术人员35,336人。其中,自然科学技术人员16,924人,社会科学技术人员16,112人。

各级各类教育事业有了很大发展,教育观念进一步更新,教育质量全面提高,义务教育入学率、巩固率、合格率,均居全省县(市)领先地位,教学条件进一步改善,投入资金1,607万元,新建、改建中小学校舍36,225平方米。各项改革逐步深入,教育综合实力得到增强。

文化事业发展健康有序,群众性文化体育活动日益活跃。群众文化、公共卫生体系建设不断加强,生活质量进一步提高。积极发展城乡有线电视,电视频道数量增至44个,有线电视用户发展到6.3万户。农安电视台自办节目质量进一步提高,丰富了群众业余文化生活。卫生工作进一步加强,医疗条件不断改善,医疗卫生水平逐步提高。积极筹措资金,县医院综合楼续建工程得以启动,投入资金780万元,新建,改扩建乡镇卫生院16所。大力发展农村新型合作医疗,农民参合率居全省领先水平。全县拥有卫生技术人员5,020人,每万人口拥有卫生技术人员44.8人。深入开展计划生育优质服务工作,加大食品卫生整治力度,保障人民群众身体健康。

2006年末,全县总人口达到1,134,990人,比上年增长0.9%。其中,农业人口899,329人,比上年增长1.0%;非农业人口235,661人,比上年增长0.6%。全县人口出生率6.76‰;人口死亡率5.45‰;人口自然增长率1.31‰。

建设农村社会福利服务中心10所。城镇开发就业岗位4,973个,安置就业人员4,703人。筹集资金4,217万元,妥善处理企业改制轨遗留问题,使7,468名职工领取了经济补偿,接续了养老保险关系。进一步扩大低保覆盖面,34,210人享受最低生活保障待遇。

2006年末,全县职工总人数达到38,380人,比上年下降0.3%;职工工资总额466,805千元,比上年增长23.5%。职工平均货币工资12,180元,比上年增长26.8%。

农民人均纯收入4,536元,比上年增长8%;

城镇居民可支配收入6,000元,比上年增长4.2%。

【九台市】实现2006年全市实现地区生产总值934857万元,按可比价格计算,比上年增长16.8%。其中,第一产业增加值144505万元,同比下降11.9%;第二产业增加值353139万元,同比增长24.9%;第三产业增加值430224万元,同比增长23.3%。在第三产业中,服务业比上年同期增长31.1%,交通运输邮电仓储业增长36.8%,批发和零售业增长11.8%,房地产业增长16.9%,金融保险业增长16.4%。

产业结构调整取得新进展,支撑经济增长的结构力度增强。从三次产业来看,2006年第一产业占全市地区生产总值的比重为15.4,比去年下降4.8个百分点;第二产业占全市生产总值的比重为37.8,比去年提高了2.1个百分点;第三产业占全市地区生产总值的比重为46.8,比去年提高了2.7个百分点。三次产业比例的变化符合我市确立的"工业主导,项目拉动,产业升级,富民强市"的基本经济发展思路。

农业结构进一步优化,农业生产在结构调整中保持平稳发展。由于牲畜出栏比去年下降了近40%,导致全年完成农业总产值275422万元,按可比价格计算,比上年下降8.3%。

种植业持续增长。全年种植业完成产值150886万元,比上年增长5.6%。全年粮食作物播种面积146470公顷,粮食产量954995吨,增长1.1%。畜牧业呈现下降趋势,全年畜牧业完成产值118618万元,比上年下降了19.6%。肉类总产量122167吨,同比下降了41%。其中,猪牛羊肉总产量94303吨,同比下降49%;年末生猪存栏量423685头;牛存栏量260433头;羊存栏量29658只。

工业生产速度加快。全年实现工业总产值824834万元,比上年增长15.1%,全市2006年实现工业增加值为218782万元,其中规模以上工业增加值331078万元,增长75%,工业对全市地区生产总值的贡献率达到了21.96%。

工业经济效益继续提高。规模以上工业企业实现产品销售收入284675万元,工业企业利润总额9646万元,这两项指标同比都有了很大的提高。

全市固定资产高速增长带动了建筑业快速发展。全年实现建筑业增加值134357万元,同比增长46.2%,占全市地区生产总值的比重为14.37%,它对全市地区生产总值的贡献率为31.07%。固定资产投资猛增。全年全社会固定资产完成投资383877万元,比上年增长50.9%。

市场销售稳中趋活,全年社会消费品零售总额269782万元,比上年增长52.8%。

交通运输增幅增大。2006年交通运输邮电仓储业实现增加值105546万元,按可比价格计算,比上年增长36.8%。全年完成货运量920万吨,货运周转量37422万吨公里,比上年增长4.2%。全年完成客运量640万人,客运周转量34379万人公里,比上年增长4.0%。

邮电通信业快速发展。全年完成邮电通信业务总量24138万元,增长46.38%。其中邮政1640万元,增长41.01%;电信22498万元,增长46.79%。固定电话年末达到178899户,其中城镇电话用户95231户,乡村电话用户83668户。移动电话用户年末达到218444户。

财政状况逐年好转,财力明显增强。全年财政总收入147403万元,同比增长23.8%。全市一般预算全口径财政收入为43554万元,同比增长39.8%,比2000年增长2.8倍;其中本级财政收入为29277万元,同比增长38.1%。比2000年翻了一番。金融机构存贷款平稳增长。年末全市金融机构各项存款余额511608万元,比年初增长23.3%。其中城乡居民储蓄存款余额382446万元,增长21.5%。年末各项贷款余额403001万元,比年初增长14.1%。保险业务不断扩大,风险防范意识明显增强。

教育事业全面发展。实施优先发展教育战略,坚持优先发展教育,继续实施农村义务教育"两补一免"政策,加大困难学生的救助力度。2006年,全市普通中学在校生56841人,比上年减少3.38%。全市普通小学招生47380人,比上年增长2.41%。适龄儿童入学率100%。建设了市文化馆、图书馆、一中体育馆和体育训练馆,开展了群众性文体活动,丰富了市民文化生活,促进了全民身心健康;实现了城区有线电视传输光缆化,有线电视节目达到39套,累计发展城乡有线用户3.6万户,有线电视村发展到103个。卫生事业取得明显成绩,公共卫生体系不断完善。2006年,全市有农民就医条件日趋改善;新型农村合作医疗参合人数达497950人,参合率达到

77.7%。全市共有各类卫生机构38个,其中医院、卫生院35个,卫生防疫和防治机构1个,妇幼卫生保健机构1个。拥有医院、卫生院床位1479张,各类卫生技术人员2036人。其中执业医师、执业助理医师642人,注册护士538人。

人口控制取得显著成效。2006年末,全市人口829315人,人口出生率6.2‰,人口死亡率3.08‰,人口自然增长率3.12‰,比上年下降0.62个千分点。

2006年,全市在岗职工年平均工资12000元,比上年增长19.4%。全市城镇居民人均可支配收入5670元,比上年增长12.0%,农村居民人均纯收入4785元,增长9.93%。

社会保障体系建设积极推进,社会保障工作进一步完善。2006年,全市共有城镇基本养老保险人数(不含离退休人员)35472人,比上年增长10.41%;城镇基本医疗保险参保人数(含退休人员)48550人,增长5.0%。年底全市纳入低保人数达59025人,比上年增加5875人,其中城镇1595人,农村4280人。

【榆树市】位于吉林省东北部,处于长春、吉林、哈尔滨三市构成的三角区中心,享有"松辽平原第一仓"和"鱼米之乡"的美誉,粮食总产量多年位居全国县(市)榜首,2004、2005、2006连续三年被国家授予"全国十大粮食生产标兵县"荣誉称号。全市幅员面积4723.77平方公里,耕地面积307261公顷。森林覆盖率达到5.8%。全市辖15个建制镇、9个乡、4个街道办事处,总人口126.6万人,其中非农业人口19.2万人,总户数390958户。

2006年,全市生产总值实现1286368万元,按不变价格计算,同比增长13.4%。其中:第一产业增加值443433万元,按不变价格计算,同比增长2.7%;第二产业增加值229665万元,按不变价格计算,同比增长2.9%;第三产业增加值613270万元,按不变价格计算,同比增长20.6%。(地区生产总值为初步核算数据)

在全国中小城市科学发展评价中,我市跻身全国最具投资潜力中小城市百强第59位、吉林省5个入选县、(市)第二位。

2006年,市政府向农户发放"粮食直补"资金1.68亿元,良种补贴1900万元,农机装备补贴179万元。2006年,全市粮食总产量达到2375000吨,增长1.2%。农业总产值769123万元,比上年增长10.7%,增加值443433万元,同比增长2.7%。其中:种植业总产值428372万元,同比增长10.5%;牧业总产值330737万元,同比下降0.4个百分点;林业总产值3558万元,同比下降3.9个百分点;渔业总产值3010万元,同比增长19.9%。

在长春市第六届中国长春农业食品国际博览会上,我市畜牧业参展的八大系列、23个品种,由于展品新、质量优、品种纯,深受客户欢迎。在这届农博会上,我市参展的动物被授予第六届长春农博会"神农杯"动物大赛优良畜禽称号,并获得了奖杯和证书。2006年,肉类总产量360765吨,禽蛋产量102879吨,奶类产量18118吨。

2006年,全市全口径工业总产值实现604257万元,比上年增长27.1%,增加值实现153902万元,同比增长31.5%,产品销售收入实现569107万元,比上年增长24.7%,利润总额实现35409万元,比上年增长63.5%。规模以上工业企业发展到46户,总产值实现153575万元,比上年增长26.6%,增加值实现51965万元,同比增长32%,产品销售收入实现148015万元,同比增长34.9%,实现利润711万元,实缴税金7193万元,比上年增长22.5%。

2006年,全市建筑业增加值实现85763万元,同比增长16.5%。全年施工房屋面积103.3万平方米,竣工房屋面积68.7万平方米,其中:施工住宅面积19.1万平方米,竣工住宅面积19.1万平方米。

2006年,全市民营企业户数发展到49621户,比上年增长9%,从业人员达到197502人,同比增长9.8%,民营经济总产值实现1631513万元,比上年增长41%,利润总额实现93602万元,比上年增长56.75%,实交税金13774万元,比上年增长34.8%,民营经济增加值实现652604万元,同比增长36%。

2006年,全市引进内资13.5亿元,比上年增长14.8%,引进外资2280万美元,比上年增长14%。全社会固定资产投资完成额357687元,比上年增长43.1%,其中工业固定资产投资完成额236261万元,同比增长45.6%。国有完成投资59876万元,同比增长21.6%,基本建设投资342168万元,更新改造投资34583万元。

2006年,交通基础设施建设总投资3.445亿元。投资7500万元,完成了榆陶公路8.87公里路面建设工程;配合铁路设计部门进行了外业勘测,争取铁道部、沈阳铁路局的支持,完成了可研评审和工程立项;投资1亿元,新改建农村公路325公里,"村村通"已达385个,占行政村总数的99%。

2006年,邮电业务总量达到26859万元,比上年增长29.6%,本地电话用户总数达到175064户,同比增长13.1%。移动电话用户总数达到550000户,互联网拨号上网用户11654户,同比增长66.5%。

2006年,全市社会消费品零售额实现326886万元,比上年增长8.96%,其中:批发、零售贸易业实现292606万元,同比增长5.6%,住宿、餐饮业零售额34280万元,同比增长49.6%。

2006年,全口径财政收入122409万元,比上年增长29.73%,其中:地方一般预算全口径财政收入26567万元,比上年增长53.84%。

2006年,金融机构各项存款余额达到486361万元,比上年增长11.4%,其中:城乡居民储蓄存款余额384426万元,比上年增长8.5%;金融机构各项贷款余额629223万元,比上年增长2.1%。

2006年,全市保费收入13114万元,已决理赔支出6268万元。

2006年,市委、市政府加大对科技的投入,科技三项投入267万元,科技进步贡献率达43.8%。榆树市玉米示范项目完成5000亩核心试验区、20万亩示范区、200万亩辐射区工程。榆树市农业科技服务"110"平台建设项目全面启动。全市农技协组织已发展到260个,其中市级1个,会员发展到8300名。

全市教育工作紧紧围绕"三个三分之一"人才培养目标,坚持"六化并进、均衡发展"的原则,力推教育创新,狠抓教育质量。在全系统开展了"百课开放,光盘派送;百校联盟,强弱联合;百师带徒,人才孵化""三个一百"活动,有力促进了师资力量均衡化。在全市农村初中大力推行"一校挂三牌"、职普对接模式,加强学生实践培训基地建设,农村初中都开展了"绿色证书"教育,使教育为"三农"服务的功能进一步增强。严格执行"两免一补"政策,使全市21569名贫困学生得到资助。

2006年,全省农村文化活动月启动仪式和全市农村文化活动月积极开展,形成了我市近10多年来群众文化的高潮。聘请省文物鉴定委员会专家,鉴定出我市国家三级以上文物136件,其中国家一级文物1件,二级文物8件,三级文物127件。在2006年第十五届省运会上,我市运动员共获8枚金牌、5枚银牌、2枚铜牌,在全省41个县(市)金牌榜中名列第20名。

广播、电影、电视服务业健康发展,节目质量进一步提高,全市有线电视节目增加到43套,用户增加到8.3万户。全面加强疾病防控体系和医疗机构建设,新型农村合作医疗和传染病防治工作成效显著。制定了《榆树市医院管理年活动实施方案》,加强对外聘医师和个体医生执业资格和医疗行为的监管。通过开展非法行医专项整治活动,打击江湖游医5人,取缔不合格医疗机构15家。新型农村合作医疗工作成效显著,全年全市有136358人得到补偿,补偿医疗费达到1949.21万元。

2006年末,全市总人口达到1266246人,比上年增长0.79%。其中:非农业人口191560人,比上年增长1.3% 。年内出生人口7518人,出生率6.02‰;年内死亡人口4573人,死亡率3.6‰;人口自然增长率2.42 ‰。

2006年,城镇居民人均可支配收入6600元,比上年增长11.86%;在岗职工年平均工资11326元,比上年增长13.7%;农民人均纯收入实现4577元,比上年增长8.7%。

2006年,新增城镇就业岗位6966个,新增就业6659人,下岗失业人员再就业5302人。城镇登记失业率为2.8%。劳务输出共输出农村劳动力307860人,劳务经济收入约10亿元,农村人均劳务收入达到了1000元以上。

2006年,参加基本养老保险职工40352人,参加基本医疗保险职工58015人,参加失业保险35994人,城乡居民最低生活保障55147人,参加农村合作医疗保险694845人,占全市农村总人口的65.1%。

【德惠市】德惠市位于吉林省中北部,松辽平原腹地,北及东北隔松花江与松原市、榆树市和舒兰市相望,东南与九台市相连,西南与长春市郊接壤,西隔伊通河与农安县毗邻,幅员面积3435平方公里,耕地面积320万亩,全市总人口92万人,农业人口76万人。辖12个镇、4个乡、4个街道办事处。德惠市区位优越、交通便捷,市区位于长春、吉林、哈尔滨三大城市重心上,京哈铁路、北哈公路、长余高速公路三条交通大动脉平行纵贯全境百余公里。

德惠市气候属于中温带大陆季风气候,其特点大陆性明显,四季分明,春季多风干旱,夏季炎热多雨,秋季昼暖夜爽,冬季寒冷漫长。年平均气温4.1℃,年积值气温－35.9＋31.6℃。年日照时数为2538.4小时,年降水量为548.9毫米。自然资源丰富,森林、草地植被覆盖率达19.5%;粘土矿遍布全市;砂石、二氧化碳、陶粒页岩储量大,品位高。德惠市是国家重点商品粮基地,盛产玉米、水稻、大豆、高粱。大棚蔬菜、畜禽养殖、特色农业及林果业的发展也颇具规模。丰富的物产资源不仅可以出口创汇,而且为深层次开发提供了源源不竭的优质原料。近几年,德惠市先后被国家命名为“粮食生产先进市”、“菜蓝子工程先进市”、“中国松花江大米之乡”和“中国肉鸡之乡”。先后被授予“中国食品名城”、“国家科技星火战略示范市”、“国家科技进步先进市”、“全国双拥工作先进市”、“全国群众体育先进县”、“东北十强县”、“全省全民创业先进市”、“全省残疾人康复先进市”、“创建国家环境保护模范城市先进单位”等一系列荣誉称号,有128项工作被上级有关部门评为先进工作单位。

到2006年末,全市地区生产总值实现127.8亿元,同比增长18.7%;其中,一产业增加值实现38.9亿元,同比增长1.1%;其中,二产业增加值实现38.8亿元,同比增长31.4%;其中,三产业增加值实现50.1亿元,同比增长26.0%。工业总产值实现125.2亿元,其中规模以上工业产值实现61.5亿元,同比增长7.9%;全社会固定资产投资完成45.8亿元,同比增长30.5%;全口径财政收入实现2.59亿元,同比增长22.6%;全市社会消费品零售总额实现38亿元,同比增长5.6%。城市居民人均可支配收入达到7806元,同比增长13.9 %;农民人均收入实现4673元,同比增长11.2%。

大项目建设取得了新突破,工业化进程不断加快。“三区”、“三园”建设快速发展。完成了“三区”规划调整修编工作。德惠经济开发区新建项目10个,引进资金7.5亿元;生化经济集中区新建项目4个,引进资金6.4亿元;长春新型工业区新建项目29个,引进资金7.3亿元。松花江稻米精深加工区初具规模,上禾米业已投入生产运营。大项目建设取得了重大成果。引进并开工建设了中明药业包装有限公司项目、大成公司12万吨附产品项目等57个超千万元的大项目。大成公司60万吨淀粉糖、达利食品三期、鸿大牧业、都邦药业等31个超千万元的续建大项目稳步推进。

城乡开发建设步伐加快,城镇化水平明显提升。“十件实事”进展顺利。高标准完成了德惠路升级改造、植物园三期、市乡主干线公路和裕民、惠民两座桥梁建设任务,修建乡村公路470公里。新政务大厅、职教中心等工程建设正在按计划进行。城市基础设施建设步伐加快。完成了沐德街、新风街、育红路等街路的道路及配套工程建设。全年城乡房屋开发建设面积达到40万平方米,城区新增绿地4.2万平方米。城市管理水平明显提高,环保、土地、供水、供热、市容、卫生、市场等各项管理不断加强。米沙子、菜园子、岔路口、郭家等重点镇建设步伐加快。

现代农业实现大发展,新农村建设扎实推进。种植业结构进一步优化,粮食综合生产能力稳步提高。“三个产业带”和“五大特色产区”规模扩大。2006年,专用优质粮食面积达到135万亩,园艺特产面积达到45万亩。园区建设和标准化生产成效显著,全市农业示范区达到130个,农业标准化生产基地达到120万亩,国家级绿色食品生产基地面积达到30万亩,无公害农产品基地发展到7.41万亩。畜牧业强势发展。新建肉牛、肉鸡、生猪、奶牛等牧业小区25个,动物防疫工作成效明显,无规定动物疫病区建设稳步进行。全市生猪发展到240万头,牛发展到110万头,羊发展到18万只,肉鸡出栏1.3亿只。劳务输出开创新局面,全市劳务输出总量达到17万人。农业基础设施建设全面加强,农村公益设施建设逐步完善,新农村建设试点工作扎实推进。

招商引资成果丰硕,投资拉动效应明显。成功举办了中国·吉林德惠第五届绿色食品节,其间洽谈引进投资千万元以上项目21个,总金额22.13亿元。“四个一”计划顺利完成,重要经贸活动达到了预期效果。2006年,全市共引进项目168个,总投资达44.6亿元。民营经济快速发展,第三产业不断壮大。2006年,全市民营企业达到562户,从业人员达到17.5万人。第三产业蓬勃发展。“万村千乡市场建设工程”顺利实施,已建成“农家店”100户,“农资店”70户。城乡市场繁荣,物价稳定,商品流通活跃。观光旅游、物流配送、中介服务等新兴产业发展迅速,同太乡八家子小康村农业旅游示范点已正式通过国家验收。

基础教育和体育工作成绩优异,各项社会事业全面发展。教学质量明显提高,中考成绩在长春地区外县(市)中名列前茅。在高考中有1人列全省前10名,进入一般本科线的人数居长春地区外县(市)首位。竞技体育取得骄人战绩,在吉林省第十五届运动会上,我市在全省县(市、区)中列金牌数量第一,奖牌总数第一,团体总分第一。人口和计划生育工作完成了全年任务,获得了省市部门的好评。乡镇卫生院改造工程全面启动,新型农村合作医疗试点准备工作全面完成。食品安全信用体系建设试点工作较好地完成了年度任务。调整组建了应急办公室,提高了防范应对突发性公共事件的能力。文化、广电、统计、审计、物价、民族、外事、人防、气象、老龄等各项工作都取得了较好成绩,形成了各项事业协调发展,社会和谐进步的新局面。

【南关区】南关区位于长春市东南部,全区总面积为80平方公里,区辖11街1乡,7个行政村,56个社区,48.1万人口。

2006年全区实现地区生产总值755981万元,按可比价格计算,比上年增长19.6%。其中,第一产业增加值5052万元,下降21.2%;第二产业增加值212029万元,增长16.3%;第三产业增加值538900万元,增长21.6%。三次产业结构为0.7:28.0:71.3。2006年,第三产业贡献率为76.4%。

2006年全区完成全口径财政收入106579万元,按可比口径计算比上年增长26.6%。其中,本级财政收入21166万元,增长29.3%。全年完成地方财政支出44915万元,比上年增长17.1%。

2006年全区农作物总播种面积达2387公顷,总产量44668吨。

畜牧业生产稳定发展。牛出栏总量达485头;生猪出栏24762头;家禽出栏178千只;羊出栏605只;肉类总产量2329吨。

全区实现农民人均纯收入5350元,比上年增长8.5%。

全区工业经济继续保持较好发展。全年规模以上工业企业完成增加值82986万元,按可比价格计算,比上年增长0.8%。规模以下工业企业完成增加值6915万元,按可比价格计算,比上年增长8.0%。

2006年按在地统计全区实现全口径工业总产值487000万元,增长34.0%。按属地统计全区实现全口径工业总产值28021万元,增长7.7%,其中:规模以上工业实现产值12002万元,比上年增长14.9%。

全年完成全社会固定资产投资312000万元,比上年增长60.4%,增幅比上年提高4.8个百分点。其中,完成房地产开发投资146481万元,增长83.8%。

重点项目建设投资带动作用明显。18个重点项目开工16个,完成投资额192604万元,占全社会固定资产投资完成总额的比重达到61.7%。其中完工项目9个,完成投资额100965万元,占全社会固定资产投资完成总额的比重达到32.4%。

区委、区政府紧紧抓住经济建设这一中心,贯彻实施"三产立区"战略,亚泰大街三产隆起带迅速崛起,重庆路、南湖大路等商圈建设快速推进。以通钢大厦、21世纪商务总部等为代表的商务楼宇初具规模,累计新增商用和商务楼宇面积160万平方米。大力推进专业街建设、实施创业路、"千店工程",累计新增商家2300余户。全区呈现出传统商贸业日渐繁荣、现代服务业增势强劲、专业街路初具规模、全民创业氛围日益浓厚的发展态势。

2006年全区实现社会消费品零售额512522万元,比上年增长13.9%。

全区限额以上批发零售贸易企业已达到27户,实现社会消费品零售额321364万元,占全区社会消费品零售额的62.7%。

2006年,区委、区政府坚持实施外向带动,大力开展招商引资活动取得显著成果。累计引进项目1020个,其中超千万元项目181个,超亿元项目30个,利用内资54亿元,实际利用外资2220万美元,比上年增长10%。经济总量不断壮大,并先后与15个国家和地区建立了经济合作关系,与33个县(市)区建立了友好合作关系。

在全市统一规划下,相继完成了打通亚泰大街、南湖大路等交通动脉,打造解放大路、民康路等11条标准化街路,硬化铺装三环以内巷道,改造东莱、永安明沟,消灭摸黑街路等一大批城建重点项目,基础设施日趋完善。全力加快旧城改造和新城开发,先后建成了16幢商务楼宇、18幢现代化办公楼、26个中高档住宅小区,累计开发改造面积500多万平方米,巷道铺装112万平方米,城区面貌明显改观。以建设"绿色城区"为主题,突出美化、亮化和净化,绿化覆盖率达到38.5%,空气质量明显改善,城区景观更加亮丽,城市管理水平不断提高。

教育、文化、卫生、体育及其他事业

继续落实九年义务教育责任,推动义务教育全面、优质、均衡发展。进一步整合教育资源,调整学校布局,培育特色学校,提高教育质量。深入实施名校带动战略,打造市一类一级校19所,优质教育学校率达到46%,素质教育全面推进,基础教育质量显著提高。

文化体育事业发展步伐不断加快,文体设施进一步改善,群众性文化体育活动蓬勃开展。大力开展社区卫生医疗服务,完成卫生监督和疾病控制体系建设,突发公共卫生事件应急处理能力全面提高。

人口和计划生育工作进人省优质服务先进区行列,人口增长连续六年保持较低态势。社区用房建设达到全国一流标准,社区服务功能进一步完善,涌现出健康胡同社区等一批国家、省、市先进社区,社区建设走在全省前列。

劳动就业取得新进展。年末全区全社会从业人员16.1万人,比上年末增长0.3%。全年累积开发就业岗位40719个。下岗失业人员实现再就业35600人次。年末全区登记失业率始终控制在4.5%。

民族宗教、侨务外事、征兵双拥、老龄、残疾人、人防、物价、红十字、关心下一代和地方志等工作都取得了较好成绩。

【宽城区】位于长春市区的北部。全区幅员面积237.99平方公里,其中,耕地面积11245公顷。区辖9个街道办事处和1镇1乡。2006年末总户数130387户,总人口376773人,其中,非农人口303033人,人口自然增长率0.53‰。

综合实力进一步增强。2006年,全年实现地区生产总值45.7亿元,比上年增长16.5%。其中,第一产业增加值2.4亿元,比上年增长24.2%;第二产业增加值10.0亿元,比上年增长6.3%;第三产业增加值33.3亿元,比上年增长25.4%。三次产业比重分别为5.3:21.9:72.8。

全口径财政收入完成10.1亿元,比上年增长78.6%,地方财政收入完成3.4亿元,比上年增长201.8%。其中,增值税完成2.5亿元,比上年增长40.1%;营业税完成2.4亿元,比上年增长54.7%;企业所得税完成1.7亿元,增长140.5%。

种植业结构进一步调整。全年农作物播种面积1.3万公顷,比上年增长2.4%。其中,粮食播种面积0.9万公顷,比上年下降1.7%;蔬菜播种面积0.41万公顷,比上年增长13.4%,分占总播种面积的68.2%和31.3%。2006年,由于粮食播种面积的减少及受低温多雨天气的影响,全区粮食产量下降 。粮食总产量6.2万吨,比上年下降3.6%。蔬菜产量达到15.1万吨,比上年增长20.0%。

2006年,规模以上工业企业40户;完成工业总产值10.7亿元,比上年增长13.2%;工业产品销售率达到了94.1%,比上年提高了0.7个百分点;产品销售收入完成10.4亿元,比上年增长25.3%;实现利税总额7753万元,比上年增长-6.0%;

全年完成固定资产投资45.6亿元,比上年增长128.4%。其中,基本建设投资29.37亿元,占总数的64.4%,比上年增长108.0%。2006年,全区计划总投资亿元以上的重点建设项目17个,全年完成投资14.6亿元,占全区投资总数的32.0%。从产业完成投资情况看,第二产业完成投资7.9亿元,第三产业完成投资24.4亿元,分别占总投资的17.3%和53.4%。

全年实现社会消费品零售总额78.0亿元,比上年增长20.0%。其中,吃、穿、用分占总额的29.3%、51.7%、19.0%。

全年招商引资工作成效显著。引进外资项目2个,引进外资总额2237万美元,比上年增长0.5%;引进内资项目170个,引进内资总额55.8亿元,比上年增长190.6%。其中,投资亿元以上项目40个,占项目总数的18.8%;在170个项目中,工业项目82个,占项目总数的48.2%。

2006年是全区城市基础建设投入资金最多的一年,使得城市基础建设和改造步伐加快,改造效果显著。市、区两级政府投入资金6.8亿元,完成大、中修道路10条,新建道路面积28.0万平方米,道路完好率达88.0%。城市绿化水平不断提高,绿化覆盖率达24.23%。

2006年,全区群众文化工作成效显著。区内举办各类专场演出30余场(次),2000多人参加了演出,观众达2万多人。图书馆藏书15.6万册,全年接待读者11.1万人(次)。

2006年,全区获省、市科技厅(委)项目数5项;共有区外高新技术企业8户。其中,省级3户、市级5户;技术合同成交额470万元;企业中通过ISO系列标准认证的有36家;全年专利授权数106件;科技三项费用418万元,比上年增长12.1%。

2006年末,全区共有区属卫生医疗机构9家,可开放床位数352张,卫生技术人员592人。其中,具有高级职称的47人,中级职称的145人。农村卫生室71个,乡村医生71人。建立社区卫生服务站23个,卫生技术118技术人。

体育事业蓬勃发展。2006年,全区街道投放健身路径11条,使我区的群体阵地做到遍地开花,目前保有量达42条;在吉林省第15届运动会上,在速度滑冰、短道速滑、摔跤、柔道、跆拳道及田径等项目的比赛中,获59枚金牌,在57个代表团中,列金牌榜第二名。

2006年在岗职工平均货币工资15154元,比上年增长13.8%;农村居民人均纯收入4800元,比上年增长10.3%。

2006年,全区共有7168户,1.6万人得到最低生活保障,全年共发放保障金2041万元。

【朝阳区】朝阳区位于长春市中南部,下辖9个街道、55个社区和2个镇、23个村(原富锋村、前程村划归长春汽车产业开发区),以及省级开发区——长春朝阳经济开发区,幅员面积226.68平方公里,总人口679661人。区域内土质肥沃,气候适宜,生态环境较好,人文景观独特,交通和通讯设施完备,城区环境优美,是长春市政治经济与科技文化的商贸中心。

朝阳区商贸流通发达,长春百货大楼、欧亚商都、卓展购物中心、国贸中心、恒客隆、欧亚卖场等一大批商业名企和香格里拉大饭店、名门饭店、南湖宾馆等一大批星级酒店均座落在区内,形成了以重庆路、红旗街、桂林路、欧亚卖场为骨干的四大商贸流通圈和以建设街餐饮一条街、同志街文化商贸一条街、解放大路金融一条街、西安大路商务一条街为代表的特色街路,商贸流通业突飞猛进;朝阳区工业基础雄厚,以汽车配套及汽车零部件加工业为主体、以高新技术产业为特征的省级长春工业经济开发区迅速崛起,工业经济发展日趋强劲,一批投资超亿元的大项目纷纷落户;朝阳区农业自然条件优越,地势平坦,土质肥沃,盛产水稻、玉米、大豆及各种蔬菜,肉牛、奶牛、蛋鸡、梅花鹿、生猪、獭兔等养殖基地形成规模。

2006年,朝阳区生产总值实现134.9亿元,按可比口径比去年同期增长14.1%,第一产业增加值实现21.1亿元,比上年同期减少17.3%,第二产业增加值实现38.9亿元,比上年同期增长9.6%,第三产业增加值实现93.9亿元,比上年同期增长16.9%;全口径工业总产值实现26.7亿元,比上年同期增长8.3%。其中规模以上工业总产值完成18.5亿元,为年计划的94.9%,比上年同期增长14.6%;全口径民营经济增加值实现63亿元,为年计划的104.7%,比上年同期增长25.6%;农业总产值实现4.1亿元,为年计划的42.1%,比上年同期增长3.9%,农业总收入实现14.8亿元,比上年同期减少1%,农民人均纯收入实现4950元,比上年同期增长10%;全口径财政收入实现21.3亿元,为年计划的105.7%,比上年同期增长28.2%。其中本级财政收入实现3.8亿元,比上年同期增长31.8%;批零商品贸易总额达到165.5亿元,比上年同期增长10%,城区居民人均可支配收入1.1万元,我区统计口径职工平均工资为15609元,同比增长8.9%。招商引资内资完成16.1亿元,完成年计划的100.6%,外资完成3000万美元,完成年计划的100%,居各城区之首。2006年计划投资千万元以上新建和续建项目59个,已投资建设的33个,完成投资102780万元。其中,农业项目2个,完成投资1500万元;工业项目12个,完成投资22078万元;服务业项目14个,完成投资35640万元;房地产开发项目5个,完成投资43562万元。2006年我区固定资产投资计划47.6亿元,到年末,实现固定资产投资62亿元,同比增长77%,完成市计划的130.3%。全区民营企业发展到3503户,个体工商户发展到10997户。全区人口出生率为3.77‰,自然增长率为1.2‰,政策生育率为98%,人口增长继续保持低生育水平。其中:长春朝阳经济开发区建设迈出新步伐,实现产值23亿元,比上年增长15%;实现税收1.8亿元,比上年增长113.2%;固定资产投资完成9亿元,比上年增长50%;完成招商引资内资8亿元,外资500万美元,均完成年计划的100%。

与此同时,文化体育、旅游、老龄、残疾人工作等各项事业也有了新的发展。在取得成绩的同时,我们也清醒地看到在经济和社会发展中仍然存在的一些问题和困难:一是重点经济发展不均衡,尤其是物流经济在我区还没有形成比较优势。二是在城乡资源的合理配置、土地产出效率上,应进一步科学规划。

【二道区】二道区辖一个乡、两个镇、一个工业集中区、一个经济开发区、四个街道办事处。总面积为452.02平方公里。总人口为362239人,其中非农人口为283784人,人口自然增长率为0.32‰。

生产总值按在地口径为628684万元,同比增长26.1%。其中第一产业增加值21699万元,同比减少17%,第二产业增加值332795万元,同比增长29.5%,第三产业增加值274190万元,同比增长27.2%。规模以上工业企业完成产值77055万元,同比增长60.53%,完成销售收入75360万元,同比增长51.9%,完成利润5322.3万元,同比增长39%。全区工业企业全口径产值完成477221万元,同比增长为43.29%。

2006年农林牧渔业总产值为38518万元,同比减少5.2%,农林牧渔业增加值为21699万元,同比减少14.8%。粮食作物播种面积为11920公顷,产量为93397吨,为去年同期的106.92%。肉类总产量为13609吨,同比减少30%,奶类产量为9019吨,同比减少30%,蛋类产量为8068吨,同比减少30%。蔬菜产量为74490吨,同比增长4.7%。

近几年,吉林省出台的支持农业发展、保护种粮农民利益的种粮直补、良种补贴、农机补贴和减免农业税的"一免三补"政策,实行农产品最低限价收购的政策等,极大地促进了农民种粮积极性,2006年农民纯收入达到了4900元。

固定资产投资发展势头较快,投资额度大幅增长。2006年,全区固定资产投资累计完成50亿元,为2006年计划指标的133%,为奋斗指标的100%。2006年累计开工投资项目154个,其中续建项目3个。其中:500万元以上项目148个,计划总投资5000万元以上项目13个。1-12月份街乡(镇)完成投资32.9亿元,为年计划的122%;去年同期完成投资10亿元,同比增长229%。建委(房地产)完成投资14.2亿元,为年计划的71%;大唐热电完成投资2.9亿元,为年计划的96.7%。

社会消费品零售额增长较快。随着棚户区改建工作的推进,一方面,商贸服务业设施得以改善升级,使我区的商贸服务业能够满足更大范围的消费需求。另一方面,也形成了新的消费市场。特别是一批中高档住宅区的陆续落成,使区域内居民结构、需求层次和消费群体发生变化,客观上提升了商贸服务业的规模和档次,促进了二道区商贸业的发展。我区共完成社会消费品零售额601990万元,同比增长50.5%。

二道区2006年全口径财政收入为72218万元,按可比口径同比增长31%。区本级财政收入为17853万元,同比增长32%。

【绿园区】长春市绿园区位于长春西部,幅员面积216平方公里,耕地面积9043公顷,下辖五个街道、三个镇和一个省级开发区。2006年底,总户数13.9万户,总人口43.1万人,其中非农业人口为34.6万人,人口自然增长率2.16‰。

2006年,实现区生产总值603022万元,比上年同期增长13.6%,第一产业增加值21302万元,比上年同期下降2.1%;第二产业增加值304193万元,比上年同期增长18.3%,;第三产业增加值277372万元,比上年同期增长10.0%。三次产业比重为3.5:50.5:46。

2006年,全区实现成农林牧渔业总产值37862万元,比上年增长3.3%。其中,农业产值21149万元,比上年增长3.4%;林业产值440万元,比上年增长1.2%;牧业产值15963万元,比上年增长2.4%。粮食播种面积4852公顷,总产量38318吨;蔬菜播种面积4389公顷,总产量189167吨;葡萄发展到750公顷,花卉苗木发展到340公顷。肉类总产量达到26785吨;禽蛋产量6958吨。

工业经济快速发展,整体水平明显提高。全区实现工业总产值105.7亿元,比上年同期增长20.8%;实现利税6.51亿元,比上年同期增长9.8%。工业产销衔接良好,产品销售率达到99.4%。

建筑业完成增加值32505万元,同比增长10.1%。

2006年,全社会固定资产投资完成47.5亿元,同比增长80.6%;其中,城镇固定资产投资完成78.8亿元,同比增长185.8%,农村固定资产投资完成1.2亿元。房地产投资20.3亿元,增长30.2%。

城市基础设施建设步伐加快,城市面貌明显改观。2006年,全区绿化覆盖率达40.4%,人均占有公共绿地面积达到14平方米。全区新建改造街路面积86万平方米。完成拆迁面积69.82万平方米,在建地产开发项目开工面积达到200万平方米。

镇村建设步伐加快。三个镇全部实现了水泥路、电话、小公共汽车村村通。农村规模化经营步伐加快,落位我区的长春市现代农业蔬菜示范基地项目进展顺利。已经投入使用的合心水网的王家楼拦河闸、十二米河清淤、引水涵洞等农业水利设施建设项目发挥了作用。

2006年,实现社会消费品零售额40.0亿元,比上年同期增长12.4%。各类市场发展到67个,外资大型建材超市——百安居建材超市全面投入运营,为建材销售行业注入了活力。长春蔬菜中心批发市场全面投入运营。四季青市场的结构调整已经完成,发展态势良好。对外贸易平稳发展。全年实现出口额10256万美元。

2006年,引进内资25亿元,比上年增长56%;实际利用外资2100万美元,比上年增长50%。全年引进规模项目86个,超亿元的22项。各项工程进展顺利。

2006年,全口径财政收入完成6.56亿元,可比口径增长70.4%;留用收入1.32亿元,可比口径增长78.7%;财政支出4.3亿元,可比口径增长34.4%。全区参与社会养老保险人员达到54910人,比上年同期增长8.4%;收缴保险金1.51亿元,比上年增长8.6%。

2006年,全区科技工作取得了显著成绩。全年科技立项17项,投入资金436万元。

2006年,全区教育整体水平进一步提高,名师名校工程建设不断取得新进展。28中、126中两所农村中学初步形成了"2.5+0.5"的办学模式。长春市第87中学被市里命名为信息技术资源开发基地校。全区中小学实验室、图书室、卫生室建室率达到100%,城市学校综合电教室建室率达到100%。目前,区属普通中学5所,在校生7180人;小学31所,在校生15103人。学龄前儿童入学率达到百分之百。

2006年底,全区有文化站8个,文化馆1个,农村文化活动室22个,图书馆1个,图书馆藏书23000册。全年组织大型文体活动30场次,观众达3.9万人;开展社区和广场性群众文体活动91场次,参与群众5万余人。获得市级奖励14项。

卫生事业健康发展。2006年全区卫生医疗机构发展到168个，其中医院5个，床位188张；卫生诊所153个，其中村卫生所50个。卫生技术人员达到513人。社区卫生服务机构逐步完善，已建社区卫生服务站26个。

体育事业蓬勃发展。全区社区中设立健身房10个，健身路径38条，中学生体育达标率98%，小学生体育达标率98.5%。

人民生活水平不断提高。2006年，城镇人均可支配收入13580元，比上年增长13.1 %，农民人均纯收入4652元，比上年增长13.3%。年末从业人员12186人，在岗职工平均货币工资18796元。基本医疗保险制度改革稳步推进，5492人参加了基本医疗保险。

【双阳区】长春市双阳区幅员面积1677.4平方公里，其中耕地总面积69964公顷。全区辖1个乡、3个镇、4个街道，总户数120977户，总人口383233人，其中非农业人口102601人，人口自然增长率为7.2‰。森林覆盖率24.7%。

地区生产总值59亿元，按可比价格计算，比上年增长17.7%。其中：一产增加值10.13亿元，下降1.3%；二产增加值21.80亿元，增长26.2%；三产增加值27.06亿元，增长19.6%。

种植业总产值8.19亿元，比上年增长6.3%；林业总产值0.08亿元，比上年增长19.2%；牧业总产值8.56亿元，比上年增长0.4%；渔业总产值0.18亿元，比上年增长5.7%。农业增加值5.19亿元，比上年增长6.3%。粮食播种面积66279公顷，粮食总产量556423吨，比上年增长7.9%；内类总产量66643吨，比上年增长3.5%；奶产量513吨，比上年增长8.0%；禽蛋产产量40562吨，比上年增长4.4%。

区属29户规模以上工业企业(不含亚泰双阳水泥厂)完成工业总产值5.81亿元，比上年增长15.2%；实现利税总额696万元。全口径工业总产值60.64亿元，比上年增长24.3%。全年固定资产投资总额35.66亿元，比上年增长37.9%；建筑业产值20.11亿元，增加值5.39亿元。

2006年社会消费品零售总额16.28亿元，比上年增长16.3%。全年招商引资项目数150个，利用内资11.07亿元，利用外资2810万元美元。

年末全区金融机构本外币存款余额30.59亿元，比上年末增长30.6%。金融机构本外币贷款余额29.36亿元，比上年末增长5.1%。城乡居民储蓄存款余额21.56亿元。全年实现保费收入8975万元，比上年增长6.3%。全区一般预算全口径财政收入达到23494万元，比上年增长21.0%，其中：地方财政收入7284万元，增长24.9%。

农村居民人均纯收入3745元，城镇单位在岗职工平均工资12925元。

综合
GENERAL SURVEY

第一篇 综　合

长春位于北半球中纬地带，欧亚大陆东岸的中国东北平原腹地，地处东经124°18′－127°02′，北纬43°05′－45°15′，市中心座落在东经125°19′，北纬43°43′。气候为中温带大陆性季风气候，素有“塞北春城”的美誉。

长春市地域辽阔，土地资源丰富，全境面积20571平方公里，其中市区面积3583平方公里。下辖南关、宽城、二道、朝阳、绿园、双阳六个城区及农安、德惠、九台、榆树四个县（市）。2006年末，全市总人口739.3万人，其中市区人口348.8万人，四县（市）人口390.5万人。

国民经济持续快速增长，综合实力明显增强。全年实现国内生产总值1741.2亿元，按可比价格计算，比上年增长15.1%。其中，第一产业增加值162亿元，比上年下降2.2%；第二产业增加值851.8亿元，增长20.8%；第三产业增加值727.4亿元，增长13%。人均国内生产总值达到23677元，比上年增长13.9 %。

国民经济主要指标快速增长，各项社会事业健康发展。2006年，全市规模以上工业企业完成产值2140亿元，比上年增长23.8%，固定资产投资总额达到950.4亿元，比上年增长46.1%，社会消费品零售总额实现666.3亿元，比上年增长11%，进出口总额52.3亿美元，比上年增长15.1%，城乡人民生活质量进一步提高，总体达到小康水平，城市居民人均可支配收入和农民人均纯收入分别达到11358元和4480元。

1－1 行　政　区　划
DIVISIONS OF ADMINISTRATIVE

单位:个

		城　市 Urban area		农　村 Rural area		
		街道办事处 Street agency	社区居民委员会 Residents committee	乡政府 Township government	镇政府 Town government	村民委员会 Villager committee
总　计	**Total**	**61**	**381**	**31**	**66**	**1668**
市　区	District	50	318	5	15	285
南关区	Nanguan	11	54	0	1	5
宽城区	Kuancheng	9	49	1	1	24
朝阳区	Chanyang	9	55	0	3	23
二道区	Erdao	6	47	1	3	34
绿园区	Luyuan	5	41	0	3	22
双阳区	Shuangyang	4	14	1	3	134
县(市)	County	11	63	26	51	1383
九台市	Jiutai	3	31	2	13	310
榆树市	Yushu	4	12	9	15	388
农安县	Nong′an		10	11	11	377
德惠市	Dehui	4	10	4	12	308

1. 城市:总计中街道办事处包括净月开发区 2 个,经济开发区 2 个、汽车产业园区 2 个;社区居民委员会包括净月开发区 17 个,经济开发区 20 个,高新技术开发区 11 个,汽车产业园区 10 个。

2. 农村:总计中乡政府包括净月开发区 1 个,高新开发区 1 个,镇政府包括经济开发区 1 个,村民委员会包括经济开发区 10 个,高新技术开发区 7 个,净月开发区 26 个。

1－2 自　然　概　况
NATURAL CONDITIONS

		单位 Unit	长春市 Changchun	榆树市 Yushu	九台市 Jiutai	农安县 Nong′an	德惠市 Dehui
一、土地资源	Land resources						
1. 国土面积	Area of territory	平方公里 sq.km	20571	4724	3375	5340	3459
2. 耕地面积	Area of cultivated land	公　顷 ha	1170971	306444	1611713	350959	215379
二、水利资源	Water resources						
1. 地表水资源年径流总量	Surface water volume	亿立方米 100million cu·m	12.9	3.1	2.9	1.3	1.7
2. 地下水资源量	Ground water volume	亿立方米 100million cu·m	12.4	2.4	2.2	3.7	2.4
三、林木资源	Forest resources						
1. 森林面积	Forest area	万公顷 10000ha	23.6				
2. 森林覆盖率	Forest coverage rate	%	14.27				

1-3 1991-2006年长春市社会经济主要指标
MAIN INDICATORS OF SOCIETY AND ECONOMIC(1991-2006)

年份 Year	年末总人口(万人) Population (10000person)	#市区 District	从业人员(万人) Employment (10000person)	#职工 Staff and workers	地区生产总值(亿元) Gross domestic products (100million yuan)	#第一产业 Primary industry	#第二产业 Secondary industry	#第三产业 Tertiary industry
1991	642.6	213.2	313.4	134.2	129.0	31.5	50.3	47.2
1992	645.7	215.6	323.3	138.9	173.0	34.3	82.0	56.7
1993	651.0	218.8	317.5	134.8	238.5	47.1	116.1	75.3
1994	657.5	223.7	336.4	136.7	305.7	58.2	152.4	95.1
1995	667.3	270.0	345.0	133.9	365.5	72.4	164.6	128.5
1996	676.8	274.2	346.2	131.9	434.9	92.7	191.0	151.2
1997	683.8	278.8	351.2	128.7	491.2	101.9	212.3	177.0
1998	686.9	282.7	334.6	105.1	569.6	109.9	242.1	217.6
1999	691.2	286.6	350.3	102.8	683.7	117.8	288.5	277.4
2000	699.6	292.8	311.4	96.9	803.2	109.7	352.6	340.9
2001	705.1	298.0	327.4	92.7	928.9	121.2	416.3	391.4
2002	712.5	303.9	329.4	116.9	1060.8	131.1	483.7	446.0
2003	718.2	310.0	334.7	114.9	1226.7	140.4	575.4	510.9
2004	724.1	314.7	376.1	112.0	1415.6	150.6	684.7	580.4
2005	731.5	337.22	353.9	99.2	1508.6	160.8	709.7	638.1
2006	739.3	348.8	326.4	83.8	1741.2	162.0	851.8	727.4

1-3 续表 1 continued1

单位:亿元 unit:100million yuan

年份 Year	工业总产值 Gross industrial output value	农业总产值 Gross agricultural output value	固定资产投资总额 Investment in fixed assets	#基本建设 Capital construction	#更新改造 Innovation	建筑业总产值 Gross output value of construction
1991	177.7	46.5	29.1	13.6	7.0	13.4
1992	270.2	52.2	45.1	21.8	9.3	18.2
1993	381.4	60.9	68.8	32.2	13.2	34.2
1994	486.5	68.0	96.1	43.1	15.4	42.7
1995	487.3	144.5	108.7	47.5	21.5	51.4
1996	475.8	172.9	120.6	57.4	23.6	57.8
1997	496.4	176.8	106.0	45.5	20.1	64.1
1998	502.4	198.9	141.7	50.7	25.4	66.6
1999	596.6	200.9	194.4	70.1	35.5	78.1
2000	749.7	106.8	235.2	85.0	43.8	113.1
2001	954.7	223.9	285.0	105.4	53.0	140.3
2002	1202.1	242.1	320.5	120.3	60.7	162.4
2003	1510.2	259.2	389.6	148.0	93.1	198.7
2004	1712.7	281.5	460.0	186.0	131.8	224.8
2005	1728.9	272.9	650.4			276.4
2006	2140	289	950.4			344

1－3续表2　continued2　　单位:亿元　unit:100million yuan

年　份 Year	全市财政收入 Government revenue	＃地方财政收入 Local government revenue	地方财政支出 Local government expenditures	金融机构存款余额 Balance of deposits of financial institutes	金融机构贷款余额 Balance of loans of financial institution
1991	15.1	15.1	10.9	98.6	177.8
1992	17.2	17.2	12.6	122.2	210.0
1993	24.9	24.9	18.7	181.3	262.9
1994	30.2	10.2	21.6	199.6	310.0
1995	36.5	12.1	25.7	354.8	432.6
1996	45.0	17.0	29.8	465.4	534.1
1997	49.8	18.5	35.1	542.4	631.8
1998	56.5	21.9	37.7	581.2	744.9
1999	67.4	27.1	48.1	885.0	1082.2
2000	76.0	30.4	51.1	1013.2	1243.8
2001	97.4	36.3	59.0	1158.4	1344.8
2002	103.9	37.8	70.1	1403.6	1492.5
2003	134.8	46.0	85.8	1615.2	1629.6
2004	149.8	50.7	100.8	1766.3	1791.5
2005	184.8	61.0	121.7	2065.8	1893.5
2006	210.6	71.6	146.7	2396.2	2194.8

1－3续表3　continued3

年　份 Year	职工工资总额(亿元) Wages (100million yuan)	在岗职工年平均工资(元) Annual average wage of employed persons (yuan)	年末储蓄存款余额(亿元) Balance of deposits at year end (100million yuan)	社会消费品零售总额(亿元) Total value of retail trade (100million yuan)	商品零售价格指数(％) Overall retail price index	居民消费品价格总指数(％) Overall consumer price index
1991	27.7	2107	73.7	55.7	109.1	106.2
1992	33.3	2441	91.8	64.8	109.2	109.1
1993	40.4	3006	113.0	83.1	117.9	114.7
1994	57.6	4271	165.3	101.8	120.5	122.9
1995	66.3	5013	243.2	131.8	114.4	115.9
1996	83.3	6370	331.9	171.4	106.1	110.9
1997	90.8	7052	388.6	204.5	101.5	104.2
1998	84.6	7869	411.7	237.9	98.3	100.6
1999	90.0	8618	480.4	268.3	96.4	98.6
2000	95.5	9752	533.7	311.2	97.5	98.8
2001	104.6	11090	608.1	358.3	100.7	102.3
2002	123.6	12869	713.9	402.2	98.7	99.7
2003	124.4	13867	831.4	438.3	100.7	101.0
2004	139.3	15722	910.4	495.3	102.7	104.1
2005	150.3	17742	1106.7	600.1	101.3	101.7
2006	167.7	19955	1219.5	666.3	101.4	101.3

注:“在岗职工年平均工资”中1991年－1997年为“职工年平均工资”。

Note:“Annual average wage of employed person” is “annual average wages of staff and wokers”during 1991－1997

1－3 续表 4 continued4

年 份 Year	货物运输量 (万吨) Freight traffic (10000ton)	旅客发送量 (万人次) Passenger traffic (10000 person－time)	邮电业务总量 (1990 年不变价格)(万元) Volume of post and telecommunication services(10000 yuan)	函件 (亿件) Letters delivered (100 million)
1991	6118	4016	18567	0.7
1992	5141	4441	26036	0.6
1993	5671	4323	37946	0.6
1994	6450	4657	51561	0.7
1995	7232	4848	53056	0.8
1996	9363	4794	107927	0.7
1997	9397	4023	139600	0.6
1998	9326	4799	200000	0.5
1999	9533	4848.4	284000	0.4
2000	8334	1937	433564.4	0.4
2001	8693	2743	316487.5	0.6
2002	10773	7668	328971.0	0.6
2003	10892	6999	356593.4	0.8
2004	11576	7631.2	365994.2	0.4
2005	9601.3	5086.6	414432.8	0.48
2006	9943	5360	466281.5	0.3

注：从 2001 年开始，将邮电业务总量改为邮电业务收入。

Note: Since 2001 post and telecommunication service have changed into revenue of post and telelcommunication services

1－3 续表 5 continued 5

年 份 Year	外贸出口商品总额 (亿美元) Exports ($100 million)	吸收外资 Foreign capital absorbed			接待海外旅游者人数 (万人/次) Tourists overseas (10000 person－times)
		签订合同项目(个) Contracts (unit)	签订合同金额 (亿美元) Amount of contracts signed ($100 million)	实际吸收外资金额(亿美元) Real amount of foreign capital absorbed ($100 million)	
1991	0.53	44	0.16	0.04	3.0
1992	1.60	202	1.80	0.30	3.9
1993	1.70	295	2.30	0.70	3.4
1994	11.3	215	5.90	0.80	3.1
1995	1.40	323	5.90	1.80	3.0
1996	1.50	127	3.10	0.70	3.3
1997	5.00	130	2.20	0.70	3.5
1998	3.70	146	2.10	2.90	3.4
1999	6.00	150	5.10	3.30	4.5
2000	7.60	161	5.10	3.60	5.5
2001	9.80	125	4.60	5.10	6.6
2002	12.70	119	4.00	6.30	7.6
2003	15.50	118	3.90	7.50	6.9
2004	8.30	132	13.20	9.00	8.3
2005	12.7	139	5.10	11.7	11.0
2006	10.9	149	7.2	14.1	15.1

1－3续表6 continued 6

年　份 Year	全市科技成果(项) Major achievements in science and technology (item)	高等学校在校学生数(万人) Students in higher education(10000person)	小学在校学生数(万人) Students in primary Schools(10000person)	学龄儿童入学率(%) Enrollment rate of school－age children(%)
1991	311	5.1	66.5	98.70
1992	116	5.3	65.2	98.80
1993	74	6.1	65.0	99.60
1994	464	6.7	67.3	100.00
1995	231	7.1	69.0	99.80
1996	427	7.4	72.0	99.89
1997	245	7.7	73.8	99.85
1998	561	8.2	72.8	99.95
1999	522	9.9	69.6	99.86
2000	468	12.9	65.2	99.70
2001	498	15.6	60.0	97.00
2002	615	19.6	55.3	98.97
2003	723	23.1	51.5	99.50
2004	637	26.1	50.5	99.90
2005	692	29.1	47.6	99.96
2006	694	30.8	46.1	99.94

1－3续表7 continued 7

年　份 Year	卫生机构数(个) Health agencies	＃医院 Hospitals	医院病床(万张) Beds in hospitals (10000 beds)	卫生技术人员(万人) Medical technical personel (10000person)	＃医生 Doctors
1991	893	274	2.2	3.5	1.4
1992	833	256	2.4	3.6	1.5
1993	827	248	2.4	3.6	1.5
1994	802	274	2.2	3.7	1.5
1995	830	303	2.4	3.8	1.6
1996	399	303	2.3	3.6	1.6
1997	642	304	2.3	3.8	1.6
1998	608	298	2.2	3.7	1.6
1999	672	294	2.4	3.7	1.6
2000	648	285	2.3	3.5	1.6
2001	660	291	2.4	3.6	1.6
2002	1498	298	2.2	3.4	1.4
2003	1554	298	2.3	3.5	1.5
2004	1642	294	2.3	3.4	1.4
2005	1659	288	2.4	3.3	1.4
2006	1832	320	2.6	3.5	1.6

1-4 1991-2006年长春市平均水平主要指标
PER CAPITA MAIN INDICATORS(1991-2006)

年 份 Year	人均生产总值(元) Per capita Gross domestic product (yuan)	职工平均工资(元) Average wages (yuan)	城市居民人均可支配收入(元) Per capita Urban resident disposable income (yuan)	农村居民人均纯收入(元) Per capita net income of rural resident (yuan)	每一农业人口占有耕地面积(亩) Per capita Cultivated land of rural population(ha)
1991	2003	2107	1415	663	4.2
1992	2678	2441	1713	723	4.3
1993	3636	3006	2128	929	4.2
1994	4618	4271	2756	1300	4.3
1995	5455	5013	3456	1841	4.3
1996	6472	6370	4164	2245	4.2
1997	7224	7052	4702	2280	4.2
1998	8311	6722	4751	2520	4.5
1999	9922	7406	5110	2560	4.1
2000	11550	8138	5568	2568	4.0
2001	13219	9130	6339	2785	4.1
2002	14959	10518	6963	3147	4.1
2003	17148	11310	7905	3411	4.1
2004	19629	12937	8900	3906	4.0
2005	20728	15109	10065	4180	4.0
2006	23677	18322	11358	4480	4.2

1-4续表1 continued 1

年 份 Year	每一农业人口生产粮食(公斤) Per capita grain produced of rural population (kg)	每一工业职工创造产值(万元) Per capita output value of industrial workers (10000yuan)	每一工业职工实现利税(元) Per capita pre-tax profits of industrial workers (yuan)	每万人口拥有医疗床位数(张) Beds in hospital per 10000 population owned (bed)	城市居民人均居住建筑面积(平方米) Per capita floor space of urban residents (sq.m)	农村居民人均居住面积(平方米) Per capita floor space of rural resident (sq.m)
1991	1500	2.4	2160.7	35.0	6.00	15.10
1992	1500	3.0	3542.4	37.0	6.3	15.10
1993	1600	5.0	4000.8	38.0	6.55	15.30
1994	1700	6.6	5302.4	36.0	6.78	15.10
1995	1800	5.3	5459.2	38.0	7.23	17.20
1996	1900	7.8	4886.9	36.0	7.45	20.55
1997	1600	7.6	5283.5	35.2	7.70	18.20
1998	2070	11.7	9809	35.0	8.24	10.65
1999	1895	18.1	1835.9	34.7	9.10	19.10
2000	1277	21.5	29350	32.8	9.53	18.15
2001	1561.8	27.2	35584	34.0	9.90	18.29
2002	1718.1	36.6	50975.6	31.0	21.22	18.62
2003	1569.1	43.1	55457.1	32.0	22.32	21.85
2004	1982.9	56.8	55249.2	32.0	23.90	21.40
2005	1945.4	52.2	33939.4	32.8	24.62	22
2006	1967.4	61.7	49596.5	32.5	25.56	22.3

注:从2002年起,城市居民人均居住面积变为城市居民人均居住建筑面积。

Note:Since 2002 per capital floor space of urban resident is space of construction.

1-5 长春市国民经济主要指标占全省比重
PROPORTION OF CHANGCHUN'S NATIONAL ECONOMIC INDICATORS TO JILIN PROVINCE

		全省 Total	长春 Changchun	长春占全省比重(%) Proportion(%)
土地面积(万平方公里)	Land area(10000sq·km)	18.74	20571	11.0
年末总人口(万人)	Population at year-end(10000 person)	2723	739.3	27.2
地区生产总值(亿元)	Gross domestic products(100million yuan)	4249.23	1741.2	41.0
#第三产业(亿元)	Tertiary industry(100million yuan)	1676.64	727.4	43.4
全市财政收入(亿元)	Government revenue(100million yuan)	507.8	210.6	41.5
工业增加值(亿元)	Gross industrial added value(100million yuan)	1628.49	684	42
全社会固定资产投资总额(亿元)	Total investment in fixed assets(100million yuan)	2804.3	950.4	33.9
社会消费品零售总额(亿元)	Total retail trade of consumer goods(100million yuan)	1675.84	666.3	39.8
进出口商品总额(亿美元)	Total export and import($ 100million)	79.14	52.3	66.1
#出口商品总额(亿美元)	Export($ 100million)	22.97	10.9	47.5
接待外国旅游人数(万人次)	Tourists overseas(10000person-time)	36.83	15.1	41

1-6 按当年价格计算的地区生产总值
GROSS DOMESTIC PRODUCT(AT CURRENT PRICE)

单位:万元 unit:10000yuan

		绝对额 Absolute number		构成(%) properation	
		2006	2005	2006	2005
地区生产总值	Gross domestic product	17411922	15085897	100	100
第一产业	Primary industry	1620019	1614956	9.3	10.7
第二产业	Secondary industry	8517881	7096822	48.9	47.0
第三产业	Terinary industry	7274022	6374119	41.8	42.3
国(地区)外净要素收入	Net factor income from other areas	159023	141305		
国民生产总值	Gross national income	17570945	15227202		

1－7 2006年长春市地区生产总值构成项目

COMPOSITION OF GROSS DOMESTIC PRODUCTS(2006)

单位:万元 unit:10000yuan

		增加值 Added value	劳动者报酬 Wages	生产税净额 Net taxes on production	补贴 Subsidies	固定资产折旧 Depreciation in fired assets	营业盈余 Operation surplus
地区生产总值	Gross domestic product	17411922	7267571	3657960	45198	3317003	3169388
第一产业	Primary industry	1620019	1530918	8099		81002	
第二产业	Secondary industry	8517881	3074121	2441558	45098	1845972	1156230
工业	Industry	6840335	2281293	2209904	45098	1739128	610010
建筑业	Construction	1677546	792828	231654		106844	546220
第三产业	Terinary industry	7274022	2662532	1208303	100	1390029	2013158
交通运输和仓储及邮政业	Transportation storage, post and telecommunication	998773	240462	137990		145232	475089
交通运输、仓储业	Transportation and storage	975729	227207	136614		141489	470419
邮政业	Post services	23044	13255	1376		3743	4670
信息传输、计算机服务和软件业	Intormation computer and software	884354	183438	118462		379805	202649
电信和其他信息传输服务业	Telecommumication and other	811838	164509	113250		375991	158088
批发和零售业	Wholesale, retailtrade	1846791	517864	622512		159023	547392
批发业	Wholesale	228796	32439	147072		21725	27560
零售业	Retail trade	1617995	485425	475440		137298	519832
住宿和餐饮业	Hotel and catering service	372185	90631	33220		77750	170584
住宿业	Hotels	105988	29759	11693		59654	4882
餐饮业	Catering services	266197	60872	21527		18096	165702
金融业	Finance	470192	196404	100693		50793	122302
银行业	Banking	463847	143251	51405		40992	228199
证券业	Securities	73416	14476	40542		4346	14052
保险业	Insurance	－25200	29927	5020		3118	－63265
其他金融活动	Other finance services	－41871	8750	3726		2337	－56684
房地产业	Real estate	549686	56298	129468		275747	88173
房地产管理业	Real estate management	32409	20336	3873		5567	2633
房地产开发与经营业	Real estate developing	258228	35962	125595		11131	85540
城市居民自有住房	Urban households owned	163829				163829	
农村居民自有住房	Rural households owned	95220				95220	
租赁和商务服务业	Lease and service	265770	123476	21242		40794	80258
科学研究、技术服务和地质勘查业	Scientific research and polytechnic serrices	238484	197333	9941		16341	14869
水利、环境和公共设施管理业	Water conservanoy, environment and public services	61083	42608	1856		15253	1366
居民服务和其他服务业	Resident services	250475	58130	16320		18478	157547
教育	Education	657803	485566	1081		126864	44292
卫生、社会保障和社会福利业	Health care, sports and social welfare	212635	125414	3845	100	21972	61404
文化、体育和娱乐业	Culture, sports and recreation services	103645	53664	10153		16210	23618
公共管理和社会组织	Public management and social organization	362146	291244	1520		45767	23615

1－8　2005－2006年长春市地区生产总值
GROSS DOMESTIC PRODUCT(2005－2006)

单位:万元　　unit:10000yuan

		2006		2005	
		绝对额 Absolute number	比上年增长% Indices (per=100)	绝对额 Absolute number	比上年增长% Indices (per=100)
地区生产总值	Gross domestic product	17411922	15.1	15085897	8.1
第一产业	Primary industry	1620019	－2.2	1614956	7.7
第二产业	Secondary industry	8517881	20.8	7096822	7.0
工业	Industry	6840335	24.4	5581126	2.5
建筑业	Construction	1677546	7.5	1515696	30.3
第三产业	Terinary industry	7274022	13.0	6374119	9.4
交通运输和仓储及邮政业	Transportation storage, post and telecommunication	998773	10.2	911791	8.6
交通运输和仓储业	Transportation and storage	975729	9.7	894348	8.5
邮政业	Post services	23044	35.5	17443	12.6
信息传输、计算机服务和软件业	Information computer and software	884354	15.7	767668	20.8
电信和其他信息传输服务业	Telecommunication and other	811838	15.9	703154	20.5
批发和零售业	Wholesale, retailtrade	1846791	7.4	1694283	4.5
批发业	Wholesale	228796	3.9	216868	3.7
零售业	Retail trade	1617995	7.9	1477415	4.6
住宿和餐饮业	Hotel and catering service	372185	10.1	338022	39.9
住宿业	Hotels	105988	8.5	98319	23.2
餐饮业	Catering services	266197	10.8	239703	48.2
金融业	Finance	470192	11.6	414016	4.3
银行业	Banking	463847	25.6	362887	24.0
证券业	Securities	73416	211.7	23138	50.0
保险业	Insurance	－25200		－6174	
其他金融活动	Other finance services	－41871		34165	13.1
房地产业	Real estate	549686	17.8	454838	7.9
房地产管理业	Real estate management	32409	23.5	24562	16.6
房地产开发与经营业	Real estate developing	258228	35.6	187393	14.0
城市居民自有住房	Urban households owned	163829	2.3	155445	3.8
农村居民自有住房	Rural households owned	95220	5.7	87438	2.2
租赁和商务服务业	Lease and service	265770	12.8	231911	5.1
科学研究、技术服务和地质勘查业	Scientific research and polytechnic services	238484	21.5	193261	10.2
水利、环境和公共设施管理业	Water conservancy, environment and public services	61083	17.9	51158	8.6
居民服务和其他服务业	Resident sevices	250475	16.7	211193	－4.8
教　育	Education	657803	20.5	537860	5.9
卫生、体育和社会福利业	Health care, sports and social welfare	212635	24.1	170654	10.0
文化、体育和娱乐业	Culture, sports and recreation services	103645	14.4	89736	12.7
公共管理和社会组织	Public management and social organization	362146	116.2	307728	13.3

人口
POPULATION

第二篇　人　口

2006年，我市人口继续保持稳定增长，年末户籍人口总数为739.3万人，比上年增长10.1%。农业人口为413.6万人，比上年增长1.01%，非农业人口为325.7万人，比上年增长1.01%。户籍人口出生率、死亡率和自然增长率分别为9.77‰、4.46‰、5.31‰。总人口中，男性为374.4万人，女性为364.9万人，分别占人口总数的50.6%和49.4%。

2-1 1991-2006年全市户数与人口
POPULATION AND HOUSEHOLDS(1991-2006)

年份 Year	总户数(户) Households	总人口(人) Population (person)	按地区分 By region		按性别分 By sex		按农业、非农业分 By agriculture	
			市区 City	县(市) County	男 Male	女 Female	农业 Agriculture	非农业 Non-agriculture
1991	1614678	6426346	2132172	4294174	3285503	3140843	4063959	2362387
1992	1635082	6457351	2156034	4301317	3301260	3156091	4061351	2396000
1993	1670969	6510368	2187716	4322652	3330453	3179915	4042237	2468131
1994	1700389	6574999	2237074	4337925	3360547	3214452	4027014	2547985
1995	1729366	6672912	2699569	3973343	3405570	3267342	4054554	2618358
1996	1774578	6767781	2741731	4026050	3448350	3319431	4099379	2668402
1997	1797299	6837875	2788071	4049804	3479853	3358022	4115644	2722231
1998	1828540	6868673	2826890	4041783	3494777	3373896	4101391	2767282
1999	1887580	6912278	2866357	4045921	3516229	3396049	4100246	2812032
2000	1955634	6996354	2928250	4068104	3557370	343894	4117996	2878358
2001	2005838	7057321	2980185	4077136	3586780	3470541	4120995	2936326
2002	2047139	7125055	3039375	4085680	3624060	3500995	4122300	3002755
2003	2071834	7182348	3100132	4082216	3650591	3531757	4051808	3130540
2004	2108261	7240845	3147366	4093479	3674807	3566038	4061950	3178895
2005	2189007	7314959	3372215	3942744	3706329	3608630	4104222	3210737
2006	2236543	7392561	3487724	3904837	3743788	3648773	4136041	3256520

2-2 2006年县(市)区户数与人口
POPULATION AND HOUSEHOLDS BY REGION (2006)

		总户数(户) Households	总人口(人) Population (person)	按性别分 By sex		按农业、非农业分 By agriculture	
				男 Male	女 Female	农业 Agriculture	非农业 Non-agriculture
总　计	**Total**	**2236543**	**7392561**	**3743788**	**3648773**	**4136041**	**3256520**
市辖区合计	Total district	1080035	3487724	1747641	1740083	979191	2508533
南关区	Nanguan	187391	635656	310852	324804	102485	533171
宽城区	Kuancheng	209740	636504	318876	317628	249316	387188
朝阳区	Chaoyang	213862	757623	386153	371470	79611	678012
二道区	Erdao	159882	487002	239712	247290	160006	326996
绿园区	Luyuan	188183	587706	296455	291251	106678	481028
双阳区	Shuangyang	120977	383233	195593	187640	281095	102138
县(市)合计	Total county	1156508	3904837	1996147	1908690	3156850	747987
农安县	Nong'an	299601	1070112	548349	521763	844061	226051
九台市	Jiutai	237213	756669	387093	369576	572534	184135
榆树市	Yushu	390958	1266246	646955	619291	1074686	191560
德惠市	Dehui	228736	811810	413750	398060	665569	146241

2-3 1991-2006年全市人口增减变动
BASIC STATISTICS ON POPULATION CHANGING(1991-2006)

单位:人 unit:person

年份 Year	年平均人口 Average population per year	增加 Increase		减少 Decrease	
		出生 Birth	迁入 Immigrant	死亡 Death	迁出 Emigration
1991	6402291	65774	105727	30923	91839
1992	6441848	60690	90698	31935	88285
1993	6483859	78892	119131	33521	106218
1994	6542683	79918	131550	35214	106767
1995	6623955	83252	118949	32824	87836
1996	6720346	89655	178698	34376	145431
1997	6802828	70108	110922	33726	82135
1998	6853272	51611	99196	34105	85125
1999	6890472	51275	123089	37263	104941
2000	6954316	72167	118519	38603	87096
2001	7026837.5	51263	119192	32918	85365
2002	7091188	51915	131735	32551	86590
2003	7153701.5	47149	138354	31981	94280
2004	7211596.5	64439	125259	34353	96285
2005	7277902	70680	143362	53076	121278
2006	7353760	71912	129371	32829	100289

2-4 2006年县(市)区人口增减变动
BASIC STATISTICS ON POPULATION CHANGE BY REGION(2006)

单位:人 unit:person

		年平均人口 Average population per year	增加 Increase		减少 Decrease	
			出生 Birth	迁入 Immgrant	死亡 Death	迁出 Emigration
全市总计	**Total**	**7353760**	**71912**	**129371**	**32829**	**100289**
市辖区合计	Total district	3462151.5	28237	92319	16910	54510
南关区	Nanguan	670517	4431	25447	3798	14465
宽城区	Kuancheng	589283	5504	8334	3062	4112
朝阳区	Chaoyang	746712	4770	31131	3249	22641
二道区	Erdao	482931.5	4457	11949	2335	4847
绿园区	Luyuan	591384.5	4730	11439	2849	6686
双阳区	Shuangyang	381323.5	4345	4019	1617	1759
县(市)合计	Total county	3891608.5	43675	37052	15919	45779
农安县	Nong'an	1065336	12003	11298	4573	13586
九台市	Jiutai	755500.5	7826	5600	2834	8295
榆树市	Yushu	1261288	14823	13328	5361	15646
德惠市	Dehui	809484	9023	6826	3151	8252

2－5 2006年非农业人口增减人数

BASIC STATISTICS ON NON－AGRICULTURAL POPULATION CHANGING(2006)

单位:人　　unit:person

		全 市 Total	市 区 District	县(市) County(city)
一、年末非农业人口数	**Total at year－end**	**3256520**	**2508533**	**747987**
二、本年增加的非农业人口	**Increase of population this year**	**272292**	**231943**	**40349**
1.出生	Birth	22051	16306	5745
2.非农业人口迁入	Settle in	80201	61281	18920
3.农业人口转非农业人口	From agricultural population to non－agricultural	28609	26410	2199
①招生	Recruit students	17219	17207	12
②招工	Recruit workers	495	399	96
③征用土地	Requisition land	865	857	8
④投靠亲属	Run to Relative	4996	3846	1150
⑤落户小城镇	Settle in small town	571	290	281
⑥投资购房	Investment in housing purchase	1135	1054	81
⑦其他	Others	3328	2757	571
4.自港、澳、台和国外迁入	Settle in from Hongkong, Macao, Taiwan and foreign	109	109	0
5.退出现役	Demobilized soldier	1953	1727	226
6.刑满释放解除劳教	Release after serving a sentence	173	139	34
7.其他	Others	139196	125971	13225
三、本年减少的非农业人口	**Decrease of population**	**226509**	**188808**	**37701**
1.死亡	Death	15366	12981	2385
2.非农业人口迁出	Emigration	70961	50603	20358
3.迁往港、澳、台和国外	To Hongkong, Macao, Taiwan and foreign	152	151	1
4.服现役	Join the army	487	350	137
5.服刑及劳教	Arrest and reeducation through labour	18		18
6.其他	Others	139525	124723	14802

2-6 1991-2006年全市人口出生率、死亡率、自然增长率
BIRTH RATE,DEATH RATE AND NATURAL GROWTH RATE(1991-2006)

年份 Year	出生率(‰) Birth rate	死亡率(‰) Death rate	自然增长率(‰) Natural growth rate
1991	10.27	4.82	5.44
1992	9.42	4.95	4.46
1993	12.16	5.16	6.99
1994	12.21	5.38	6.83
1995	12.56	4.95	7.61
1996	13.34	5.11	8.22
1997	10.30	4.95	5.34
1998	7.53	4.97	2.55
1999	7.44	5.40	2.03
2000	10.38	5.55	4.83
2001	7.3	4.68	2.61
2002	7.32	4.59	2.73
2003	6.59	4.47	2.12
2004	8.94	4.76	4.17
2005	9.71	7.29	2.42
2006	9.77	4.46	5.31

2-7 2006年县(市)区人口出生率、死亡率、自然增长率
BIRTH RATE,DEATH RATE AND NATURAL GROWTH RATE BY REGION(2006)

		出生率(‰) Birth rate	死亡率(‰) Death rate	自然增长率(‰) Natural growth rate
总　计	**Total**	**9.77**	**4.46**	**5.31**
市辖区合计	Total districts	8.15	4.88	3.27
南关区	Nanguan	6.61	5.66	0.94
宽城区	Kuancheng	9.34	5.19	4.14
朝阳区	Chaoyang	6.38	4.35	2.04
二道区	Erdao	9.23	4.84	4.39
绿园区	Luyuan	8.00	4.82	3.18
双阳区	Shuangyang	11.39	4.24	7.15
县(市)合计	Total counties cities	11.22	4.09	7.13
九台市	Jiutai	10.36	3.75	6.61
榆树市	Yushu	11.75	4.25	7.50
农安县	Nong'an	11.27	4.29	6.97
德惠市	Dehui	11.15	3.89	7.25

2－8 1991－2006年镇人口
POPULATION IN TOWNS(1991－2006)

年份 Year	镇数 Towns (个)	总户数 Households (户)	总人口(人) Population(person) 合计 Total	#非农业人口 Non－agriculture
1991	50	451556	1825360	393605
1992	70	586971	2418220	425368
1993	71	606911	2458906	454812
1994	73	625490	2517378	480921
1995	69	557599	2291863	319459
1996	71	589036	2381214	328492
1997	71	599342	2412099	334127
1998	71	609599	2407593	332771
1999	74	645686	2462254	337720
2000	74	676750	2498310	345006
2001	74	801526	2929795	355492
2002	75	822162	2965038	366485
2003	75	823632	2986758	441370
2004	75	850008	3065440	485870
2005	68	932803	3220173	476417
2006	67	911694	3159614	434312

2－9 2006年县(市)区镇人口
POPULATION IN COUNTY(2006)

		镇数 Towns (个)	总户数 Households (户)	总人口(人) Population 合计 Total	#非农业人口 Non－agriculture
总计	**Total**	**67**	**911694**	**3159614**	**434312**
市辖区合计	Total districts	21	234281	767682	123921
南关区	Nanguan	3	18333	60101	9175
宽城区	Kuancheng	5	69566	240393	42118
朝阳区	Chaoyang	2	14100	44775	3968
二道区	Erdao	5	46927	145818	26613
绿园区	Luyuan	3	41638	132567	34514
双阳区	Shuangyang	3	43717	144028	7533
县(市)合计	Total counties (cities)	46	677413	2391932	310391
九台市	Jiutai	11	137868	496662	26497
榆树市	Yushu	15	218482	763293	46024
农安县	Nong'an	10	204399	686968	215764
德惠市	Dehui	10	116664	445009	22106

单位从业人员与劳动报酬

EMPLOYMENT AND WAGE

第三篇 单位从业人员与劳动报酬

2006年城镇单位从业人员人数趋于稳定,就业结构不断变化,工资水平持续提高。由于国企改制今年基本结束,截止2006年末,全市城镇单位从业人员数为85.2万人,与上年持平。

2006年全市城镇单位从业人员劳动报酬总额为170.3亿元,比去年同比增长11.2%,其中国有经济单位110.1亿元,同比增长7.8%,集体经济单位6.3亿元,同比减少1.8%,其他经济单位53.9亿元,同比增长20.9%。按企业、事业、机关分组,单位从业人员劳动报酬分别为107.6亿元、49.6亿元和13.0亿元,增幅分别为11.2%、10.9%和13.2%。

2006年全市城镇单位在岗职工平均工资为19955元,比上年同期增加2213元,增长12.5%。

3-1 1991-2006年全市职工工资总额
TOTAL WAGES OF STAFF AND WORKERS(1991-2006)

单位:千元　　　　unit:1000 yuan

年 份 Year	国 有 State owned		集 体 Collective owned		其 他 Others	
	全市 Total	#市区 District	全市 Total	#市区 District	全市 Total	#市区 District
1991	1989308	1592623	763988	635517	17341	14335
1992	2435835	1978476	839918	698978	54721	47729
1993	3008869	2472131	860001	735876	167421	165027
1994	4472521	3742455	1011722	860025	276867	249663
1995	5220027	4423964	1045689	910067	364802	323990
1996	6569798	5592362	1251084	1086908	507483	451905
1997	7123101	6032678	1294877	1121163	658380	572053
1998	6574523	5616192	1040812	929690	932068	838951
1999	6871783	5828124	912084	824582	1348814	1246909
2000	7375814	6281248	960764	883329	1606900	1500715
2001	7529152	6478360	853190	792029	2074950	1920863
2002	8778127	7497443	883896	811997	2700222	2558936
2003	9191194	7846909	797041	722583	3033574	2882323
2004	10061498	8630697	773975	693387	3704129	3539419
2005	10136616	8818260	624595	540620	4273860	4039930
2006	10907523	9476019	623169	549543	5236869	4937691

3-2 1991-2006全市在岗职工平均工资
AVERGE WAGE OF STAFF AND WORKERS (1991-2006)

单位:元　　　　unit:yuan

年 份 Year	国 有 State owned		集 体 Collective owned		其 他 Others	
	全市 Total	#市区 District	全市 Total	#市区 District	全市 Total	#市区 District
1991	2259	2379	1792	1865	2147	2241
1992	2652	2836	1963	2064	2993	2949
1993	3266	3561	2299	2370	3551	3570
1994	4966	5196	2977	3088	4839	4818
1995	5478	5941	3474	3600	5305	5242
1996	6844	7498	4547	4717	7027	7079
1997	7472	8151	5076	5313	8382	8358
1998	7205	8119	4452	4883	7436	7646
1999	7866	8835	4345	4893	9009	9240
2000	8526	9807	4814	5576	10220	10438
2001	11569	13270	7005	7307	12177	12888
2002	11100	13341	5215	6345	13066	13682
2003	11802	14275	5227	6472	13786	14456
2004	13659	16866	5576	6833	14910	15800
2005	18901	21570	9563	9577	17389	18314
2006	21837	25072	10925	10923	18455	19436

3－3 全市单位从业人员数

单位:人

		总计 Total	
		全市 Total	#市区 District
总　　计	**Total**	**851569**	**695392**
中央单位	Centre unit		
省属单位	Provincial unit		
市属单位	Unit belong to city		
县及县以下单位	Unit below county		
(一)农、林、牧、渔业	Farming, forestry, animal husbandry and fishery	13445	2773
1.农业	Farming	1530	692
2.林业	Forestry	1334	386
3.畜牧业	Animal husbandry	1051	312
4.渔业	Fishery		
5.农、林、牧、渔服务业	Farming, forestry, animal husbandry and fishery services	9530	1383
(二)采矿业	Excavation	10573	8465
(三)制造业	Manufacturing	260304	236772
(四)电力、煤气及水的生产和供应业	Electric power, gas and water production and supply	23196	18668
(五)建筑业	Construction	54679	52135
1.房屋和土木工程建筑业	Building and civil construction	43458	40922
2.建筑安装业	Installment	7610	7605
3.建筑装饰业	Decoration	2917	2914
4.其他建筑业	Others	694	694
(六)交通运输、仓储及邮政业	Transportation, storage, post and telecommunication	37089	27970
1.铁路运输业	Railway transportation	107	107
2.公路运输业	Highway transportation	7989	4638
3.城市公共交通业	Public transport	9192	9152
4.水上运输业	Waterway		
5.航空运输业	Air transportation	4058	4058
6.管道运输业	Pipeline transportation	1501	1501
7.装卸搬运和其他运输服务业	Handling and other transportation services	367	333
8.仓储业	Storage	8366	3619
9.邮政业	Post services	5509	4562
(七)信息传输、计算机服务和软件业	Information, computer service and software	17210	15766
1.电信和其他信息传输服务业	Telecommunication and other service	13508	12064
2.计算机服务业	Computer services	369	369
3.软件业	Software	3333	3333
(八)批发和零售业	Wholesale and retail trade	39969	37267
1.批发业	Wholesale	16217	14535
2.零售业	Retail trade	23752	22732
(九)住宿和餐饮业	Hotel and catering service	16595	16177
1.住宿业	Hotels	11420	11002
2.餐饮业	Catering services	5175	5175
(十)金融业	Finance	26417	20279
1.银行业	Banking	22772	17345

NUMBER OF EMPLOYED PERSONS

unit: person

国有 State-owned		集体 Collective-owned		其他 Others	
全市 Total	#市区 District	全市 Total	#市区 District	全市 Total	#市区 District
505338	**383782**	**56935**	**50163**	**289296**	**261447**
12906	2317	88	5	451	451
1231	393			299	299
1254	306			80	80
979	240			72	72
9442	1378	88	5		
3388	3388	13	13	7172	5064
82027	79331	32484	31713	145793	125728
12919	8674			10277	9994
19240	19167	5810	5667	29629	27301
16652	16579	4847	4712	21959	19631
2469	2469	844	839	4297	4297
25	25	80	77	2812	2812
94	94	39	39	561	561
20342	13922	1303	1263	15444	12785
				107	107
3422	2730	400	400	4167	1508
		165	125	9027	9027
3888	3888			170	170
258	258	437	437	806	806
287	253			80	80
7212	2465	67	67	1087	1087
5275	4328	234	234		
10517	9073	13	13	6680	6680
10407	8963			3101	3101
71	71			298	298
39	39	13	13	3281	3281
8758	6769	2471	1876	28740	28622
5782	4204	800	774	9635	9557
2976	2565	1671	1102	19105	19065
6493	6100	873	848	9229	9229
6211	5818	381	356	4828	4828
282	282	492	492	4401	4401
16379	13340	3590	590	6448	6349
14791	12364	3590	590	4391	4391

3-3续表1 continued1

		总计 Total	
		全市 Total	#市区 District
2. 证券业	Securities	1094	1094
3. 保险业	Insurance	2301	1590
4. 其他金融活动	Other finance services	250	250
(十一)房地产业	Real estate	18777	17589
其中:1. 房地产开发与经营业	Real estate developing and management	7911	7559
2. 物业管理	Realty management	9097	8891
3. 房地产中介服务	Medium services	176	176
(十二)租赁和商务服务业	Leasing and service	16286	15254
1. 租赁业	Leaseing	388	388
2. 商务服务业	Services	15898	14866
(十三)科学研究、技术服务和地质勘查业	Scientific research polytechnic services and geological prospecting	33515	31516
1. 研究与试验发展	Scientific research	10971	10971
2. 专业技术服务业	Technical services	18610	17371
3. 科技交流和推广服务业	Technical communicating and popularizing	1435	1206
4. 地质勘查业	Geological prospection	2499	1968
(十四)水利、环境和公共设施管理业	Water conservancy, environment and public services	23102	16327
1. 水利管理业	Water conservancy	5196	1986
2. 环境管理业	Environment	9656	7260
3. 公共设施管理业	Public management	8250	7081
(十五)居民服务和其他服务业	Resident service	3325	3168
1. 居民服务业	Resident services	840	683
2. 其他服务业	Other social services	2485	2485
(十六)教育	Education	124565	78868
其中:1. 初等教育	Primary education	39770	14095
2. 中等教育	Secondary education	39337	20445
3. 高等教育	Higher education	38452	38445
(十七)卫生、社会保障和社会福利业	Healthcare, social welfare	41515	28713
1. 卫生	Health care	39399	26982
2. 社会保障业	Social security	581	392
3. 社会福利业	Social welfare	1535	1339
(十八)文化、体育和娱乐业	Culture, sports and recreation services	17224	15333
1. 新闻出版业	News publishing	7883	7876
2. 广播、电影、电视和音像业	Radio, film TV music and video	2932	1919
3. 文化艺术业	Culture and art	4237	3472
4. 体育	Sports	1824	1718
5. 娱乐业	Recreation services	348	348
(十九)公共管理和社会组织	Public management and social organization	73783	52352
其中:1. 中国共产党机关	Chinese communist party	2536	1868
2. 国家机构	State organs	69247	48798
3. 人民政协和民主党派	Political consultation and democratic party	564	495
4. 群众团体、社会团体和宗教组织	Multitude organization social organization and religious organization	1344	1099
(二十)国际组织	International organizations		

单位:人　unit:person

国　有 State－owned		集　体 Collective－owned		其　他 Others	
全　市 Total	#市　区 District	全　市 Total	#市　区 District	全　市 Total	#市　区 District
				1094	1094
1348	736			953	854
240	240			10	10
5333	4145	266	266	13178	13178
1025	673			6886	6886
2954	2748	215	215	5928	5928
				176	176
9152	8291	1733	1733	5401	5230
195	195			193	193
8975	8096	1733	1733	5208	5037
27721	25737	539	537	5255	5242
10197	10197	28	28	746	746
14196	12972	236	234	4178	4165
859	630	275	275	301	301
2469	1938			30	30
18631	12156	3335	3035	1136	1136
4971	1880	139	20	86	86
6574	4359	3032	2851	50	50
7086	5917	164	164	1000	1000
1477	1320	964	964	884	884
601	444	21	21	218	218
876	876	943	943	666	666
122284	76587	266	266	2015	2015
39770	14095				
38622	19730	10	10	705	705
37763	37756			689	689
37915	26807	2653	959	947	947
36229	25506	2544	850	626	626
579	390			2	2
1107	911	109	109	319	319
16306	14443	301	278	617	612
7607	7600	159	159	117	117
2890	1877	37	37	5	5
4134	3397	23		80	75
1464	1358	63	63	297	297
211	211	19	19	118	118
73550	52215	233	137		
2536	1868				
69034	48681	213	117		
564	495				
1344	1099				

3－4 全市单位从业人员劳动报酬

单位:千元

		总计 Total	
		全市 Total	#市区 Districts
总计	**Total**	**17030962**	**15224226**
中央单位	Center unit		
省属单位	Provincial unit		
市属单位	Prefecture unit		
县及县以下单位	Unit below county		
(一)农、林、牧、渔业	Farming, forestry, animal husbandry and fishery	135610	42903
1.农业	Farming	11310	5257
2.林业	Forestry	10569	3602
3.畜牧业	Animal husbandry	9780	4924
4.渔业	Fishery		
5.农、林、牧、渔服务业	Farming, forestry, animal husbandry and fishery services	103951	29120
(二)采矿业	Excavation	169032	133540
(三)制造业	Manufacturing	5427178	5105987
(四)电力、煤气及水的生产和供应业	Electric power, gas and water production and supply	575702	520469
(五)建筑业	Construction	870665	812575
1.房屋和土木工程建筑业	Building and civil construction	683837	630951
2.建筑安装业	Installation	141315	138544
3.建筑装饰业	Decoration	35894	35836
4.其他建筑业	Others	9619	7244
(六)交通运输、仓储及邮政业	Transportation, storage, post and telecommunication	698446	614904
1.铁路运输业	Railway transportation	1168	1168
2.公路运输业	Highway transportation	93386	62642
3.城市公共交通业	Public transport	160062	159769
4.水上运输业	Waterway		
5.航空运输业	Air transportation	201235	201235
6.管道运输业	Pipeline transportation	55798	55798
7.装卸搬运和其他运输服务业	Handling and other transportation sevices	9819	9503
8.仓储业	Storage	88105	50230
9.邮政业	Post services	88873	74559
(七)信息传输、计算机服务和软件业	Information, computer service and software	453754	419850
1.电信和其他信息传输服务业	Telecommunication and other service	390014	356110
2.计算机服务业	Computer applied and services	4707	4707
3.软件业	Software	59033	59033
(八)批发和零售业	Wholesale and retail trade	566405	530729
1.批发业	Wholesale	280505	255043
2.零售业	Retail trade	285900	275686
(九)住宿和餐饮业	Hotel and catering service	211809	208986
1.住宿业	Hotels	167236	164413
2.餐饮业	Catering services	44573	44573
(十)金融业	Finance	777623	684121
1.银行业	Banking	683367	595020

WAGES OF EMPLOYED PERSONS

unit:1000yuan

国　　有 State－owned		集　　体 Collective－owned		其　　他 Others	
全　　市 Total	#市　　区 District	全　　市 Total	#市　　区 District	全　　市 Total	#市　　区 District
11013940	**9580605**	**628118**	**554338**	**5388904**	**5089283**
130393	38166	517	37	4700	4700
8369	2316			2941	2941
9734	2767			835	835
8856	4000			924	924
103434	29083	517	37		
56030	56030	250	250	112752	77260
2046322	2015408	320883	311923	3059973	2778656
315592	263447			260110	257022
376485	375929	60202	59172	433978	377474
307520	306964	48425	47427	327892	276560
64958	64958	10529	10506	65828	63080
1109	11069	759	750	34026	33977
2898	2898	489	489	6232	3857
421651	363150	27649	27356	249146	224398
				1168	1168
45504	39508	3736	3736	44146	19398
		768	475	159294	159294
197046	197046			4189	4189
8297	8297	21034	21034	26467	26467
8489	8173			1330	1330
74931	37056	622	622	12552	12552
87384	73070	1489	1489		
291451	257547	151	151	162152	162152
289480	255567			100534	100534
1253	1253			3454	3454
718	718	151	151	58164	58164
187836	157827	22144	17580	356425	355322
145187	120652	7708	7549	127610	126842
42649	37175	14436	10031	228815	228480
91748	89049	7733	7609	112328	112328
87588	84889	3429	3305	76219	76219
4160	4160	4304	4304	36109	36109
579760	531468	56490	11946	141373	140707
531728	487927	56490	11946	95149	95147

3-4续表1 continued1

		总计 Total	
		全市 Total	#市区 District
2. 证券业	Securities	30813	30813
3. 保险业	Insurance	47064	41907
4. 其他金融活动	Other finance services	16379	16379
(十一)房地产业	Real estate	302525	289918
其中:1. 房地产开发与经营业	Real estate developing and management	152815	149753
2. 物业管理	Realty management	113684	110166
3. 房地产中介服务	Medium services	4458	4458
(十二)租赁和商务服务业	Leasing and service	325615	293016
1. 租赁业	Leasing	5847	5847
2. 商务服务业	Services	319768	287169
(十三)科学研究、技术服务和地质勘查业	Scientific research and polytechnic services and geological prospecting	798578	768052
1. 研究与试验发展	Scientific research	330082	329680
2. 专业技术服务业	Technical services	396084	379208
3. 科技交流和推广服务业	Technical commnuication and popularzing	25097	16768
4. 地质勘查业	Geological prospection	47315	42396
(十四)水利、环境和公共设施管理业	Water conservancy, environment and public services	325995	234415
1. 水利管理业	Water conservancy	66795	36604
2. 环境管理业	Environment	119171	69289
3. 公共设施管理业	Public management	140029	128522
(十五)居民服务和其他服务业	Resident service	51117	40474
1. 居民服务业	Resident services	14368	12337
2. 其他服务业	Other social services	36749	28137
(十六)教育	Education	2626332	2023085
其中:1. 初等教育	Primary education	635540	306070
2. 中等教育	Secondary education	733507	477298
3. 高等教育	Higher education	1109204	1109113
(十七)卫生、社会保障和社会福利业	Healthcare, social security and social welfare	829319	674883
1. 卫生	Health care	793300	645140
2. 社会保障业	Social security	12744	9655
3. 社会福利业	Social welfare	23275	20088
(十八)文化、体育和娱乐业	Culture, sports and recreation services	300932	280355
1. 新闻出版业	News publishing	138590	135501
2. 广播、电影、电视和音像业	Radio, film TV music and video	47410	38786
3. 文化艺术业	Culture and art	74995	68098
4. 体育	Sports	35110	33326
5. 娱乐业	Recreation services	4827	4644
(十九)公共管理和社会组织	Public management and social organization	1584325	1323137
其中:1. 中国共产党机关	Chinese communist party	59375	51441
2. 国家机构	State organs	1478056	1228616
3. 人民政协和民主党派	Political consultation and democratic party	14993	14017
4. 群众团体、社会团体和宗教组织	Multitude organization social organization and religious organization	30949	283741
(二十)国际组织	Internationa organizations		

单位:千元　unit:1000yuan

国　有 State－owned		集　体 Collective－owned		其　他 Others	
全　市 Total	#市　区 District	全　市 Total	#市　区 District	全　市 Total	#市　区 District
				30813	30813
31809	27318			15255	14589
16223	16223			156	156
90352	80861	3116	3116	209057	209057
21465	18403			131350	131350
41087	39953	2384	2384	70213	70213
				4458	4458
207423	200180	24410	24410	93782	92836
2710	2710			3137	3137
204713	197470	24410	24410	60945	89699
689296	670708	11698	11698	97584	97344
311835	311835	402	402	17845	17845
315791	304041	4886	4886	75407	75167
14702	12783	6410	6410	3985	3985
46968	42049			347	347
266162	214551	39969	37771	19864	19864
63624	34626	1193	408	1978	1978
82111	68601	36372	34959	688	688
120427	111324	2404	2404	17198	17198
29787	28096	8952	8952	12378	12378
11931	10240	340	340	2097	2097
17856	17856	8612	8612	10281	10281
2584304	1984273	3216	3216	38812	38812
635540	306070				
719845	463948	312	312	13350	13350
1093735	1093644			15469	15469
783303	659533	30666	17140	15350	15350
752864	633956	29252	15726	11184	11184
12315	9226			429	429
18124	16351	1414	1414	3737	3737
287099	271245	4693	4597	9140	9110
133795	133701	2995	2995	1800	1800
46628	38714	710	710	72	72
73252	66481	96		1647	1617
30664	29589	709	709	3737	3737
2760	2760	183	183	1884	1884
1578946	1323137	5379	4308		
59375	51441				
1472937	1228616	5119	4048		
14993	14017				
30949	28371				

3－5 全市在岗职工人数

单位:人

		总计 Total	
		全市 Total	#市区 District
总计	**Total**	**838275**	**682369**
中央单位	Centre unit		
省属单位	Provincial unit		
市属单位	Prefecture unit		
县及县以下单位	Unit below county		
(一)农、林、牧、渔业	Farming, forestry, animal husbandry and fishery	13357	2685
1.农业	Farming	1458	620
2.林业	Forestry	1334	386
3.畜牧业	Animal husbandry	1035	296
4.渔业	Fishery		
5.农、林、牧、渔服务业	Farming, forestry, animal husbandry and fishery services	9530	1383
(二)采矿业	Excavation	10571	8463
(三)制造业	Manufacturing	256773	233271
(四)电力、煤气及水的生产和供应业	Electric power, gas and water production and supply	22869	18341
(五)建筑业	Construction	52859	50315
1.房屋和土木工程建筑业	Building and civil construction	42044	39508
2.建筑安装业	Installment	7505	7500
3.建筑装饰业	Decoration	2916	2913
4.其他建筑业	Others	394	394
(六)交通运输、仓储及邮政业	Transportation, storage, post and telecommunication	36702	27585
1.铁路运输业	Railway transportation	107	107
2.公路运输业	Highway transportation	7752	4403
3.城市公共交通业	Public traffic	9188	9148
4.水上运输业	Waterway		
5.航空运输业	Air transportation	4058	4058
6.管道运输业	Pipeline transportation	1501	1501
7.装卸搬运和其他运输服务业	Handling and other transpdtation service	367	333
8.仓储业	Storage	8313	3566
9.邮政业	Post services	5416	4469
(七)信息传输、计算机服务和软件业	Information computer service and software	15671	14227
1.电信和其他信息传输服务业	Telecommunication and other service	12139	10695
2.计算机服务业	Computer applied and services	363	363
3.软件业	Software	3169	3169
(八)批发和零售业	Wholesale and retail trade	38974	36272
1.批发业	Wholesale	16027	14345
2.零售业	Retail trade	22947	21927
(九)住宿和餐饮业	Hotel and catering service	16549	16133
1.住宿业	Hotels	11392	10976
2.餐饮业	Catering services	5157	5157
(十)金融业	Finance	25709	19619
1.银行业	Banking	22232	16805

NUMBER OF STAFF AND WORKERS

unit: person

国　有 State owned		集　体 Collective owned		其　他 Others	
全　市 Total	#市　区 District	全　市 Total	#市　区 District	全　市 Total	#市　区 District
499030	**377695**	**56522**	**49771**	**282723**	**254903**
12826	2237	88	5	443	443
1159	321			299	299
1254	306			80	80
971	232			64	64
9442	1378	88	5		
3388	3388	13	13	7170	5062
81067	78371	32217	31449	143489	123451
12888	8643			9981	9698
18936	18863	5802	5659	28121	25793
16348	16275	4839	4704	20857	18529
2469	2469	844	839	4192	4192
25	25	80	77	2811	2811
94	94	39	39	261	261
20196	13776	1303	1263	15203	12546
				107	107
3422	2730	400	400	3930	1273
		165	125	9023	9023
3888	3888			170	170
258	258	437	437	806	806
287	253			80	80
7159	2412	67	67	1087	1087
5182	4235	234	234		
9142	7698	13	13	6516	6516
9038	7594			3101	3101
65	65			298	298
39	39	13	13	3117	3117
8645	6656	2468	1873	27861	27743
5689	4111	798	772	9540	9462
2956	2545	1670	1101	18321	18281
6481	6088	871	848	9197	9197
6199	5806	379	356	4814	4814
282	282	492	492	4383	4383
15795	12804	3589	589	6325	6226
14255	11828	3589	589	4388	4388

3－5续表1　continued1

		总计 Total	
		全市 Total	#市区 District
2．证券业	Securities	1094	1094
3．保险业	Insurance	2133	1470
4．其他金融活动	Other finance services	250	250
（十一）房地产业	Real estate	18652	17468
其中：1．房地产开发与经营业	Real estate developing and management	7870	7518
2．物业管理	Realty management	9041	8835
3．房地产中介服务	Medium services	152	152
（十二）租赁和商务服务业	Leasing and service	16112	15080
1．租赁业	Leasing	386	386
2．商务服务业	Services	15726	14694
（十三）科学研究、技术服务和地质勘查业	Scientific research and polytechnic services and geological prospecting	32626	30628
1．研究与试验发展	Scientific research	10926	10926
2．专业技术服务业	Technical services	17854	16616
3．科技交流和推广服务业	Technical communication and popolarizing	1380	1151
4．地质勘查业	Geological prospection	2466	1935
（十四）水利、环境和公共设施管理业	Water conservancy, environment and public services	22603	15830
1．水利管理业	Water conservancy	5177	1969
2．环境管理业	Environment	9628	7232
3．公共设施管理业	Public management	7798	6629
（十五）居民服务和其他服务业	Resident service	3217	3060
1．居民服务业	Resident services	840	683
2．其他服务业	Other social services	2377	2377
（十六）教育	Education	123744	78047
其中：1．初等教育	Primary education	39752	14077
2．中等教育	Secondary education	39113	20221
3．高等教育	Higher education	38024	38017
（十七）卫生、社会保障和社会福利业	Healthcare, social security and social welfare	40902	28268
1．卫生	Health care	38804	26555
2．社会保障业	Social security	581	392
3．社会福利业	Social welfare	1517	1321
（十八）文化、体育和娱乐业	Culture, sports and recreation services	17026	15139
1．新闻出版业	New publishing	7791	7784
2．广播、电影、电视和音像业	Radio, film TV music and video	2880	1867
3．文化艺术业	Culture and art	4217	3452
4．体育	Sports	1819	1717
5．娱乐业	Recreation services	319	319
（十九）公共管理和社会组织	Public management and social organization	73359	51938
其中：1．中国共产党机关	Chinese communist party	2523	1855
2．国家机构	State organs	68853	48414
3．人民政协和民主党派	Political consultation and democratic party	563	494
4．群众团体、社会团体和宗教组织	Multitude organization social organization and religious organization	1328	1083
（二十）国际组织	International organizations		

单位:人 unit:person

国有 State owned		集体 Collective owned		其他 Others	
全市 Total	#市区 District	全市 Total	#市区 District	全市 Total	#市区 District
				1094	1094
1300	736			833	734
240	240			10	10
5327	4143	266	266	13059	13059
1023	671			6847	6847
2954	2748	215	215	5872	5872
				152	152
9060	8199	1729	1729	5323	5152
195	195			191	191
8865	8004	1729	1729	5132	4961
27173	25190	487	485	4966	4953
10157	10157	28	28	741	741
13725	12502	228	226	3901	3888
855	626	231	231	294	294
2436	1905			30	30
18175	11702	3307	3007	1121	1121
4952	1863	139	20	86	86
6574	4359	3004	2823	50	50
6649	5480	164	164	985	985
1376	1219	957	957	884	884
601	444	21	21	218	218
775	775	936	936	666	666
121890	76193	258	258	1596	1596
39752	14077				
38493	19601	2	2	618	618
37526	37519			498	498
37408	26452	2621	943	873	873
35740	25169	2512	834	552	552
579	390			2	2
1089	893	109	109	319	319
16131	14272	300	277	595	590
7520	7513	158	158	113	113
2838	1825	37	37	5	5
4131	3394	23		63	58
1460	1358	63	63	296	296
182	182	19	19	118	118
73126	51801	233	137		
2523	1855				
68640	48297	213	117		
563	494				
1328	1083				

3-6 全市在岗职工工资总额

单位:千元

		总计 Total	
		全市 Total	#市区 District
总计	**Total**	**16767561**	**14963253**
中央单位	Centre unit		
省属单位	Provincial unit		
市属单位	Prefecture unit		
县及县以下单位	Unit below county		
(一)农、林、牧、渔业	Farming, forestry, animal husbandry and fishery	133872	41165
1.农业	Farming	9819	3766
2.林业	Forestry	10569	3602
3.畜牧业	Animal husbandry	9533	4677
4.渔业	Fishery		
5.农、林、牧、渔服务业	Farming, forestry, animal husbandry and fishery services	103951	29120
(二)采矿业	Excavation	168963	133471
(三)制造业	Manufacturing	5325332	5094966
(四)电力、煤气及水的生产和供应业	Electric power, gas and water production and supply	571861	516628
(五)建筑业	Construction	843687	802852
1.房屋和土木工程建筑业	Building and civil construction	662031	621228
2.建筑安装业	Installment	138567	138544
3.建筑装饰业	Decoration	35845	35836
4.其他建筑业	Others	7244	7244
(六)交通运输、仓储及邮政业	Transportation, storage, post and telecommunication	696499	612975
1.铁路运输业	Railway transportation	1168	1168
2.公路运输业	Highway transportation	92669	61943
3.城市公共交通业	Public transport	160019	159726
4.水上运输业	Waterway		0
5.航空运输业	Air transportation	201235	201235
6.管道运输业	Pipeline transportation	55798	55798
7.装卸搬运和其他运输服务业	Handing and other transportation services	9819	9503
8.仓储业	Storage	87872	49997
9.邮政业	Post services	87919	73605
(七)信息传输、计算机服务和软件业	Information computer service and software	437033	403129
1.电信和其他信息传输服务业	Telecommunication and other services	376456	342552
2.计算机服务业	Computer applied and services	4654	4654
3.软件业	Software	55923	55923
(八)批发和零售业	Wholesale and retail trade	553285	517609
1.批发业	Wholesale	275545	250083
2.零售业	Retail trade	277740	267526
(九)住宿和餐饮业	Hotel and catering services	206975	204160
1.住宿业	Hotels	163332	160517
2.餐饮业	Catering services	43643	43643
(十)金融业	Finance	765563	672439
1.银行业	Banking	673091	584746

TOTAL WAGES OF STAFF AND WORKERS

unit: 1000yuan

国 有 State－owned		集 体 Collective－owned		其 他 Others	
全 市 Total	#市 区 District	全 市 Total	#市 区 District	全 市 Total	#市 区 District
10907523	**9476019**	**623169**	**549543**	**5236869**	**4937691**
130094	37867	517	37	3261	3261
8135	2082			1684	1684
9734	2767			835	835
8791	3935			742	742
103434	29083	517	37		
56030	56030	250	250	112683	77191
2035301	2004387	317741	311923	2972290	2778656
315099	262954			256762	253674
367032	366476	59932	58902	416723	377474
298067	297511	48155	47157	315809	276560
64958	64958	10529	10506	63080	63080
1109	1109	759	750	33977	33977
2898	2898	489	489	3857	3857
421651	361905	27649	27356	248444	223714
				1168	1168
45504	39450	3736	3736	43487	18757
		768	475	159251	159251
197046	197046			4189	4189
8297	8297	21034	21034	26467	26467
8489	8173			1330	1330
74698	36823	622	622	12552	12552
86430	72116	1489	1489		
277864	243960	151	151	159018	159018
275946	242042			100510	100510
1200	1200			3454	3454
718	718	151	151	55054	55054
186414	156405	22130	17566	344741	343638
144004	119469	7698	7539	123843	123075
42410	36936	14432	10027	220898	220563
91644	68945	7725	7609	107606	107606
87484	84785	3421	3305	72427	72427
4160	4160	4304	4304	35179	35179
569152	521238	56466	11922	139945	139279
521498	477697	56466	11922	95127	95127

3－6续表1 continued1

		总计 Total	
		全市 Total	#市区 District
2．证券业	Securities	30813	30813
3.保险业	Insurance	45280	40501
4．其他金融活动	Other finance services	16379	16379
(十一)房地产业	Real estate	297810	288333
其中:1.房地产开发与经营业	Real estate developing and management	151895	148833
2．物业管理	Realty management	110975	109841
3．房地产中介服务	Medium services	3386	3386
(十二)租赁和商务服务业	Leasing and service	321888	313699
1．租赁业	Leasing	5289	
2．商务服务业	Services	316599	308410
(十三)科学研究、技术服务和地质勘查业	Scientific research polytechnic services and gedogical prospecting	781754	762934
1．研究与试验发展	Scientific research	328888	328888
2．专业技术服务业	Technical services	382623	370641
3．科技交流和推广服务业	Technical communication and popularizing	24590	22671
4．地质勘查业	Geological prospection	45653	40734
(十四)水利、环境和公共设施管理业	Water conservancy, environment and public services	307781	253984
1.水利管理业	Water conservancy	66659	36888
2．环境管理业	Environment	115641	100718
3．公共设施管理业	Public management	125481	116378
(十五)居民服务和其他服务业	Resident service	50044	48353
1.居民服务业	Resident services	14368	12677
2.其他服务业	Other social services	35676	35676
(十六)教育	Education	2607772	2007741
其中:1．初等教育	Primary education	634933	305463
2．中等教育	Secondary education	727665	471768
3．高等教育	Higher education	1100526	1100435
(十七)卫生、社会保障和社会福利业	Healthcare, social welfare	821856	685956
1.卫生	Health care	786140	655102
2.社会保障业	Social security	12744	9655
3.社会福利业	Social welfare	22972	21199
(十八)文化、体育和娱乐业	Culture, sports and recreation services	298456	282520
1．新闻出版业	News publishing	137490	137396
2．广播、电影、电视和音像业	Radio, film TV music and video	46829	38915
3.文化艺术业	Culture and art	74659	67762
4.体育	Sports	35052	34021
5.娱乐业	Recreation services	4426	4426
(十九)公共管理和社会组织	Public management and social organization	1577130	1320339
其中:1．中国共产党机关	Chinese communist party	59297	51363
2．国家机构	State organs	1471093	1225790
3．人民政协和民主党派	Political onsultation and democratic party	14986	14010
4．群众团体、社会团体和宗教组织	Multitude organization social organization and religious organiozation	30802	28224
(二十)国际组织	International organizations		

单位:千元 unit:1000yuan

国有 State－owned		集体 Collective－owned		其他 Others	
全市 Total	#市区 District	全市 Total	#市区 District	全市 Total	#市区 District
				30813	30813
31431	27318			13849	13183
16223	16223			156	156
87988	78511	3116	3116	206706	206706
21433	18371			130462	130462
38769	37635	2384	2384	69822	69822
				3386	3386
206535	199292	24333	24333	91020	90074
2710	2710			2579	2579
203825	196582	24333	24333	88441	87495
677392	658812	11132	11132	93230	92990
310782	310782	402	402	17704	17704
306627	294885	4742	4742	71254	71014
14677	12758	5988	5988	3925	3925
45306	40387			347	347
249105	197506	39812	37614	18864	18864
63488	34502	1193	408	1978	1978
78738	65228	36215	34802	388	688
106879	97776	2404	2404	16198	16198
28826	27135	8840	8840	12378	12378
11931	10240	340	340	2097	2097
16895	16895	8500	8500	10281	10281
2574070	1974039	2933	2933	30769	30769
634933	305463				
716129	460232	29	29	11507	11507
1088178	1088087			12348	12348
777807	655323	30384	16968	13665	13665
747671	630049	28970	15554	9499	9499
12315	9226			429	429
17821	16048	1414	1414	3737	3737
285013	269203	4679	4583	8764	8734
132786	132692	2981	2981	1723	1723
46047	38133	710	710	72	72
73201	66430	96		1362	1332
30620	29589	709	709	3723	3723
2359	2359	183	183	1884	1884
1571751	1316031	5379	4308		
59297	51363				
1465974	1221742	5119	4048		
14986	14010				
30802	28224				

3-7 全市在岗职工平均工资

单位:元

		总计 Total	
		全市 Total	#市区 District
总计	**Total**	**19955**	
中央单位	Center unit		
省属单位	Provincial unit		
市属单位	Prefecture unit		
县及县以下单位	Unit below county		
(一)农、林、牧、渔业服务	Farming, forestry, animal, husbandry and fishery	10056	15587
(二)采掘业	Excavation	16428	16061
(三)制造业	Manufacturing	20705	21739
(四)电力、煤气及水的生产和供应业	Electric power, gas and water production and supply	24951	28311
(五)建筑业	Construction	14685	15362
(六)交通运输、仓储及邮政业	Transportation, storage, post and telecommunication	18832	21973
(七)信息传输、计算机服务和软件业	Information, computer services and software	28002	28488
(八)批发和零售业	Wholesale and retail trade	14467	14569
(九)住宿和餐饮业	Hotels and catering services	12324	12465
(十)金融业	Finance	29091	33745
(十一)房地产业	Real estate	16700	17318
(十二)租赁和商务服务业	Leasing and services	19771	20572
(十三)科学研究、技术服务和地质勘查业	Scientific research polytechnic services and geological prospecting	24113	25068
(十四)水利、环境和公共设施管理业	Water conservancy、environment and public facilities management	13775	16276
(十五)居民服务和其他服务业	Resident service and other service	15403	15638
(十六)教育	Education	21197	25944
(十七)卫生、社会保障和社会福利业	Healthcare, social welfare and social security	20241	24526
(十八)文化、体育和娱乐业	Culture, sports and recreation services	17639	18793
(十九)公共管理和社会组织	Public management and social organizations	21753	25797
(二十)国际组织	International organizations		

AVERAGE WAGE OF STAFF AND WORKERS

unit: yuan

国　有 State－owned		集　体 Collective－owned		其　他 Others	
全　市 Total	#市　区 District	全　市 Total	#市　区 District	全　市 Total	#市　区 District
21837	**25072**	**10925**	**10923**	**18455**	**19436**
10071	16252	5875	7400	10657	10657
16601	16601	19231	19231	16338	15683
24719	25143	9763	9816	20885	22613
23877	29851			26410	26875
18179	18217	10505	10590	13205	20183
20820	26248	20758	21173	16070	17454
30609	32007	11615	11615	24404	24404
21405	23320	8941	9344	12740	12756
13962	14413	8849	8952	11499	11499
34628	39780	15906	20591	22108	22302
18071	21306	11627	11627	16281	16281
22900	24429	12252	12252	17252	17644
25086	26320	22000	22087	18980	18981
14100	17583	12108	12605	13591	13591
20458	21673	9113	9113	14228	14228
21253	26153	11412	11412	18659	18659
20977	25084	11527	17768	15389	15389
17750	18961	15493	16427	15622	15709
21749	25782	22987	31217		

统计资料
STATISTICS

固定资产投资
INVESTMENT IN FIXED ASSETS

第四篇　固定资产投资

2006 年全市完成固定资产投资 950.4 亿元,比去年增长 46.1%,是 1992 年以来增长幅度最高的一年。其中城镇固定资产投资 715.7 亿元,增长 43.3%;房地产开发企业投资 174.2 亿元,增长 63.4%;农村固定资产投资 60.6 亿元,增长 51.4%。2006 年固定资产投资比去年增加 300 亿元,净增额比去年增长57.6%。2006 年固定资产呈现如下特点:

城镇及房地产开发投资中,第一产业完成投资 13.6 亿元,增长 1.2 倍,所占比重为 1.5%,上升了 0.5 个百分点;第二产业完成投资 360.9 亿元,增长 37.8%,增幅比上年高 4.9 个百分点,所占比重为 40.6%,比重下降了 2.6 个百分点。其中:工业投资达到 354.8 亿元,增加 101.8 亿元,增长 40.2%,增量比上年多 25.4亿元。第三产业完成投资 515.4 亿元,增长 52.4%,增幅比上年低 4.1 个百分点,所占比重为 57.9%。

房地产开发完成投资 174.2 亿元,比上年增长 63.4%,增幅上升 45 个百分点。其中住宅完成投资 132.7亿元,比上年增长 57.8%。商品房施工面积 1365.5 万平方米,比上年增长 59.1%,其中住宅施工面积 1110.5 万平方米,比上年增长 61.9%,实际销售商品房面积 408.3 万平方米比上年增长 41.3%,商品房销售额达 104.4 亿元,比上年增长 78.8%。

城镇及房地产开发投资累计到位资金 870.2 亿元,比上年增长 30.0%。其中上年结余资金 17.1 亿元,国家预算内资金 30.6 亿元,国内贷款 95.4 亿元,利用外资 33.7 亿元,自筹资金 568.8 亿元,其他资金118.9 亿元。

4－1 1991－2006年全社会固定资产投资总额
TOTAL OF INVESTMENT IN FIXED ASSETS(1991～2006)

单位:万元 unit:10 000 yuan

年 份 Year	固定资产投资总额 Total	基本建设 Captial construction	更新改造 Innovation	其他投资 Others	房地产投资 Real estate	城镇私人建房 Urban private	农村集体 Rural collective	农村私人建房 Rural private
1991	290749	136076	69898	12890	29299	9271	14352	18963
1992	450808	218042	92600	18756	52877	17016	28345	23172
1993	687673	322454	131894	24978	109568	20680	53052	25047
1994	961008	430701	154463	29646	230840	26215	63305	25838
1995	1086570	474862	215382	38785	226138	26035	76430	28938
1996	1205555	573973	236484	38160	192506	32001	101995	30436
1997	1060320	454696	200814	33009	139689	38482	160878	32752
1998	1416535	507416	254283	61878	161594	59228	336181	35955
1999	1944338	701282	354519	39754	251955	63317	494290	39221
2000	2352422	850330	437508	56032	303296	74460	584810	45986
2001	2850446	1054118	529811	69078	485481	86464	572943	52551
2002	3204576	1202562	607447	75480	608399	99532	556648	54508
2003	3896440	1479758	930996	65672	777020	72022	515059	55913
2004	4599564	1860133	1317651	93188	903503	57896	307072	60121
2005	6504218	4994859 (城镇固定资产投资)			1066262	43097	400000 (农村固定资产投资)	
2006	9504180	7156604 (城镇固定资产投资)			1742021		605555 (农村固定资产投资)	

注:1.2005年固定资产投资总额中城镇固定资产投资包括以前年度的基本建设、更新改造、其他投资;农村固定资产投资包括以前年度的农村集体、农村私人建房投资。

1. Urban fixed assets investment includes capital construction, innovation, other investment, and rural fixed assets investment contains rural colletive, rural private house construction investment in prior years.

4－2 2006 年长春市城镇和房地产投资完成情况

单位:万元、平方米

分组指标	Item	总计（按隶属关系分）Total	中央 Center	省 Province	市 City	县 County	其他 Others
计划总投资	Total	21492144	4461273	1089199	4400386	765185	10776101
本年完成投资	Completed investment	8898625	909866	539060	1808898	483399	5157402
其中:住宅投资	House	1492988	76546	46611	41602	24198	1304031
本年完成投资按登记注册类型分	Grouped by register						
内资	Domestic funds	7601377	579183	493105	1767868	477299	4283922
国有	State owned	2702332	374137	384158	1494752	282903	166382
集体	Collective owned	71820	0	400	4530	18151	48739
股份合作	Cooperative	68849	1600	0	12602	0	54647
联营	Joint owned	53020	0	0	0	540	52480
国有联营	State joint	53020	0	0	0	540	52480
集体联营	Collective joint	0	0	0	0	0	0
国有与集体联营	State collective joint	0	0	0	0	0	0
其他联营	Other joint	0	0	0	0	0	0
有限责任公司	Limited liability company	2627161	138512	84963	198381	105892	2099413
国有独资公司	State owned soley	148799	46656	3467	88695	6000	3981
其他有限责任公司	Others	2478362	91856	81496	109686	99892	2095432
股份有限公司	Share holding	602326	64934	23584	54887	67633	391288
私营	Private	1237233	0	0	1216	0	1236017
其他内资	Other domestic	238636	0	0	1500	2180	234965
港澳台投资	Funded from Hongkong, Macao and Taiwan	563036	127441	14217	12980	4600	403798
港澳台合作经营	Cooperative	144265	10441	0	12980	0	120844
港澳台合资经营	Joint Venture	237289	117000	14217	0	0	106072
港澳台独资	Sole funds	163576	0	0	0	0	163576
港澳台股份有限公司	Share holding	17906	0	0	0	4600	13306
外商投资	Foreign funded	692778	203242	31738	28050	1500	428248
外商合资经营	Joint venture	341735	203242	7500	440	0	130553
外商合作经营	Cooperative	13133	0	0	0	0	13133
外商独资	Sole funds	335874	0	24238	27610	1500	282526
外商股份有限公司	Share holding	2036	0	0	0	0	2036
个体经营	Private	41434	0	0	0	0	41434
个体户	Individuals	31729	0	0	0	0	31729
个人合伙	Cooperation	9705	0	0	0	0	9705

BASIC CONDITION ON ACTUALLY COMPLETED INVESTMENT IN REAL ESTATE OF URBAN AREA(2006)

unit:10000yuan,sq·m

分组指标	Item	总计(按隶属关系分) Total	中央 Center	省 Province	市 City	县 County	其他 Others
本年完成投资按国民经济行业划分	Grouped by sector						
(一)农、林、牧、渔业	Agriculture	136142	0	0	40000	10600	85542
(二)采矿业	Mining and quarrying	96072	0	45486	0	20922	29664
(三)制造业	Manufacture	3249731	581295	53481	109105	93097	2412753
(四)电力、燃气及水的生产和供应业	Electric power, gas and water production and supply	201730	41046	9967	105276	4040	41401
(五)建筑业	Construction	61083	0	0	627	31390	29066
(六)交通运输、仓储和邮政业	Transport, storage, post and telecommunication	408871	63398	17355	202450	54242	71426
(七)信息传输、计算机服务和软件业	Information transmission, computer services and software	162254	53549	61520	16590	1340	29255
(八)批发和零售业	Wholesale and retail trade	270928	2200	12368	37745	10844	207771
(九)住宿和餐饮业	Hotels and catering	54696	2400	3500	0	0	48796
(十)金融业	Finance	4660	0	0	4570	0	90
(十一)房地产业	Real estate	1745036	1300	0	0	0	1715
(十二)租赁和商务服务业	Leasing and business services	101428	0	9206	26010	2600	63612
(十三)科学研究、技术服务和地质勘查业	Science technical services and geological prospecting	126565	48270	47646	4800	4783	21066
(十四)水利、环境和公共设施管理业	Conservancy, environment and public utilities management	1531527	0	16737	1102374	157099	255317
(十五)居民服务和其他服务业	Resident services and others	36387	0	2000	12980	0	21407
(十六)教育	Education	269827	52874	88650	15611	22701	89991
(十七)卫生、社会保障和社会福利业	Health care, securities and social welfare	126621	49154	12687	10785	14201	39794
(十八)文化、体育和娱乐业	Culture sport and arts	88237	5400	13502	19345	1663	48237
(十九)公共管理和社会组织	Government and social organization	226830	0	102030	61514	53170	10116
(二十)国际组织	International organization	0	0	0	0	0	0
本年新增固定资产	Newly increased	6047057	324697	395862	1530468	400506	3395524
本年施工房屋面积	Floor space under construction	26864543	1387483	1444047	1427970	1176376	7773463
其中:住宅	House	12285337	295321	154836	119448	291734	319411
本年竣工房屋面积	Floor space completed	11568555	859403	763806	763887	1033898	4828391
其中:住宅	House	3707314	132808	114836	83576	283734	298478
本年资金来源合计	Total funds sources	8702243	1048227	563917	1489474	408880	5191745
上年末结余资金	Balance of cost year	170897	9327	17369	12510	130	131561
本年资金来源小计	Subtotal of sources	8531346	1038900	546548	1476964	408750	5060184
国家预算内资金	National budgetary funds	306180	58335	37546	57165	145856	7278
国内贷款	Domestic loans	953902	86272	56475	415859	13289	382007
债券	Bond	56982	0	0	56982	0	0
利用外资	Usage of foreign funds	336771	1634	0	5912	1550	327675
其中:外商直接投资	Direct foreign investment	312593	0	0	1600	0	310993
自筹资金	Fund raising	5688186	692507	423346	799010	225041	3548282
企事业单位自有资金	Own funds	3632659	436164	324768	487512	155037	2229178
其他资金来源	Other sources	1189325	200152	29181	142036	23014	794942

4－3　2006年长春市城镇投资完成情况

单位:万元、平方米

分组指标	Item	总计（按隶属关系分）Total	中央 Center	省 Province	市 City	县 County	其他 Others
计划总投资	Total	16331643	4429643	937787	4214665	764185	5985363
本年完成投资	Completed investment	7156604	900886	496135	1769872	482692	3507019
其中:住宅投资	House	165531	67675	11751	16007	24198	45900
本年完成投资按登记注册类型分	Grouped by ownership						
内资	Domestic funds	6077040	570203	450180	1728842	476592	2851223
国有	State－owned	2662794	374137	368443	1471636	282196	166382
集体	Collective－owned	71820	0	400	4530	18151	48739
股份合作	Cooperative	68849	1600	0	12602	0	54647
联营	Joint owned	53020	0	0	0	540	52480
国有联营	State joint	53020	0	0	0	540	52480
集体联营	Collective joint	0	0	0	0	0	0
国有与集体联营	State and collective joint	0	0	0	0	0	0
其他联营	Other joint	0	0	0	0	0	0
有限责任公司	Company limited	1670391	129532	57753	183687	105892	1193527
国有独资公司	State owned	143803	46656	767	86399	6000	3981
其他有限责任公司	Others	1526588	82876	56986	97288	99892	1189546
股份有限公司	Share holding	484221	64934	23584	54887	67633	273183
私营	Private	827309	0	0	0	0	827309
其他内资	Other domestic	238636	0	0	1500	2180	234956
港澳台投资	Funded from Hongkong, Macao and Taiwan	370606	127441	14217	12980	4600	211368
港澳台合资经营	Joint venture	32084	10441	0	12980	0	8663
港澳台合作经营	Joint venture	237298	117000	14217	0	0	106072
港澳台独资	Funded from HongKong, Macao and Taiwan	83327	0	0	0	0	83327
港澳台股份有限公司	Share holding	17906	0	0	0	4600	13306
外商投资	Foreign investment	667542	203242	31738	28050	1500	402994
外商合资经营	Joint venture	316481	203242	7500	440	0	105299
外商合作经营	Cooperation	13133	0	0	0	0	13133
外商独资	Sole investment	335874	0	24238	27610	1500	282526
外商股份有限公司	Share holding	2036	0	0	0	0	2036
个体经营	Private	41434	0	0	0	0	41434
个体户	Individuals	31729	0	0	0	0	31729
个人合伙	Cooperation	9705	0	0	0	0	9705

BASIC CONDITIONS OF URBAN INVESTMENT COMPLETED (2006)

unit:10000yuan,sq.m

分组指标	Item	总计（按隶属关系分）Total	中央 Center	省 Province	市 City	县 County	其他 Others
本年完成投资按国民经济行业划分	Grouped by sector						
(一)农、林、牧、渔业	Agriculture、forest、animal husbandry and fishery	136142	0	0	40000	10600	85542
(二)采矿业	Mining and quarrying	96072	0	45486	0	20922	29664
(三)制造业	Manufacture	3249731	581295	53481	109105	93097	2412753
(四)电力、燃气及水的生产和供应业	Electric power gas and water production and supply	201730	41046	9967	105276	4040	41401
(五)建筑业	Construction	61083	0	0	627	31390	29066
(六)交通运输、仓储和邮政业	Transport, storage post and telecommunication	408871	63398	17355	202450	54242	71426
(七)信息传输、计算机服务和软件业	Information transmission、computer services and software	162254	53549	61520	16590	1340	29255
(八)批发和零售业	Wholesale and retail trade	270928	2200	12368	37745	10844	207771
(九)住宿和餐饮业	Hotels and catering	54696	2400	3500	0	0	48796
(十)金融业	Finance	4660	0	0	4570	0	90
(十一)房地产业	Real estate	3015	1300	0	0	0	1715
(十二)租赁和商务服务业	Leasing and business services	101428	0	9206	26010	2600	63612
(十三)科学研究、技术服务和地质勘查业	Science technical services and geological prospecting	126565	48270	47646	4800	4783	21066
(十四)水利、环境和公共设施管理业	Conservancy environment and public utilities management	1531527	0	16737	1102374	157099	255317
(十五)居民服务和其他服务业	Resident services and others	36387	0	2000	12980	0	21407
(十六)教育	Education	269827	52874	88650	15611	22701	89991
(十七)卫生、社会保障和社会福利业	Health care security and social welfare	126621	49154	12687	10785	14201	39794
(十八)文化、体育和娱乐业	Culture sport and arts	88237	5400	13502	19435	1663	48237
(十九)公共管理和社会组织	Public and social organization	226830	0	102030	61514	53170	10116
(二十)国际组织	Public management	0	0	0	0	0	0
本年新增固定资产	Newly increased fixed assets	5449546	314697	379762	1490468	400506	2864113
本年施工房屋面积	Floor space under contruction	13209339	1387483	1444047	1427970	1176376	7773463
其中:住宅	House	1180750	295321	154836	119448	291734	319411
本年竣工房屋面积	Floor space under construction	8249385	859403	763806	763887	1033898	4828391
其中:住宅	House	913432	132808	114836	83576	283734	298478
本年资金来源合计	Total fund resoures	6877624	1011842	515922	1441674	408173	3500013
上年末结余资金	Balanle of last year	94018	6125	14756	11192	130	61815
本年资金来源小计	Subtotal fund nesourles	6783606	1005717	501166	1430482	408043	3438198
国家预算内资金	National budgetary funds	306180	58335	37546	57165	145856	7278
国内贷款	Domestic loan	786681	86272	46475	415859	13289	224786
债券	Bond	56982	0	0	56982	0	0
利用外资	Usage of foreign funds	311756	1634	0	5912	1550	302660
其中:外商直接投资	Direct foreign investment	296200	0	0	1600	0	294600
自筹资金	Fund raising	4839452	692507	399190	766334	224334	2757087
企事业单位自有资金	Own fund	3112860	436164	324612	464586	154330	1733168
其他资金来源	Other resources	482555	166969	17955	128230	23014	146387

4－4　2006年长春市房地产开发投资完成情况

单位:万元

分组指标	Item	总计(按隶属关系分) Total	中央 Center	地方 Local	省 Province	地市县属 Prefecture	地区 Region	县 County
计划总投资	Total	5160501	31630	5128871	151412	4977459	185721	1000
自开始建设累计完成投资	Accumulative investment actully completed since starting of constrution	2561446	18836	2542610	75105	2467505	73625	707
本年完成投资	Completed investment	1742021	8980	1733041	42925	1690116	39026	707
其中:本月完成投资	Investment completed this month	302005	0	302005	6300	292705	7089	0
其中:商品房建设投资额	Commercial housing	1230323	8980	1221343	29505	1191838	26512	707
其中:土地开发投资额	Land developing	2722	0	2722	0	2722	0	0
其中:配套工程投资	Auxiliary project	62356	0	62356	2260	60096	9170	0
其中:国有经济控股	State－owned economic proprietary	91425	8980	82445	18715	63730	37810	707
内资	Domestic funds	1524337	8980	1515357	42925	1472432	39026	707
国有	State－owned	39538	0	39538	15715	23823	23116	707
集体	Collective－owned							
股份合作	Cooperative							
联营	Joint owned							
国有联营	State joint							
集体联营	Collective joint							
国有与集体联营	State and collective joint							
其他联营	Other joint							
有限责任公司	Limited liability company	956770	8980	947790	27210	920580	14694	0
国有独资公司	State owned solely	4996	0	4996	2700	2296	2296	0
其他有限责任公司	Others	951774	8980	942794	24510	918284	12398	0
股份有限公司	Share holding	118105	0	118105	0	118105	0	0
私营	Private	409924	0	409924	0	409924	1216	0
私营独资	Private－funded							
私营合伙	Private parthnership							
私营有限责任公司	Private limited liability corporations	409924	0			409924	1216	0
私营股份有限公司	Private share－holding corporations ltd.							
其他内资	Other domestic							
港澳台投资	Funded from Hongkong, Macao and Taiwan	192430	0	192430	0	192430	0	0
港澳台合资经营	Joint venture	112181	0	112181	0	112181	0	0
港澳台合作经营	Cooperative							
港澳台独资	Sole tunds	80249	0	80249	0	80249	0	0
港澳台股份有限公司	Share holding							
外商投资	Foreign investment	25254	0	25254	0	25254	0	0
外商合资经营	Joint venture	25254	0	25254	0	25254	0	0

BASIC CONDITIONS ON INVESTMENT OF REAL ESTATE DEVELOPMENT COMPLETED(2006)

unit:10000yuan

分组指标	Item	总计(按隶属关系分) Total	中央 Center	地方 Local	省 Province	地市县属 Prefecture	地区 Region	县 County
外商合作经营	Cooperative							
外商独资	Sole investment							
外商股份有限公司	Share holding							
住宅投资	House in vestment	1327457	8871	1318586	34860	1283726	25595	0
其中:经济适用房	Economical houses	112814	8871	103943	0	103943	4172	0
其中:别墅、高档公寓	Villa and high-grade flat	216455	0	216455	8010	208445	0	0
办公楼	Office buildings	62455	0	62455	2700	59755	0	0
商业营业用房	Buniness houses	242891	49	242842	3705	239137	4182	707
其他	Others	109218	60	109158	1660	107498	9249	0
本年新增固定资产	Newly increased fixed assets	597511	10000	587511	16100	571411	40000	0
本年资金来源合计	Total funds sources	1824619	36385	1788234	47995	1740239	47800	707
上年末结余资金	Balance of last year	76879	3202	73677	2613	71064	1318	0
本年资金来源小计	Subtotal fund sources	1747740	33183	1714557	45382	1669175	46482	707
国内贷款	Domestic loans	167221	0	167221	10000	157221	0	0
其中:银行贷款	Bank loans	152221	0	152221	10000	142221	0	0
非银行金融机构贷款	Non-financial institution loans	15000	0	15000	0	15000	0	0
利用外资	Usage of foreign funds	25015	0	25015	0	25015	0	0
其中:外商直接投资	Direct foreign investment	16393	0	16393	0	16393	0	0
自筹资金	Fund raising	848734	0	848734	24156	824578	32676	707
企事业单位自有资金	Own funds	519799	0	519799	156	519643	22926	707
其他资金来源	Other sources	706770	33183	673587	11226	662361	13806	0
其中:定金及预付款	Subscription and advanced payment	521587	33183	488404	1612	486792	12404	0
个人按揭贷款	Personal mortgage loans	92794	0	92794	114	92680	0	0

统计资料

STATISTICS

能源消费与库存

GONSUMPTION AND STORAGE OF ENERGY

长春统计年鉴

CHANGCHUN STATISTICAL YEARBOOK

2007

5-1 工业企业水消费
WATER CONSUMPTION OF INDUSTRIAL ENTERPRISES

指标	Item	数量(立方米) Amount(cu.m)	金额(千元) Sum(1000yuan)
取水总量	Total	70861675	254783.04
1.地表水	Surface water	10384982	18913.7
2.地下水	Ground water	17723213	30698.5
3.自来水	Tap water	42747880	205170.84
4.管道供应的未经达标处理的水	Underproof water treated by pipeline	0	0
5.中水	Reclaimed water	600	0
6.海水	Sea water	0	0
7.其他水	Other water	5000	0
重复用水	Reuse water	22453713	0

5－2 工业企业能源购进、消费及库存(2006)

能源名称	Item	计量单位 unit	工业生产消费量 Productive consupmption	加工转换投入合计 Total input of process
原　煤	Coal	吨　ton	7094106	7083610
洗精煤	Fine coal washing	吨　ton	1000000	1000000
其他洗煤	Other coal washing	吨　ton	225162	
煤制品	Coal products	吨　ton	5069	3909
型　煤	Briquetle	吨　ton	5069	3909
水煤浆	Coal slury	吨　ton		
煤　粉	Powdered coal	吨　ton		
焦　炭	Coke	吨　ton	28460	
其他焦化产品	Other coke products	吨　ton		
焦炉煤气	Coal gas	万立方米 10000cu.m	16289.9	486
高炉煤气	Blast furnace gas	万立方米 10000cu.m		
其他煤气	Other gas	万立方米 10000cu.m		
天然气	Natural gas	万立方米 10000cu.m	7013.2	7013.2
液化天然气	Liquefied natural gas	吨　ton		
原　油	Crude oil	吨　ton	15986	15986
汽　油	Gasoline	吨　ton	4710	
煤　油	Kerosene	吨　ton	145	
柴　油	Diesel oil	吨　ton	8871	
燃料油	Fuel oil	吨　ton	1734	1734
液化石油气	Liquefied petroleum gas	吨　ton		
炼厂干气	Coking gas	吨　ton	603	
其他石油制品	Other oil products	吨　ton		
热　力	Heat	百万千焦 1 million kilo－joule	4972952	
电　力	Electricity	万千瓦时 10000kwh	201907.61	
其他燃料	Other fuel	吨标准煤 tonSCE	135728	135728
煤矸石	Coal gangue	吨　ton		
生物质能	Biomass energy	吨标准煤 ton of SCE		
工业废料	Industrial waste	吨标准煤 ton of SCE		
城市固体垃圾	Urban solid waste	吨标准煤 ton of SCE	135728	135728
能源合计	Total of energy		6599631.71	5915988.34

ENERGY PURCHASE CONSUMPTION AND INVENORY OF INDUSTRIAL ENTERPRISES(2006)

火力发电 Stream electric power generation	供热 Heat supply	原煤入洗 Coal washing	炼焦 Coking plant	炼油 Oil refining	制气 Gas making	天然气液化 Natural gas liquefaction	加工型煤 Briquette processing	能源加工转换产出 Output of energy process
5006480	2077130							
					1000000			
	3909							
	3909							
								740000
486								28363
1901	5112.2							
				15986				
								4803
								5491
1764								
								2050
								562
								26531110
								678286.4
135728								
135728								
3499271.9	1493878.83			22837.6	900000			2650763.92

5-2 续表 1

能源名称 Item		计量单位 Unit	年初库存量 Inventory	购进量 Purchase	
				实物量 Physical quality	金额(千元) Sum
原　　煤	Coal	吨　ton	1160323	14060824	
洗 精 煤	Fine coal washing	吨　ton	4757	1032185	716945.80
其他洗煤	Other coal washing	吨　ton	1395	224262	89704.00
煤制品	Coal products	吨　ton	179	9903	3609.70
型　　煤	Briquette	吨　ton	179	9783	3555.70
水煤浆	Coal slury	吨　ton			
煤　　粉	Poweded coal	吨　ton		120	54.00
焦　　炭	Coke	吨　ton	458	31324	42118.00
其他焦化产品	Other coke products	吨　ton			
焦炉煤气	Coal gas	万立方米 10000cu.m		499.90	1115.90
高炉煤气	Blast funace gas	万立方米 10000cu.m			
其他煤气	Other gas	万立方米 10000cu.m			
天 然 气	Natural gas	万立方米 10000cu.m	0	9901.99	129145.62
液化天然气	Liquefied natural gas	吨　ton		1014	66.90
原　　油	Crude oil	吨　ton	2700	16408	62392.00
汽　　油	Gasoline	吨　ton	357	13978	66738.53
煤　　油	Kerosene	吨　ton	10	538	1867.00
柴　　油	Diesel oil	吨　ton	4286	21459	93881.47
燃 料 油	Fuel oil	吨　ton		2060	7868.00
液化石油气	Liquefied petroleum gas	吨　ton	1182	19000	371.00
炼厂干气	Coking gas	吨　ton			
其他石油制品	Other oil products	吨　ton			
热　　力	Heat	百万千焦 1 million kilo-joule			69932.60
电　　力	Electricity	万千瓦时 10000kwh		324304.20	
其他燃料	Other fuel	吨标准煤 ton of SCE	2.00		
煤矸石	Coal gangue	吨　ton			
生物质能	Biomass energy	吨标准煤 ton of SCE			
工业废料	Industrial waste	吨标准煤 ton of SCE			
城市固体垃圾	Urban solid wast	吨标准煤 ton of SCE			
能源合计	Total of energy	吨标准煤 ton of SCE		3414.44	3509.00

continuedl

消费量 Consumption					年末库存量 Inventory at the year－end	采用折标系数 By standard coefficient
合计 Total	1．工业生产消费 Fer production	用于原材料 For raw materials	2．非工业生产消费 Non－industrial production	合计中:运输工具消费 Conveyance consumption		
			527066		1620669	428.5933
1034415	1034382		33		2527	173.7000
225382	225382				14010	94.2000
10131	8273		1858		164	17.7000
10011	8153		1858		164	107.4000
						0.7140
120	120					1.4286
31681	31671	18	10		51	239.9358
						203.9000
						1081.2126
						237.9100
						932.1000
9878.19	8599.67		1278.52			2932.1500
1014	1000		14			8.7860
16246	16246				806	270.0054
14459	8182	187	6277	5809	291	810.7414
857	570	0	287	284	1	403.1493
24273	16169	201	8104	7924	1346	540.5841
1744	1734		10		347	268.5768
19004	4		19000		1183	322.0312
603	603					292.2804
						186.8000
			5127978.39			9.4457
		137.30	26875.79	19.46	1047.1080	
						5.4580
						1.0000
			653447.74			

5－3 分品种分行业能源消费

		原 煤(吨) Coal (ton)	洗精煤(吨) Fine coal washing (ton)	其他洗煤(吨) Other coal washing (ton)
合 计	**Total**	**13753627**	**1034415**	**225382**
(一)采矿业	Excavation	3138		
煤炭开采和洗选业	Coal mining and dressing	3035		
石油和天然气开采业	Petroleum and natural gas extration			
黑色金属矿采选业	Smelting of ferrous metals			
有色金属矿采选业	Mining and dressing of nonferrous matels			
非金属矿采选业	Nonmetal minerals mining and dressing	103		
其他采矿业	Other minerals mining and dressing			
(二)制造业	Manufacturing	3660281	34415	225382
农副食品加工业	Farm sidelinefood processing	1825865	710	
食品制造业	Food production	12836		
饮料制造业	Beverage production	85956	28186	
烟草制造业	Tobacco processing	1000		
纺织业	Textile industry	135		
纺织服装、鞋、帽制造业	Clothing, shoes and hats	4698		
皮革、毛皮羽毛(绒)及其制品制造业	Leather, furs, down and related products	215		
木材加工及木、竹、藤、棕、草制品业	Timber, bamboo, cane palm fiber & straw products	5702		
家具制造业	Furniture manufacture	1575		
造纸及纸制品业	Paper making and paper products	4415		
印刷业和记录媒介的复制	Printing and medium reproduction	6385		
文教体育用品制造业	Cultural, educational and sports articles	50		
石油加工、炼焦及核燃料加工业	Petroleum processing and coking	405		
化学原料及化学制品制造业	Raw chemical materials and products	6868		
医药制造业	Medical and pharmaceutical products	45905		
化学纤维制造业	Chemical fiber			
橡胶制品业	Rubber products	47503		
塑料制品业	Plastic products	3452		
非金属矿物制品业	Nonmeter mineral products	429808	2600	225382
黑色金属冶炼及压延加工业	Smelting and pressing of ferrous metals	2486		
有色金属冶炼及压延加工业	Smelting and pressing of nonferrous metals	832		
金属制品业	Metal products	7592		
通用设备制造业	Ordinary machinery	11395	2806	
专用设备制造业	Equipment for special purposes	11961		
交通运输设备制造业	Transportation equipment	1121463	103	
电气机械及器材制造业	Electric equipment	2728		
通信设备、计算机及其他电子设备制造业	Telecommunications computer and other electronic equipment	2805		
仪器仪表及文化、办公用机械制造业	Instruments, maters cultural and office machinery	4000		
工艺品及其他制造业	Art and others	12246		
废弃资源和废旧材料回收加工业	Discard resources and material processing			
(三)电力、燃气及水的生产和供应业	Production and supply of electric power, steam and hot water	10090208	1000000	
电力、热力的生产和供应业	Electricity, heat power supply	10051778		
燃气生产和供应业	Production and supply of gas	21510	1000000	
水的生产和供应业	Production and supply of water	16920		

TOTAL ENERGY CONSUMPTION BY SECTOR

煤制品 (吨) Briqutte (ton)	型　煤 (吨) Briquette (ton)	水煤浆 (吨) Loal slury (ton)	煤　粉 (吨) Powdered (ton)	焦　炭 (吨) Coke (ton)	其他焦化产品 (吨) Other coke (ton)	焦炉煤气 (万立方米) Coal gas (10000cu·m)	高炉煤气 (万立方米) Blast furnace gas (10000cu·m)
10131	**10011**		**120**	**3168**		**16291.90**	
5678	5558		120	31681		13.9	
2460	2460						
110	110						
500	500						
50	50						
				481			
654	534		120	214			
190	190			540			
1144	1144			30446		11.9	
465	465					2.00	
105	105						
4453	4453					16278.00	
4453	4453					486.00	
						15792.00	

5-3续表1

		其他煤气（万立方米）Other gas (10000cu·m)	天然气（万立方米）Natural gas (10000cu·m)	液化天然气（吨）Liquefied natural gas (ton)	原　油（吨）Crude oil (ton)
合　计	**Total**		**9878.19**	**1014**	**16246**
(一)采矿业	Excavation			2	
煤炭开采和洗选业	Coal mining and dressing			2	
石油和天然气开采业	Petroleum and natural gas extraction				
黑色金属矿采选业	Ferrous metals mining and dressing				
有色金属矿采选业	Mining and dressing of nonferrous matels				
非金属矿采选业	Nonmetal minerals mining and dressing				
其他采矿业	Other minerals mining and dressing				
(二)制造业	Manufacturing		9878.19	1012	16046
农副食品加工业	Food processing				
食品制造业	Food production				
饮料制造业	Beverage Production				
烟草加工业	Tobacco Processing				
纺织业	Textile industry				
纺织服装、鞋、帽制造业	Clothing、shoes and hats				
皮革、毛皮、羽毛(绒)及其制品业	Leather, furs, down and related products				
木材加工及木竹藤棕草制品业	Timber, bamboo, cane, palm and straw products				
家具制造业	Furniture maunfacturing				
造纸及纸制品业	Paper making and paper products				
印刷业和记录媒介的复制	Printing medium reproduction				
文教体育用品制造业	Cultural, educational and sports articles				
石油加工、炼焦及核燃料加工业	Petroleum processing and coking				15986
化学原料及化学制品制造业	Raw chemical materials and products				
医药制造业	Medical and pharmaceutical products		13.00		
化学纤维制造业	Chemical fiber				
橡胶制品业	Rubber products				
塑料制品业	Plastic products		173.00		
非金属矿物制品业	Nonmetal mineral products		19.00		
黑色金属冶炼及压延加工业	Smelting and pressing of ferrous metals				
有色金属冶炼及压延加工业	Smelting and pressing of nonferrous metals		232.00		
金属制品业	Metal products				
通用设备制造业	Ordinary machinery				
专用设备制造业	Equipment for special purposes		238.80		
交通运输设备制造业	Transportation equipment		9382.09	1012	48
电气机械及器材制造业	Electric equipment and machinery		19.30		
通信设备、计算机及其他电子设备制造业	Telecommunication computer and other electronic equipment		16.00		
仪器仪表及文化、办公用机械制造业	Instruments, maters cultural and office machinery				
工艺品及其他制造业	Other manufacturing industry				
废弃资源和废旧材料回收加工业	Discard resources and materials processing				
(三)电力燃气及水的生产和供应业	Production and supply of electric power, steam and hot water				200
电力、热力的生产和供应业	Electricity, heat power supply				200
燃气生产和供应业	Production and supply of gas				
水的生产和供应业	Production and supply of water				

continued1

汽　油(吨) Gasoline (ton)	煤　油(吨) Kerosene (ton)	柴　油(吨) Diesel oil (ton)	燃料油 (吨) Fuel oil (ton)	液化石油气 (吨) Liquefied oil (ton)	炼厂干气 (吨) Coking gas (ton)	其他石油制品 (吨) Other oil (ton)
14459	**857**	**24273**	**1744**	**19004**	**603**	
330	370	965				
221	370	477				
80		27				
29		461				
12714	486	17114	10	4	603	
1163	9	2381				
95	1	194				
1129	1	1527				
30						
24						
230		40				
28	1					
81		31				
89						
123	1	347				
387		53				
9						
66		80			603	
513	1	487				
499	1	104				
73		68				
148	2	27				
896	3	3052				
71		33				
21		290				
279	11	270				
529	1	255				
378	2	94				
5373	422	7653		4		
351	30	63				
15		32	10			
89						
25		33				
1415	1	6194	1734	19000		
495		5685	1734			
248		276		19000		
672	1	233				

5-3续表2

		热 力 (百万千焦) Heat (1millon KJ)	电 力 (万千瓦时) Electricity (10000 Kwh)
合　计	**Total**		**440674.52**
(一)采矿业	Excavation	6000.00	6989.69
煤炭开采和洗选业	Coal mining and dressing		6796.99
石油和天然气开采业	Petroleum and natural gas extraction	6000.00	32.90
黑色金属矿采选业	Ferrous metals mining and dressing		
有色金属矿采选业	Mining and dressing of nonferrous matels		
非金属矿采选业	Nonmetal minerals mining and dressing		159.80
其他采矿业	Other minerals mining and dressing		
(二)制造业	Manufacturing		329905.59
农副食品加工业	Food processing	108.00	52191.34
食品制造业	Food production	2300.00	6720.55
饮料制造业	Beverage Production		10382.82
烟草加工业	Tobacco Processing	9800.00	716.00
纺织业	Textile industry	836.00	2627.80
纺织服装、鞋、帽制造业	Clothing、shoes and hats	2014.39	712.55
皮革、毛皮、羽毛(绒)及其制品业	Leather, furs, down and related products		130.20
木材加工及木竹藤棕草制品业	Timber, bamboo, cane, palm and straw products		1548.08
家具制造业	Furniture maunfacturing		794.20
造纸及纸制品业	Paper making and paper products	800.00	1782.34
印刷业和记录媒介的复制	Printing medium reproduction		1274.69
文教体育用品制造业	Cultural, educational and sports articles		38.00
石油加工、炼焦及核燃料加工业	Petroleum processing and coking		328.90
化学原料及化学制品制造业	Raw chemical materials and products	270.00	5405.88
医药制造业	Medical and pharmaceutical products	33009.39	4848.12
化学纤维制造业	Chemical fiber		140.00
橡胶制品业	Rubber products		2789.10
塑料制品业	Plastic products	10903.00	1581.09
非金属矿物制品业	Nonmetal mineral products		42535.28
黑色金属冶炼及压延加工业	Smelting and pressing of ferrous metals	1819.82	662.28
有色金属冶炼及压延加工业	Smelting and pressing of nonferrous metals	1000.00	161.80
金属制品业	Metal products	7740.00	5389.01
通用设备制造业	Ordinary machinery	2525.00	3774.50
专用设备制造业	Equipment for special purposes	1893.00	17613.94
交通运输设备制造业	Transportation equipment		160902.08
电气机械及器材制造业	Electric equipment and machinery	2500.00	2309.21
通信设备、计算机及其他电子设备制造业	Telecommunication computer and other electronic equipment		1435.55
仪器仪表及文化、办公用机械制造业	Instruments, maters cultural and office machinery	198.00	720.88
工艺品及其他制造业	Other manufacturing industry	2900.00	289.40
废弃资源和废旧材料回收加工业	Discard resources and materials processing		100.00
(三)电力燃气及水的生产和供应业	Production and supply of electric power, steam and hot water	30944.00	103779.24
电力、热力的生产和供应业	Electricity, heat power supply	1340.00	82949.04
燃气生产和供应业	Production and supply of gas		3482.25
水的生产和供应业	Production and supply of water	29604.00	17347.95

continued2

其他燃料（吨标准煤）Other fuel（Ton of SCE）	煤矸石 Goal gangue（Ton of SCE）（吨标准煤）	生物质能（吨标准煤）Biomass energy（Ton of SCE）	工业废料（吨标准煤）Industrial waste（Ton of SCE）	城市固体垃圾（吨标准煤）Urban solid waste（Ton of SCE）	能源合计（吨标准煤）Total energy（Ton of SCE）
135728.00				**135728.00**	
					13475.98
					12089.54
					402.08
					984.36
					17930.50
					98553.68
					1972.59
					3389.82
					4696.90
					356.26
					6139.89
					2241.05
					6059.48
					6774.08
					95.66
					24692.36
					14326.77
					40980.56
					172.06
					37565.69
					7278.38
					461592.78
					2804.30
					4090.23
					13597.35
					17144.25
					31852.34
					5985.53
					4079.39
					3880.87
					9286.75
					122.90
135728.00				135728.00	
135728.00				135728.00	
					35745.84

财政
GOVERNMENT FINANCE

第六篇　财　　政

2006年是“十一五”计划的第一年，全市各级财税部门在市委市政府的正确领导下，锐意改革，发奋进取，以全力促进经济社会各项事业发展为中心，坚持依法组织收入，大力调整支出结构，财政工作取得了历史性的突破，为全市经济和各项社会事业的健康发展提供了有力保障，为“十一五”计划的顺利完成奠定了良好的基础。

一、财政收入全面超额完成任务并取得了历史性的突破。2006年，全市一般预算全口径财政收入完成210.6亿元，比上年增长14.0%。历史上首次突破200亿元大关，提前一年实现财政收入达200亿元的计划目标。其中，市本级收入完成89.1亿元，下降2.1%；各城区及开发区全口径财政收入完成109.3亿元，增长29.9%；四县(市)全口径财政收入完成12.2亿元，增长26.6%。

地方留用收入完成71.6亿元，比上年增长17.3%。其中，工商税收完成41.4亿元，比去年增长16.4%。在工商税收中，增值税完成9.1亿元，比上年增长14.7%；营业税完成13.6亿元，比上年增长22.5%；个人所得税完成3.6亿元，比上年增长4.8%。罚没行政性收费收入9.5亿元，比上年增长8.9%；其他收入7.2亿元，比上年增长19.7%。

二、财政支出增长相对较快，有力地保证了职工工资、社会保障以及新增项目支出的需要。2006年，受落实供热补贴改革政策、解决下岗职工遗留问题和未参保集体企业退休人员生活费、机关事业单位工作人员规范补贴政策及政府债务等新增支出因素影响，全市财政支出面临了前所未有的压力。面对压力，财政部门积极运筹，克服重重困难，多方筹集资金，积极消化各项增支因素。在资金安排上，根据轻重缓急在保证工资、社保、支农、教育支出的前提下，合理安排各项财政支出，保证了我市各项事业的发展和社会的稳定。2006年，全市财政支出完成146.7亿元，比上年增长20.6%。其中，基本建设支出13.8亿元，比上年增长13.1%，教育支出19.6亿元，比上年增长20.0%，抚恤和社会福利救济支出5.3亿元，比上年增长13.9%，行政事业单位离退休经费支出12.1亿元，比上年增长18.4%，社会保障补助支出15.1亿元，比去年增长2.2%，行政管理费支出16.0亿元，比上年增长31.2%。

6－1 全市一般预算全口径财政收入
GOVERNMENT REVENUE BY REGION

单位:万元 unit:10000 yuan

		2006	同比增长(%) Increasing rate year on year
全市收入总计	Total	**2106304**	**14.0**
1.本　市　级	City level	891319	-2.1
2.区　合　计	Total	1092984	29.9
南　关　区	Nanguan	103015	9.8
宽　城　区	Kuancheng	101270	78.6
朝　阳　区	Chaoyang	213412	28.1
二　道　区	Erdao	72226	26.1
绿　园　区	Luyuan	65548	187.6
双　阳　区	Shuangyang	23185	19.4
经济开发区	Economic and technical developing area	204264	31.1
高新开发区	High－techical developing area	168251	18.7
净月开发区	Jingyue developing	55039	32.5
汽贸城开发区	Vehicles trade city developing	86774	0.8
3.县(市)合计	Total city and county	122001	26.6
榆 树 市	Yushu	26303	52.5
农 安 县	Nong'an	28203	5.2
德 惠 市	Dehui	25686	21.6
九 台 市	Jiutai	41809	34.2

6－2 全市地方财政留用收入及财政支出

单位:万元

		2006	同比增减(%) Increasing rate year on year
收入合计	Total	**715908**	**17.3**
一、工商税收	Industrial and commercial tax	414307	16.4
增值税	Value added tax	90992	14.7
营业税	Business tax	135976	22.5
外投企业所得税	Income tax of foreign funds	24219	15.9
个人所得税	Individual income tax	35894	4.8
城市维护建设税	Tax on the city maintenance and construction	51431	2.2
房产税	Tax on real estate	43756	21.8
印花税	Stamp tax	11234	42.8
城镇土地使用税	Tax on use of urban land	8533	7.0
车船税	Tax on the use of vehicles and ships	2946	－0.2
其他各税	Others	9326	71.3
二、企业所得税	Income tax of enterprises	35876	28.6
集体企业所得税	Income tax of collective owned	1508	42.5
股份制企业所得税	Income tax of share holding	19980	31.6
私营企业所得税	Income tax of private enterprises	5255	28.9
其他企业所得税	Others	9133	20.6
三、企业所得税退税	Return for enterprises income tax		
四、国有企业计划亏损补贴	Planning subsidies to loss－suffering state－owned enterprises	－2520	－6.1
五、农业税	Agriculture tax		
六、农业特产税	Tax on special agricultural products	417	3.0
七、耕地占用税	Tax on the use of cultivated land	22214	79.9
八、契税	Contract tax	43775	21.2
九、罚没行政性收费收入	Penalty and administrative fees income	94615	8.9
十、专项收入	Special income	34743	5.6
排污费收入	Sewage treatment	6434	7.6
城市水资源费收入	Urban water resources	2743	5.3
教育费附加收入	Extra－charge for education	22775	－5.7
矿产资源补偿费收入	Mineral resources compensation		
探矿权采矿权使用费及价款收入	Charges for exploration right and mining right income	94	
公路运输管理费收入	Income of highway transport management fee	2697	
十一、其他收入	Others	72481	19.7

FINANCIAL STATEMENT OF GOVERNMENT REVENUE AND EXPENDITURE

unit:10000yuan

		2006	同比增减(%) Increasing rate year on year
支 出 合 计	Total	**1466748**	**20.6**
一、基本建设支出	Expenditure for capital construction	137723	13.1
二、企业挖潜改造资金	Expenditure innovation of enterprises	14254	-57.4
三、科技三项费	Expenditure of science and technology promotion	19832	49.9
四、农业支出	Agricultural expendiure	55908	35.3
五、林业支出	Forestry expenditure	14029	48.7
六、水利和气象支出	Water conser ancy and weather expenditure	8650	5.0
七、工业交通等部门的事业费	Operating expenses of industrial and transport departments	16603	-3.2
八、流通部门事业费	Operating expenses of comerce	2535	-5.3
九、文体广播事业费	Operating expenses of culture sports and broadcasting	34630	30.0
十、教育支出	Expenses on education	196283	20.0
十一、科学支出	Expenses on science	2712	18.1
十二、医疗卫生支出	Expenses on health care	59743	24.4
十三、其他部门的事业费	Expenses of other department	80134	24.4
十四、抚恤和社会福利救济	Pension and relief	53085	13.9
十五、行政事业单位离退休经费	Expenditure for retired	121255	18.4
十六、社会保障补助支出	Expenditure on subsidies to social security	150766	2.2
十七、行政管理费	Adminstration expenses	159991	31.2
十八、公检法司支出	Sucriey, procuratory and court justice	108031	17.3
十九、城市维护费	City maintainamne	88473	40.6
二十、价格补贴支出	Price subsidies	9396	1907.7
廿一、专项支出	Special expenditure	29799	14.0
排污费支出	Sewage treatment	5731	-10.7
城市水资源费支出	Urban water resources	2929	2.3
教育附加支出	Extra-charge for education	20354	22.9
矿产资源补偿费支出	Expenditure for compensation of mineral resources	572	
探矿权采矿权使用费及价款支出	Expenses on the use of exploration right and concertina concession	7	
公路运输管理费支出	Expenditure for highuay transport management fee	206	
廿二、其他各类支出	Others	102916	59.8
廿三、总预备费	Prepare expenses		

物价

PRICE

第七篇　物　　价

2006年，我市城市居民消费价格总水平上涨1.3%，零售价格总水平上涨1.4%。

影响年内消费价格走势有三大因素，一是国家、省陆续出台的上调价格政策，如，房屋贷款利率两次上调，征收消费税，居民用电上调等；二是成品油价格攀升牵动涨价，如运价提高；三是粮、油、肉、禽、蛋价格上涨推动涨价。粮、油、肉、禽、蛋上涨不仅对2006年11、12月份的价格上涨产生直接作用，还将影响作用到2007年度。

1. 鲜菜、鲜果、水产品分别涨价9.7%，15.5%，6.2%。运输成本加大和外进菜产地价格提高，使1季度菜价涨幅较大。水果产地价格提高及运价增加等多种因素作用，我市水果价格年均上涨15.5%。从年初至今，其他水产品价格累计上涨6.2%。

2. 粮食价格上涨4.6% 食用植物油价格上涨2.7%。

11月16日以后，主要粮油价格普遍上涨。粮油价格上涨需求拉动和成本推动两大因素。饲料和燃料乙醇生产扩大，对玉米需求的增大对粮食价上升产生一定拉动作用。农资价格上涨和成品油涨价对粮价上涨起一定推动作用。另外，国际期货价格上扬和我国今年大豆主产区减产促进了食用植物油价格上涨；企业加工成本增加和运输费用上调，也助长了食用植物油价格的上涨。

3. 国际市场价格波动影响首饰及成品油价格分别上涨23.6%和上涨16.2%

受国际市场金价不断波动影响，2006年年初以来，我市金价也多次出现升降变化，首饰价格累计上涨23.6%。国际原油价格变动使我市成品油价格上涨16.2%。其中，汽油、柴油价格分别上涨16.3%和16.1%。

4. 建房及装修材料价格上涨7.6%。

5. 房屋贷款利率上涨7%。

6. 居民用电价格上涨2%。

为更好地进行国民经济宏观调控，缓解电力供应相对紧张的局面，国家从今年上半年开始对电力价格进行调整。从今年8月31日起，我省也将居民用电价格上调为0.525元/千瓦时(度)，每度上涨3.9分钱，上涨8%，拉动我市全年城市居民用电价格上涨2%。

7. 猪价年末涨价的滞后作用将在2007年显现。

尽管从11月起，猪肉价格有较大幅度回升，但全年猪肉价格仍下降11.1%，这主要是前10个月猪价下降的平均作用，猪价上涨的滞后作用将在2007年明显显现。

8. 衣着及耐用消费品价格分别下降0.1%、3.2%。

服装打折促销的频频推出使衣着价格稳中有降。年内，衣着价格下降0.1%。虽然秋末冬初，应季的羽绒服、棉皮鞋价格有所上涨，但并没有改变衣着价格下降的趋势。

年内，我市耐用消费品价格继续下降，其中：部分主要电器产品价格有不同程度的下降。

7-1 2005-2006年长春市居民消费价格分类指数
CONSUMER PRICE INDICES BY CATEGORY (2005-2006)

		2005	2006
居民消费价格总指数	General consumer price index	101.7	101.31
一、食品	Food	101.7	102.21
粮食	Grain	105.0	104.61
淀粉及薯类	Tubers	100.0	100
干豆类及豆制品	Soybean products	96.8	97.31
油脂类	Oil and fat	94.4	101.27
肉禽及其制品	Meat and poultry	100.6	96.17
蛋类	Eggs	102.7	96.58
水产品类	Aquatic products	106.1	98.47
菜类	Vegetables	105.1	108.17
调味品	Seasoning	97.4	96.74
糖类	Sugar	100.9	103.18
茶及饮料	Tea and drink	100.5	100.35
干鲜瓜果	Dried and fresh fruits	104.0	111.73
糕点饼干面包	Cakes、cookes and bread	100.0	103.7
奶及奶制品	Milk and milk products	98.2	98.46
在外用膳食品	Catering food	100.0	100.21
其他食品及食品加工服务	Processing services	101.0	102.25
二、烟酒及用品	Tobacco, alcohol and articles	102.3	99.17
烟草	Tobacco	102.0	100
酒	Alcohol	102.8	98.03
吸烟饮酒用品	Articles for use	99.9	99.95
三、衣着	Clothing	101.0	99.91
服装	Garments	100.5	99.49
衣着材料	Textiles	100.0	100.62
鞋袜帽	Shoes socks and hats	102.1	100.93
衣着加工服务	Processing services	100.0	100
四、家庭设备用品及维修服务	Household facilites	100.7	99.48
耐用消费品	Durable consumer goods	101.2	96.92
室内装饰品	Interior decorations	100.0	99.88
床上用品	Bed daily articles	99.6	100
家庭日用杂品类	Daily articles	100.4	103.15
家庭服务及加工维修服务	Maintain services	100.0	100
五、医疗保健和个人用品	Medical care and personal articles	99.5	99.24
医疗保健类	Medicine care	99.0	98.94
个人用品及服务	Personal artitles and services	101.0	100.25
六、交通和通讯	Transportation and telecommunication	96.0	97.95
交通	Transportation	99.8	100.05
通信	Telecommunication	91.9	96.38
七、娱乐教育文化用品及服务	Recreation education and culture	103.6	100.99
文娱用耐用消费品及服务	Recreation durable goods	88.9	96.42
教育	Education	109.2	101.49
文化娱乐用品	Cultural goods	99.8	101.15
旅游及外出	Tourism	98.5	104.16
八、居住	Residence	105.3	105.66
建房及装修材料	Housing	101.8	107.63
租房	Renting house	100.0	100
自有住房	Self-house	107.0	107.98
水、电、燃料	Water electricity and fuel	107.6	102.07

7-2 2005-2006年长春市商品零售价格分类指数(以上同期为100)

RETAIL PRICE INDICES BY CATEGORY (2005-2006)

(以上年同期为100)

(preceding year=100)

		2005	2006
商品零售价格总指数	Retail price indices	101.3	101.51
一、食品类	Food	101.8	101.82
1. 粮食	Grain	105.0	104.61
2. 淀粉及薯类	Tubers	100.0	100
3. 干豆类及豆制品	Soybean products	96.8	97.31
4. 油脂	Oil and fat	94.6	101.27
5. 肉禽及其制品	Meat poultry	100.1	96.17
6. 蛋	Eggs	102.6	99.58
7. 水产品	Aquatic products	104.9	98.47
8. 菜	Vegetables	105.6	108.17
9. 调味品	Seasoning	100.6	96.74
10. 糖	Sugar	101.3	103.18
11. 干鲜瓜果	Dried and fresh fruits	104.1	111.73
12. 糕点饼干面包	Cakces cookies and bread	100.0	103.7
13. 奶及奶制品	Milk and milk products	98.4	98.46
14. 在外用膳食品	Catering food	100	100.21
15. 其他食品	Other food	101.0	102.25
二、饮料、烟酒	Beverage, tobacco and alcohol	101.8	99.33
三、服装、鞋帽类	Clothing, shoes and hats	100.8	99.91
四、纺织品类	Textiles	99.7	100.33
五、家用电器及音像器材	Households facilieies	95.7	94.63
六、文化办公用品	Offical articles	98.2	96.6
七、日用品	Daily articles	100.3	101.13
八、体育娱乐用品	Sports and recreation articles	96.9	93.67
九、交通、通信用品	Transport and telecommunication	87.5	99.01
十、家具	Furniture	100.0	99.86
十一、化妆品类	Cosmetics	98.1	99.82
十二、金银珠宝类	Jewelry	105.5	123.19
十三、中西药品及医疗保健用品类	Tranditional chinese and medical care	98.6	98.05
十四、书报杂志及电子出版物类	Newspapers, magazines and electronic pablishing	102.6	100.17
十五、燃料类	Fuels	118.3	118.46
十六、建筑材料及五金电料类	Construction materials and hardware	101.4	105.14

7－3　2006年长春市零售价格类指数
RETAIL PRICE INDICES BY CATEGORY(2006)

类 别 及 名 称 Item	指 数 Index	类 别 及 名 称 Item	指 数 Index
商品零售价格总指数　General index	101.51	3.音像器材类　Audiovisual products	100.0
一、食品类　Food	101.82	六、文化办公用品　Offical articles	96.6
1.粮食　Grain	104.61	七、日用品　Daily articles	101.13
2.淀粉及薯类　Tubers	100.0	1.日用百货　Daily articles	100.96
3.干豆类及豆制品　Soybean products	97.31	2.日用杂品　Small articles	99.89
4.油脂　Oil and fat	101.27	3.洗涤用品　Washing appliance	100.39
5.肉禽及其制品　Meat poultry	96.17	4.其它日用品　Others	101.72
6.蛋　Eggs	99.58	八、体育娱乐用品　Sports goods and cultural appliance	93.67
7.水产品　Aquatic products	98.47	1.体育用品　Sports goods	99.34
8.菜　Vegetable	108.17	2.娱乐用品　Cultural appliance	92.66
9.调味品　Seasoning	96.74	九、交通、通信用品　Transport and telecommunication	99.01
10.糖　Sugar	103.18	1.交通运输机械　Transports	99.54
11.干鲜瓜果　Dried and fresh fruits	111.73	2.通讯器材类　Telecommunication	89.02
12.糕点饼干面包　Cakes cookies and bread	103.7	十、家具　Furniture	99.86
13.奶及奶制品　Milk products	98.46	十一、化妆品类　Cosmetics	99.82
14.在外用膳食品　Catering food	100.21	十二、金银珠宝类　Jewelry	123.19
15.其他食品　Other food	102.25	十三、中西药品及医疗保健用品类　Medicines and equipment	98.05
二、饮料、烟酒　Beverage, tobacco and liquor	99.33	1.医疗器具及用品　Equipment	98.65
1.茶及饮料　Tea	100.35	2.中药材及中成药　Chinese medicines	93.46
2.烟草　Tobacco	100	3.西药　Western medicines	99.22
3.酒　Alcohol	98.03	4.保健器具及用品　Appliance	98.87
三、服装、鞋帽类　Clothing, shoes and hats	99.91	十四、书报杂志及电子出版物类　Newpapers books and electrionil publishing	100.17
1.服装　Clothing	99.48	1.教材及参考书　Books	100.55
2.鞋袜帽　Shoes socis and hats	100.93	2.书报杂志　Newpapers	100.04
3.其它　Others	100.0	3.电子音像制品　Electronic audiovisual products	99.78
四、纺织品类　Textiles	100.33	十五、燃料类　Fuel	118.46
1.衣着材料　Clothing	100.62	1.煤炭及制品类　Coal and produets	126.15
2.床上用品　Beds	100	2.石油及制品类　Oil and products	113.4
五、家用电器及音像器材　Households facilities	94.63	十六、建筑材料及五金电料类　Construction materials and hardware	105.14
1.家庭设备　Households facilities	95.76	1.建筑装璜材料　Construction	105.95
2.文娱用耐用消费品　Recreational durable goods	92.85	2.五金电料类　Hardware	100.0

统计资料

STATISTICS

人民生活

PEOPLE'S LIVELIHOOD

第八篇　人民生活

据长春市调查队调查，2006年我市城市居民人均可支配收入11358元，比上年增长12.8%，扣除物价上涨因素，实际增长11.7%。居民收入提高的主要因素：一是2006年十月中旬前，企业离退养老金增资补发因素，二是年底前部分采暖费“暗补”变“明补”因素。

2006年我市城市居民人均消费支出8881元，比上年增长6.9%。消费水平稳步提高，其中，食品消费3105元，增长3.2%；教育文化娱乐服务消费1213元，增长4.0%；居住消费1188元，增长17.7%；交通和通讯消费1018元，增长5.6%；衣着消费892元，增长9.1%；医疗保健消费781元，增长3.2%；杂项商品和服务消费366元，增长27.4%；家庭设备用品及服务消费318元，增长5.6%。

消费结构两大变化是：一、恩格尔系数继续下降。食品消费比重由上年的36.2%，降至35%，比上年下降1.2个百分点。恩格尔系数下降是居民生活水平提高的一大标志。二、居住消费首次跃居第三大消费。居住消费比重为13.4%，比上年上升1.3个百分点；水、电、燃料、用热消费和新房增多后的物业消费增加是居住消费水平提高的主要因素。

据对630户农村住户抽样调查结果显示：2006年，我市农民收入增加，生活质量进一步得到改善。2006年，我市农民人均收入为4480.20元，比上年增长7.2%。

2006年农民生活消费有如下特点：

1、食品消费水平提高。2006年，我市平均每一农民消费豆制品4.79公斤，比上年增长9.9%；奶和奶制品1.67公斤，比上年增长67%；瓜类8.37公斤，比上年增长27%；其他肉禽及制品0.87公斤，比上年增长16%。

2、文化生活不断丰富。2006年，我市农民人均文化教育及娱乐消费支出为339.85元，比上年增长17.3%；其中教育服务消费为270.46元，比上年增长27.8%。

3、家庭生活装备不断增强。截至2006年末，我市每百户农民家庭拥有洗衣机73台，比上年增长2.8%；彩电92台，与上年持平；电冰箱17台，比上年增长21.4%；摩托车42台，增长10.5%；移动电话75部，比上年增长11.9%；影碟机38台，比上年增长2.7%。

4、居住条件不断改善。2006年末，我市农村居民人均住房面积达22.31平方米，比上年增加1.5%；人均砖瓦平房面积为18.79平方米，比上年增长4.7%。

8－1 城市住户基本情况
BASIC STATISTICS ON URBAN HOUSEHOLDS

		单 位	Unit	合 计 Total
一、家庭人口数	Household size	人/户	person/household	3.02
1. 就业人口数	Number of person employed	人/户	person/household	1.78
(1)国有经济单位职工人数	Staff and worker in stateowned	人/户	person/household	0.92
(2)城镇集体经济单位职工人数	Staff and worker in collectiveowned	人/户	person/household	0.13
(3)其他各种经济类型单位职工	Staff and worker in other owned	人/户	person/household	0.20
(4)离退休再就业人员数	Reemployed retirees	人/户	person/household	0.08
(5)其他就业人员数	Other employees	人/户	person/household	0.12
2. 离退休人数	Person retired	人/户	person/household	0.46
3. 其他有收入者人数	Other earning people	人/户	person/household	0.02
二、家庭总收入	Household income	元/人	yuan/ person	12052.04
其中:可支配收入	Disposable income	元/人	yuan/ person	11358.64
(一)工薪收入	Income	元/人	yuan/ person	8318.87
1. 工资及补贴收入	Wages and subsidies	元/人	yuan/ person	7997.19
2. 其他劳动收入	Others	元/人	yuan/ person	321.68
(二)经营净收入	Business income	元/人	yuan/ person	1093.45
(三)财产性收入	Property income	元/人	yuan/ person	93.83
(四)转移性收入	Transfer income	元/人	yuan/ person	2545.88
三、出售财物收入	Sell property	元/人	yuan/ person	236.03
四、借贷收入	Debit and credit in come	元/人	yuan/ person	2633.63
五、家庭总支出	Household experinditure	元/人	yuan/ person	11170.12
(一)消费支出	Consumption	元/人	yuan/ person	8880.91
(二)购房与建房支出	Building expenditure	元/人	yuan/ person	541.95
(三)转移性支出	Transfer expenditure	元/人	yuan/ person	1140.19
(四)财产性支出	Property expenditure	元/人	yuan/ person	0.00
(五)社会保障支出	Social security expenditure	元/人	yuan/ person	607.07
六、借贷支出	Debit and credit expenditure	元/人	yuan/ person	3462.59
消费支出	Consumption	元/人	yuan/ person	8880.91
一、食品	Food	元/人	yuan/ person	3104.60
(一)粮油类	Grain	元/人	yuan/ person	411.55
1. 粮食·单价	Grain	元/千克	yuan/kg	3.59
数量	Quantity	千克/人	kg/person	69.28
金额	Amount	元/人	yuan/person	248.40
(1)大米·单价	Rice	元/千克	yuan/kg	3.08
数量	Quantity	千克/人	kg/person	40.17
金额	Amount	元/人	yuan/person	123.63
(2)面粉·单价	Flour	元/千克	yuan/kg	3.27
数量	Quantity	千克/人	kg/person	13.97
金额	Amount	元/人	yuan/person	45.74
(3)其他粮食·单价	Other grain	元/千克	yuan/kg	3.23
数量	Quantity	千克/人	kg/person	2.65
金额	Amount	元/人	yuan/person	8.58
(4)粮食制品·单价	Grain products	元/千克	yuan/kg	5.64
数量	Quantity	千克/人	kg/person	12.49
金额	Amount	元/人	yuan/person	70.45

8-1续表1 continued1

		单位 Unit		合计 Total
2. 淀粉及薯类·单价	Tubers	元/千克	yuan/kg	1.53
数量	Quantity	千克/人	kg/person	22.31
金额	Amount	元/人	yuan/ person	34.17
3. 干豆类及豆制品	Soybeans products	元/人	yuan/person	42.16
4. 油脂类·单价	Oil and fat	元/千克	yuan/kg	7.42
数量	Quantity	千克/人	kg/person	11.70
金额	Amount	元/人	yuan/ person	86.82
(1)食用植物油·单价	Vegetable oil	元/千克	yuan/kg	7.42
数量	Quantity	千克/人	kg/person	11.69
金额	Amount	元/人	yuan/ person	86.73
(2)食用动物油·单价	Animal oil	元/千克	yuan/kg	5.92
数量	Quantity	千克/人	kg/person	0.02
金额	Amount	元/人	yuan/ person	0.09
(二)肉禽蛋水产品类	Meat, poultry and aquatic	元/人	yuan/person	728.89
1. 肉类·单价	Meat	元/千克	yuan/kg	14.74
数量	Quantity	千克/人	kg/person	30.19
金额	Amount	元/人	yuan/ person	445.02
(1)猪肉·单价	Pork	元/千克	yuan/kg	12.05
数量	Quantity	千克/人	kg/person	16.41
金额	Amount	元/人	yuan/person	197.79
(2)牛肉·单价	Beef	元/千克	yuan/kg	16.22
数量	Quantity	千克/人	kg/person	5.97
金额	Amount	元/人	yuan/ person	96.89
(3)羊肉·单价	Mutton	元/千克	yuan/kg	17.80
数量	Quantity	千克/人	kg/person	3.06
金额	Amount	元/人	yuan/ person	54.41
(4)其他肉·单价	Others	元/千克	yuan/kg	13.45
数量	Quantity	千克/人	kg/person	0.48
金额	Amounts	元/人	yuan/ person	6.43
(5)肉制品·单价	Meat products	元/千克	yuan/kg	20.95
数量	Quantity	千克/人	kg/person	4.27
金额	Amount	元/人	yuan/ person	89.50
2. 禽类·单价	Poultry	元/千克	yuan/kg	11.78
数量	Quantity	千克/人	kg/person	5.21
金额	Amount	元/人	yuan/ person	61.30
(1)鸡·单价	Chicken	元/千克	yuan/kg	10.98
数量	Quantity	千克/人	kg/person	4.14
金额	Amount	元/人	yuan/ person	45.41
(2)鸭·单价	Duck	元/千克	yuan/kg	9.78
数量	Quantity	千克/人	kg/person	0.18
金额	Amount	元/人	yuan/ person	1.78
(3)其他禽类·单价	Other poultry	元/千克	yuan/kg	15.20
数量	Quantity	千克/人	kg/person	0.41
金额	Amount	元/人	yuan/ person	6.19
(4)禽制品·单价	Poultry products	元/千克	yuan/kg	16.54
数量	Quantity	千克/人	kg/person	0.48
金额	Amount	元/人	yuan/ person	7.91

8－1续表2　　continued2

		单　位 Unit		合　计 Total
3．蛋类·单价	Eggs	元/千克	yuan/kg	5.13
数量	Quantity	千克/人	kg/person	13.08
金额	Amount	元/人	yuan/ person	67.13
(1)鲜蛋·单价	Fresh eggs	元/千克	yuan/kg	4.89
数量	Quantity	千克/人	kg/person	12.53
金额	Amount	元/人	yuan/ person	61.27
(2)蛋制品·单价	Eggs products	元/千克	yuan/kg	10.57
数量	Quantity	千克/人	kg/person	0.55
金额	Amount	元/人	yuan/ person	5.86
4．水产品类	Aquatic	元/人	yuan/person	155.44
(1)鱼·单价	Fish	元/千克	yuan/kg	9.86
数量	Quantity	千克/人	kg/person	9.91
金额	Amount	元/人	yuan/ person	97.71
(2)虾·单价	Shrimp	元/千克	yuan/kg	31.60
数量	Quantity	千克/人	kg/person	1.17
金额	Amount	元/人	yuan/ person	37.02
(3)其他水产品·单价	Others	元/千克	yuan/kg	16.52
数量	Quantity	千克/人	kg/person	0.85
金额	Amount	元/人	yuan/ person	14.02
(4)水产制品	Aquatic products	元/人	yuan/person	6.68
(三)蔬菜类	Vegetable	元/人	yuan/person	411.36
1．鲜菜·单价	Vegetable	元/千克	yuan/kg	2.04
数量	Quantity	千克/人	kg/person	174.89
金额	Amount	元/人	yuan/ person	357.62
2．干菜·单价	Dried vegetable	元/千克	yuan/kg	41.01
数量	Quantity	千克/人	kg/person	0.84
金额	Amount	元/人	yuan/ person	34.48
3．菜制品	Vegetable products	元/人	yuan/person	19.26
(四)调味品	Seasoning	元/人	yuan/person	48.76
(五)糖烟酒饮料类	Sugar, tobacco and liquor	元/人	yuan/person	434.57
1．糖类	Suagar	元/人	yuan/person	55.98
2．烟草类	Tobacco	元/人	yuan/person	181.94
3．酒类·单价	Alcohol	元/千克	yuan/kg	5.12
数量	Quantity	千克/人	kg/person	21.29
金额	Amount	元/人	yuan/ person	109.00
(1)白酒·单价	Distilled spirit	元/千克	yuan/kg	10.18
数量	Quantity	千克/人	kg/person	3.93
金额	Amount	元/人	yuan/ person	39.97
(2)果酒·单价	Wine	元/千克	yuan/kg	11.81
数量	Quantity	千克/人	kg/person	0.55
金额	Amount	元/人	yuan/ person	6.55
(3)啤酒·单价	Beer	元/千克	yuan/kg	3.62
数量	Quantity	千克/人	kg/person	16.69
金额	Amount	元/人	yuan/ person	60.38
(4)其他酒·单价	Others	元/千克	yuan/kg	16.29
数量	Quantity	千克/人	kg/person	0.13
金额	Amount	元/人	yuan/ person	2.090

8-1续表3 continued3

		单 位 Unit		合 计 Total
4. 饮料	Beverage	元/人	yuan/person	87.66
(1)碳酸饮料·单价	Soda pop	元/千克	yuan/kg	4.71
数量	Quantity	千克/人	kg/person	5.33
金额	Amount	元/人	yuan/ person	25.08
(2)果蔬饮料·单价	Vegetable drink	元/千克	yuan/kg	5.29
数量	Quantity	千克/人	kg/person	2.60
金额	Amount	元/人	yuan/ person	13.74
(3)瓶装饮用水·单价	Water bottled	元/千克	yuan/kg	2.32
数量	Quantity	千克/人	kg/person	5.06
金额	Amount	元/人	yuan/ person	11.75
(4)茶叶·单价	Tea	元/千克	yuan/kg	183.18
数量	Quantity	千克/人	kg/person	0.12
金额	Amount	元/人	yuan/ person	21.78
(5)咖啡可可粉·单价	Coffee	元/千克	yuan/kg	86.90
数量	Quantity	千克/人	kg/person	0.03
金额	Amount	元/人	yuan/ person	2.70
(6)其他饮料	Others	元/人	yuan/person	12.61
(六)干鲜瓜果类	Dried and fresh fruits	元/人	yuan/person	376.19
1. 鲜果·单价	Fresh fruits	元/千克	yuan/kg	4.50
数量	Quantity	千克/人	kg/person	61.57
金额	Amount	元/人	yuan/ person	276.96
2. 鲜瓜·单价	Melon	元/千克	yuan/kg	2.07
数量	Quantity	千克/人	kg/person	30.84
金额	Amount	元/人	yuan/ person	63.85
3. 干果·单价	Dried fruits	元/千克	yuan/kg	12.58
数量	Quantity	千克/人	kg/person	1.14
金额	Amount	元/人	yuan/ person	14.37
4. 瓜果制品·单价	Fruit's products	元/千克	yuan/kg	8.45
数量	Quantity	千克/人	kg/person	0.53
金额	Amount	元/人	yuan/ person	4.45
5. 坚果及果仁·单价	Nut	元/千克	yuan/kg	14.98
数量	Quantity	千克/人	kg/person	1.11
金额	Amount	元/人	yuan/ person	16.55
(七)糕点、奶及奶制品	Cake and milk products	元/人	yuan/person	206.61
1. 糕点·单价	Cake	元/千克	yuan/kg	10.68
数量	Quantity	千克/人	kg/person	5.52
金额	Amount	元/人	yuan/ person	58.97
2. 奶及奶制品	Milk and its products	元/人	yuan/person	147.64
(1)鲜乳品·单价	Milk	元/千克	yuan/kg	3.40
数量	Quantity	千克/人	kg/person	24.29
金额	Amount	元/人	yuan/ person	82.54
(2)奶粉·单价	Milk powder	元/千克	yuan/kg	49.23
数量	Quantity	千克/人	kg/person	0.38
金额	Amount	元/人	yuan/ person	18.81

8－1续表 4 continued4

		单 位 Unit		合 计 Total
(3)酸奶·单价	Sour milk	元/千克	yuan/kg	7.35
数量	Quantity	千克/人	kg/person	3.88
金额	Amount	元/人	yuan/ person	28.53
(4)其他奶制品	Other milk products	元/人	yuan/person	17.76
(八)其他食品	Others	元/人	yuan/person	41.80
其中:半成品	Semi－finished products	元/人	yuan/person	12.50
(九)饮食服务	Catering services	元/人	yuan/person	444.87
1. 食品加工服务费	Food prossing	元/人	yuan/person	1.58
2. 在外饮食	Catering services	元/人	yuan/person	443.29
(1)购自食堂	From dining room	元/人	yuan/person	205.73
(2)购自饮食业	From catering services	元/人	yuan/person	181.39
(3)在亲友家搭伙支出	With relative	元/人	yuan/person	56.17
非食品类	Non－food	元/人	yuan/person	5776.32
二、衣着	Garment	元/人	yuan/person	891.81
(一)服装·单价	Garment	元/件	yuan/piece	93.86
数量	Quantity	件/人	piece/person	6.46
金额	Amount	元/人	yuan/ person	606.33
1. 男士服装·单价	Man clothing	元/件	yuan/piece	103.84
数量	Quantity	件/人	piece/person	2.19
金额	Amount	元/人	piecel/person	227.58
2. 女士服装·单价	Women clothing	元/件	yuan/piece	103.30
数量	Quantity	件/人	piece/person	3.17
金额	Amount	元/人	yuan/person	327.88
3. 童装·单价	Children's wear	元/件	yuan/piece	46.47
数量	Quantity	件/人	piece/person	1.09
金额	Amount	元/人	yuan/person	50.88
(二)衣着材料	Cloth material	元/人	yuan/person	3.94
(三)鞋类·单价	Shoes	元/双	yuan/pair	108.02
数量	Quantity	双/人	pair/person	2.26
金额	Amount	元/人	yuan/ person	243.66
(四)其他衣着用品	Other clothing	元/人	yuan/person	26.11
(五)衣着加工服务费	Prossing serivce	元/人	yuan/person	11.77
三、家庭设备用品及服务	Household facilities and article	元/人	yuan/person	318.32
(一)耐用消费品	Durable consumer goods	元/人	yuan/person	133.93
1. 家具	Furniture	元/人	yuan/person	26.03
(1)成套家具	Completes sets of furniture	元/人	yuan/person	16.57
(2)其他家具	Other furniture	元/人	yuan/person	9.46
2. 家庭设备	Household facilities	元/人	yuan/person	107.90
(1)洗衣机·单价	Washing machine	元/台	yuan/unit	1112.81
数量	Quantity	台/百户	unit/100h	3.72
金额	Amount	元/人	yuan/ person	13.72
(2)电风扇·单价	Fanner	元/台	yuan/unit	102.00
数量	Quantity	台/百户	unit/100h	0.36
金额	Amount	元/人	yuan/ person	0.12

8－1续表5　　continued5

		单　位 Unit		合　计 Total
(3)电冰箱·单价	Fridge	元/台	yuan/unit	2527.27
数量	Quantity	台/百户	yuan/100h	2.64
金额	Amount	元/人	yuan/ person	22.11
(4)冰柜·单价	Freezer	元/台	yuan/unit	0.00
数量	Quantity	台/百户	unit/100h	0.00
金额	Amount	元/人	yuan/ person	0.00
(5)微波炉·单价	Micro－wave oven	元/台	yuan/unit	342.64
数量	Quantity	台/百户	unit/100h	1.32
金额	Amount	元/人	yuan/ person	1.50
(6)空调器·单价	Air conditioner	元/台	yuan/unit	4345.21
数量	Quantity	台/百户	unit/100h	1.68
金额	Amount	元/人	yuan/person	24.19
(7)电炊具·单价	Electric cooking	元/台	yuan/unit	294.57
数量	Quantity	台/百户	unit/100h	10.68
金额	Amount	元/人	yuan/ person	10.43
(8)淋浴热水器·单价	Shower	元/台	yuan/unit	1763.32
数量	Quantity	台/百户	unit/100h	3.00
金额	Amount	元/人	yuan/ person	17.53
(9)排油烟机·单价	Smoke absorber	元/台	yuan/unit	448.71
数量	Quantity	台/百户	unit/100h	2.04
金额	Amount	元/人	yuan/ person	3.03
(10)吸尘器·单价	Dust catcher	元/台	yuan/unit	122.33
数量	Quantity	台/百户	unit/100h	0.36
金额	Amount	元/人	yuan/ person	0.15
(11)消毒碗柜·单价	Sterilized cupboard	元/台	yuan/unit	1227.55
数量	Quantity	台/百户	unit/100h	1.32
金额	Amount	元/人	yuan/ person	5.37
(12)洗碗机·单价	Washing bowl machine	元/台	yuan/unit	740.67
数量	Quantity	台/百户	unit/100h	0.36
金额	Amount	元/人	yuan/ person	0.88
(13)饮水机·单价	Drink machine	元/台	yuan/unit	330.27
数量	Quantity	台/百户	unit/100h	1.32
金额	Amount	元/人	yuan/ person	1.44
(14)取暖器·单价	Warm machine	元/台	yuan/unit	0.00
数量	Quantity	台/百户	unit/100h	0.00
金额	Amount	元/人	yuan/ person	0.00
(15)其他	Others	元/人	yuan/person	7.42
(二)室内装饰品	Interior decoration	元/人	yuan/ person	18.02
1.纺织装饰品	Texticles	元/人	yuan/person	11.03
2.装饰灯具	Lamp	元/人	yuan/person	2.72
3.其他装饰品	Others	元/人	yuan/person	4.28
(三)床上用品	Bed articles	元/人	yuan/person	31.16
(四)家庭日用杂品	Daily use articles	元/人	yuan/person	126.10

8-1续表6 continued6

		单 位 Unit		合 计 Total
1. 厨、餐、茶具	Food and tea articles	元/人	yuan/person	10.53
2. 家用工具	House hold articles	元/人	yuan/person	1.04
3. 家居清洁用品	Cleaning articles	元/人	yuan/person	36.53
4. 其他日用杂品	Others	元/人	yuan/person	78.01
(五)家具材料	Furniture materials	元/人	yuan/person	0.63
(六)家庭服务	Households services	元/人	yuan/person	8.47
1. 家政服务	Domestic economy	元/人	yuan/person	6.10
2. 加工维修服务费	Repair	元/人	yuan/person	2.37
四、医疗保健	Health care	元/人	yuan/person	781.35
(一)医疗器具	Medical appliance	元/人	yuan/person	1.62
(二)保健器具	Health care appliance	元/人	yuan/person	10.87
(三)药品费	Medicine expense	元/人	yuan/person	342.96
(四)滋补保健品	Nourishing medicine	元/人	yuan/person	144.05
(五)医疗费	Health care service	元/人	yuan/person	281.47
(六)其他	Others	元/人	yuan/person	0.38
五、交通和通讯	Transportation and telecommuniction	元/人	yuan/person	1017.58
(一)交通	Transportation	元/人	yuan/person	502.67
1. 家庭交通工具	Household use	元/人	yuan/person	116.99
(1)摩托车·单价	Motorcycle	元/辆	yuan/unit	4664.67
数量	Quantity	辆/百户	unit/100h	0.36
金额	Amount	元/人	yuan/ person	5.57
(2)自行车·单价	Bicycle	元/辆	yuan/unit	175.39
数量	Quantity	辆/百户	unit/100h	3.36
金额	Amount	元/人	yuan/ person	1.95
(3)助力车·单价	Vehicle	元/辆	yuan/unit	3240.67
数量	Quantity	辆/百户	unit/100h	0.36
金额	Amount	元/人	yuan/ person	3.87
(4)家用汽车·单价	Family car	元/辆	yuan/unit	44259.33
数量	Quantity	辆/百户	unit/100h	0.72
金额	Amount	元/人	yuan/ person	105.61
(5)其他交通工具	Others	元/人	yuan/person	0.00
2. 车辆用燃料及零配件	Fuel and parts	元/人	yuan/person	35.29
(1)燃料	Fuel	元/人	yuan/person	33.96
(2)零配件	Parts	元/人	yuan/person	0.98
(3)其他	Others	元/人	yuan/person	0.35
3. 交通工具服务支出	Traffic service	元/人	yuan/person	6.50
(1)维修费	Upkeep	元/人	yaun/person	6.03
(2)车辆使用税费	Tax and expenses	元/人	yuan/person	0.35
(3)其它车辆使用费用	Other vehicle expenses	元/人	yuan/person	0.12
4. 交通费	Traffic	元/人	yuan/person	343.88
(1)飞机	Airoplane	元/人	yuan/person	30.30
(2)火车	Railway	元/人	yuan/person	67.24
(3)长途汽车	Long disstance highway	元/人	yuan/person	18.54

8-1续表7 continued7

		单 位	Unit	合 计 Total
(4)市内公共交通	Bus	元/人	yuan/person	149.00
(5)出租汽车费	Taxi	元/人	yuan/person	77.92
(6)其他交通费用	Others	元/人	yuan/person	0.88
(二)通信	Telecommunication	元/人	yuan/person	514.91
1. 通信工具	Mean of telecommunication	元/人	yuan/person	66.96
(1)电话机·单价	Telephone	元/部	yuan/sub	115.36
数量	Quantity	部/百户	sub/100h	1.32
金额	Amount	元/人	yuan/ person	0.51
(2)移动电话·单价	Mobile phone	元/部	yuan/sub	1428.32
数量	Quantity	部/百户	sub/100h	14.04
金额	Amount	元/人	yuan/ person	66.46
(3)寻呼机·单价	Bp	元/部	yuan/sub	0.00
数量	Quantity	部/人	sub/person	0.00
金额	Amount	元/人	yuan/ person	0.00
(4)传真机·单价	Fax	元/部	yuan/sub	0.00
数量	Quantity	部/百户	sub/100h	0.00
金额	Amount	元/人	yuan/ person	0.00
(5)其他通信工具	Others	元/人	yuan/person	0.00
2. 通信服务	Service	元/人	yuan/person	447.95
(1)电信费	Telecommunication	元/人	yuan/person	447.10
(2)邮费	Postage	元/人	yuan/person	0.39
(3)其他	Others	元/人	yuan/person	0.46
六、教育文化娱乐服务	Education, and recreation service	元/人	yuan/person	1213.46
(一)文化娱乐用品	Recreational articles	元/人	yuan/person	248.94
1. 彩色电视机·单价	Colour TV set	元/台	yuan/set	7351.12
数量	Quantity	台/百户	set/100h	3.00
金额	Amount	元/人	yuan/ person	73.08
2. 影碟机·单价	Video disc player	元/台	yuan/set	314.06
数量	Quantity	台/百户	set/100h	2.04
金额	Amount	元/人	yuan/ person	2.12
3. 录放像机·单价	Video recorder	元/台	yuan/set	0.00
数量	Quantity	台/百户	set/100h	0.00
金额	Amount	元/人	yuan/ person	0.00
4. 家用电脑	Computer	元/人	yuan/ person	54.25
(1)整机电脑·单价	Computer	元/台	yuan/set	4061.74
数量	Quantity	台/百户	unit/100h	3.72
金额	Amount	元/人	yuan/ person	50.07
(2)计算机外部设备	Computer peripheral equpment	元/人	yuan/person	2.59
(3)各种零配件及耗材	Parts	元/人	yuan/person	1.58
5. 组合音响·单价	Hi-Fi stereo component system	元/台	yuan/set	0.00
数量	Quantity	台/百户	set/100h	0.00
金额	Amount	元/人	yuan/ person	0.00

8-1续表8 continued8

		单 位 Unit		合 计 Total
6. 录音机·单价	Tape recoder	元/台	yuan/set	722.17
数量	Quantity	台/百户	set/100h	0.72
金额	Amount	元/人	yuan/ person	1.72
7. 摄像机·单价	Pick up camera	元/架	yuan/unit	0.00
数量	Quantity	架/百户	unit/100h	0.00
金额	Amount	元/人	yuan/ person	0.00
8. 照相机·单价	Camera	元/架	yuan/unit	1992.29
数量	Quantity	架/百户	unit/100h	2.04
金额	Amount	元/人	yuan/ person	13.47
9. 钢琴·单价	Piano	元/架	yuan/unit	0.00
数量	Quantity	架/百户	unit/100h	0.00
金额	Amount	元/人	yuan/ person	0.00
10. 其他中高档乐器·单价	Musical instrument	元/件	yuan/unit	1270.88
数量	Quantity	件/百户	unit/100h	0.96
金额	Amount	元/人	yuan/ person	4.04
11. 健身器材·单价	Fitness equipment	元/件	yuan/set	775.00
数量	Quantity	件/人	set/person	0.00
金额	Amount	元/人	yuan/ person	1.85
12. 电子辞典·单价	Electronic dictionary	元/部	yuan/unit	493.00
数量	Quantity	部/人	unit/person	0.00
金额	Amount	元/人	yuan/ person	1.18
13. 音像制品及软件	Audiovisual products and software	元/人	yuan/person	18.04
14. 体育用品	Sport apparatus	元/人	yuan/person	4.65
15. 书报杂志	Newspaper and magaizers	元/人	yuan/person	30.30
16. 纸张文具	Paper articales	元/人	yuan/person	10.49
17. 其他文娱用品	Others	元/人	yuan/person	33.75
(二)文化娱乐服务	Services	元/人	yuan/person	206.73
1. 参观游览	Tourism	元/人	yuan/person	26.14
2. 健身活动	Fitness	元/人	yuan/person	19.56
3. 团体旅游	Group tourism	元/人	yuan/person	86.13
4. 其它文娱活动	Other activities	元/人	yuan/person	73.92
5. 文娱用品修理服务费	Repair services	元/人	yuan/person	0.98
(三)教育	Education	元/人	yuan/person	757.78
1. 教材	Teaching material	元/人	yuan/person	60.93
(1)课本及参考书	Textbook	元/人	yuan/person	48.07
(2)教育软件	Teaching software	元/人	yuan/person	12.85
(3)其它教材	Others	元/人	yuan/person	0.02
2. 教育费用	Teaching expenses	元/人	yuan/person	696.85
(1)非义务教育学杂费	Non-compulsory edacation	元/人	yuan/person	206.41
(2)义务教育学杂费	Compulsory education	元/人	yuan/person	60.36
(3)托幼费	Baby-sitting fees	元/人	yuan/person	34.77
(4)成人教育费	PTAs charges	元/人	yuan/person	37.66
(5)家教费	Family education	元/人	yuan/person	17.53
(6)培训班	Trairing	元/人	yuan/person	194.37

8-1续表 9　　　　continued19

		单　位 Unit		合　计 Total
(7)学校住宿费	Bourding schools	元/人	yuan/person	22.11
(8)其他	Others	元/人	yuan/person	123.64
七、居住	Residehce	元/人	yuan/person	1187.92
(一)住房	House	元/人	yuan/person	367.69
1. 租赁房房租	Rent	元/人	yuan/person	55.83
2. 自有房租金折算	Rent discount	元/人	yuan/person	0.00
3. 住房装潢支出	Decoration expenses	元/人	yuan/person	283.24
4. 维修用建筑材料	Building material	元/人	yuan/person	28.62
5. 其他	Others	元/人	yuan/person	0.00
(二)水电燃料及其他	Water, fuel and others	元/人	yuan/person	777.57
1. 水·单价	Water	元/吨	yuan/ton	2.65
数量	Quantity	吨/人	ton/person	23.15
金额	Amount	元/人	yuan/person	61.37
2. 电·单价	Electricty	元/度	yuan/degree	0.50
数量	Quantity	度/人	degree/person	395.32
金额	Amount	元/人	yuan/person	198.37
3. 燃料	Fuel	元/人	yuan/person	128.29
(1)煤炭·单价	Coal	元/千克	yuan/kg	0.25
数量	Quantity	千克/人	kg/person	38.77
金额	Amount	元/人	yuan/ person	9.87
(2)液化石油气·单价	Liqufied gas	元/千克	yuan/kg	5.18
数量	Quantity	千克/人	kg/person	1.15
金额	Amount	元/人	yuan/person	5.98
(3)管道煤气·单价	Pipe gas	元/立方米	yuan/cu. m	1.52
数量	Quantity	立方米/人	cu. m/person	73.83
金额	Amount	元/人	yuan/ person	112.38
(4)其他燃料	Other fuel	元/人	yuan/person	0.07
4. 其他	Others	元/人	yuan/person	389.54
(三)居住服务费	Services	元/人	yuan/person	42.66
1. 物业管理费	Realty management	元/人	yuan/person	34.99
2. 维修服务费	Maintain service	元/人	yuan/person	7.11
3. 其它	Others	元/人	yuan/person	0.55
八、杂项商品和服务	Daily consumer goods and service	元/人	yuan/person	365.87
(一)杂项商品	Daily consumer goods	元/人	yuan/person	174.99
1. 金银珠宝饰品	Jewelry	元/人	yuan/person	13.57
2. 手表·单价	Watch	元/只	yuan/unit	2809.36
数量	Quantity	只/人	unit/person	0.00
金额	Amount	元/人	yuan/person	12.29
3. 理发美容用具	Haircut and beauty products	元/人	yuan/person	0.11
4. 化妆品	Cosmetics	元/人	yuan/person	70.01
5. 其他杂品	Others	元/人	yuan/person	79.01
(二)服务	Services	元/人	yuan/person	190.87
1. 旅馆住宿费	Hotel	元/人	yuan/person	8.22
2. 理发洗澡费	Haircut and bathing	元/人	yuan/person	105.83
3. 美容费	Beauty	元/人	yuan/person	31.42
4. 其他服务	Others	元/人	yuan/person	45.41

8－2　主要年份农民家庭生活基本情况
BASIC CONDITIONS OF RURAL HOUSEHOLDS

		2003	2004	2005	2006
调查户数(户)	Households surveyed	630	630	630	630
平均每户人口(人)	Residents per household(person)	3.72	3.76	3.65	3.68
平均每户劳动力(人)	Laborers per household(person)	2.71	2.74	2.72	2.76
#务工劳动力	Laborers				
平均每一劳动力赡养人口(人)	Persons supported by a laborer(person)	1.38	1.37	1.34	1.33
平均每人年总收入(元)	Per capita annual income(yuan)	4708.21	5496.10	6158.73	6273.08
平均每人年纯收入(元)	Per capita annual net income(yuan)	3411.15	3906.18	4180.12	4480.20
按年纯收入分组的户数构成(%)	Proportion of househoulds by annual net in come (%)				
平均每一劳动力年纯收入(元)	Net income for a laborer(yuan)	4690.83	5358.27	5619.10	5965.9
平均每人年总支出(元)	Per capita annual expenditure(yuan)	3234.03	3829.12	5073.90	4736.81
一、人均年生活消费支出(元)	Per capita living expenditures(yuan)	1774.28	2003.17	2581.78	2555.76
1.食品	Food	820.33	924.00	1045.02	988.15
#食品消费支出	Food consumption	779.24	867.35	956.43	880.84
食品消费服务性支出	Food consumption services	41.9	56.65	88.59	107.31
2.衣着	Garments	109.87	122.67	154.63	161.78
3.生活用品及其他	Daily consumer goods	53.16	58.22	82.12	100.47
4.住房	House	239.48	242.60	388.21	381.35
5.文化、生活服务支出	Expenditure for culture living services	245.79	233.04	289.67	339.85
二、人均年家庭经营支出和纳税(元)	Taxes and expenditures (yuan)	1127.76	1424.87	1773.15	1581.68
#牧业生产费用	Cost for animal husbandry	340.47	556.72	758.78	559.15
农业生产费用	Cost for farming	625.68	822.87	970.63	977.52
三、人均年购置生产性固定资产(元)	Per capita purchase fixed assets(yuan)	202.37	223.50	292.95	189.65
四、人均年上交集体的承包任务(元)	Per capita payments to collective(yuan)				
五、人均年其他非借贷性支出(元)	Per capita other expenditures(yuan)	160.54	215.55	278.34	254.99
平均每户年内新建房屋面积(平方米)	Floor space of new building per household(sq·m)	0.99	1.47	2.15	0.34
平均每户年末居住房屋面积(平方米)	Floor space of living per household at year－end(sq·m)	81.38	80.40	80.27	82.07
平均每人年末居住房屋面积(平方米)	Areas of living per capita(sq·m)	21.85	21.38	21.99	22.31

8－3　农村人口状况

		单位 Unit	合计 Total
调查户数	Households surveyed	户 household	630.00
一、常住人口	Permanent residents	人 person	2317.00
二、整半劳动力	Able bodied and semi able bodied laborers	人 person	1740.00
1. 男劳动力人数	Male laborers	人 person	904.00
2. 整劳动力	Able laborers	人 person	1144.00
三、就业劳动力人数	Employment	人 person	1717.00
1. 在一产业就业的劳动力	Primary industry	人 person	1384.00
2. 在二产业就业的劳动力	Secondary industry	人 person	121.00
3. 在三产业就业的劳动力	Tertiary industry	人 person	212.00
四、常住人口中外出就业的劳动力人数	Flow laborers of permanent residents	人 person	251.00
五、劳动力文化程度	Educational level for laborer		
1. 不识字或识字很少	Illiterate and semi－illiterate	人 person	58.00
2. 小学程度	Primary school	人 person	537.00
3. 初中程度	Junior secondary school	人 person	954.00
4. 高中程度	Senior secondary school	人 person	139.00
5. 中专	Special secondary school	人 person	31.00
6. 大专及以上	Junior college and above	人 person	21.00

BASIC STATISTICS ON RURAL POPULATION

榆树市 Yu shu	农安县 Nong'an	德惠市 Dehui	九台市 Jiutai	双阳区 Shuangyang	城　区 District
100	100	100	100	100	130
398.00	385.00	376.00	378.00	356.00	424.00
306.00	290.00	264.00	283.00	262.00	335.00
151.00	149.00	142.00	144.00	136.00	182.00
206.00	196.00	190.00	167.00	182.00	203.00
306.00	290.00	264.00	283.00	262.00	312.00
248.00	268.00	220.00	243.00	203.00	202.00
18.00	4.00	28.00	21.00	20.00	30.00
40.00	18.00	16.00	19.00	39.00	80.00
66.00	25.00	35.00	39.00	40.00	46.00
18.00	22.00	4.00	7.00	5.00	2.00
127.00	76.00	86.00	89.00	95.00	64.00
132.00	168.00	149.00	148.00	135.00	222.00
24.00	21.00	19.00	27.00	16.00	32.00
1.00	3.00	2.00	8.00	6.00	11.00
4.00		4.00	4.00	5.00	4.00

8－4 农村生产性固定资产及土地经营、耕地流转情况

		单 位 Unit		合 计 Total
一、期末生产性固定资产原值	Productive fixed assets in original	元	yuan	5830370.00
1.农业	Agriculture	元	yuan	3978470.00
#房屋及建筑物	Buildings	元	yuan	1350400.00
役畜	Draught animals	元	yuan	736800.00
大中型铁木农具	Wood and iron farm tools	元	yuan	291490.00
林业机械	Machinery of agriculture	元	yuan	1469630.00
2.林业	Forest	元	yuan	
#房屋及建筑物	Buildings	元	yuan	
役畜	Draught animals	元	yuan	
大中型铁木农具	Wood and iron farm tools	元	yuan	
林业机械	Machinery of agriculture	元	yuan	
3.牧业	Animal husbandary	元	yuan	1400700.00
#房屋及建筑物	Buildings	元	yuan	502500.00
产品畜	Commodity animals	元	yuan	819100.00
大中型铁木农具	Wood and iron farm tools	元	yuan	2500.00
牧业机械	Machinery of agriculture	元	yuan	42600.00
4.渔业	Fishery	元	yuan	
#房屋及建筑物	Buildings	元	yuan	
大中型铁木农具	Wood and iron farm tools	元	yuan	
渔业机械	Machinery of agriculture	元	yuan	
5.采矿业	Mining indusrry	元	yuan	
6.制造业	Manufacturing	元	yuan	5550.00
#房屋及建筑物	Buildings	元	yuan	3500.00
生产设备	Equipment of production	元	yuan	2050.00
7.电力煤气与水的生产及供应	Production and supply of power gas and water	元	yuan	
8.建筑业	Construction	元	yuan	98900.00
9.交通运输业、仓储和邮政业	Transportation	元	yuan	292400.00
10.批发和零售贸易业	Wholesales, retail trade and catering serices	元	yuan	32000.00
11.住宿和餐饮业	Hotels and catering	元	yuan	
12.居民服务与其他服务业	Resident and other services	元	yuan	18500.00
13.教育	Education	元	yuan	
14.卫生、社会保障和福利业	Health care securities and social welfare			
15.文化、体育和娱乐业	Culture sports and recreation			
16.其他	Others	元	yuan	3850.00
二、期末主要生产性固定资产数量	Number of productive fixed assets			
1.房屋及建筑物	Building	平方米	sq.m	19312.00
2.汽车	Automobile	辆	unit	8.00
3.大中型拖拉机	Large and middle tractors	台	unit	37.00
4.小型和手扶拖拉机	Mini－tractors	台	unit	164.50
5.机动脱粒机	Motorized threshing machines	台	unit	31.00
6.收割机	Harvester	台	unit	1.00
7.农用动力机械	Agricultural machinery	台	unit	80.50
8.胶轮大车	Cart with rubber tires	架	unit	90.00
9.水泵	Pump	台	unit	100.00
10.役畜	Draught	头	head	325.00
11.产品畜	Commodity animals	头	head	763.00
三、土地经营情况	Cultivated land			
1.耕地面积	Area of cultivated land	亩	ha	11039.98
#有效灌溉面积	Effective irrigation area	亩	ha	1186.02
2.山地面积	Mountains	亩	ha	
3.园地面积	Garden plot	亩	ha	9.20
4.牧草地面积	Grass land	亩	ha	
5.养殖水面面积	Cultivatable water area	亩	ha	
四、耕地流转情况	Change of cultivated land			
1.年初经营耕地面积	Area of cultivated land at beginning of year	亩	ha	10942.77
2.年内转入耕地面积	Increasing of cultivated land	亩	ha	863.29
3.年内转出耕地面积	Decreasing of cultivated land	亩	ha	766.08
4.年末经营耕地面积	Area of cultivated land at end of year－end	亩	ha	11039.98

PRODUCTIVE FIXED ASSETS, LAND OPERATION AND CHANGE OF CULTIVATED LAND

榆树市 Yu shu	农安县 Nong'an	德惠市 Dehui	九台市 Jiutai	双阳区 Shuangyang	城 区 District
936330.00	819750.00	503300.00	1597250.00	1421740.00	552000.00
569380.00	598800.00	439400.00	1409150.00	667340.00	294400.00
180100.00		23000.00	828600.00	260200.00	58500.00
140700.00	110500.00	119500.00	198300.00	97300.00	70500.00
64400.00	37600.00	31000.00	29500.00	144350.00	8190.00
172180.00	435500.00	243800.00	169500.00	293700.00	154950.00
267850.00	122100.00	35400.00	184900.00	637850.00	152600.00
146300.00	28000.00	1000.00	43800.00	244900.00	38500.00
109300.00	91900.00	34400.00	140100.00	361300.00	82100.00
	1500.00		1000.00		
12250.00	700.00			4650.00	25000.00
1200.00				4350.00	
				3500.00	
1200.00				850.00	
900.00					98000.00
77000.00	95000.00	25000.00	3200.00	92200.00	
5000.00				20000.00	7000.00
15000.00		3500.00			
	3850.00				
4266.00	470.00	179.00	3815.00	9597.00	985.00
1.00	2.00	1.00		2.00	2.00
2.00	12.00	3.00	4.00	9.00	7.00
25.00	36.00	36.00	22.00	26.50	19.00
12.00	2.00	1.00	13.00	2.00	1.00
				1.00	
10.00	8.00	25.00	16.00	15.50	6.00
19.00	8.00	19.00	1.00	27.00	16.00
4.00	21.00	27.00	11.00	28.00	9.00
74.00	54.00	46.00	70.00	52.00	29.00
95.00	50.00	19.00	267.00	297.00	35.00
2476.01	1868.60	2031.85	1527.68	1884.61	1251.23
		534.05	223.20	214.30	214.47
					9.20
2374.79	1774.50	1834.72	1910.85	1824.23	1223.68
167.22	236.80	207.34		178.83	73.10
66.00	142.70	10.21	383.17	118.45	45.55
2476.01	1868.60	2031.85	1527.68	1884.61	1251.23

8－5 农村住房情况

		单位 Unit	合计 Total
一、期末住房情况	House at year－end		
(一)住房面积	Floor space of house	平方米 sq·m	51701.50
其中:租用住房面积	Floor space of house rented	平方米 sq·m	160.00
(二)住房价值	Value of house	元 yuan	19322000.00
(三)住房类型	Type of building		
1.楼房面积	Floor space of building	平方米 sq·m	1531.00
2.砖瓦平房面积	Floor space of brick and wood structure	平方米 sq·m	43544.50
3.其他	Others	平方米 sq·m	6626.00
(四)住房结构	Structure of building		
1.钢筋混凝土结构面积	Reinforced concrete structurs	平方米 sq·m	2303.00
2.砖木结构面积	Brick and wood structure	平方米 sq·m	42776.50
3.其他	Others	平方米 sq·m	6622.00
二、期内新建(购)住房情况	New house		
(一)新建(购)住房面积	Floor space of new house	平方米 sq·m	785.00
(二)新建(购)住房价值	Value of new house	元 yuan	416000.00
(三)新建(购)住房类型	Type of new house		
1.楼房面积	Floor space of building	平方米 sq·m	
2.砖瓦平房面积	Floor space of brick and wood structure	平方米 sq·m	725.00
3.其他	Others	平方米 sq·m	60.00
(四)新建(购)住房结构	Structure of new house		
1.钢筋混凝土结构面积	Reinforced concrete structure	平方米 sq.m	96.00
2.砖木结构面积	Brick and wood structure	平方米 sq.m	629.00
3.其他	Others	平方米 sq.m	60.00

8－6 主要农作物产量

单位:公斤

		合计 Total
(一) 谷物产量	Grain	6245417.00
其中:1.小麦	Wheat	
2.水稻	Rice	577900
3.玉米	Corn	5642397
(二)大豆	Soybeans	5951.00
(三)薯类	Tubers	10655.00
(四)棉花产量	Cotton	
(五)油料作物产量	Oil crops	5913.50
(六)糖料作物产量	Sugar crops	
(七)蔬菜产量	Vegetable	1319706.65
(八)水果产量	Fruits	8456.50

BASIC STATISTICS ON RURAL HOUSES

榆树市 Yushu	农安县 Nong'an	德惠市 Dehui	九台市 Jiutai	双阳区 Shuangyang	城 区 District
7213.00	7926.50	7978.00	9093.00	7619.00	11872.00
					160.00
2259500.00	2243000.00	2602000.00	3383500.00	2345500.00	6488500.00
	786.00				745.00
4806.00	6764.50	7307.00	7991.00	6169.00	10507.00
2407.00	376.00	671.00	1102.00	1450.00	620.00
838.00					1465.00
4022.00	7550.50	7257.00	7991.00	6169.00	9787.00
2353.00	376.00	721.00	1102.00	1450.00	620.00
351.00		184.00	90.00	160.00	
211000.00		90000.00	25000.00	90000.00	
291.00		184.00	90.00	160.00	
60.00					
96.00					
195.00		184.00	90.00	160.00	
60.00					

YIELD OF MAJOR AGRICULTURAL PRODUCTS

unit: kg

榆树市 Yushu	农安县 Nong'an	德惠市 Dehui	九台市 Jiutai	双阳区 Shuangyang	城 区 District
1364160.00	1146490.00	982100.00	917050.00	1059300.00	776317.00
88400.00		241950.00	102000.00	11850.00	26700
1267100.00	1146380.00	739800.00	799050.00	940450.00	749617
26280.00	7554.00	8017.00		9850.00	250.00
	9762.00		280.00		613.00
122.50	2241.00	3520.00	30.00		
139881.50	410255.50	109109.50	41070.00	77108.00	542282.15
1511.50	291.50	243.00	2675.50	825.00	2910.00

8－7 农村粮食收、支、存情况
BASIC STATISTIC ON RURAL GRAIN

单位:公斤　　unit:kg

		合计 Total	榆树市 Yushu	农安县 Nong'an	德惠市 Dehui	九台市 Jiutai	双阳区 Shuangyang	城区 District
一、年初粮食结存	Grain at year beginning	3956930.83	611079.52	598204.31	724205.10	842992.70	749921.20	430528.00
二、年内粮食收入合计	Revenue of grain	6725134.47	1466938.67	1229613.83	1041785.35	1002388.22	1128232.79	856175.61
1.生产	Production	6310804.50	1392560.00	1163806.00	990168.50	917940.00	1069150.00	777180.00
2.购入	Purchase	404129.97	74378.66	65807.84	51616.85	84448.22	59082.79	68795.61
3.其他粮食收入	Others	10200.00						10200.00
三、年内粮食支出合计	Expenditure for grain	4882868.27	646618.17	621874.14	912696.45	991815.92	984116.99	725746.61
1.主食用粮	Major grain	373655.82	59760.16	74963.99	58137.05	50055.52	57743.29	72995.81
2.其他生活用粮	Other living grain							
3.出售	Sale	3853140.30	440511.50	377734.30	783982.60	833440.70	789949.20	627522.00
4.种子	Seeds	34686.65	7391.00	5375.85	4894.80	5438.70	7341.50	4244.80
5.饲料	Forage	621385.50	138955.50	163800.00	65682.00	102881.00	129083.00	20984.00
6.借出	Lend							
7.归还借粮	Payable grain							
8.其他粮食支出	Others							
四、年末粮食结存	Grain storage at year end	5756886.03	1431400.02	1205944.01	853294.00	853565.00	893866.00	518817.00
#口粮	Food grain	215583.50	28175.00	9853.50	39145.00	14175.00	41125.00	83110.00
饲料	Forage	711198.50	135950.00	239140.50	74530.00	55000.00	168828.00	37750.00
种子	Seeds							
其他	Others	4830104.03	1267275.02	956950.01	739619.00	784390.00	683913.00	397957.00

8－8 农村出售产品情况
BASIC STATISTICS ON RURAL PRODUCTS SALED

（农村住户抽样调查资料） Data are obtained from the sample surveys on rural households

	单 位 Unit	合 计 Total	榆树市 Yushu	农安县 Nong'an	德惠市 Dehui	九台市 Jiutai	双阳区 Shuangyang	城 区 District
1.粮食 Grain	公斤 kg	3803722.30	417769.00	372223.60	774623.50	831896.00	782033.20	625177.00
金额 Amount	元 yuan	4114797.20	402303.40	373595.20	966597.80	918671.60	828098.20	625531.00
#稻谷 Rice	公斤 kg	581144.5	32562	2129	261335.5	103588	65066.00	116464
金额 Amount	元 yuan	983637.5	51903	4451	449420.8	179363	123619.70	174880
#玉米 Corn	公斤 kg	3209419.2	375316	369490	512788	728308	716304.20	507213
金额 Amount	元 yuan	3114598.7	340452.4	368531.2	516745	739308.6	701310.50	448251.00
2.油料 Beans	公斤 kg	7368.50	114.50	1872.00	5242.00	15.00		125.00
金额 Amount	元 yuan	29838.80	294.00	5299.00	23800.00	45.00		400.00
3.糖料 Beetroots	公斤 kg							
金额 Amount	元 yuan							
4.烟叶 Tobacco leaf	公斤 kg	2353.00			2353.00			
金额 Amount	元 yuan	15525.00			15525.00			
5.蔬菜 Vegetable	公斤 kg	824850.15	35993.00	331180.00	24218.50	2546.00	11476.50	419436.15
金额 Amount	元 yuan	570908.08	18921.90	223919.73	18054.80	3670.50	45045.60	261295.55
6.瓜类 Melon	公斤 kg	266189.00	35295.00	205280.00	6657.00		5789.00	13168.00
金额 Amount	元 yuan	118710.10	20397.00	64760.00	8378.00		8503.10	16672.00
7.水果 Fruits	公斤 kg	7299.00	1510.00	291.50	73.00	2584.50		2840.00
金额 Amount	元 yuan	16066.00	1641.00	777.00	109.00	4657.00		8882.00
8.木材 Timber	立方米 cu.m	10.32		2.00	1.82		6.00	0.50
金额 Amount	元 yuan	4126.00		600.00	1000.00		2240.00	286.00
9.出售牧业产品 Sale meat								
肉猪 Hogs	公斤 kg	223585.50	43462.00	50723.50	7301.00	41561.00	13348.00	67190.00
金额 Amount	元 yuan	1481561.00	266584.00	341734.00	48815.00	237630.00	99248.00	487550.00
肉牛 Cattle	公斤 kg	43689.00	19293.00	3155.00	6000.00		2923.00	12318.00
金额 Amount	元 yuan	340902.50	124310.00	31780.00	44750.00		31830.00	108232.50
菜羊 Goats	公斤 kg	306.50	15.00	116.50			175.00	
金额 Amount	元 yuan	3320.00	150.00	770.00			2400.00	
家禽 Poultry	公斤 kg	12894.20	828.20	6425.30	1614.20	238.40	856.00	2932.10
金额 Amount	元 yuan	86361.60	7439.00	40780.10	12426.50	2126.00	5149.00	18441.00
10. 猪肉 Pork	公斤 kg	2296.50	358.00	882.50	224.00	415.00	318.00	99.00
金额 Amount	元 yuan	21935.78	4172.00	8496.08	1840.00	3036.00	3103.70	1288.00
11.蛋类 Eggs	公斤 kg	106527.05	292.20	908.55	765.10	669.00	18725.20	85167.00
金额 Amount	元 yuan	457505.00	2092.50	7175.90	4686.60	3776.50	94163.50	345610.00
12.羊毛 Wool	公斤 kg							
金额 Amount	元 yuan							

8-9 农村总收入和纯收入

(农村住户抽样调查资料)

单位:元

		合 计 Total
一、全年总收入	Gross income	14534729.32
(一)工资性收入	Basic income	2329923.92
1.在非企业组织中劳动得到的报酬	From collective organization	304524.30
(1)乡村干部收入	Village cadres	88317.00
(2)乡村教师收入	Village teachers	140923.30
(3)行政事业单位等职工收入	Staff and workers in administrative units and institutions	75284.00
2.在本乡地域内劳动得到的报酬	From local enterprises	540824.62
#在企业中劳动得到的收入	From township enterprises	286605.62
a.乡镇企业收入	Township enterprises	126105.62
b.其他企业收入	Other enterprises	160500.00
在国家投资基建项目得到的	From national projects	15992.00
提供其他劳务收入	Other services	238227.00
3.外出从业得到的	From other places	1484575.00
在乡外县内从业得到的	From other townhships	205622.00
在县外省内从业得到的	From other counties	552962.00
在省外国内从业得到的	From other provinces	187056.00
在国外从业得到的	From foreign countries	538935.00
(二)家庭经营收入	Income from households business	11089228.77
1.农业收入	Farming	7729103.71
农产品收入	Form products	7504201.21
2.林业收入	Forestery	10185.75
3.牧业收入	Animal husbandry	2939445.13
4.渔业收入	Fishery	60.00
5.工业收入	Industry	25390.00
6.建筑业收入	Construction	60715.00
7.交通运输和邮电业收入	Transportation, post and telecommunication	184931.50
8.批发和零售贸易餐饮业收入	Wholesale retail trade and catering	30339.00
9.社会服务业收入	Social services	14196.00
10.文教卫生业收入	Education, culture and health care	3000.00
11.其他行业收入	Others	91788.50
(三)财产性收入	Property income	436268.61
1.利息	Interest	3804.00
2.集体分配股息和红利	Collective distributing dividend and bonus	56.00
3.其他股息和红利	Other dividend and bonus	1794.00
4.租金(包括农业机械)	Rent include agriclutaral machinery	18190.00
5.出让无形资产净收入	Net income from in tangible assets sold	
6.储蓄性保险投资收入	Saving investment	1200.00
7.土地征用补偿收入	Compensation for land acquisition	67495.00
8.转让承包土地经营权收入	Transfer and contract land management right	73885.00
9.其他投资收益	Other investment	600.00
10.其他	Others	269244.61
(四)转移性收入	Transfer income	679307.99
1.家庭非常住人口寄回和带回	Send back from other places	42119.00
2.城市亲友赠送收入	Gift from relative in city	15700.00
3.农村亲友赠送收入	Gift from relative in rural area	83770.00
4.退耕还林还草补贴收入	Subsidy of governmert	6753.00
#粮食收入	Grain	
5.粮食直接补贴收入	Grain income	371415.98
二、全年纯收入	Net income	10380633.33
三、全年人均纯收入	Per capita net income	4480.20

GROSS AND NET INCOME OF RURAL HOUSEHOLDS

Data are obtained from the sample surveys on rural households

unit:yuan

榆树市 Yushu	农安县 Nongan	德惠市 Dehui	九台市 Jiutai	双阳区 Shuangyang	城　区 District
2391320.41	2190668.32	2020314.07	2021784.70	2183721.71	3491832.64
369655.30	108070.00	305463.00	280389.00	283461.62	982885.00
23016.30	14570.00	56496.00	49453.00	25150.00	135839.00
3220.00	4550.00	18859.00	20973.00	10650.00	30065.00
19796.30	10020.00	35287.00	17770.00	14500.00	43550.00
		2350.00	10710.00		62224.00
64195.00	5800.00	72314.00	32564.00	177868.62	188083.00
	1640.00	15962.00	20203.00	100512.62	148288.00
	40.00	15195.00	135.00	70757.62	39978.00
	1600.00	767.00	20068.00	29755.00	108310.00
		10792.00			5200.00
64195.00	4160.00	45560.00	12361.00	77356.00	34595.00
282444.00	87700.00	176653.00	198372.00	80443.00	658963.00
6710.00	11400.00	11835.00	39311.00	10023.00	126343.00
136448.00	37300.00	162248.00	84181.00	49220.00	83565.00
139286.00	4000.00	2570.00	19400.00	21200.00	600.00
	35000.00		55480.00		448455.00
1894626.79	1959340.68	1455347.81	1492388.68	1716566.14	2335871.22
1421559.02	1391380.74	1237058.47	1130191.20	1229941.67	1078972.34
1386073.02	1384242.24	1228124.47	1014366.20	1211708.67	1039886.34
	600.00	2696.00		2293.55	4596.00
438050.77	506433.23	172439.35	317931.48	355460.43	1154042.89
					60.00
8580.00	2260.00			11200.00	3350.00
	8200.00	9030.00			43485.00
18767.00	1430.00	13890.00	10819.00	106050.50	33975.00
5400.00	100.00	2808.00	9561.00	11620.00	850.00
2190.00	160.00	11096.00			750.00
					3000.00
80.00	48702.50	6330.00	23886.00		12790.00
28010.32	18313.92	76870.06	122448.02	52479.88	138146.41
815.00	270.00	435.00			2284.00
		56.00			
			1394.00	400.00	
	550.00		1800.00	640.00	15200.00
					1200.00
23867.00			22505.00	13400.00	7723.00
2200.00	8970.00	21400.00	29715.00	9600.00	2000.00
			600.00		
1128.32	8523.92	54979.06	66434.02	28439.88	109739.41
99028.00	104943.72	182633.20	126559.00	131214.06	34930.01
11000.00	1200.00	3900.00	24000.00	2000.00	19.00
100.00	3500.00	6400.00	4300.00	600.00	800.00
520.00	3200.00	38990.00	5500.00	24910.00	10650.00
				6753.00	
84608.00	70524.52	73794.40	65348.00	57778.05	19363.01
1555569.50	1475336.52	1453158.64	1393530.90	1333471.84	2914135.47
3908.47	3832.04	3864.78	3686.59	3745.71	6872.96

8－10 农村总支出

单位:元　　(农村住户抽样调查资料)

		合 计 Total
全年总支出	**Gross expenditures**	**10975197.71**
一、家庭经营费用支出	Expenses of household business	3664747.24
1.农业生产支出	Farming	2264923.49
2.林业生产支出	Forestry	9766.00
3.牧业生产支出	Animal husbandry	1295543.05
4.渔业生产支出	Fishery	56.00
5.工业生产支出	Industry	20040.60
6.建筑业生产支出	Construction	72.00
7.交通运输和邮电业支出	Transportation, post and telecommunication	70369.10
8.文教卫生业支出	Education culture and health care	360.00
9.批发和零售贸易、餐饮业支出	Wholesale, retail trade and catering	944.00
10.社会服务业支出	Social services	1504.00
11.其他家庭经营支出	Others	1169.00
二、购置生产性固定资产支出	Expenditures for purchasing fixed assets	439420.20
三、建造生产性固定资产雇工支出	Expenditures for employment	900.00
四、税费支出	Tax expendiures	24130.40
第一产业税金	Primary indusery taxes	1751.00
第二产业税金	Secondary industry taxes	50.00
第三产业税金	Tertiary industry taxes	274.00
其他各种收费	Others	22055.40
五、村提留	Draw down in village	
乡统筹	Overall plan of township	
六、生活消费支出	Living experditure	5921686.00
其中:服务性支出	Services	1814732.74
(一)食品消费支出	Food	2289551.88
A.食品消费品支出	Staple food	2040908.28
(1)谷物	Grain	591415.57
(2)薯类	Tubers	27107.53
(3)豆类	Beans	38978.78
(4)食用油	Edible oil	111746.80
(5)蔬菜及制品	Vegetables and products	282986.91
(6)肉、禽、蛋、奶及制品	Meat、poulty、eggs、milk and milk produets	404683.98
(7)水产品及制品	Aquatic and products	45964.60
(8)烟、酒	Tobacco and liquor	210859.88
(9)茶叶、饮料	Tea and drink	20610.60
(10)其它类食品	Others	306553.63
B.食品消费服务性支出	Services	248643.60
(1)在外饮食	Catering	232046.20
(2)食品加工费	Processing	9633.90
(3)其他服务性支出	Others	6963.50
(二)衣着	Garments	374846.35
(三)居住	Residence	883598.25
#装修生活用房材料	Decorative materials	42577.80
(四)家庭设备、用品及服务	Articles and services of houschold	232793.46
(五)医疗保健	Health care	590868.55
(六)交通和通讯	Transportation and telecommunication	657996.98
(七)文教娱乐用品及服务	Educaton, cultural and recreation services	787437.85
(八)其他商品和服务消费	Other goods and services	104592.68
七、财产性支出	Property expenditure	90600.00
1.宅基地有偿使用费	Fees of house base used	100.00
2.承包其他农户转让费	Rent fee	89490.00
3.其他	Others	1010.00
七、转移性支出	Transfer expenditure	833713.90
1.寄给和带给在外人口	Send to others outside	296121.00
2.赠送农村亲友	Send to rural relatives	431963.20
3.赠送城市亲友	Send to urban relatives	14550.00

EXPENDITURES OF RURAL HOUSEHOLDS

Data are obtained from the sample surveys on rurel households

unit: yuan

榆树市 Yushu	农安县 Nongan	德惠市 Dehui	九台市 Jiutai	双阳区 Shuangyang	城　区 District
2336342.09	**1785946.16**	**1717436.99**	**1724860.75**	**1978297.85**	**1420501.32**
750549.90	657471.80	494201.10	516010.97	736884.31	529972.16
427641.40	418377.10	403074.20	317396.47	458205.96	243102.76
100.00	481.00	1828.00	102.00	1724.00	5531.00
298299.40	238249.70	87151.50	198512.50	212350.15	278448.40
		30.00			26.00
15126.10		9.50		4700.00	205.00
50.00					22.00
9333.00	214.00	600.90		58960.20	1261.00
		360.00			
				944.00	
		1048.00			456.00
	150.00	99.00			920.00
138166.00	129490.50	27519.20	51300.00	75120.50	17824.00
900.00					
22259.00	10.00	654.00	259.50	672.90	275.00
1751.00					
					50.00
254.00		10.00			10.00
20254.00	10.00	644.00	259.50	672.90	215.00
1166441.18	907997.86	1085468.69	921025.78	988542.75	820054.17
313967.14	317997.58	336967.25	326139.05	260348.14	259313.58
411729.06	338278.93	430137.15	353236.12	387865.33	378170.79
355843.66	315569.53	370773.15	309477.62	354423.03	344686.79
105912.40	113390.40	92764.60	81892.50	94421.90	105644.00
548.20	9671.65	4901.80	6200.40	316.00	5369.28
1798.88	1963.10	5337.30	4661.82	6880.50	18392.00
22864.20	16533.70	15449.30	16597.20	13922.60	26379.80
49245.91	39705.60	50240.29	46650.17	55521.10	42853.62
60920.25	55673.63	89068.79	67061.13	77783.42	60047.49
8078.45	7681.05	11437.70	6186.10	5776.50	6804.80
42697.00	24834.60	41776.20	28428.78	38814.10	34309.20
4351.00	3013.60	4063.90	2327.80	4117.80	2736.50
59427.37	43102.20	55733.27	49471.73	56869.11	42150.10
55885.40	22709.40	59364.00	43758.50	33442.30	33484.00
54525.30	19233.60	55772.50	38916.50	30810.30	32788.00
1354.10	848.80	2450.50	1735.50	2602.00	643.00
6.00	2627.00	1141.00	3106.50	30.00	53.00
71732.20	50950	66585.50	50978.70	67411.15	67188.80
246943.40	106537.50	172428.20	121604.45	113744.30	80319.33
7873.00	1702.50	7775.80	10229.50	10765.00	4232.00
58568.10	32414.55	30494.60	45009.30	42060.61	24246.30
93761.18	86611.00	99131.70	81090.60	163798.02	66476.05
126169.54	103638.30	111978.90	130303.60	103932.14	81974.50
136669.90	170773.50	154301.65	116487.20	92166.00	117039.60
20867.80	18794.08	20411.00	22315.80	17565.20	4638.80
6262.00	35612.00	26385.00	6630.00	9690.00	6021.00
100.00					
6162.00	35612.00	26385.00	6450.00	8890.00	5991.00
			180.00	800.00	30.00
251764.00	55364.00	83209.00	229634.50	167387.40	46355.00
217695.00	50.00	25335.00	28413.00	774.00	23854.00
26612.00	39147.00	33742.00	168837.00	145631.20	17994.00
230.00		7360.00	950.00	5260.00	750.00

8－11 农村住户食品消费情况

单位:公斤　　　　(农村住户抽样调查资料)

		合　计 Total
一、谷物	Grain	373655.82
(一)谷物消费量	Cereals	352002.88
#小麦	Wheat	51029.73
稻谷	Rice	242790.00
玉米	Corn	52811.00
高粱	Jowar	424.00
谷子	Millet	648.15
青稞	Highland barley wild oat	
其他谷物	Others	4300.00
(二)薯类消费量	Tubers	6258.54
#红薯	Pachyrhizus	174.60
马铃薯	Potato	5045.64
其他薯类	Others	1038.30
(三)豆类消费量	Beans	15394.40
#大豆	Soybean	11678.00
其他豆类	Others	3716.40
二、消费油脂类	Oil and fat	17592.72
1.植物油	Beaning oil	17281.87
2.动物油	Fat	310.85
三、烟叶消费量	Tobacco leaf	1086.10
四、豆制品	Soybean products	11096.85
五、蔬菜及菜制品消费量	Vegetables	330533.31
1.叶菜类	Celery	111620.48
2.瓜菜类	Cucumber	48610.00
3.块根、块茎类	Root vegetable	71791.13
4.茄果类	Tomato	47898.45
5.葱蒜类	Onion	28848.14
6.菜用豆类	Beans	16468.45
7.水生菜类	Vegetable in water	484.20
8.蘑菇和菌类	Mushroom	399.41
9.其他鲜菜	Other vegetable	3960.75
六、瓜类	Melon	19398.50
1.西瓜	Watermelon	15796.45
2.其他瓜类	Others	3602.05
七、水果类	Fruits	39905.40
八、消费茶叶	Tea	54.25
九、坚果消费量	Nuts	824.65
十、消费肉禽及制品	Meat and its product	35087.23
1.猪肉	Pork	26167.83
2.牛肉	Beef	975.49
3.羊肉	Mutton	211.35
4.家禽	Poultry	5711.55
5.其他肉禽及制品	Other meat and poultry	2021.01
十一、消费鲜蛋及蛋制品	Eggs and its poducts	14828.30
十二、消费鲜奶及奶制品	Milk and products	3862.19
十三、消费水产品	Aquatic	6253.60
1.鱼类	Fish	5907.60
2.虾、贝、蟹类	Shrimps shellfish and crab	67.60
3.藻类	Marine alga	104.10
4.其他	Others	174.30
十四、消费食糖	Sugar	1469.75
十五、消费酒	Drink and liquor	31009.86
1.白酒	Liquor	10902.80
2.啤酒	Beer	19931.16
3.果酒	Wine	160.00

CONSUMPTION OF MAJOR FOOD IN RURAL HOUSEHOLDS

Data are obtained from the sample surveys on rural households

unit: kg

榆树市 Yushu	农安县 Nong'an	德惠市 Dehui	九台市 Jiutai	双阳区 Shuangyang	城　区 District
59760.16	74963.99	58137.05	50055.52	57743.29	72995.81
58967.96	71196.99	55286.16	46273.12	54783.19	65495.46
8096.00	14462.67	7176.13	7691.33	3842.00	9761.60
48325.71	33983.57	40056.43	31359.29	50267.14	38797.86
1620.00	22097.00	7239.00	5458.00	10.00	16387.00
364.00	45.00			15.00	
127.00	367.05	52.20		29.40	72.50
435.25	241.70	762.40	1764.50	619.65	476.50
108.20	2961.50	783.14	1275.90	66.70	1063.10
	40.00	44.40	48.80	0.20	77.20
40.00	2926.50	553.14	731.40	64.50	730.10
68.20	31.00	185.60	495.70	2.00	255.80
684.00	805.50	2067.75	2506.50	2893.40	6437.25
522.00	697.50	1622.00	298.00	2821.00	5717.50
162.00	108.00	445.75	2208.50	72.40	719.75
3607.00	2654.25	2401.60	2654.80	2154.62	4120.45
3507.50	2579.50	2391.60	2619.80	2086.02	4097.45
99.50	74.75	10.00	35.00	68.60	23.00
88.00	115.70	88.90	111.60	75.70	606.20
4297.25	873.15	852.27	1138.10	2031.13	1904.95
54042.55	53072.18	61565.63	46325.26	67905.86	47621.83
14086.85	20294.20	21693.90	14879.35	18609.15	22057.03
9248.60	9658.95	6282.90	7305.95	12031.20	4082.40
11892.55	13421.28	14805.45	6403.15	16747.65	8521.05
8044.35	5073.60	9337.25	6021.25	13738.85	5683.15
2876.65	3327.75	4748.93	8768.51	4621.15	4505.15
7629.50	1169.05	4141.75	2200.55	11.50	1316.10
1.00	20.45	182.20	22.50	161.55	96.50
39.55	64.80	70.60	134.20	45.46	44.80
205.50	28.80	190.70	474.65	1824.95	1236.15
2656.30	5130.40	3824.10	1606.00	3328.05	2853.65
1952.50	4773.10	2741.70	1280.05	2834.50	22114.60
703.80	357.30	1082.40	325.95	493.55	639.05
5833.35	6815.70	8979.05	4877.85	8500.70	4898.75
5.30	7.90	10.65	6.55	3.70	20.15
1.50	200.95	34.00	158.75	0.35	429.10
5226.09	4919.17	8513.94	6569.91	5293.10	4565.02
3850.54	2833.37	6925.65	5562.65	3813.15	3182.47
91.10	48.20	179.64	252.15	84.45	319.95
14.80	6.00	16.50	27.50	80.95	65.60
1174.15	1485.50	990.65	342.95	889.15	829.15
95.50	546.10	401.50	384.66	425.40	167.85
2265.50	1682.60	2329.60	1503.40	4557.50	2489.70
538.10	852.60	462.41	398.70	832.10	778.28
1059.25	1193.04	1463.10	893.01	773.60	871.60
996.85	1175.84	1382.90	821.46	689.00	841.55
10.15	4.50	13.15	13.60	14.25	11.95
17.75		3.20	41.10	33.55	8.50
34.50	12.70	63.85	16.85	36.80	9.60
346.35	207.60	301.80	241.30	211.70	161.00
6143.80	4725.76	5411.40	4524.79	4730.40	5473.72
3281.25	1750.90	1698.35	1385.60	1314.30	1472.40
2820.05	2972.86	3651.55	3131.19	3372.20	3983.32
42.50	2.00	59.50	5.00	34.00	17.00

8-12 农村现金收、支、存

单位:元　　(农村住户抽样调查资料)

		合 计 Total
一、年内现金收入合计	Total income	11665790.75
(一)工资性收入	Wages	2321578.92
1.在非企业组织中劳动得到的收入	From Non-enterprises	304524.30
2.在本乡地域内中劳动得到的收入	From enterprises	535624.62
3.外出从业得到的收入	From outside	1481430.00
(二)家庭经营现金收入	Income from household business	8402292.34
1.第一产业的现金收入	First industry	7992358.14
2.工业现金收入	Industry	25390.00
3.建筑业现金收入	Construction	60715.00
4.交通运输、邮电业收入	Transportation post and telecommumication	184931.50
5.批发和零售贸易、餐饮业收入	Wholesale retail trade and catering	30339.00
6.社会服务业收入	Social service	14196.00
7.文教卫生业收入	Education, culture and health care	3000.00
8.其他行业收入	Others	91288.50
(三)财产性收入	Property income	679288.99
(四)转移性收入	Transfer income	262630.55
(五)非收入所得	Non-income ernings	2853002.45
二、年内现金支出合计	Total of expenditures	9993730.81
(一)生产费用现金	Expenses of production	3680577.11
1.家庭经营费用现金支出	Household business	3240256.91
2.购置生产性固定资产现金支出	Purchase of production fixed assets	439420.20
(二)税费支出	Tax expenditure	24130.40
(三)生活消费现金支出	Living expenditure	5364709.40
1. 食品	Food	1843086.35
2. 衣着	Clothing	374846.35
3. 居住	Residence	773087.18
4. 家庭设备、用品及服务	Articles and services of household	232793.46
5. 医疗保健	Health care	590868.55
6. 交通和通讯	Transportation and telecommunication	657996.98
7. 文教娱乐用品及服务	Education culture goods and services	787437.85
8. 其他商品和服务	Other goods and services	104592.68
(四)财产性支出	Property income	90600.00
(五)转移性支出	Transfer expenditure	833713.90
三、非消费性现金支出	Non consumer expenditure	3365779.04
四、年末手存现金	Cash in hand at year end	2766599.30
五、年末存款余额	Balance of deposits	2716630.00

RURAL CASH INCOME EXPENIDTURE AND SAVING

Data are obtained from the sample surveys on rural households unit:yuan

榆树市 Yu shu	农安县 Nong'an	德惠市 Dehui	九台市 Jiutai	双阳区 Shuangyang	城 区 District
1492241.10	1469674.93	1760575.10	1863931.60	1828251.46	3251116.56
369655.30	108070.00	305463.00	280389.00	283461.62	974540.00
23016.30	14570.00	56496.00	49453.00	25150.00	135839.00
64195.00	5800.00	72314.00	32564.00	177868.62	182883.00
282444.00	87700.00	176653.00	198372.00	80443.00	655818.00
996675.80	1246431.21	1250587.90	1390947.60	1389535.78	2128114.05
961658.80	1185504.51	1207433.90	1346681.60	1260665.28	2030414.05
8580.00	2260.00			11200.00	3350.00
	8200.00	9030.00			43485.00
18767.00	1430.00	13890.00	10819.00	106050.50	33975.00
5400.00	100.00	2808.00	9561.00	11620.00	850.00
2190.00	160.00	11096.00			750.00
					3000.00
80.00	48702.50	6330.00	23886.00		12290.00
26882.00	10230.00	21891.00	66036.00	24040.00	113551.50
99028.00	104943.72	182633.20	126559.00	131214.06	34911.01
412126.30	439440.40	690221.00	473674.00	588218.40	249322.35
2141516.07	1577564.06	1544560.72	1608072.00	1755795.80	1366222.15
790857.90	652922.30	467856.30	508430.97	727415.81	533093.83
651791.90	523431.80	440337.10	457130.97	652295.31	515269.83
138166.00	129490.50	27519.20	51300.00	75120.50	17824.00
22259.00	10.00	654.00	259.50	672.90	275.00
1070373.17	833655.76	966456.42	863117.03	850629.69	780477.33
331696.05	276926.83	326583.87	300871.38	268414.27	338593.95
71732.20	50950.00	66585.50	50978.70	67411.15	67188.80
230908.40	93547.50	156969.20	116060.45	95282.30	80319.33
58568.10	32414.55	30494.60	45009.30	42060.61	24246.30
93761.18	86611.00	99131.70	81090.60	163798.02	66476.05
126169.54	103638.30	111978.90	130303.60	103932.14	81974.50
136669.90	170773.50	154301.65	116487.20	92166.00	117039.60
20867.80	18794.08	20411.00	22315.80	17565.20	4638.80
6262.00	35612.00	26385.00	6630.00	9690.00	6021.00
251764.00	55364.00	83209.00	229634.50	167387.40	46355.00
362348.63	321768.62	898111.00	346207.40	551509.09	885834.30
158800.00	362072.00	227063.00	1164040.00	177130.00	677494.30
124000.00	58466.00	411000.00	513600.00	175000.00	1434564.00

8-13 农村购买生活消费品情况

(农村住户抽样调查资料)

		单位 Unit		合 计 Total
一、购买生活消费品情况	Purchase food			
(一)食品类	Food	元	Yuan	1594442.75
1.购买谷物数量	Grain	公斤	kg	254500.88
购买谷物金额	Amount	元	Yuan	466212.90
其中:(1)购买小麦	Wheat	公斤	kg	99.00
金额	Amount	元	Yuan	218.00
(2)购买面粉	Flour	公斤	kg	50930.73
金额	Amount	元	Yuan	92598.00
(3)购买稻谷	Rice	公斤	kg	1200.00
金额	Amount	元	Yuan	2685.00
(4)购买大米	Rice	公斤	kg	176905.00
金额	Amount	元	Yuan	337245.00
(5)购买玉米	Corn	公斤	kg	19772.00
金额	Amount	元	Yuan	20901.30
(6)购买玉米面	Corn flour	公斤	kg	222.00
金额	Amount	元	Yuan	311.00
(7)购买高粱	Jowar	公斤	kg	424.00
金额	Amount	元	Yuan	415.00
(8)购买谷子	Millet	公斤	kg	648.15
金额	Amount	元	Yuan	1586.40
2.购买薯类	Tubers	公斤	kg	3363.54
金额	Amount	元	Yuan	17786.20
其中:(1)购买红薯	Pachyrhizus	公斤	kg	130.60
金额	Amount	元	Yuan	908.50
(2)购买马铃薯	Potato	公斤	kg	2244.64
金额	Amount	元	Yuan	10490.30
3.购买豆类	Beans	公斤	kg	12392.40
金额	Amount	元	Yuan	32143.90
其中:购买大豆	Soybeans	公斤	kg	8661.00
金额	Amount	元	Yuan	24272.10
4.购买食用油	Edible oil	公斤	kg	17592.72
金额	Amount	元	Yuan	111746.80
其中:(1)购买植物油	Beaniny oil	公斤	kg	17281.87
金额	Amount	元	Yuan	110434.80
(2)购买动物油	Fat	公斤	kg	310.85
金额	Amount	元	Yuan	1312.00
5.购买蔬菜及制品金额	Vegetable and its products	元	Yuan	117713.12
(1)购买蔬菜	Vegetable	公斤	kg	70347.91
金额	Amount	元	Yuan	115970.52
①购买叶菜类	Celery	公斤	kg	29695.48
金额	Amount	元	Yuan	28634.90
②购买瓜菜类	Cucumber	公斤	kg	8664.00
金额	Amount	元	Yuan	19642.33
③购买块根、块茎类	Root Vegetable	公斤	kg	10084.33
金额	Amount	元	Yuan	13050.10
④购买茄果类	Tomato	公斤	kg	9569.45
金额	Amount	元	Yuan	26566.31
⑤购买葱蒜类	Onion	公斤	kg	8062.14
金额	Amount	元	Yuan	12481.80
⑥购买菜用豆类	Beans	公斤	kg	2100.45
金额	Amount	元	Yuan	6234.08
⑦购买水生菜类	Vegetable in water	公斤	kg	454.20
金额	Amount	元	Yuan	955.20
⑧购买蘑菇和菌类	Mush room	公斤	kg	399.41
金额	Amount	元	Yuan	4196.40

BASIC STATISTICS ON RURAL PURCHASING OF CONSUMER GOODS

Data are obtained from the sample surveys on rural households

榆树市 Yu shu	农安县 Nong'an	德惠市 Dehui	九台市 Jiutai	双阳区 Shuangyang	城 区 District
275810.65	254217.43	267219.87	257112.88	234971.97	305109.95
40857.96	59599.99	37136.16	46273.12	21388.19	49245.46
78055.20	104112.80	67753.60	81892.50	41657.80	92741.00
50.00		35.00	14.00		
123.00		75.00	20.00		
8046.00	14462.67	7141.13	7677.33	3842.00	9761.60
14533.00	26091.00	13151.00	13805.00	7156.00	17862.00
		100.00	50.00	1025.00	25.00
		260.00	132.00	2240.00	53.00
31185.71	33983.57	26506.43	31309.29	15847.14	38072.86
60488.70	64787.50	50066.50	58921.00	30336.80	72644.50
650.00	10500.00	2539.00	5458.00		625.00
850.00	11549.30	2582.00	5162.00		758.00
				10.00	212.00
				14.00	297.00
364.00	45.00			15.00	
329.00	50.00			36.00	
127.00	367.05	52.20		29.40	72.50
374.00	899.00	102.50		78.00	132.90
88.20	526.50	773.14	1185.90	66.70	723.10
486.00	2031.00	4870.70	5875.30	316.00	4207.20
	4.00	44.40	48.80	0.20	33.20
	15.00	410.50	322.00	2.00	159.00
20.00	521.50	543.14	661.40	64.50	434.10
60.00	2001.00	3204.30	3064.50	309.00	1851.50
296.00	305.50	1510.75	2269.50	1613.40	6397.25
839.00	913.10	4167.60	3723.30	4192.50	18308.40
212.00	197.50	1065.00	298.00	1541.00	5677.50
579.00	543.60	2706.50	850.50	3891.50	15701.00
3607.00	2654.25	2401.60	2654.80	2154.62	4120.45
22864.20	16533.70	15449.30	16597.20	13922.60	26379.80
3507.50	2579.50	2391.60	2619.80	2086.02	4097.45
22495.20	16202.70	15419.30	16391.20	13653.60	26272.80
99.50	74.75	10.00	35.00	68.60	23.00
369.00	331.00	30.00	206.00	269.00	107.00
17105.30	16903.28	16952.09	22216.80	17954.30	26581.35
13847.55	11018.58	8048.73	9175.16	7107.06	21150.83
17033.30	16828.28	16684.09	21942.30	17512.80	25969.75
7782.85	4928.20	2084.90	3616.35	1738.15	9545.03
5226.10	3577.10	3215.40	7125.30	3396.20	6094.80
1948.60	690.95	1813.90	2335.95	807.20	1067.40
3652.20	1632.00	3375.28	6422.50	2200.60	2359.75
1672.55	715.28	85.45	762.35	1577.65	5271.05
2095.70	817.60	214.80	1807.30	2396.70	5718.00
1664.35	1416.60	1700.25	911.25	2173.85	1703.15
4225.90	3997.10	4057.21	2581.00	6697.30	5007.80
541.65	2252.75	1829.93	766.51	511.15	2160.15
925.50	2718.10	3198.40	1730.80	1498.20	2410.80
39.50	914.05	232.75	466.55	1.50	446.10
164.00	3136.88	903.70	795.20	2.00	1232.30
1.00	20.45	152.20	22.50	161.55	96.50
5.00	111.00	352.20	54.20	304.30	128.50
39.55	64.80	70.60	134.20	45.46	44.80
519.00	810.00	970.10	791.00	713.00	393.30

8－13续表1

		单位 Unit		合 计 Total
(2)干菜及蔬菜制品金额	Dried vegetable and vegetable products	元	yuan	1742.60
其中:购买干菜	Dried vegetable	公斤	kg	99.35
金额	Amount	元	yuan	806.10
6. 购买肉、禽、蛋、奶及其制品金额	Meat, poultry, eggs and milk	元	yuan	271008.40
其中:(1)购买猪肉	Pork	公斤	kg	16593.34
金额	Amount	元	yuan	169686.55
(2)购买牛肉	Beef	公斤	kg	974.49
金额	Amount	元	yuan	14458.80
(3)购买羊肉	Mutton	公斤	kg	211.35
金额	Amount	元	yuan	3106.00
(4)购买鸡	Chicken	公斤	kg	2141.55
金额	Amount	元	yuan	17616.35
(5)购买鸭	Duck	公斤	kg	50.80
金额	Amount	元	yuan	429.70
(6)购买鹅	Goose	公斤	kg	176.10
金额	Amount	元	yuan	1632.00
(7)购买牲畜下水	Viscera of animal	公斤	kg	524.60
金额	Amount	元	yuan	4369.20
(8)购买禽下水	Viscera of poultry	公斤	kg	247.05
金额	Amount	元	yuan	2212.10
(9)购买鲜鸡蛋	Eggs of hen	公斤	kg	5032.10
金额	Amount	元	yuan	26714.10
(10)购买鲜鸭蛋	Eggs of duck	公斤	kg	477.05
金额	Amount	元	yuan	2842.30
(11)购买鲜奶	Milk	公斤	kg	2924.45
金额	Amount	元	yuan	8303.80
(12)购买酥油	Butter	公斤	kg	2.00
金额	Amount	元	yuan	4.50
7. 购买水产品及制品金额	Aquatic and its products	元	yuan	45803.20
其中:(1)购买海水鱼类	Sea fish	公斤	kg	838.26
金额	Amount	元	yuan	6789.00
(2)购买海水虾类	Shrimps	公斤	kg	37.20
金额	Amount	元	yuan	670.50
(3)购买海水贝类	Shellfish	公斤	kg	2.00
金额	Amount	元	yuan	49.00
(4)购买海水蟹类	Crab	公斤	kg	0.50
金额	Amount	元	yuan	2.00
(5)购买海水藻类	Marine alga	公斤	kg	104.10
金额	Amount	元	yuan	455.20
(6)购买淡水鱼类	Fresh water fish	公斤	kg	5039.34
金额	Amount	元	yuan	36225.50
(7)购买淡水虾类	Fresh water shrimps	公斤	kg	19.40
金额	Amount	元	yuan	201.00
(8)购买淡水贝类	Fresh water shellfish	公斤	kg	
金额	Amount	元	yuan	
(9)购买淡水蟹类	Fresh water crab	公斤	kg	8.50
金额	Amount	元	yuan	132.00
8. 购买烟、酒金额	Tobacco liquor	元	yuan	210859.88
其中:(1)购买卷烟	Cigarette	盒	case	45990.90
金额	Amount	元	yuan	124307.10
(2)购买烟丝、烟叶	Tobacco	公斤	kg	1086.10
金额	Amount	元	yuan	6826.70
(3)购买啤酒	Beer	公斤	kg	19931.16
金额	Amount	元	yuan	43057.88

continued1

榆树市 Yushu	农安县 Nongan	德惠市 Dehui	九台市 Jiutai	双阳区 Shuangyang	城　区 District
72.00	75.00	268.00	274.50	441.50	611.60
	0.50	20.70	3.95	8.40	65.80
	5.00	115.00	56.50	79.00	550.60
42107.20	36126.85	46942.10	40574.30	53185.25	52072.70
2946.65	2222.37	2704.05	2574.65	3075.15	3070.47
29926.30	22806.65	28066.80	23920.30	32432.20	32534.30
91.10	47.20	179.64	252.15	84.45	319.95
1291.00	668.00	2485.00	3977.70	1269.00	4768.10
14.80	6.00	16.50	27.50	80.95	65.60
232.00	99.00	257.00	478.00	1137.00	903.00
305.65	291.80	343.95	169.45	561.65	469.05
2565.20	2053.00	2733.50	1545.00	5022.05	3697.60
2.50	15.20	4.00		24.50	4.60
23.00	107.00	36.00		231.00	32.70
19.00	75.50	21.10	24.00	19.50	17.00
140.00	670.00	217.00	235.00	229.00	141.00
24.00	97.70	75.75	86.95	207.45	32.75
211.00	628.50	700.90	524.80	2050.50	253.50
29.70	15.50	90.20	1.00	103.65	7.00
271.00	77.00	848.60	10.00	936.50	69.00
796.75	659.95	1122.40	757.50	673.00	1022.50
4288.70	3733.10	6533.70	3935.00	3637.10	4586.50
43.75	49.00	20.00167.80	21.00	175.50	
315.50	291.00	124.50	885.50	165.00	1060.80
488.40	616.90	372.20	260.50	622.00	564.75
1541.00	1401.10	1336.00	761.00	2002.30	1262.40
			2.00		
			4.50		
8078.45	7681.05	11437.70	6186.10	5776.50	6643.40
102.55	52.60	121.25144.36	192.10	225.40	
1014.20	348.50	969.00	1021.50	1495.50	1940.30
6.95	3.00	8.85	4.60	6.35	7.45
98.50	37.00	240.00	32.00	157.00	106.00
				1.00	1.00
				15.00	34.00
				0.50	
				2.00	
17.75		3.20	41.10	33.55	8.50
73.00		16.00	164.50	167.70	34.00
894.30	1123.24	1261.65	677.10	496.90	586.15
6630.95	7214.55	9650.20	4676.60	3609.10	4444.10
3.20	1.50	4.30	1.00	5.90	3.50
41.50	10.00	52.00	2.00	57.00	38.50
			8.00	0.50	
			129.00	3.00	
42697.00	24834.60	41776.20	28428.78	38814.10	34309.20
10077.50	4979.00	10287.40	6448.90	9062.10	5136.00
26012.70	12954.50	27828.90	16977.80	25205.20	15328.00
88.00	115.70	88.90	111.60	75.70	606.20
743.00	828.20	790.00	884.00	967.50	2614.00
2820.05	2972.86	3651.55	3131.19	3372.20	3983.32
6803.00	5729.50	7528.00	5899.88	7016.00	10081.50

8-13续表2

		单位 Unit		合 计 Total
(4)购买白酒	Alcohol	公斤	kg	10902.80
金额	Amount	元	yuan	35875.70
(5)购买果酒	Wine	公斤	kg	160.00
金额	Amount	元	yuan	468.00
9.购买茶叶、饮料金额	Tea, beverage	元	yuan	20610.60
其中:(1)购买茶叶	Tea	公斤	kg	54.25
金额	Amount	元	yuan	868.00
(2)购买冷饮金额	Cold drink	元	yuan	9863.30
(3)购买碳酸类饮料金额	Soda pop	元	yuan	5185.10
(4)购买果汁类饮料金额	Juice	元	yuan	1690.80
(5)购买瓶(桶)装水金额	Water bottled	元	yuan	1003.00
10.购买其他种类食品金额	Other food	元	yuan	300557.75
其中:(1)购买豆制品	Products of bean	元	yuan	31096.16
(2)购买调味	Seasoning	元	yuan	36608.85
(3)购买食糖	Sugar	公斤	kg	1469.75
金额	Amount	元	yuan	7649.90
(4)购买西瓜	Water melon	公斤	kg	12846.45
金额	Amount	元	yuan	12361.23
(5)购买其他果用瓜	Other melon	公斤	kg	2174.05
金额	Amount	元	yuan	5518.70
(6)购买水果	Fruits	公斤	kg	38452.75
金额	Amount	元	yuan	99585.90
(7)购买坚果、果仁及制品	Nuts and its products	公斤	kg	4329.80
(8)购买糖果	Candy	元	yuan	4068.50
(9)购买糕点	Cake	元	yuan	13272.00
(10)购买营养滋补品	Nourishing food	元	yuan	3847.50
(二)衣着类	Clothing			372912.25
其中:1.购买服装	Garments	件	piece	4850.50
金额	Amount	元	yuan	245846.00
2.购买鞋类	Shoes	双	pair	3012.05
金额	Amount	元	yuan	88176.90
(三)居住类	House			565275.60
1.购买建筑生活用房材料支出	Materials of construction	元	yuan	359335.10
其中:(1)购买水泥	Cement	公斤	kg	114423.50
金额	Amount	元	yuan	33640.20
(2)购买木材	Timber	立方米	cu. m	37.42
金额	Amount	元	yuan	20250.50
(3)购买钢材	Steel	公斤	kg	8899.60
金额	Amount	元	yuan	20593.90
(4)购买水泥预制件	Cement products	件	piece	366.00
金额	Amount	元	yuan	2565.00
(5)购买玻璃	Glass	平方米	sq. m	108.10
金额	Amount	元	yuan	2975.00
(6)购买砖	Brick	块	piece	562070.00
金额	Amount	元	yuan	109987.00
(7)购买瓦	Tile	块	piece	42784.00
金额	Amount	元	yuan	23398.00
(8)购买沙石	Sand and stone	立方米	cu. m	891.80
金额	Amount	元	yuan	19666.00

continued2

榆树市 Yushu	农安县 Nong'an	德惠市 Dehui	九台市 Jiutai	双阳区 Shuangyang	城　区 District
3281.25	1750.90	1698.35	1385.60	1314.30	1472.40
9006.30	5280.40	5470.30	4592.10	5385.40	6141.20
42.50	2.00	59.50	5.00	34.00	17.00
132.00	22.00	111.00	21.00	104.00	78.00
4351.00	3013.60	4063.90	2327.80	4117.80	2736.50
5.30	7.90	10.65	6.55	3.70	20.15
81.00	84.00	139.00	142.00	148.00	274.00
2003.30	1549.00	2219.10	1393.00	2236.20	462.70
1508.20	738.00	405.40	520.00	1040.50	973.00
186.50	36.00	729.50	16.50	396.00	326.30
22.00	96.50	401.00	9.50	82.50	391.50
59227.30	42067.45	53806.68	49290.80	55035.12	41130.40
9990.30	2890.80	2885.60	3774.00	6878.36	4677.10
6170.50	5911.70	6772.00	5306.10	5429.10	7019.45
346.35	207.60	301.80	241.30	211.70	161.00
1720.80	1103.10	1642.30	1279.00	1121.60	783.10
1952.50	3073.10	2691.70	1280.05	1834.50	2014.60
1777.20	2195.65	2400.90	1379.00	1961.08	2647.40
636.80	207.30	392.40	325.95	382.55	229.05
1365.50	412.40	1081.50	869.00	1134.30	656.00
5761.35	6796.60	8744.70	4734.35	7621.50	4794.25
15555.00	16178.00	21271.70	12925.30	19785.80	13870.10
5.00	1097.00	91.00	771.00	7.00	2358.80
781.30	612.20	890.10	540.00	671.40	573.50
2656.40	374.50	2303.30	995.00	4464.00	2478.80
488.50	340.50	452.50	1650.00	717.20	198.80
71071.10	50597.00	66161.50	50975.70	67095.15	67011.80
994.00	625.80	1061.00	571.10	762.00	836.60
48993.00	34145.50	43390.00	34474.50	41241.00	43602.00
572.50	295.00	734.05	401.50	483.00	526.00
14717.80	8888.00	14665.30	10921.50	17782.00	21202.30
188139.40	70707.00	115186.20	77091.50	70594.00	43557.50
123284.50	54425.50	87849.70	56461.00	29534.40	7780.00
32800.00	11350.00	35166.00	13137.50	18550.00	3420.00
9913.00	3409.00	10147.20	3960.00	4916.00	1295.00
15.97	11.90	2.60	3.50	2.60	0.85
8513.00	4010.00	2280.00	2480.00	2272.50	695.00
6406.00	132.50	1195.50	702.60	463.00	
14507.00	562.50	2567.50	1807.50	1149.40	
63.00		22.00	271.00		10.00
898.00		260.00	1287.00		120.00
17.60	3.00	8.50	29.00	50.00	
180.00	48.00	67.00	480.00	2200.00	
261420.00	114260.00	80100.00	91660.00	8300.00	6330.00
51569.00	21659.00	12415.00	19423.00	1751.00	3170.00
21886.00	5200.00	190.00	14390.00	118.00	1000.00
16864.00	1295.00	1230.00	3321.00	348.00	340.00
305.30	26.00	91.50	229.00	40.00	200.00
6320.00	1250.00	4466.00	4590.00	1740.00	1300.00

8-13续表3

		单位 Unit		合计 Total
2. 购买生活用房支出	House	元	yuan	39000.00
其中:(1)购买砖木结构房屋间数	Rooms of brick and wood structures	间	room	2.00
面积	Floor space	平方米	sq. m	42.00
金额	Amount	元	yuan	32000.00
(2)购买钢筋混凝土房屋间数	Rooms of reinforced conrete structures	间	room	
面积	Floor space	平方米	sq. m	
金额	Amount	元	yuan	
(3)购买其他结构房屋间数	Other house	间	room	3.00
面积	Floor space	平方米	sq. m	58.00
金额	Amount	元	yuan	7000.00
3. 购买生活用燃料	Fuel	元	yuan	73845.50
其中:(1)购买柴	Firewood	公担	quintal	1271.10
金额	Amount	元	yuan	8520.00
(2)购买草	Faggot	公担	Faggot	37.00
金额	Amount	元	yuan	260.00
(3)购买煤	Coal	公斤	kg	103403.50
金额	Amount	元	yuan	47637.00
(4)液化气	Liquefied gas	元	yuan	14356.00
4. 购买生活用水	Water	吨	ton	1150.20
金额	Amount	元	yuan	2138.50
5. 购买生活用电	Electricity	度	degree	196829.80
金额	Amount	元	yuan	99926.28
(四)家用设备和日用品	Daily consumer goods			211243.46
其中:1. 购买洗涤及卫生用品	Detergent	元	yuan	34271.56
2. 购买厨具、餐具、茶具	Household articles	元	yuan	15113.30
3. 购买家具及做家具材料	Furnitures	元	yuan	30537.00
4. 购买洗衣机	Washing machine	台	unit	25.00
金额	Amount	元	yuan	13218.00
5. 购买缝纫机	Sewing machine	台	unit	2.00
金额	Amount	元	yuan	450.00
6. 购买电风扇	Electric fan	台	unit	12.00
金额	Amount	元	yuan	1087.00
7. 购买电冰箱	Refrigerator	台	unit	18.00
金额	Amount	元	yuan	30875.00
8. 购买空调机	Air conditioner	台	unit	
金额	Amount	元	yuan	
9. 购买吸尘器	Dust catcher	台	unit	
金额	Amount	元	yuan	
10. 购买抽油烟机	Smoke absorber	台	unit	3.00
金额	Amount	元	yuan	170.00
11. 购买热水器	Shower	台	unit	4.00
金额	Amount	元	yuan	8090.00
12. 购买微波炉	Microwave oven	台	unit	3.00
金额	Amount	元	yuan	1160.00
13. 购买电饭锅	Electric rice cooker	个	unit	30.00
金额	Amount	元	yuan	2596.00
14. 购买液化气炉具	Cooking appliances	套	set	15.00
金额	Amount	元	yuan	1778.00

continued3

榆树市 Yushu	农安县 Nong'an	德惠市 Dehui	九台市 Jiutai	双阳区 Shuangyang	城　区 District
39000.00					
2.00					
42.00					
32000.00					
3.00					
58.00					
7000.00					
5992.00	9991.00	17872.00	10401.00	2695.00	26894.50
	10.00		1.00	100.00	1160.10
	50.00		14.00	400.00	8056.00
	17.00			20.00	
	120.00			140.00	
10940.00	16495.00	29728.50	18300.00		27940.00
5476.00	7450.00	15641.00	6985.00		12085.00
516.00	361.00	1552.00	3386.00	2155.00	6386.00
890.00	37.00				223.00
1901.00	93.00				144.50
32379.00	38038.00	26631.80	31443.00	25642.00	42696.00
16190.00	19017.50	13090.00	15782.95	12809.00	23036.83
55905.10	31017.55	28992.60	31621.30	40182.61	23524.30
7719.20	3999.05	6608.30	3792.30	6748.51	5404.20
5467.50	1868.50	3192.50	840.50	3171.50	572.80
8745.00	6990.00	984.00	7268.00	6535.00	15.00
7.00	3.00	5.00	3.00	7.00	
4495.00	1698.00	2790.00	1305.00	2930.00	
1.00	1.00				
300.00	150.00				
2.00	1.00	5.00		4.00	
115.00	50.00	511.00		411.00	
4.00	3.00	1.00	3.00	4.00	3.00
6985.00	5530.00	1220.00	5120.00	7420.00	4600.00
			3.00		
			170.00		
1.00		3.00			
4200.00		3890.00			
		2.00		1.00	
		660.00		500.00	
6.00	5.00	6.00	6.00	5.00	2.00
508.00	350.00	490.00	508.00	440.00	300.00
1.00		4.00	5.00		5.00
230.00		313.00	995.00		240.00

8－13续表4

		单位 Unit	合 计 Total
(五)交通、通讯工具和用品	Transport and telecommunication	台 unit	305792.00
其中:1.购买自行车	Bicycles	辆 unit	43.00
金额	Amount	元 yuan	11417.00
2.购买电动自行车	Power－bicycle	辆 unit	1.00
金额	Amount	元 yuan	5400.00
3.购买摩托车	Motorcycle	辆 unit	23.00
金额	Amount	元 yuan	76280.00
4.购买汽车(生活用)	Family car	辆 unit	
金额	Amount	元 yuan	
5.购买电话	Telephone	部 set	17.00
金额	Amount	元 yuan	1616.00
6.购买手机	Mobile telephone	部 set	122.00
金额	Amount	元 yuan	98320.00
7.购买寻呼机	BP	台 unit	
金额	Amount	元 yuan	
(六)文化、教育、体育、娱乐用品	Culture, education, sports and recreation appliances		1145249.70
其中:1.购买收录机	Recorder	台 unit	9.00
金额	Amount	元 yuan	697.00
2.购买组合音响	Hi－Fi stereo component players	台 unit	2.00
金额	Amount	元 yuan	2300.00
3.购买电子游戏机	Video game player	台 unit	
金额	Amount	元 yuan	
4.购买黑白电视机	Tv sets	台 unit	2.00
金额	Amount	元 yuan	540.00
5.购买彩色电视机	Colour TV sets	台 unit	41.00
金额	Amount	元 yuan	50078.00
6.购买录放像机	Video recorders	台 unit	
金额	Amount	元 yuan	
7.购买影碟机	Video disc player	台 unit	24.00
金额	Amount	元 yuan	8370.00
8.购买摄像机	Video recorders	台 unit	
金额	Amount	元 yuan	
9.购买照相机	Camera	只 unit	1.00
金额	Amount	元 yuan	100.00
10.购买家用计算机(电脑)	Personal computer	台 unit	
金额	Amount	元 yuan	
11.购买家用计算机外部设备	Peripheral equipment	元 yuan	
12.购买中高档乐器	High－grade musical instrument	元 yuan	
13.购买体育健身器材	Sport instruments	元 yuan	
14.购买观赏盆栽植物	Planting in pots	盆 pot	10.00
金额	Amount	元 yuan	46.00
15.购买宠物	Pet	只 head	5.00
金额	Amount	元 yuan	365.00
(七)医疗卫生、保健用品	Medical and medical articles		310588.70
其中:1.购买药品	Medicine	元 yuan	301510.10
2.购买医疗卫生器械	Medical articles	元 yuan	940.10
3.购买药品类保健品	Nourishing medicine	元 yuan	5087.00
4.购买保健器材	Sports instrument	元 yuan	1697.00
(八)其他杂项商品	Articles		44472.20
其中:1.购买首饰	Jewels	元 yuan	10036.00
2.购买手表	Watch	只 piece	21.00
金额	Amount	元 yuan	370.50
3.购买化妆品	Cosmetics	元 yuan	6223.40
4.购买迷信、宗教用品	Religious articles	元 yuan	7762.60

continued4

榆树市 Yushu	农安县 Nong'an	德惠市 Dehui	九台市 Jiutai	双阳区 Shuangyang	城　区 District
56703.20	48783.60	52792.00	59280.00	53722.20	34511.00
11.00	10.00	8.00	3.00	6.00	5.00
2735.00	3830.00	1445.00	770.00	1887.00	750.00
				1.00	
				5400.00	
5.00	4.00	2.00	5.00	4.00	3.00
14300.00	18320.00	3500.00	13920.00	15950.00	10290.00
1.00	2.00	4.00	1.00	5.00	4.00
28.00	150.00	313.00	70.00	725.00	330.00
25.00	13.00	26.00	18.00	24.00	16.00
19800.00	13040.00	18995.00	12430.00	19220.00	14835.00
30394.60	27256.20	21731.00	19614.90	24451.40	21801.60
2.00		1.00		4.00	2.00
117.00		180.00		325.00	75.00
				1.00	1.00
				2000.00	300.00
	1.00				1.00
	220.00				320.00
12.00	10.00	6.00	6.00	5.00	2.00
12490.00	15250.00	6660.00	7799.00	5929.00	1950.00
6.00	4.00	6.00	3.00	5.00	
2290.00	1530.00	2070.00	1010.00	1470.00	
				1.00	
				100.00	
2.00	5.00			2.00	1.00
14.00	16.00			11.00	5.00
4.00	1.00				
330.00	35.00				
71733.68	28434.40	64305.70	35000.90	87680.02	23434.00
71708.68	25653.30	63101.20	33448.40	85187.02	22411.50
7.00	12.10	141.00		780.00	
	2162.00	640.50	1348.00	928.00	8.50
		282.00	10.00	396.00	1009.00
6648.30	4645.00	13100.30	6280.80	11584.20	2213.60
1545.00	800.00	541.00	2130.00	4800.00	220.00
6.00	1.00	6.00	1.00	4.00	3.00
139.00	10.00	71.50	20.00	90.00	40.00
1502.80	720.00	1543.10	380.50	1638.40	438.60
1296.00	881.00	3186.90	643.00	1422.70	333.00

8-13续表5

		单位 Unit		合 计 Total
二、购买生产资料	Productive matericals	元	yuan	2874167.75
(一)购买农业用种籽	Seed	公斤	kg	42595.44
金额	Amount	元	yuan	350065.40
其中:1. 购买小麦种籽	Wheat seed	公斤	kg	720.00
金额	Amount	元	yuan	2421.00
2. 购买稻谷种籽	Rice seed	公斤	kg	3302.00
金额	Amount	元	yuan	17686.40
3. 购买玉米种籽	Corn seed	公斤	kg	27913.25
金额	Amount	元	yuan	278125.20
4. 购买其他粮食种籽	Other grain seed	公斤	kg	2142.40
金额	Amount	元	yuan	7344.40
5. 购买其他种籽	Other seed	公斤	kg	8517.79
金额	Amount	元	yuan	44488.40
(二)购买农业用饲料	Forage	公斤	kg	36035.60
金额	Amount	元	yuan	42685.50
其中:1. 购买小麦饲料	Wheat forage	公斤	kg	600.00
金额	Amount	元	yuan	1236.00
2. 购买稻谷饲料	Rice forage	公斤	kg	40.00
金额	Amount	元	yuan	85.00
3. 购买玉米饲料	Corn forage	公斤	kg	7765.00
金额	Amount	元	yuan	8472.00
4. 购买其他生产饲料	Other forage	公斤	kg	27630.60
金额	Amount	元	yuan	32892.50
(三)购买农业用其他生产资料	Other materials	元	yuan	1507064.00
其中:1. 购买化肥	Chemical fertilizer	公斤	kg	534482.50
金额	Amount	元	yuan	1060837.30
2. 购买微量元素肥	Microelement fertilizer	克	g	28769.50
金额	Amount	元	yuan	26317.00
3. 购买饼肥	Cake fertilizer	公斤	kg	625.00
金额	Amount	元	yuan	688.00
4. 购买农药	Pesticide	元	yuan	125947.50
5. 购买薄膜	Film	公斤	kg	3333.84
金额	Amount	元	yuan	33281.15
6. 购买燃料	Fuel	公斤	kg	27471.50
金额	Amount	元	yuan	122233.05
(四)购买林业用饲料	Forestery forage	公斤	kg	920.00
金额	Amount	元	yuan	1330.00
其中:1. 购买小麦饲料	Wheat forage	公斤	kg	
金额	Amount	元	yuan	
2. 购买稻谷饲料	Rice forage	公斤	kg	
金额	Rice forage	元	yuan	
3. 购买玉米饲料	Corn forage	公斤	kg	920.00
金额	Amount	元	yuan	1330.00
4. 购买其他生产饲料	Other forage	公斤	kg	
金额	Amount	元	yuan	
(五)购买林业用其他生产资料	Other forestery forage	元	yuan	5673.00
其中:1. 购买树种	Tree seed	公斤	kg	100.00
金额	Amount	元	yuan	70.00
2. 购买树苗	Sapling	株	plant	4083.00
金额	Amount	元	yuan	1650.00
3. 购买化肥	Chemical fertilizer	公斤	kg	300.00
金额	Amount	元	yuan	582.80
4. 购买微量元素肥	Microelement fertilizer	克	g	
金额	Amount	元	yuan	
5. 购买农药	Pesticide	元	yuan	3270.20

continued5

榆树市 Yushu	农安县 Nongan	德惠市 Dehui	九台市 Jiutai	双阳区 Shuangyang	城　区 District
564078.40	483559.50	376016.10	414251.70	554336.40	481925.65
7809.20	7121.80	5816.29	5981.40	8341.40	7525.35
67018.90	72582.60	54550.30	47171.70	63313.20	45428.70
70.00			650.00		
980.00			1441.00		
532.00	15.00	1029.50	831.00	816.00	78.50
2398.90	36.00	6536.00	4022.00	4263.50	430.00
5026.30	5251.85	3709.80	3941.70	6427.30	3556.30
54861.00	57796.90	41229.80	38254.00	54426.10	31557.40
1762.70	109.00	155.50	16.00	98.20	1.00
4763.90	956.00	866.50	266.00	484.00	8.00
418.20	1745.95	921.49	542.70	999.90	3889.55
4015.10	13793.70	5918.00	3188.70	4139.60	13433.30
3828.00	15518.20	3093.90	11130.50	1361.00	1104.00
1205.00	19326.00	4430.00	14225.50	1628.00	1871.00
		600.00			
		1236.00			
28.00					12.00
60.00					25.00
		1150.00	5435.00	1000.00	180.00
		1370.00	5987.00	930.00	185.00
3800.00	15518.20	1343.90	5695.50	361.00	912.00
1145.00	19326.00	1824.00	8238.50	698.00	1661.00
260765.00	277207.10	275440.90	215339.00	320587.05	157724.95
106173.50	76650.00	98357.00	105246.00	101912.50	46143.50
203941.00	165955.00	196023.40	156897.00	235389.30	102631.60
	9829.50	16559.00	2356.00	25.00	
	17883.00	5953.00	2411.00	70.00	
	25.00	600.00			
	12.00	676.00			
16848.50	19384.10	25158.00	22823.50	28943.90	12789.50
364.05	580.21	593.33	161.80	255.25	1379.20
4607.30	7302.00	5373.00	1362.00	4607.00	10029.85
5633.40	8194.65	4906.35	4294.60	2620.10	1822.40
26517.00	36307.50	20714.80	17889.50	12327.25	8477.00
		920.00			
		1330.00			
		920.00			
		1330.00			
100.00	358.00	488.00	102.00	989.00	3636.00
			100.00		
			70.00		
	341.00	350.00	32.00	2664.00	696.00
	358.00	150.00	32.00	989.00	121.00
		50.00			250.00
		115.00			467.80
		223.00			3047.20

8-13续表6

		单位 Unit		合 计 Total
6.购买燃料	Fuel	公斤	kg	
金额	Amount	元	yuan	
(六)购买牧业用饲料	Animal husbandry forage	公斤	kg	596299.75
金额	Amount	元	yuan	758162.25
其中:1.购买小麦	Wheat	公斤	kg	290.00
金额	Amount	元	yuan	347.00
2.购买稻谷	Rice	公斤	kg	820.00
金额	Amount	元	yuan	470.00
3.购买玉米	Corn	公斤	kg	89360.50
金额	Amount	元	yuan	98734.00
4.购买其他生产饲料	Other forage	公斤	kg	505829.25
金额	Amount	元	yuan	658611.25
(七)购买牧业用其他生产资料	Other materiol	元	yuan	149691.10
其中:1.购买仔、幼畜	Young animal	头	head	420.00
金额	Amount	元	yuan	44444.00
2.购买育肥周转畜	Livestock	头	head	76.00
金额	Amount	元	yuan	45200.00
3.仔、幼畜	Young animal	元	yuan	13198.00
4.仔、幼小动物	Young animal	元	yuan	8844.00
5.购买种蛋	Eggs	公斤	kg	233.50
金额	Amount	元	yuan	1928.00
6.兽药	Beast medicine	元	yuan	27943.60
7.燃料	fuel	元	yuan	75.00
(八)购买渔业用生产饲料	Fishing forage	公斤	kg	
金额	Amount	元	yuan	
其中:1.购买小麦饲料	Wheat forage	公斤	kg	
金额	Amount	元	yuan	
2.购买稻谷饲料	Rice forage	公斤	kg	
金额	Amount	元	yuan	
3.购买玉米饲料	Corn forage	公斤	kg	
金额	Amount	元	yuan	
4.购买其他生产饲料	Other forage	公斤	kg	
金额	Amount	元	yuan	
(九)购买渔业用生产资料	Fishing material	元	yuan	30.00
其中:1.购买种苗	Fish seed	元	yuan	
2.购买渔用药	Fishing medincine	元	yuan	
3.购买燃料	Fuel	元	yuan	
(十)购买工业生产用原料	Industry material	元	yuan	13937.30
(十一)购买工业用燃料	Fuel	公斤	kg	1050.00
金额	Amount	元	yuan	575.80
(十二)购买建筑业生产用原料	Construction materials	元	yuan	
(十三)购买建筑业生产用燃料	Constructional fuel	公斤	kg	
金额	Amount	元	yuan	
(十四)购买交通运输业邮电业燃料	Transport fuel	公斤	kg	6833.67
金额	Amount	元	yuan	35494.90
(十五)购买批零贸易业用原料	Wholesale and retail trade materials	元	yuan	
(十六)购买批零贸易业用燃料	Whoesale and retail trade fuel	元	yuan	123.00
金额	Amount	元	yuan	719.00
(十七)购买社会服务业用原料	Social services materials	元	yuan	
(十八)购买社会服务业用燃料	Social services fuel	公斤	kg	200.00
金额	Amount	元	yuan	960.00
(十九)购买文教卫生业用原料	Clture, education materials	元	yuan	
(二十)购买文教卫生业用燃料	Clture, education fuel	元	yuan	
金额	Amount	元	yuan	
(二十一)购买其他行业用原料	Other industry materials	元	yuan	

continued6

榆树市 Yushu	农安县 Nong'an	德惠市 Dehui	九台市 Jiutai	双阳区 Shuangyang	城　区 District
158624.00	52869.90	30685.75	85839.70	92926.40	175354.00
147036.50	95737.50	27090.00	108781.50	118244.75	261272.00
					290.00
					347.00
		300.00			520.00
		145.00			325.00
25717.50		4332.00	23846.00	27673.00	7792.00
27713.10		4628.00	24727.00	33752.90	7913.00
132906.50	52869.90	26053.75	61993.70	65253.40	166752.00
119323.40	95737.50	22317.00	84054.50	84491.85	252687.00
63983.90	18064.30	11170.50	28632.00	18410.40	9430.00
125.00	93.00	29.00	136.00	32.00	5.00
12305.00	10435.00	3228.00	14971.00	3270.00	235.00
15.00		2.00	59.00		
36360.00		630.00	8210.00		
210.00	1645.50	2075.00	126.00	2354.50	6787.00
1825.50		530.00	1034.00	5106.00	348.50
227.00	4.50			2.00	
1867.00	49.00			12.00	
10191.10	3655.30	2530.00	3771.00	5810.70	1985.50
				50.00	25.00
		30.00			
13937.30					
1050.00					
575.80					
875.00	40.70	114.97		5431.00	372.00
4311.00	134.00	499.90		29360.00	1190.00
				123.00	
				719.00	
		200.00			
		960.00			

8-13续表7

		单位 Unit		合 计 Total
(二十二)购买其他行业用燃料	Other industries fuel	公斤	kg	200.00
金额	Amount	元	yuan	880.00
三、购买生产用电	Electricity in production	元	yuan	6866.00
金额	Amount	元	yuan	3687.00
(1)农业生产用电	Framing production	度	degree	5366.00
金额	Amount	元	yuan	2787.00
(2)林业生产用电	Forestry	度	degree	
金额	Amount	元	yuan	
(3)牧业生产用电	Animal husbandry	度	degree	
金额	Amount	元	yuan	
(4)渔业生产用电	Fishery	度	degree	
金额	Amount	元	yuan	
(5)工业生产用电	Industry	度	degree	1500.00
金额	Amount	元	yuan	900.00
(6)建筑业生产用电	Construction	度	degree	
金额	Amount	元	yuan	
(7)交通运输邮电业生产用电	Transport, post and teleconmuncation	度	degree	
金额	Amount	元	yuan	
(8)批零贸易业生产用电	Wholesale and retail trade	度	degree	
金额	Amount	元	yuan	
(9)社会服务业生产用电	Social services	度	degree	
金额	Amount	元	yuan	
(10)文教卫生业生产用电	Culture education and health care	度	degree	
金额	Amount	元	yuan	
(11)其他行业生产用电	Other industries	度	degree	
金额	Amount	元	yuan	
四、购买生产性固定资产情况	Fixed assets			439420.20
(一)购买建筑生产用建筑物材料	Construction materials	元	yuan	34204.20
其中:1.购买水泥	Cement	公斤	kg	7150.00
金额	Amount	元	yuan	2317.50
2.购买木材	Timber	立方米	cu·m	10.10
金额	Amount	元	yuan	4305.00
3.购买钢材	Steel	立方米	cu·m	577.00
金额	Amount	元	yuan	1431.00
4.购买水泥预制件	Cement products	件	piece	10.00
金额	Amount	元	yuan	120.00
5.购买玻璃	Glass	平方米	sq·m	
金额	Amount	元	yuan	

continued7

榆树市 Yushu	农安县 Nong'an	德惠市 Dehui	九台市 Jiutai	双阳区 Shuangyang	城　区 District
					200.00
					880.00
100.00		1396.00		3530.00	1840.00
50.00		700.00		1765.00	1172.00
100.00		1396.00		2130.00	1740.00
50.00		700.00		1065.00	972.00
				1400.00	100.00
				700.00	200.00
138166.00	129490.50	27519.20	51300.00	75120.50	17824.00
2290.00	14298.50	6664.20		4885.50	6066.00
1000.00	2200.00	1100.00		1550.00	1300.00
290.00	726.00	375.00		426.50	500.00
0.60	9.40	0.10			
550.00	3615.00	140.00			
50.00	230.00	50.00			247.00
140.00	367.00	120.00			804.00
					10.00
					120.00

8-13续表8

		单位 Unit		合 计 Total
6.购买砖瓦	Brick	块	piece	64228.00
金额	Amount	元	yuan	16494.00
7.购买沙石	Sand and store	立方米	cu·m	66.50
金额	Amount	元	yuan	1070.00
(二)购买生产用房间数	Rooms of building	间	room	
面积	Floor space	平方米	sq·m	
金额	Amount	元	yuan	
(三)购买役畜	Livestock	头	head	30.00
金额	Amount	元	yuan	66507.00
(四)购买产品畜	Livestock products	头	head	25.00
金额	Amount	元	yuan	37180.00
(五)购买农林牧渔业机械支出	Expenditure of agriculture machinery	元	yuan	161939.00
其中:1.购买大中型铁木家具	Iron and wooden furniture	元	yuan	2650.00
2.购买小型拖拉机	Small tractors	台	unit	12.00
金额	Amount	元	yuan	55300.00
3.购买大中型拖拉机	Large tractors	台	unit	1.00
金额	Amount	元	yuan	8800.00
4.购买机动脱粒机	Sheller	台	unit	7.00
金额	Amount	元	yuan	26100.00
5.购买收割机	Harvester	台	unit	
金额	Amount	元	yuan	
6.购买动力机	Electric power	台	unit	9.00
金额	Amount	元	yuan	11830.00
7.购买胶轮大车	Truck	辆	unit	
金额	Amount	元	yuan	
8.购买水泵	Waterpump	台	unit	13.00
金额	Amount	元	yuan	3893.00
9.购买风力发电机	Wind-mill generator	台	unit	
金额	Amount	元	yuan	
(六)购买工业机械支出	Machines	元	yuan	
(七)购买运输机械支出	Transport machinery	元	yuan	91840.00
其中:1.购买大中型拖拉机	Large tractor	辆	unit	
金额	Amount	元	yuan	
2.购买小型拖拉机	Small tractor	辆	unit	2.00
金额	Amount	元	unit	6100.00
3.购买汽车	Vehicle	辆	unit	3.00
金额	Amount	元	yuan	84700.00
4.购买胶轮大车	Tyre truck	辆	unit	1.00
金额	Amount	元	yuan	500.00
5.购买机动船	Steam ship	艘	unit	
金额	Amount	元	yuan	

continued8

榆树市 Yushu	农安县 Nong'an	德惠市 Dehui	九台市 Jiutai	双阳区 Shuangyang	城　区 District
4516.00	36000.00	3230.00		12720.00	7762.00
924.00	7120.00	2210.00		3730.00	2510
	10.50			8.00	48.00
	340.00			400.00	330.00
4.00	14.00	2.00	7.00	2.00	1.00
12450.00	30357.00	7700.00	10000.00	2800.00	3200.00
	15.00	1.00	2.00	7.00	
	24000.00	100.00	1380.00	11700.00	
37641.00	55720.00	13055.00	36720.00	10785.00	8018.00
460.00		400.00		590.00	1200.00
1.00	3.00	2.00	3.00	1.00	2.00
4000.00	23800.00	3500.00	13550.00	4950.00	5500.00
			1.00		
			8800.00		
3.00	2.00		2.00		
20200.00	900.00		5000.00		
	1.00	2.00	4.00	2.00	
	620.00	2700.00	6180.00	2330.00	
3.00	4.00	2.00		3.00	1.00
768.00	1330.00	920.00		575.00	300.00
70700.00			3200.00	17400.00	540.00
1.00			1.00		
2900.00		3200.00			
2.00				1.00	
67300.00				17400.00	
1.00					
500.00					

8－14 农村主要耐用物品拥有量

DURABLE CONSUMER GOODS OWNED IN RURAL HOHSEHOLDS

（农村住户抽样调查资料） Data are obtained from the sample surveys on rural households

	单位 Unit	合计 Total	榆树市 Yushu	农安县 Nongan	德惠市 Dehui	九台市 Jiutai	双阳区 Shuangyang	城区 District
1. 大型家具 Large furniture	件 piece	434.00	147.00	19.00	125.00	17.00	66.00	60.00
2. 洗衣机 Washing machine	台 unit	459.00	73.00	62.00	65.00	70.00	85.00	104.00
3. 电风扇 Electric fan	台 unit	153.00	13.00	37.00	15.00	14.00	21.00	53.00
4. 电冰箱 Refrigerator	台 unit	110.00	13.00	20.00	10.00	17.00	15.00	35.00
5. 空调机 Air conditioner	台 unit	2.00						2.00
6. 抽油烟机 Smoke absorber	台 unit	25.00		2.00	1.00	8.00		14.00
7. 吸尘器 Dust absorber	台 unit	2.00						2.00
8. 微波炉 Microwave	台 unit	10.00			4.00		1.00	5.00
9. 热水器 Shower	台 unit	18.00	1.00		9.00	2.00		6.00
10. 自行车 Bicycle	辆 unit	436.00	70.00	57.00	62.00	84.00	63.00	100.00
11. 摩托车 Motorcycle	台 unit	266.00	39.00	54.00	57.00	28.00	45.00	43.00
12. 汽车(生活用) Automobile	台 unit	9.00		2.00		6.00		1.00
13. 电话机 Telephone	部 sub	334.00	61.00	12.00	88.00	68.00	55.00	50.00
14. 移动电话 Mobile telephone	部 sub	475.00	100.00	31.00	63.00	72.00	94.00	115.00
#接入互联网的 Access to internet	部 sub							
15. 寻呼机 Pager	台 unit	1.00	1.00					
16. 彩色电视机 Colour TV set	台 unit	577.00	96.00	62.00	99.00	97.00	96.00	127.00
#接入有线电视网的 Acess to CATV	台 unit	92.00	11.00	3.00	25.00	6.00	25.00	22.00
17. 黑白电视机 TV set	台 unit	68.00	26.00	5.00	5.00	16.00	7.00	9.00
#接入有线电视网的 Acess to CATV	台 unit	1.00					1.00	
18. 录放像机 Video recorders	台 unit	17.00				5.00		12.00
19. 摄像机 Video recording	台 unit	4.00			1.00		1.00	2.00
20. 影碟机 Video disc player	台 unit	239.00	40.00	19.00	34.00	37.00	64.00	45.00
21. 组合音响 Hi－Fi stereo component system	台 unit	38.00	1.00	1.00	3.00	8.00	9.00	16.00
22. 收录机 Recorder	台 unit	47.00	8.00		2.00	8.00	4.00	25.00
23. 照相机 Camera	架 unit	21.00			1.00	3.00	8.00	9.00
24. 家用计算机 Family computer	台 unit	6.00				1.00		5.00
#接入互联网的 Access to internet	台 unit							
25. 中高档乐器 High－degrree musical instruments	件 sets							

8－15 主要年份平均每百户农民家庭年末耐用消费品拥有量 NUMBER OF DURABLE CONSUMER GOODS OWNED PER 100 RURAL HOUSEHOLDS AT YEAR END

		2003	2004	2005	2006
自行车(辆)	Bicycle(unit)	90	90	79	69
收录机(台)	Recorder(unit)	14	13	10	7
黑白电视机(台)	TV set(unit)	28	25	17	11
彩色电视机(台)	Colour TV set(unit)	77	84	92	92
电风扇(台)	Electric fan(unit)	25	26	23	24
电冰箱(台)	Refrigerator(unit)	11	14	14	17
洗衣机(台)	Washing machine(unit)	70	69	71	73
影碟机(台)	Video disc player(unit)	31	37	37	38
照相机(架)	Camera(unit)	4	4	3	3
空调机(件)	Air conditioner(unit)		1	1	1

统计资料

STATISTICS

城市建设

GENERAL SURVEY OF CITY

9-1 长春市城区用气情况
BASIC STATISTICS ON SUPPLY OF GAS IN CITY

		单位 Unit	2004	2005	2006
一、人工煤气	Gas				
生产能力	Production capacity of coal gas	万立方米/日 10000cu·m·day	75	75	80
储气能力	Gas storage capcity	万立方米 10000cu·m	20	20	20
供气管道长度	Length of gas pipeline	公里 km	1732	1773	1813
供气总量	Total gas supply	万立方米 10000cu·m	10427	11111	14003
其中:家庭用量	Households	万立方米 10000cu·m	7075	7535	8459
用气户数	Households access to gas	户 Household	398448	409909	428710
其中:家庭用户	Households	户 Household	396618	408003	426602
用气人口	Population	万人 10000 persons	124	137	127
二、天然气	Natural gas				
储气能力	Gas storage capacity	万立方米 10000cu·m	12	29	37.9
供气管道长度	Length of gas supply	公里 km	1241	1702	1892
供气总量	Total gas supply	万立方米 10000cu·m	15548	12068	21649
其中:家庭用量	Households	万立方米 10000cu·m	1459	1760	3033
用户总数	Households access to gas	户 Household	232035	272943	345574
用气人口	Population	万人 10000 persons	74.5	91.4	79.54
三、液化石油气	Liquefied Petroleum gas				
储气能力	Gas storage capacity	万立方米 10000cu·m	4387	4950	4500
供气管道长度	Length of gas pipeline	公里 km	37	37	37
供气总量	Total gas supply	万立方米 10000cu·m	60370	64900	68397
其中:家庭用量	Households	万立方米 10000cu·m	10034	10721	12700
用气户数	Households	户 Household	235877	352688	316538
用气人口	Population	万人 10000persons	56.9	92.6	34.87
四、燃气普及率	Percentage of population access to gas	%		95.19	96.23

9－2 市政设施情况
BASIC STATISTICS ON PUBLIC UTILITIES

		单 位 unit		2004	2005	2006
道路长度	Length of paved roads	公里	km	1156.31	1308	1550
道路面积	Area of paved roads	万平方米	10000sq·m	2230.5	2454.6	3086
桥梁数	Bridges	座	set	68	86	94
路灯数	Street lights	盏	unit	51589	63266	65287
排水管道长度	Lengtn of exhaust piping	公里	km	1992.5	2058.2	2334
污水排放量	Volume of waste water discharged	万立方米	10000cu·m	21431.8	21082.4	20610
污水处理厂座数	Number of factory for waste water discharged	座	set	4	3	3
污水处理厂污水处理能力	Capacity of wasted water discharged	万立方米/日	10000cu·m/day	59	56.5	56.5
污水处理总量	Volume of waste water treatment	万立方米	10000cu·m	9534	9303.37	11631

9－3 园林绿化情况
BASIC STATISTICS ON PARKS, GARDENS AND GREEN AREAS

		单位 unit	2004	2005	2006
绿化覆盖面积	Total area of green land	公顷 ha	7083.1	9621.5	11865
其中:建成区	Finished area	公顷 ha	7083.1	9576.5	11091
园林绿地面积	Total area of parks and gardens	公顷 ha	6117.82	7862.5	9723
其中:建成区	Finished area	公顷 ha	6117.82	7842.5	9088
公共绿地面积	Public green areas	公顷 ha	1836.69	2755.4	2876
公园个数	Parks	个 unit	13	12	13
公园面积	Area of parks	公顷 ha	603	587	620

9－4 长春市城区集中供热情况
BASIC STATISTICS ON HEATING IN CITY

		单位 unit	2004	2005	2006
供热能力(热水)	Heating capacity (water)	兆瓦 Mega watts	6310.3	7294.1	7861.4
供热能力(蒸气)	Heating capacity (steam)	吨/小时 ton/hour	2546.7	2394.6	2498.2
供热总量(热水)	Volume supplied(water)	万吉焦 10000gigajoules	4176.7	5079.4	5657.9
供热总量(蒸气)	Volume supplied(steam)	万吉焦 10000gigajoules	976	1210.9	1504.1
管道长度(热水)	Length of pipeline(water)	公 里 km	1768.5	1755.6	2215.5
管道长度(蒸气)	Length of pipeline (steam)	公 里 km	188.3	284.7	404.5
供热面积	Heated area	万平方米 10000sq·m	6191.7	6972.8	7328.6

9－5 城区自来水供应情况

BASIC STATISTICS ON TAP WATER SUPPLY IN CITY

		单位 unit	2004	2005	2006
年底自来水生产能力	Production capacity of tap water	万立方米/日 10000cu·m/day	103	107.44	104.4
年末供水管道长度	Length of water supply pipeline	公里 km	1360	1580	1382
供水总量	Volume of water supply	万立方米 10000 cu·m	28339	28259	26731
生产运营用水	For productive use	万立方米 10000 cu·m	7349	7120	3846
居民家庭用水	For residential use	万立方米 10000 cu·m	11749	11954	7744
售水量	Volume of sale	万立方米 10000 cu·m	18153	18680	18854
用水户数	Households access to tap water	户 Household	755907	992358	993926
其中:家庭用户	Households	户 Household	729149	961522	926796
用水人口	Population access to tapwater	万人 10000persons	242.71	323.19	225.79
人均日生活用水量	Per capita comsumption of tapwater	升 liter	224.87	226.43	169.03

9－6 公共交通情况

BASIC STATISTICS ON PUBLIC TRANSPORTATION

		单位 unit		2004	2005	2006
一、汽车	Automobile					
运营车数	Operating automobile	辆	unit	3648	3602	3792
公共汽车	Buses	辆	unit	3648	3602	3792
标准运营车数	Number of standard operating	标台	unit	3456	3964	3586
运营线路网长度	Length of road	公里	km	1164	767	2791
客运总量	Passengers traffic	万人次	10000person－times	54750	57376	57739
公共汽车	Buses	万人次	10000person－times	54750	57376	57739
其中:小公共汽车	Mini buses	万人次	10000person－times	21900	22064	
从业人数	Employment	人	person	9304	9777	
二、出租汽车	Taxi					
出租车数量	Number of taxi	辆	unit	16303	15000	15089
从业人数	Employment	人	person	21815	30000	
三、轨道交通	Orbital transport					
运营车数	Number of trolley operating	辆	unit	37	37	82
轻轨	Light trolley	辆	unit	12	12	54
有轨电车	Trolley	辆	unit	25	25	28
标准运营车数	Number of standard operating	标台	unit	86	84	140.6
运营线路网长度	Length of road	公里	km	22	7	31
客运总量	Passengers traffic	万人次	10000person－times	1389	1410	1496
轻轨	Light rail	万人次	10000person－times	584	730	816

9－7 主要年份市区房屋情况
BASIC STATISTICS ON BUILDING CONSTRUCTION AND HOUSING

		2000	2001	2002	2003	2004	2005	2006
实有房屋建筑面积(万平方米)	Floor space of building(10000sq·m)	7180	7663.9	8169.5	8711.9	9327.4	9823	10303.4
#私房(万平方米)	Privat building (10000sq·m)	2093.6	2426.4	2861.1	3240.8	3759.1	4242.8	4666.8
实有住宅建筑面积(万平方米)	Floor space of housing (10000sq·m)	4180.5	4500.4	4839.8	5231.4	5705.8	6047.1	6332.7
#私房(万平方米)	Privat building (10000sq·m)	2007.4	2320	2724.8	3071.7	3547.4	3983.7	4348.6
人均住房使用面积(平方米/人)	Usable floor space per capita(sq·m·person)	13.65	14.15	14.58	15.28	16.07	17.17	
人均住房建筑面积(平方米/人)	Building areas per capita(sq·m·person)	19.26	20.24	21.22	22.31	23.85	24.62	25.56

9－8 主要年份全市供电情况
BASIC STATISTICS ON ELECTRICITY SUPPLY IN CITY

		2001	2002	2003	2004	2005	2006
年底发电设备容量总计(千瓦)	Total of power station production(kw)	678600	681600	699600	7040000	1128000	1134000
年底供电设备容量(千伏安)	Total available for supply(1000kwva)	8074118	8934946	6357300	6662150	6862450	6931600
全年供电量(万千瓦小时)	Annual supply electricity(10000kwh)	648079	665744	720432	777283	817502	876555
#自供(万千瓦小时)	By power station (10000kwh)	25944	37116	48667	54015	63020	68907
网供(万千瓦小时)	From electicity net (10000kwh)	622135	628628	720432	777283	817502	876555
全年用电量(万千瓦小时)	Total electricity consumption(10000kwh)	725705	784384	835825	919158	968464	1054155
#工业用电(万千瓦小时)	Industry(10000kwh)	422861	443147	439624	489389	515263	577441
农业用电(万千瓦小时)	Agriculture (10000kwh)	17253	16873	20045	21656	24385	23161
城乡人民生活用电(万千瓦小时)	Residential consumption(10000kwh)	159446	160290	177646	183007	183825	203066
送配电线路长度(公里)	Length of electric wire (km)	20833	21621	3119.9	3119.5	3400.45	3310.893
#输电线路(公里)	Electric wire (km)	3142.9	3145.35	3119.9	3119.5	3400.45	3310.893
配电线路(公里)	Distribution line (km)	17918	17690	18475			

农业
AGRICULTURE

第十篇 农　　业

2006年，市委市政府对农业采取“多节、少取、搞活”的方针，继续加大惠农政策力度，不断加强农村基础设施建设、粮食生产喜获丰收。全市完成农林牧渔业增加值162亿元，现价增长0.3%，其中，种植业增加值95.8亿元，增长7.2%；畜牧业增加值63.7亿元，下降8.3%。全年粮食总产量达到813.7万吨，比上年增加15.3万吨。2006年，全市肉类总产量达到163.6万吨，比上年减少2.3%。离蛋产量37.3万吨，比上年减少4.1%。三元杂交猪、牛比重分别达到80%、67%，鸡良种覆盖率达到98%。

全年粮食作物播种面积100.7万公顷，比上年增长0.4%。经济作物播种面积增长10.6%，优质专用玉米、大豆、水稻播种面积达94.8万公顷，占粮食作物播种面积的94.2%。全市菜田面积发展到8.5万公顷，保护地面积1.5万公顷。无公害蔬菜工程建设进一步加速，全市已以定无公害蔬菜和绿色农产品基地100个，无公害蔬菜和绿色农产品监控面积达到175万亩，全市种植无公害蔬菜和绿色食品蔬菜4.7万公顷，比上年增加0.7万公顷，提供无公害蔬菜和绿色食品蔬菜14.1公斤。

10-1 1991-2006年农林牧渔业总产值(现价)
GROSS OUTPUT VALUE OF AGRICULTURE(at current price) (1991-2006)

单位:亿元　　　　unit:100million yuan

年份 Year	农林牧渔业总产值 Total	农业产值 Farming	林业产值 Forestry	牧业产值 Animal husbandry	渔业产值 Fishery
1991	46.5	32.5	0.3	13.3	0.4
1992	52.2	36.9	0.3	14.6	0.4
1993	64.5	46.1	0.3	17.6	0.5
1994	108.2	71.9	0.5	35.2	0.6
1995	144.5	89	0.7	53.7	1.1
1996	172.9	99.3	0.5	71.9	1.2
1997	176.8	94	0.7	80.8	1.3
1998	198.9	108.2	0.6	88.6	1.5
1999	200.9	92.9	0.5	105.8	1.7
2000	197.6	83.8	1.0	111.7	1.1
2001	223.9	108.0	0.5	114.4	1.0
2002	242.1	115.9	0.6	124.8	0.8
2003	259.2	116.7	1.1	139.2	1.0
2004	281.5	126.6	0.8	152.2	0.7
2005	272.9	130.8	2.1	137.3	1.5
2006	289	142.2	1.7	142.3	1.5

10-2 1991-2006年农作物播种面积
TOTAL SOWN AREAS OF FARM CROPS (1991-2006)

单位:公顷　　　　unit:ha

年份 Year	农作物总播种面积 Total sown area	粮食作物 Grain crops		经济作物 Economic crops		其他作物 Other crops	
		播种面积 Sown area	占总播种面积(%) Percentage	播种面积 Sown area	占总播种面积(%) Percentage	播种面积 Sown area	占总播种面积(%) Percentage
1991	1117924	996342	89.1	40796	3.6	80786	7.3
1992	1121033	978510	87.3	42761	3.8	99762	8.9
1993	1120226	969586	86.6	43151	3.9	107489	9.5
1994	1115798	969219	86.9	36343	3.3	110236	9.8
1995	1120203	977304	87.2	31446	2.8	111453	10
1996	1124429	979061	87.1	32938	2.9	112430	10
1997	1122817	986045	87.8	27594	2.5	109178	9.7
1998	1122996	984485	87.7	21828	1.9	116683	10.4
1999	1121587	965869	86.1	26567	2.3	129151	11.6
2000	1121046	951131	84.8	38134	3.4	131781	11.8
2001	1114286	935373	84.0	42796	3.8	136117	12.2
2002	1109100	914514	82.5	41467	3.7	153119	13.8
2003	1106395	919045	83.1	169589	15.3	17761	1.6
2004	1139211	1012244	88.9	121564	10.7	5403	0.4
2005	1130795	1002871	88.7	119566	10.6	8358	0.74
2006	1140257	1006930	88.3	127143	11.2	6184	0.5

注:经济作物包括:油料、甜菜、烟叶、药材、蔬菜。
Note:Economic crops include:Oil-bearing, sugar beet, tobacco leaf, medical material and vegetable.

10－3 农村基本情况及农业生产条件

		单 位 Unit		全 市 Total
一、农村基层组织情况	Rural grassroots units			
乡(镇)个数	Township governments	个	unit	99
其中:镇个数	Town governnments	个	unit	68
村民委员会个数	Villagers′committees	个	unit	1668
二、农村社会基础设施	Rural social basic facilities			
自来水受益村数	Villages access to tap water	个	unit	219
通汽车村数	Villages access to automobile	个	unit	1641
通电话村数	Villages access to telephone	个	unit	1659
三、乡村人口与从业人员	Number of rural laborers and population			
乡村户数	Number of rural households	户	household	1124006
乡村人口数	Rural popolation	人	person	4252619
乡村劳动力资源数	Rural labourers	人	person	2231333
其中:劳动年龄内	Labor age	人	person	1994099
乡村从业人员数	Rural labourer	人	person	1945465
其中:劳动年龄内	Labor age	人	person	1815926
(一)按性别分	By sex			
1. 男	Male labourer	人	person	1098730
2. 女	Female labourer	人	person	846735
(二)按国民经济行业分	By sector	个	unit	
1. 农业从业人员	Agriculture	人	person	1299698
2. 工业从业人员	Industry	人	person	115194
3. 建筑业从业人员	Construction	人	person	201981
4. 交通仓储和邮政业从业人员	Transportation, storage, post and telecommunicaton	人	person	64943
5. 信息传输、计算机服务和软件业	Information, computer services and software	人	person	6557
6. 批发、零售业从业人员	Whatesale, retail trade	人	person	74897
7. 住宿和餐饮业从业人员	Hotel and restaurants	人	person	53022
8. 其他行业从业人员	Others	人	person	129173
四、农业主要能源及物耗	Energy and material consumption			
1. 农村用电量	Electricity consumption	千千瓦小时	kwh	837269
2. 农用化肥施用量(实物量)	Consumptin of chemical fertilizers	吨	ton	851483
氮肥	Nitrogenous fertilizer	吨	ton	453890
(1)硫酸铵	Sulphuric acid ammonia	吨	ton	21659
(2)硝酸铵	Nitric acid ammonia	吨	ton	92151
(3)尿素	Urea	吨	ton	277902
(4)碳酸氢铵	Carbonic acid hyorrogtn ammonia	吨	ton	50759
(5)氨水	Ammonia water	吨	ton	65
(6)其他	Others	吨	ton	11354
磷肥	Phosphate fertilizer	吨	ton	107044
钾肥	Potash fertilizer	吨	ton	37001
复合肥	Compound fertilizer	吨	ton	253548
3. 农用塑料薄膜使用量	Volume of use of plastic film	吨	ton	12054
其中:地膜使用量	Volume of use of mulching film	吨	ton	5855
地膜覆盖面积	Coverage of mulching film	公顷	ha	32157
4. 农用柴油使用量	Volume of diesel used	吨	ton	90573
5. 农药使用量	Volume of pesticide	吨	ton	6832

BASIC CONDITIONS OF RURAL GRASSROOTS UNITS

市辖区 District		榆树市 Yushu	农安县 Nong'an	九台市 Jiutai	德惠市 Dehui
合计 Total	#双阳区 Shuangyang				
22	4	24	22	15	16
17	3	15	11	13	12
285	134	388	377	310	308
52	15	92	34	30	11
284	134	388	355	308	306
285	134	386	370	310	308
215364	77239	292196	248598	173720	194128
749377	286661	1080899	971767	635111	815465
437592	167060	488837	546877	343982	414045
387387	143445	434983	492876	307598	371255
367918	135893	436841	481282	311045	348379
345988	124923	402739	445624	289117	332458
207547	75577	243109	281018	171777	195279
160371	60316	193732	200264	139268	153100
224095	98792	280023	350272	223113	222195
36154	7999	15233	28716	10202	24889
27943	9447	58703	27295	40916	47124
14470	3705	17301	10116	9859	13197
1432	179	1208	1625	841	1451
13640	3974	18425	20727	7797	14308
11944	5082	13676	11235	5709	10458
38240	6715	32272	31296	12608	14757
292479	45252	157179	136847	128702	122062
113483	58567	227647	214131	148888	147334
51583	26368	123268	117884	70129	91026
3156	131	5812	3584	3725	5382
10044	4477	14408	34422	16412	16865
28866	13354	84725	77109	33470	53732
7175	6990	16060	584	13017	13923
		60			5
2342	1416	2203	2185	3505	1119
9840	5329	33542	31926	16746	14990
4907	2013	12209	9337	5750	4798
47153	24857	58628	54984	56263	36520
2703	708	4904	1522	1285	1640
1483	320	1882	1138	708	644
6490	2307	6769	8565	2591	7742
12106	6433	28611	22269	14329	13258
1021	695	2341	1251	1470	749

10－3续表1

		单 位 Unit	全 市 Total
五、耕地情况	Cultived land		
(一)年初耕地总资源	Area of land at year begining	公顷 ha	1115573
(二)年内增加耕地面积	Area of increasing land	公顷 ha	63037
其中:新开荒地	Newly open up wasteland	公顷 ha	61040
园地改为耕地	Garden to land	公顷 ha	433
(三)年内减少耕地面积	Area of decreasing land	公顷 ha	7639
其中:国家基建占地	Occupation of construction	公顷 ha	2314
其他基建占地	Occupation of other capital constraction	公顷 ha	1031
退耕还林还草占地	Occupation of return from cultived land to forest and grass	公顷 ha	731
耕地改为园地	Land to garden	公顷 ha	850
(四)年末耕地总资源	Area of land at year－end	公顷 ha	1170971
1. 常用耕地面积	Area of cultived land	公顷 ha	1167594
其中:水田	Paddy fields	公顷 ha	154676
水浇地	Irrigated fields	公顷 ha	6460
2. 临时性耕地	Temporary land	公顷 ha	3377
其中:25度以上陡坡耕地	Slope over 25 degree	公顷 ha	1825
沟渠路田埂等占耕地总资源的比重(%)	Corporation of ditch land and ridge of field to cultived land	公顷 ha	1
六、农业机械化情况	Agricultural machinery		
(一)农业机械总动力	Power of agricultural machinery	千瓦 kw	2925222
1. 柴油发动机动力	Diesel power	千瓦 kw	2508059
2. 汽油发动机动力	Gasoline power	千瓦 kw	47494
3. 电动机动力	Electric power	千瓦 kw	369669
(二)拖拉机及种植业机械	Tractors and planting machinery		
拖拉机	Tractors	台/千瓦 unit/kw	103053/1316603
其中:大中型拖拉机	Large and medium tractors	台/千瓦 unit/kw	6072/206143
小型拖拉机	Mini tractors	台/千瓦 unit/kw	96981/1110461
机动喷雾(粉)机	Sprayer	台/千瓦 unit/kw	1299/2576
大中型拖拉机配套农具	Tractor towing farming machinery	部 set	28352
小型拖拉机配套农具	Mini tractor towing farm machinery	部 set	255887
农用排灌动力机械	Irrigating machinery	台/千瓦 unit/kw	107876/604221
其中:柴油机	Diesel machinery	台/千瓦 unit/kw	85664/475323
电动机	Electric machinery	台/千瓦 unit/kw	22212/128898
农用水泵	Pump	台 unit	94470
收获机械	Gathering machinery	台/千瓦 unit/kw	114/4765
其中:联合收割机	Compound harvesters	台/千瓦 unit/kw	55/1821
机动割晒机	Motoried harvesters	台/千瓦 unit/kw	67/368
机动脱粒机	Motoried sheller	台 unit	26211
(三)农副产品加工作业机械	Farming products proessing machinery	台 unit	29697
粮食加工机械	Grain	台 unit	26372
油料加工机械	Oil plants	台 unit	633
(四)畜牧机械	Animal husbandry mechinery	台 unit	10102/50512
其中:饲料粉碎机	Feed pulverizer	台 unit	10103/50512
(五)运输机械	Transportation		
农用载重汽车	Camion	辆/千瓦 coach/kw	2275/157788
农用运输车	Truck	辆/千瓦 coach/kw	35217/476426
(六)农田基本建设农机械	Capital construction farming machinery		
其中:推土机	Bulldozer	辆/千瓦 coach/kw	176/9669

continued1

市辖区 District		榆树市 Yushu	农安县 Nongan	九台市 Jiutai	德惠市 Dehui
合计 Total	#双阳区 Shuanhgang				
142529	70056	305204	290925	161196	215719
975	31	1240	60806	16	0
31	31	361	60648	0	0
44	0	231	158	0	0
6488	123	0	772	39	340
2276		0	0	38	0
989	122	0	37	1	4
510	1	0	221	0	0
0		0	514	0	336
137016	69964	306444	350959	161173	215379
135605	69590	306005	350879	161093	214012
16682	11871	60992	6911	19497	50594
5580	96	0	780	100	0
1411	374	439	80	80	1367
895	54	0	0	80	850
2	3	1	1	3	2
398927	152306	666845	747742	339666	772042
303930	114200	557247	680720	271410	694752
19111	5219	3802	612	22989	980
75913	32887	105769	66410	45267	76310
11584/135694	6098/65157	20401/279016	26045/358257	12904/155519	32119/388117
584/22533	315/11363	2305/79817	1111/38121	1078/32088	994/33584
11000/113161	5783/53794	18096/199199	24934/320137	11826/123431	31125/354533
19/76			1100/2160	180/340	
	281	5537	5209	6305	10376
	13323	39519	69400	16375	111702
19581/87092	8088/27524	24289/130506	9350/119802	10144/55372	44512/211449
8439/46946	4108/14078	21988/101347	6750/89302	7956/41915	40531/195813
11242/40146	3980/13446	2301/29159	2500/30500	218/13457	3981/15636
	8088	24289	8600	6077	40627
7/368	6/261	30/1035	10/519	16/1216	51/1627
2/84	2/84		10/519		43/1218
				67/368	
	2211			5085	11941
	2236	8197	6780	4392	6179
	1246	8107	6430	4287	5469
	19	90	400	19	80
6900/38928	1639/6128			380/296	2822/11288
6901/38928	1639/6128			380/296	2822/11288
603/31013	172/9557	640/61708	230/34436	680/22989	122/7642
7344/94418	1639/20989	7007/109451	8200/124230	5435/54875	7231/93452
95/5456	35/2027	24/854	6/338	7/478	44/2543

10－4 农作物播种面积
TOTAL SOWN AREAS OF FARM CROPS

单位:公顷 unit:ha

		全市 Total	市辖区 District		榆树市 Yushu	农安县 Nongan	九台市 Jiutai	德惠市 Dehui
			合计 Total	#双阳区 Shuangyang				
农作物总播种面积	Sown area	1140257	146087	72838	307261	299949	164102	222858
一、粮食作物合计	Grain crops	1006930	123212	66279	287690	257395	146470	192163
(一)谷物	Lorn	857833	110306	56491	220759	228390	127896	170482
1.稻谷	Rice	156076	17221	11970	60992	7201	20068	50594
其中:粳稻	Keng rice	153895	17221	11970	60992	5034	20054	50594
糯稻	Glutinous rice	2181				2167	14	
2.小麦	Wheat	1881	1		30	140	1200	510
3.玉米	Corn	692077	92689	44408	159152	217135	106127	116974
4.谷子	Millet	1697	112	31	510	434	75	566
5.高粱	Sorghum	5455	212	58		3055	350	1838
6.其它谷物	Others	647	71	24	75	425	76	
(二)豆类合计	Beans	113290	11018	8664	53942	16998	15305	16027
其中:大豆	Soybean	100058	10931	8641	49642	13745	11008	14732
绿豆	Mung beans	5132	30	5	4300	595	59	148
红小豆	Red beans	4977	57	18		2613	1170	1137
(三)薯类	Tubers	35807	1888	1124	12989	12007	3269	5654
其中:马铃薯	Potato	34716	1844	1118	12989	11428	3048	5407
二、油料作物	Oilbearing crops	14612	502	433		10193	58	3859
1.花生	Peanuts	2002	10			1776		216
2.芝麻	Sesame	837				416	10	411
3.葵花子	Sunflower seed	8739	4			7730	6	999
三、麻类作物	Fiber crops	25						25
线麻	Line fiber	20						20
四、烟叶合计	Tobacco	9403			1114	5910	1703	676
1.烤烟叶	Fluecured tobacco leaf	1592			962			630
2.晒烟	Suncured tobacco	7811			152	5910	1703	46
五、药材类合计	Crude drugs	2164	68	20	1692	256	116	32
六、蔬菜(含菜用瓜)	Vegetable and melon	85153	20196	5268	13566	17940	11548	21903
七、瓜果类	Melon	15786	1270	436	3199	6118	2187	3012
其中:西瓜	Watermelon	6928	495	173	1242	3226	743	1222
甜瓜	Muskmelon	8379	724	263	1957	2539	1369	1790
草莓	Strawberry	17	12				5	
八、其它农作物	Other crops	6184	839	402		2137	2020	1188
其中:青饲料	Forage	868	491	369			324	53

10－5　农作物总产量
YIELD OF MAJOR FARM CROPS

单位:吨　　　　　　　　　　　　　　　　　　　　　　　　　　　　　　unit: ton

		全市 Total	市辖区 District		榆树市 Yushu	农安县 Nongan	九台市 Jiutan	德惠市 Dehui
			合计 Total	#双阳区 Shuangyang				
一、粮食作物	Grain	8136706	951022	556423	2375000	2317505	954995	1538184
(一)谷物	Corn	7488738	911051	524793	2099385	2146185	894938	1437179
1.稻谷	Rice	1297450	137050	96480	591322	64099	123561	381418
粳稻	Kengrice	1278797	137050	96480	591322	45565	123442	381418
糯稻	Glutinous Rice	18653				18534	119	
2.小麦	Wheat	4875	6		74	710	2629	1456
3.玉米	Corn	6136978	772490	427914	1506083	2050392	767027	1040986
4.谷子	Millet	6291	436	108	1488	2153	165	2049
5.高粱	Sorghum	40835	869	230		27327	1369	11270
6.其它谷物	Others	2309	200	61	418	1504	187	
(二)豆类合计	Beans	374864	34130	27964	179497	71508	38648	51081
其中:大豆	Soybean	332953	33789	27926	165307	58034	28087	47736
绿豆	Mung beans	16966	63	8	14190	2175	140	398
红小豆	Red beans	16623	114	30		11119	2463	2927
(三)薯类(折粮)	Tubers	273104	5841	3666	96118	99812	21409	49924
其中:马铃薯	Potato	263511	5787	3646	96118	92826	20955	47825
二、油料作物	Oilbearing crops	29167	887	726		21872	105	6303
1.花生	Peanuts	5170	25			4601		544
2.芝麻	Sesame	1473				944	15	514
3.葵花子	Sunflower seed	17369	25			15775	21	1548
三、麻类作物	Fiber crops	43						43
线麻	Line fiber	35						35
四、烟叶合计	Tobacco	35729			3489	27550	3352	1338
1.烤烟叶	Fluecured tobacco leaf	4436			3179			1257
2.晒烟	Suncured tobacco	31293			310	27550	3352	81
五、药材类合计	Crude drugs	6478	27	5	4117	2048	280	6
六、蔬菜(含菜用瓜)	Vegetable and melon	2849063	629457	85354	783915	528003	269908	637780
七、瓜果类	Melon	412319	25608	6515	106952	150709	30288	98762
其中:西瓜	Watermelon	219356	12569	2493	47370	106021	10482	42914
甜瓜	Muskmelon	187187	10498	3802	57047	44688	19106	55848
草莓	Strawberry	574	564				10	
八、其它农作物	Other crops	100	100					

10－6 农作物单位面积产量
YIELD OF MAJOR FARM CROPS FOR UNIT AREA

单位:公斤/公顷 unit:kg/ha

		全 市 Total	市 辖 区 District 合 计 Total	#双阳区 Shuangyang	榆树市 Yushu	农安县 Nong'an	九台市 Jiutan	德惠市 Dehui
一、粮食作物	Grain	8081	7719	8395	8255	9004	6520	8005
(一)谷物	Corn	8730	8259	9290	9510	9397	6997	8430
1.稻谷	Rice	8313	7958	8060	9659	8901	6157	7539
粳稻	Kengrice	8310	7958	8060	9695	9051	6155	7539
糯稻	Glutinous Rice	8552				8553	8500	
2.小麦	Wheat	2592	6000		2467	5071	2191	2855
3.玉米	Corn	8867	8334	9636	9463	9443	7227	8899
4.谷子	Millet	3707	3893	3484	2918	4961	2200	3620
5.高粱	Sorghum	7486	4099	3966		8945	3911	6132
6.其它谷物	Others	3569	2817	2542	5573	3539	2461	
(二)豆类合计	Beans	3309	3098	3228	3328	4207	2525	3187
其中:大豆	Soybean	3328	3091	3232	3330	4222	2552	3240
绿豆	Mung beans	3306	2100	1600	3300	3655	2373	2689
红小豆	Red beans	3340	2000	1667		4255	2105	2574
(三)薯类(折粮)	Tubers	7627	3094	3262	7400	8313	6549	8830
其中:马铃薯	Potato	7590	3138	3261	7400	8123	6875	8845
二、油料作物	Oilbearing crops	1996	1767	1677		2146	1810	1633
1.花生	Peanuts	2582	2500			2591		2519
2.芝麻	Sesame	1760				2269	1500	1251
3.葵花子	Sunflower seed	1988	6250			2041	3500	1550
三、麻类作物	Fiber crops	1720						1720
线麻	Line fiber	1750						1750
四、烟叶合计	Tobacco	3800			3132	4662	1968	1979
1.烤烟叶	Fluecured tobacco leaf	2786			3305			1995
2.晒烟	Suncured tobacco	4006			2039	4662	1968	1761
五、药材类合计	Crude drugs	2994	397	250	2433	8000	2414	188
六、蔬菜(含菜用瓜)	Vegetable and melon	33458	31167	16202	57785	29432	23373	29118
七、瓜果类	Melon	26119	20164	14943	33433	24634	13849	32790
其中:西瓜	Watermelon	31662	25392	14410	38140	32865	14108	35118
甜瓜	Muskmelon	22340	14500	14456	29150	17601	13956	31200
草莓	Strawberry	33765	47000				2000	

10－7 林 业 生 产 情 况
BASIC STATISTICS ON FORESTRY PRODUCTION

		单位 Unit	全 市 Total	双阳区 Shuangyang	朝阳区 Chaoyang	宽城区 Kuancheng	南关区 Nanguan	二道区 Erdao	绿园区 Luyuan	净 月 开发区 Jing yue development zone
1. 当年造林面积	Areas of afforestation	公顷 ha	3335	2240	19	17	5	188	53	813
2. 迹地更新面积	Areas of renewly cutover	公顷 ha	86	39	4	2			41	
3. 零星(四旁)植树	Odd pieces of planting	百株 100plant	1300			1000			300	
4. 育苗面积	Areas of grow seedlings	公顷 ha	319			35		140	60	84
5. 幼林抚育实际面积	Areas of young trees	公顷 ha	2909	1843	40				514	512
6. 成林抚育面积	Areas of forest fostered	公顷 ha	1714	311	10	3			580	810
7. 木材产量	Timber yield	立方米 cu·m	23656	6771	4948	2500		900	3475	5062
8. 村及村以下生产的木材	Volume of timber producted by village and below	立方米 cu·m	12275		4948	2500			3475	1352

10－8 畜牧业主要产品生产及存栏情况

		单位 Unit	全市 Total
一、畜牧出栏数量	Livestock		
1. 猪	Pigs	头 head	8193998
2. 牛	Cattle	头 head	2190923
3. 羊	Sheep	头 head	657072
4. 驴	Donkeys	头 head	11959
5. 骡	Mules	头 head	14265
6. 马	Horses	匹 head	42015
7. 家禽	Poultry	千只 1000heads	266330
其中:肉食鸡	Chicken	千只 1000heads	230137
鹅	Goose	千只 1000heads	14333
8. 兔	Shanghtered cats oryctolagus	只 head	574654
二、畜牧产量	Farm products		
1. 猪	Pigs	吨 ton	764146
2. 牛	Cattle	吨 ton	306305
3. 羊	Sheep	吨 ton	10324
4. 驴	Donkeys	吨 ton	791
5. 骡	Mules	吨 ton	1417
6. 马	Horses	吨 ton	5381
7. 家禽	Poultry	吨 ton	545226
其中:肉食鸡	Chicken	吨 ton	472490
鹅	Goose	吨 ton	40775
8. 兔	Shanghtered cats oryctolagus	吨 ton	1166
9. 其它肉产量	Others	吨 ton	1253
10. 奶类产量	Milk	吨 ton	90798
(1)羊奶产量	Milk of sheep	吨 ton	2760
(2)牛奶产量	Milk of cows	吨 ton	88038
11. 山羊毛产量	Wool of goat	公斤 kg	68084
12. 绵羊毛产量	Wool of jumbuck	公斤 kg	739225
其中:细羊毛	Fine wool	公斤 kg	255040
半细羊毛	Semi－fine wool	公斤 kg	474384
13. 羊绒产量	Cashmere	公斤 kg	2300

BASIC STATISTICS ON ANIMAL HUSBANDRY

市辖区 District		榆树市 Yushu	农安县 Nong'an	九台市 Jiutai	德惠市 Dehui
合计 Total	#双阳区 Shuangyang				
992108	335849	2339034	2506330	702846	1653680
302840	170466	692515	516340	257049	422179
36490	17415	101785	389323	36466	93008
1008	299	2439	5661	373	2478
1398	564	4775	3421	802	3869
5798	1724	16726	6914	794	11783
17436	6395	24186	76450	14016	134242
9510	511	7948	70230	9939	132510
1779	1320	5372	5377	716	1089
8964		19117	479817	36971	29785
86777	30911	217433	225571	62933	171432
44253	23895	89117	82616	30834	59485
565	233	1996	5839	536	1388
64	18	135	442	15	135
141	58	486	307	96	387
737	195	2445	691	96	1412
32909	11298	48756	159383	27378	276800
16689	1043	22253	140457	22787	270304
5368	3931	13665	16128	1817	3797
23		38	960	79	66
108	35	359	534	200	52
52457	513	18118	4369	3514	12340
26	10	334	1		2399
52431	503	17784	4368	3514	9941
36	3		148		67900
1084	1	165000	1641	64000	507500
53			107	10480	244400
1030		165000	1534	53520	253300
				2300	

10－8续表1

		单位 Unit	全市 Total
14. 蜂蜜产量	Honey	吨 ton	321
15. 禽蛋产量	Eggs	吨 ton	372524
16. 鹿茸产量	Pilose antler	公斤 kg	45983
17. 貂皮产量	Marten	张 sheet	55
18. 蚕茧产量	Pod	公斤 kg	0
附记:肉类总产量	Meat	吨 ton	1636009
猪牛羊肉产量	Pork and mutton	吨 ton	1080775
三、大牲畜存栏情况	Live stock		
(一)大牲畜总头数	Large animals	头 head	2811208
其中:从事农事劳役的	In planting	头 head	786961
1. 牛	Cattle and buffaloes	头 head	2568814
其中:良种及改良奶牛	Improve cow	头 head	45589
2. 马	Horse	匹 head	153963
3. 驴	Donkey	匹 head	33531
4. 骡	Mule	匹 head	54900
(二)猪	Pig	头 head	3827227
(三)羊	Sheep	只 head	936467
1. 山羊	Goat	只 head	197846
其中:奶山羊	Milk goat	只 head	79607
2. 绵羊	Sheep	只 head	738621
其中:细毛羊及改良羊	Fine sheep	只 head	108942
半细毛羊及改良羊	Semi－fine sheep	只 head	601215
(四)鹿	Deer	只 head	207090
(五)养蜂箱数	Bee	箱 case	8777
(六)家禽	Poultry	千只 1000heads	95678
1. 鸡	Chicken	千只 1000heads	84753
其中:蛋鸡	Eggs	千只 1000heads	44947
2. 鸭	Duck	千只 1000heads	4386
3. 鹅	Goose	千只 1000heads	6135
(七)兔	Oryctolagus	只 head	299546

continued1

市辖区 District 合计 Total	市辖区 District #双阳区 Shuangyang	榆树市 Yushu	农安县 Nong'an	九台市 Jiutai	德惠市 Dehui
41	32	85	109	38	48
98730	40562	102879	53132	48216	69567
43757	40294	1114	434	177	501
				55	
165577	66643	360765	476343	122167	511157
131595	55039	308546	314026	94303	232305
322994	220705	721681		274492	756774
72902	46639	270044	178211	109703	156101
308683	216149	660667	654242	260433	684789
15821	1064	22073	1913	1140	4642
7997	2486	42803	49777	4327	49059
2320	765	6068	18641	1435	5067
3994	1305	12143	12607	8297	17859
417262	217988	1082748	1156214	423685	747318
40005	21877	131328	584878	29658	150598
19274	15787	62124	64959	13548	37941
369	130	62124	50	562	16502
20731	6090	69204	519919	16110	112657
857			43742	2633	61710
600		60685	476177	13477	50276
191399	158270	4773	1787	6728	2403
2290	525	1715	3167	954	651
17250	9519	14551	26702	11322	25853
14847	7992	11293	24394	10368	23851
13716	7913	9925	7211	4018	10077
688	454	1361	983	436	918
1315	1072	1895	1323	518	1084
6782		12552	227231	24434	28547

10－9 水 果 生 产 情 况
BASIC STATISTICS ON FRUITS

		单位 Unit	全市 Total	市辖区 District		榆树市 Yushu	农安县 Nong'an	九台市 Jiutai	德惠市 Dehui
				合计 Total	＃双阳区 Shuangyang				
一、水果产量合计	Output of fruits	吨 ton	65908	8470	947	12875	11352	14007	19204
1.苹果	Apple	吨 ton	8700	127	5	1405	20	6023	1125
其中:红富士苹果	Hong fu shi apple	吨 ton	4						
国光苹果	Guoguang apple	吨 ton	34				20		14
2.梨	Pear	吨 ton	7898	1494	27	712	18	3694	1980
其中:苹果梨	Apple pear	吨 ton	1837	25	25		18	1754	40
雪花梨	Snow pear	吨 ton	1300					82	1218
鸭　梨	Ya pear	吨 ton	729	10				24	695
3.葡萄	Grape	吨 ton	33799	4187	513	5684	9949	337	13642
4.山楂	Haw	吨 ton	728	100		6		622	
5.桃	Peach	吨 ton	75	61		4		5	5
6.其它	Others	吨 ton	14708	2501	402	5064	1365	3326	2452
二、水果面积	Area of fruit trees	公顷 ha	7938	805	300	2014	1260	1542	2317
1.苹果	Apple	公顷 ha	1013	59	2	300	5	547	102
其中:红富士苹果	Hong fu shi apple	公顷 ha	1						
国光苹果	Guoguang apple	公顷 ha	8				5		3
2.梨	Pear	公顷 ha	1204	98	3	609	14	329	154
其中:苹果梨	Applepear	公顷 ha	176	2	2		14	153	7
雪花梨	Snowpear	公顷 ha	115					23	92
鸭　梨	Ya pear	公顷 ha	66	1				14	51
3.葡萄	Grape	公顷 ha	3361	271	22	360	870	77	1783
4.山楂	Haw	公顷 ha	96	5		8		83	
5.桃	Peach	公顷 ha	18	3		8		5	2
6.其它	Others	公顷 ha	2246	369	273	729	371	501	276

10-10 渔业生产情况
BASIC STATISTICS ON FISHERY

		单位 Unit	全市 Total	市辖区 District 合计 Total	#双阳区 Shuangyang	榆树市 Yushu	农安县 Nongan	九台市 Jiutai	德惠市 Dehui
一、水产品产量	Output of aquatic	吨 ton	20313	4567	2208	3707	4000	4089	3950
#国营	State owned	吨 ton	5550	1216	127	1652	1968	582	132
1.养殖产量	Artificially cultured	吨 ton	18744	4567	2208	3625	3330	3682	3540
2.捕捞产量	Naturally grown	吨 ton	1569			82	670	407	410
二、养殖面积	Areas of artificially	公顷 ha	20533	6250	2086	3143	6967	2123	2050
#国营	State owned	公顷 ha	14325	4358	766	2400	6550	765	252

10-11 农林牧渔业总产值(现价)
GROSS OUTPUT VALUE OF FFAF(at current price)

单位:万元 unit:10000yuan

		全市 Total	市辖区 District 合计 Total	#双阳区 Shuangyang	榆树市 Yushu	农安县 Nong'an	九台市 Jiutai	德惠市 Dehui
农林牧渔业总产值	Total	2890109	388053	170801	769123	762468	275422	695043
一、农业产值	Farming	1422101	180903	81940	428372	370839	150886	291101
1.谷物及其他作物	Cereals and others	1157143	121718	73448	359800	325981	126664	222980
(1)谷物	Cereal	932126	111592	65595	278198	244178	109106	189052
(2)薯类	Tubers	99012	2083	1305	34122	36935	7698	18174
(3)油料	Oil-bearing	10598	69			7742	18	2769
(4)豆类	Beans	91087	7974	6548	45493	17896	7502	12222
(5)麻类	Fiber crop	6						6
(6)烟草	Tobacco	24314			1987	19230	2340	757
2.蔬菜园艺作物	Vegetables	191437	54151	7235	46057	25992	17789	47448
3.水果、坚果、饮料作物	Fruits nuts and beverage crops	69532	5032	1257	18738	18682	6408	20672
4.中药材	Medicinal herbs	3989	2		3777	184	25	1
二、林业产值	Forestry	17184	2693	796	3558	6468	1877	2588
(一)林木的培育和种植	Plants	1599	1038	322	58	168	267	68
(二)竹木采运	Wood cutting and transport	15585	1655	474	3500	6300	1610	2520
三、牧业产值	Animal husbandry	1422823	198818	85594	330737	379209	118618	395441
(一)牲畜饲养	Animals	309196	51131	22022	87079	83308	29284	58394
1.牛的饲养	Cattle	278413	40780	21570	81529	74469	27819	53816
2.羊的饲养	Sheep and goats	13566	755	360	2101	8038	752	1920
3.奶产品	Milk products	16235	9595	92	3269	799	643	1929
4.毛绒产品	Wool	982	1		180	2	70	729
(二)猪的饲养	Hogs	544543	61839	22028	154946	160746	44847	122165
(三)家禽饲养	Poultry	549020	69603	27073	87864	133513	43478	214562
(四)其他畜牧业	Other livestock	20064	16245	14471	848	1642	1009	320
四、渔业产值	Fishery	14931	3694	1766	3010	2463	2762	3002
五、农林牧渔服务业	Services	13070	1945	705	3446	3489	1279	2911

10－12　农林牧渔业增加值(现价)
ADDED VALUE OF FFAF(at current price)

单位:万元　　unit:10000 yuan

		全市 Total	市辖区 District		榆树市 Yushu	农安县 Nong'an	九台市 Jiutai	德惠市 Dehui
			合计 Total	#双阳区 Shuangyang				
一、农林牧渔业总产值	Gross output value of FFAF	2890109	388053	170801	769123	762468	275422	695043
二、中间消耗	Intermediate consumption	1270090	169977	69472	325690	336698	131367	306358
1.农业	Farming	463673	70194	30074	136120	111430	68612	77317
2.林业	Forsetry	8162	1261	377	1659	3167	886	1189
3.牧业	Animal husbandry	786040	95949	37900	185106	219500	60101	225384
4.渔业	Fishery	6603	1628	783	1391	1095	1168	1321
5.服务业	Service	5612	945	338	1414	1506	600	1147
在中间消耗中:	Intermediate consumption							
1.中间物质消耗	Intermediate material consumption	1257479	165522	68704	324544	335642	129691	302080
2.对非物质生产部门的劳务支出	Services for non-material productive department	12611	4455	768	1146	1056	1676	4278
三、农林牧渔业增加值	Added value of FFAF	1620019	218076	101329	443433	425770	144055	388685
1.农业	Farming	958428	110709	51866	292252	259409	82274	213784
2.林业	Forestry	9022	1432	419	1899	3301	991	1399
3.牧业	Animal husbandry	636783	102869	47694	145631	159709	58517	170057
4.渔业	Fishery	8328	2066	983	1619	1368	1594	1681
5.服务业	Service	7458	1000	367	2032	1983	679	1764

工业
INDUSTRY

第十一篇　工　　业

2006年，我市规模以上工业保持快速、稳步增长的态势。

1、全市工业全年完成现价工业总产值2140.9亿元，同比增长23.8%。全年完成工业增加值(现价)603.9亿元，按可比价计算增长22.6%，两项指标超额达到全市预计目标。新产品产值，全市全年完成1120.5亿元，同比增长41.2%，高于全市工业累计增长20.6个百分点。新产品产值率提高7.7%，其中：汽车工业新产品产值941.3亿元，同比增长24.5%。食品工业完成新产品产值125.3亿元，同比增长10.4倍。医药工业完成新产品产值3.4亿元，同比增长68.9%，光信息工业完成新产品产值6.4亿元，同比增长47.7%。建筑材料工业完成新产品产值8亿元，同比增长3.3倍。这说明我市在2006年工业经济技术创新能力和工业产品的科技含量得到长足的发展和提高。

2、工业销售产值(现价)稳步增长。全年完成销售产值2013.6亿元，同比增长18.2%。

3、2006年全市六大行业：汽车、食品、医药、建材、光电子、能源工业全部实现正增长，平均增幅在22.3%左右。

1)汽车工业进入快速稳步增长期。2006年完成工业总产值1484.3亿元。同比增长22.6%，完成工业增加值(现价)389.7亿元，按可比价计算增长20.4%。拉动全市工业增长15.04个百分点，对全市工业的贡献率达到73.2%。

2)农副食品加工业快速增长的势头不减。2006年全市农副食品加工业完成产值308.4亿元，同比增长24.9%，全年完成工业增加值99.9亿元，按可比价计算增长23.5%，对全市工业经济的贡献率达到12.1%，拉动全市工业增长2.5个百分点。

3)生物及医药工业(含大成医疗器械)增长较快。2006年，全市生物及医药工业(含大成及医疗器械)完成工业总产值87.6亿元，同比增长33.3%；完成工业增加值(现价)21.3亿元，按可比价计算增长26.7%，拉动全市工业增长1.5个百分点，对全市工业的贡献率达到1.1%。

4)光电子信息工业(含汽车电子)出现增长势头。2006年计完成产值66.6亿元，同比增长29.6%。

5)建材工业快速增长。2006年，全市建材工业完成工业总产值83.5亿元，同比增长40.8%。

6)能源工业增长较快。2006年，全市能源工业完成工业总产值69.1亿元，同比增长10.7%。

4、2006年全市工业经济效益完成情况较好。工业经济效益综合指数达到185%，同比增长36.4个百分点。利税总额完成190.3亿元，同比增长35.7%，其中：利润总额完成71.9亿元，同比增长60.9%。

5、2006年，全市规模以上工业经历了上半年恢复性增长和下半年稳步快速增长的过程，工业经济总量和效益指标均达标和超过预期目标，工业经济运行质量不断提高。2006年，长春在全国15个副省级城市排名中产值名列第9位(少大连市、成都市)，增速名列第5位。

预计2007年全是这种增长势头不会减弱，最起码上半年不会减弱。2007年汽车、食品等行业的一些重点项目陆续投入生产，规模以上工业企业户数将有一定数量的增加，这将成为全市工业经济2007年新的增长点。

11－1　规模以上工业企业主要经济指标

单位:万元

		企　业单位数(个) Enterprises	亏损企业 Loss－suffeing enterprises	工业总产值(当年价格) Gross industrial output value (current price)	新产品产值 New products
总　　计	Total	**952**	**228**	**21409495**	**11205418**
一、按登记注册类型分组:	Grouped by tpye registered				
内资企业	Domestic funds	797	183	10374613	2892386
国有企业	State owned	76	31	5938994	2398035
中央企业	Centre enterprises	12	2	5667618	2368280
地方企业	Local enterprises	64	29	271375	29756
集体企业	Collective owned	66	23	165284	
股份合作企业	Share holding cooperative	16	6	77439	20285
联营企业	Joint ownership				
国有联营企业	State joint ownership enterprises				
集体联营企业	Collective owned				
国有与集体联营企业	State－collective joint				
其他营联企业	Others				
有限责任公司	Limited company	178	55	1470273	80936
国有独资公司	State owned	21	9	310847	45422
其他有限责任公司	Others	157	46	1159425	35514
股份有限公司	Share holding	49	12	1676677	357164
私营企业	Private	404	56	1019152	24616
私营独资企业	Solely Owned	85	10	155290	156
私营合作企业	Privat partnership	10		22328	
私营有限责任公司	Limited company	279	43	774973	23474
私营股份有限公司	Private	30	3	66561	986
其他企业	Others	8		26794	11350
港、澳、台商投资企业	Funded from Hongkong, Macao and Taiwan	38	10	423300	4532
合资经营企业(港或澳、台资)	Joint Ventare	25	7	182251	4532
合作经营企业(港或澳、台资)	Cooperative	1		1527	
港澳台商独资经营企业	Solely owned	8	2	224047	
港澳台商投资股份有限公司	Funded from Hongkong, Macao and Taiwan	4	1	15476	
外商投资企业	Foreign funded	117	35	10611582	8308499
中外合资经营企业	Joint Venture	84	24	8503639	7027390
中外合作经营企业	Cooperative	2	1	45046	8503
外资企业	Solely owned	27	10	1933383	1270694
外商投资股份有限公司	Share holding	4		129515	1913
二、按经济组织类型分组	Grouped by ownership				
独资企业	Solely owned enterprises	262	76	8416996	3668885
国有企业	State owned	76	31	5938994	2398035
集体企业	Collective owned	66	23	165284	
私营独资企业	Solely Owned	85	10	155290	156

注:本表的统计口径为全部国有工业企业和年主营业务收入500万元及以上的非国有工业法人企业

Note: Data in this table are all state－owned industrial enterprises and non－state－owned industrial enterprises with annual revenue from principal business over 5 million yuan

MAIN ECONMIC INDICATORS OF INDUSTRIAL ENTERPRISES ABOVE DESIGNATED SIZE

unit:10000yuan

工业销售产值（当年价格） Sale revenue (current price)	出口交货值 Export enterprises	工业中间投入合计 Intermediat input	直接材料 Direct materials	制造费用中的中间投入 Fabricating cost	管理费用中的中间投入 Management expenses	营业费用中的中间投入 Operating expenses	工业增加值（当年价格） Added value (current price)
20136054	**559555**	**16036615**	**13295540**	**818381**	**603123**	**1131989**	**6038621**
9740360	354539	7943646	6805798	507652	318970	167617	2777321
5771227	135362	4639927	4206268	165829	148090	38880	1498502
5515912	133896	4449181	4065985	142714	132546	32419	1406788
255315	1467	190746	140283	23115	15544	6461	91713
178344	3402	140605	115345	14380	7045	1794	28432
23350	158	57368	36498	11156	3932	3502	22612
1463469	72279	1095938	813234	128954	75541	48447	425893
301635	52851	267147	197548	25772	22494	10949	55388
1161835	19428	828791	615685	103182	53048	37498	370505
1295931	120304	1248366	1042143	91571	48128	47055	496053
981833	22982	743128	576005	95315	36026	27097	297253
149603	572	112172	86420	16651	4473	3403	45761
21403		15078	9891	2817	1065	935	7565
746586	22410	579304	452027	70853	28451	21479	212309
64242		36574	27667	4994	1946	1280	31619
26205	52	18314	16306	448	208	842	8577
438878	9980	285264	222750	36468	7291	12627	150639
183464	9980	114991	74759	27443	3437	6455	76615
1527		703	142	115	234	200	1018
239350		158323	142758	7328	2166	3467	68236
14537		11248	5090	1583	1454	2505	4770
9956817	195036	7807704	6266991	274261	276862	951745	3110661
7818166	72163	6396233	5009251	213820	237147	922484	2332435
45046	8503	37028	32799	2982	1009	333	8030
1962616	103597	1286626	1156267	53984	35549	18790	722588
130989	10773	87818	68675	3475	3157	10139	47609
8301139	242933	6337653	5707058	258172	197323	66334	2363518
5771227	135362	4639927	4206268	165829	148090	38880	1498502
178344	3402	140605	115345	14380	7045	1794	28432
149603	572	112172	86420	16651	4473	3403	45761

11－1续表1 continued1

		资产总计 Total assets	流动资产合计 Current assets	短期投资 Short－term investment	应收帐款净额 Net value of account receiveabre
总　计	Total	**23515799**	**9243861**	**52029**	**2493975**
一、按登记注册类型分组：	Grouped by tpye registered				
内资企业	Domestic funds	17106116	6503060	34854	1243551
国有企业	State owned	8777042	3795417	8036	583405
中央企业	Centre enterprises	7927517	3499859	7900	509454
地方企业	Local enterprises	849525	295558	136	73951
集体企业	Collective owned	230137	127176		43339
股份合作企业	Share holding cooperative	104369	45463		9055
联营企业	Joint ownership				
国有联营企业	State joint ownership enterprises				
集体联营企业	Collective owned				
国有与集体联营企业	State－collective joint				
其他营联企业	Others				
有限责任公司	Limited company	4918495	1159554	10251	245672
国有独资公司	State owned	686182	312052	9365	78683
其他有限责任公司	Others	4232312	847502	885	166989
股份有限公司	Share holding	2021407	874992	949	224167
私营企业	Private	997141	472356	15619	131910
私营独资企业	Solely Owned	168417	77649	5250	21736
私营合作企业	Privat partnership	9374	3903	24	1321
私营有限责任公司	Limited company	766027	365765	9489	95528
私营股份有限公司	Private	53323	25038	856	13325
其他企业	Others	57525	28102		6003
港、澳、台商投资企业	Funded from Hongkong, Macao and Taiwan	553664	250421	4195	70326
合资经营企业(港或澳、台资)	Joint Ventare	280765	122165	2701	25149
合作经营企业(港或澳、台资)	Cooperative	4030	1013		63
港澳台商独资经营企业	Solely owned	215662	89030	1495	34113
港澳台商投资股份有限公司	Funded from Hongkong, Macao and Taiwan	53206	38214		11002
外商投资企业	Foreign funded	5856020	2490380	12980	1180098
中外合资经营企业	Joint Venture	4123968	2018923	1194	1037547
中外合作经营企业	Cooperative	157207	43160		7475
外资企业	Solely owned	1436889	369749	11786	129703
外商投资股份有限公司	Share holding	137956	58548		5373
二、按经济组织类型分组	Grouped by ownership				
独资企业	Solely owned enterprises	10828148	4459021	26567	812297
国有企业	State owned	8777042	3795417	8036	583405
集体企业	Collective owned	230137	127176		43339
私营独资企业	Solely Owned	168417	77649	5250	21736

注：本表的统计口径为全部国有工业企业和年主营业务收入500万元及以上的非国有工业法人企业

Note: Data in this table are all state－owned industrial enterprises and non－state－owned industrial enterprises with annual revenue from principal business over 5 million yuan

单位:万元 unit:10000yuan

存货 Inventory		流动资产年平均余额 Annua laverage balance of curret assets	长期投资 Long－term investment	固定资产合计 Fixed assets	固定资产原价 Original value of fixed assets		累计折旧 Accumulated depreciation
	产成品 Finished goods					生产经营用 For production	
2447154	**842782**	**8725083**	**2793448**	**8395355**	**12097769**	**10209325**	**4813693**
1589719	620331	6397398	2712585	5047939	7249738	5956253	2891427
797124	319074	3829807	2405067	2349187	3904012	3567023	1827282
747621	304648	3572230	2386217	1828254	3199794	3029442	1595569
49502	14426	257577	18850	520934	704218	537581	231713
49989	17091	122922	702	90105	114399	59870	42490
14040	7124	49174	11854	41907	58906	10824	18343
280515	135384	1054707	127437	1168897	1485580	1161783	429198
81014	43422	282983	47587	284840	364251	220060	113483
199500	91963	771724	79850	884057	1121329	941723	315716
292989	74333	889209	139855	940875	1176912	758706	476523
151044	66298	425125	17726	439839	490526	392206	95317
21582	8997	65582	267	80581	95414	82948	16573
1271	562	3624		5208	6341	5702	1214
123214	55715	334964	16782	327881	364270	287435	71296
4978	1024	20956	678	26170	24501	16122	6234
4019	1027	26454	9944	17129	19403	5841	2273
72257	28977	218372	3987	257089	293950	225935	54509
47371	22113	104683	2063	124867	158969	103020	38892
491		959		2297	2651	118	398
21042	5200	73760	1865	117055	118666	111651	9805
3354	1665	38970	60	12871	13665	11146	5414
785178	193474	2109313	76875	3090328	4554081	4027137	1867757
667128	110596	1634960	38969	1921831	3173042	2974267	1439995
1575		39055		112799	178763	3024	66075
98018	77123	374748	4394	1016822	1108374	979707	305409
18457	5755	60551	33513	38876	93901	70140	56279
987753	427485	4466819	2412293	3653749	5340865	4801197	2201559
797124	319074	3829807	2405067	2349187	3904012	3567023	1827282
49989	17091	122922	702	90105	114399	59870	42490
21582	8997	65582	267	80581	95414	82948	16573

11－1续表2 continued2

		资产总计 Total assets			
		累计折旧 Accumulated depreciation 本年折旧 This year	固定资产净值 Net value of fixed assets	固定资产净值年平均余额 Annual average balance	无形资产 Intangible assets
总　计	Total	**708714**	**7284076**	**6884534**	**426044**
一、按登记注册类型分组：	Grouped by tpye registered				
内资企业	Domestic funds	345560	4358311	4292431	295147
国有企业	State owned	174426	2076730	2029648	64682
中央企业	Centre enterprises	148471	1604225	1533349	55891
地方企业	Local enterprises	25956	472506	496299	8791
集体企业	Collective owned	6019	71909	74020	2951
股份合作企业	Share holding cooperative	2744	40563	42035	659
联营企业	Joint ownership				
国有联营企业	State joint ownership enterprises				
集体联营企业	Collective owned				
国有与集体联营企业	State－collective joint				
其他营联企业	Others				
有限责任公司	Limited company	73557	1056382	1038519	123997
国有独资公司	State owned	16571	250769	236530	32204
其他有限责任公司	Others	56986	805613	801989	91793
股份有限公司	Share holding	66079	700389	700596	52186
私营企业	Private	22634	395209	392656	48323
私营独资企业	Solely Owned	3938	78841	78841	8071
私营合作企业	Privat partnership	252	5127	4845	
私营有限责任公司	Limited company	17444	292974	286942	39166
私营股份有限公司	Private	1000	18267	21994	1085
其他企业	Others	101	17129	14958	2349
港、澳、台商投资企业	Funded from Hongkong, Macao and Taiwan	10817	239441	210419	19099
合资经营企业(港或澳、台资)	Joint Ventare	7594	120077	95681	12981
合作经营企业(港或澳、台资)	Cooperative	71	2252	2252	721
港澳台商独资经营企业	Solely owned	2421	108861	103434	3435
港澳台商投资股份有限公司	Funded from Hongkong, Macao and Taiwan	732	8251	9053	1962
外商投资企业	Foreign funded	352337	2686324	2381684	111799
中外合资经营企业	Joint Venture	299546	1733047	1605880	94553
中外合作经营企业	Cooperative	1316	112689	117796	1247
外资企业	Solely owned	45455	802965	618023	8979
外商投资股份有限公司	Share holding	6021	37622	39984	7020
二、按经济组织类型分组	Grouped by ownership				
独资企业	Solely owned enterprises	232260	3139306	2903999	88119
国有企业	State owned	174426	2076730	2029648	64682
集体企业	Collective owned	6019	71909	74020	2951
私营独资企业	Solely Owned	3938	78841	78841	8071

注：本表的统计口径为全部国有工业企业和年主营业务收入500万元及以上的非国有工业法人企业

Note: Data in this table are all state－owned industrial enterprises and non－state－owned industrial enterprises with annual revenue from principal business over 5 million yuan

单位:万元　unit:10000yuan

负债合计 Liabilities	流动负债合计 Current liabilites	应付账款 Account payable	长期负债合计 Long - term liabilities	所有者权益合计 Owership interests	实收资本 Paicl - up capital	国家资本 State	集体资本 Collective
12895186	**11052536**	**3177911**	**1579817**	**10620613**	**4425507**	**1568412**	**86379**
9544693	8130896	2589922	1298911	7561423	2468859	1039486	71137
5930728	5210003	1733403	713964	2846314	1171728	893715	11
5455244	4838879	1670461	615257	2472274	834312	604205	
475484	371125	62942	98707	374041	337415	289510	11
152627	134019	70211	2459	77511	38436	3029	31317
72726	71274	25170	1452	31644	38728		5622
1820229	1401019	336167	377483	3098266	612124	106990	21095
569757	348270	97661	221322	116425	101699	58342	
1250472	1052749	238507	156161	2981841	510425	48648	21095
1044851	883298	293054	135561	976556	325310	35751	6584
493641	408707	130840	67797	503500	258149		6507
93203	77024	23623	13421	75214	44435		
3390	3064	540	326	5984	2843		
361257	297013	92492	50867	404769	199846		6507
35791	31605	14186	3183	17532	11025		
29893	22577	1076	196	27632	24385		
300490	220153	82084	73790	253173	149165	2653	5458
136149	114429	23384	20849	144616	112105	2653	3738
544	-38	-47	542	3487	1000		
141950	89911	56351	46402	73712	25449		
21847	15851	2396	5997	31359	10610		1720
3050002	2701487	505905	207116	2806017	1807483	526273	9785
1900952	1761924	349040	86956	2223016	1327774	526273	9785
26353	25944	4394	409	130854	154722		
1075963	867886	146901	118750	360927	291744		
46735	45734	5570	1001	91221	33243		
7394470	6378843	2030490	894996	3433678	1571792	896745	31328
5930728	5210003	1733403	713964	2846314	1171728	893715	11
152627	134019	70211	2459	77511	38436	3029	31317
93203	77024	23623	13421	75214	44435		

11－1续表3　continued3

		所有者权益合计			
		实收资本　Paid－up capital			
		法人资本 Corporation	个人资本 Private	港澳台资本 Prom HongKong Macao and Taiwan	外商资本 Foreign
总　计	Total	**1297842**	**405761**	**80428**	**986686**
一、按登记注册类型分组：	Grouped by tpye registered				
内资企业	Domestic funds	935453	383356	1742	37687
国有企业	State owned	140843	101430	742	34987
中央企业	Centre enterprises	108267	86854		34987
地方企业	Local enterprises	32576	14576	742	
集体企业	Collective owned	4090			
股份合作企业	Share holding cooperative	32706	400		
联营企业	Joint ownership				
国有联营企业	State joint ownership enterprises				
集体联营企业	Collective owned				
国有与集体联营企业	State－collective joint				
其他营联企业	Others				
有限责任公司	Limited company	424147	58892	1000	
国有独资公司	State owned	43357			
其他有限责任公司	Others	380791	58892	1000	
股份有限公司	Share holding	197510	85464		
私营企业	Private	119491	129451		2700
私营独资企业	Solely Owned	25731	18704		
私营合作企业	Privat partnership	1279	1564		
私营有限责任公司	Limited company	88096	102543		2700
私营股份有限公司	Private	4385	6641		
其他企业	Others	16666	7719		
港、澳、台商投资企业	Funded from Hongkong, Macao and Taiwan	77294	7380	55005	1375
合资经营企业(港或澳、台资)	Joint Ventare	74942	5100	24298	1375
合作经营企业(港或澳、台资)	Cooperative	650		350	
港澳台商独资经营企业	Solely owned	83		25366	
港澳台商投资股份有限公司	Funded from Hongkong, Macao and Taiwan	1619	2280	4991	
外商投资企业	Foreign funded	285095	15026	23680	947624
中外合资经营企业	Joint Venture	151909	3494	15230	621083
中外合作经营企业	Cooperative	86393			68329
外资企业	Solely owned	43531		8450	239762
外商投资股份有限公司	Share holding	3262	11532		18449
二、按经济组织类型分组	Grouped by ownership				
独资企业	Solely owned enterprises	214278	120134	34558	274749
国有企业	State owned	140843	101430	742	34987
集体企业	Collective owned	4090			
私营独资企业	Solely Owned	25731	18704		

注：本表的统计口径为全部国有工业企业和年主营业务收入500万元及以上的非国有工业法人企业。

Note: Data in this table are all state－owned industrial enterprises and non－state－owned industrial enterprises with annual revenue from principal business over 5 million yuan

单位:万元 unit:10000yuan

主营业务收入 Main business revenue	主营业务成本 Cost	主营业务税金及附加 Taxes and extra charges	其他业务收入 Other business revenue	其他业务利润 Other business profit	营业费用 Operating expenses	管理费用 Management expenses	税金 Tax
19366806	**16308396**	**517822**	**1058625**	**272688**	**602830**	**1286299**	**36797**
10329021	8825993	180532	476321	159533	423315	877361	24538
5864800	5014857	154361	382885	138878	272542	564453	12252
5598938	4805143	152011	378860	139295	262996	523669	10870
265862	209714	2350	4024	－417	9546	40785	1382
176659	155712	1046	2722	1227	2616	17586	370
77771	65942	261	1034	126	1051	6736	188
1438112	1215205	8189	52836	10764	56429	119531	5997
331382	284274	1607	11541	6502	8762	39544	1997
1106730	930931	6581	41259	4262	47667	79986	4000
1702171	1469261	6921	28773	5925	51318	104178	2730
1044566	887380	9704	7935	2578	38044	62102	2536
154114	134510	1778	1251	－369	3884	6891	474
21715	17213	368	12	12	1059	1362	83
804375	682445	7166	6222	2809	31485	49345	1852
64362	53213	393	451	127	1617	4505	128
24943	17637	51	137	36	1315	2775	465
445524	356612	3026	12895	2789	16728	16309	826
194338	144259	2991	4290	2348	10023	10546	397
2324	1527				255	431	6
240750	205176	34	8580	403	4632	4418	400
8112	5651		26	2	1818	914	23
8592261	7125790	334265	569409	110367	162787	392629	11434
6501232	5479390	332211	551179	106940	141787	326603	8751
9387	6144		14	4	333	438	12
1945135	1528536	2054	17097	3606	9899	58393	2481
136506	111720		1118	－183	10768	7195	190
8381458	7038790	159273	412534	143744	293573	651741	15976
5864800	5014857	154361	382885	138878	272542	564453	12252
176659	155712	1046	2722	1227	2616	17586	370
154114	134510	1778	1251	－369	3884	6891	474

11－1续表4 continued4

行业名称		管理费用 Cost of management			财务费用 Financial cost
		财产保险费 Property insurance	办公费 Administrative expenses	职工教育费 Education of staff	
总　计	**Total**	**9281**	**24710**	**9193**	**187583**
一、按登记注册类型分组：	Grouped by tpye registered				
内资企业	Domestic funds	6118	20569	7892	143610
国有企业	State owned	2225	8224	4537	80860
中央企业	Centre enterprises	1998	6882	4137	75517
地方企业	Local enterprises	227	1343	400	5344
集体企业	Collective owned	529	469	157	2040
股份合作企业	Share holding cooperative	93	130	59	2281
联营企业	Joint ownership				
国有联营企业	State joint ownership enterprises				
集体联营企业	Collective owned				
国有与集体联营企业	State－collective joint				
其他营联企业	Others				
有限责任公司	Limited company	1036	4041	968	29763
国有独资公司	State owned	148	764	345	10384
其他有限责任公司	Others	888	3277	623	19379
股份有限公司	Share holding	993	2376	1039	19469
私营企业	Private	1197	5304	1119	8685
私营独资企业	Solely Owned	238	715	214	1225
私营合作企业	Privat partnership	52	223	78	370
私营有限责任公司	Limited company	825	3746	718	6404
私营股份有限公司	Private	82	620	110	687
其他企业	Others	45	25	13	510
港、澳、台商投资企业	Funded from Hongkong, Macao and Taiwan	289	473	66	6128
合资经营企业(港或澳、台资)	Joint Ventare	175	265	52	2895
合作经营企业(港或澳、台资)	Cooperative		8	2	12
港澳台商独资经营企业	Solely owned	112	170	9	2604
港澳台商投资股份有限公司	Funded from Hongkong, Macao and Taiwan	2	29	3	616
外商投资企业	Foreign funded	2874	3669	1235	37845
中外合资经营企业	Joint Venture	2500	3145	979	13531
中外合作经营企业	Cooperative	46	9		－95
外资企业	Solely owned	90	345	240	22037
外商投资股份有限公司	Share holding	238	170	16	2372
二、按经济组织类型分组	Grouped by ownership				
独资企业	Solely owned enterprises	3194	9923	5156	108767
国有企业	State owned	2225	8224	4537	80860
集体企业	Collective owned	529	469	157	2040
私营独资企业	Solely Owned	238	715	214	1225

注：本表的统计口径为全部国有工业企业和年主营业务收入500万元及以上的非国有工业法人企业

Note: Data in this table are all state－owned industrial enterprises and non－state－owned industrial enterprises with annual revenue from principal business over 5 million yuan

单位:万元 unit:10000yuan

利息支出 Interest expenditure	营业利润 Operating profit	投资收益 Investment income	补贴收入 Subsidies revenue	营业外收入 Norbusiness revenue	利润总额 Profit	应交所得税 Income tax payable	亏损企业亏损总额 Total loss of loss-suffering enterprises
195187	**417826**	**370344**	**45098**	**75745**	**718886**	**261671**	**126039**
157614	-78593	348045	41296	70515	258347	41467	66083
108169	-192374	317705	8812	23669	97115	17520	12669
103474	-183700	304830	3157	12332	98614	16820	1157
4695	-8647	12875	5655	11337	-1500	700	11511
1681	-1155	104	202	399	-1690	300	6977
2065	1612	214	371	259	2294	784	1010
20460	15646	1111	22772	41496	40285	8450	34476
5858	-8499	290	3888	922	-4926	2024	12835
14602	24145	820	18884	40573	45211	6426	21642
18237	55594	26327	6356	1744	79147	6917	3970
6493	39432	2498	2741	1199	40229	7465	6981
1014	5249	2	65	245	4830	696	534
187	1356	3		209	1552	402	
4970	29005	2492	2676	711	30631	5445	6292
322	3822	1		34	3217	922	155
510	2652	85	43	1750	967	30	
2745	47725	425	576	370	42449	2755	5144
2203	25095	425	534	348	24863	2207	3379
	99				55	4	
-76	23432		42	18	18433	484	524
618	-900			4	-902	60	1241
34829	448693	21874	3225	4860	418089	217450	54812
12304	309983	20974	2070	4184	278071	193865	46945
	2570				2563	420	240
20418	131871	-290	1155	740	132249	21469	7627
2106	4269	1190		-64	5206	1695	
131205	-32977	317521	10275	25070	250937	40471	28331
108169	-192374	317705	8812	23669	97115	17520	12669
1681	-1155	104	202	399	-1690	300	6977
1014	5249	2	65	245	4830	696	534

11－1 续表 5 continued5

		利税总额 Pre－tax profits	广告费 Expenses of Ad.	研究开发费 Expenses of research and develping	劳动、失业保险费 Insurance expenses of labor and umployment
总 计	**Total**	**1902448**	**56441**	**133486**	**68660**
一、按登记注册类型分组：	Grouped by tpye registered				
内资企业	Domestic funds	785233	42240	127456	43974
国有企业	State owned	450911	36067	100564	26380
中央企业	Centre enterprises	438976	35984	98665	24633
地方企业	Local enterprises	11935	83	1899	1748
集体企业	Collective owned	3109	12	36	848
股份合作企业	Share holding cooperative	5096		75	990
联营企业	Joint ownership				
国有联营企业	State joint ownership enterprises				
集体联营企业	Collective owned				
国有与集体联营企业	State－collective joint				
其他营联企业	Others				
有限责任公司	Limited company	100032	1825	12326	3895
国有独资公司	State owned	8369	117	6959	1080
其他有限责任公司	Others	91663	1708	5367	2814
股份有限公司	Share holding	153810	639	8496	10636
私营企业	Private	71162	3698	5194	1226
私营独资企业	Solely Owned	9251	246	29	17
私营合作企业	Privat partnership	2234	2		17
私营有限责任公司	Limited company	54435	3446	5149	1174
私营股份有限公司	Private	5242	4	17	18
其他企业	Others	1114		765	
港、澳、台商投资企业	Funded from Hongkong, Macao and Taiwan	58078	966	377	292
合资经营企业(港或澳、台资)	Joint Ventare	37209	340	299	63
合作经营企业(港或澳、台资)	Cooperative	249	17		2
港澳台商独资经营企业	Solely owned	20980	610	78	131
港澳台商投资股份有限公司	Funded from Hongkong, Macao and Taiwan	－360			96
外商投资企业	Foreign funded	1059137	13235	5653	24394
中外合资经营企业	Joint Venture	835310	13080	5029	3853
中外合作经营企业	Cooperative	2575			21
外资企业	Solely owned	210134	155	489	20489
外商投资股份有限公司	Share holding	11118		135	31
二、按经济组织类型分组	Grouped by ownership				
独资企业	Solely owned enterprises	694384	37090	101196	47865
国有企业	State owned	450911	36067	100564	26380
集体企业	Collective owned	3109	12	36	848
私营独资企业	Solely Owned	9251	246	29	17

注：本表的统计口径为全部国有工业企业和年主营业务收入 500 万元及以上的非国有工业法人企业

Note: Data in this table are all state－owned industrial enterprises and non－state－owned industrial enterprises with annual revenue from principal business over 5 million yuan

单位:万元 unit:10000yuan

养老保险和医疗保险费 Expenses of endowment and medical insurance	住房公积金和住房补贴 Public accumulation fund for housing construction	本年应付工资总额 Wages payable	主营业务应付工资总额 In main business	本年应付福利费总额 Welfarism payable	主营业务应付福利费总额 In main business	本年应交增值税 Value added taxes payable	本年进项税额 VAT payable – input
233791	**559491**	**866297**	**803442**	**124893**	**114792**	**665741**	**2823361**
143775	501953	675898	627378	76519	68362	346354	1790688
97692	477597	402647	395181	41576	39130	199435	1406344
91119	475697	365460	364113	35438	35258	188351	1389222
6572	1900	37187	31068	6138	3871	11084	17122
1806	1024	13735	9545	1464	1141	3753	19754
198	580	5274	1346	729	149	2541	9473
17262	5268	94971	79017	11600	9124	51559	129465
5659	2137	31407	28100	4194	3974	11688	40504
11603	3131	63564	50917	7407	5150	39871	88962
24229	16216	110289	106063	15643	15074	67742	161845
2577	1268	47219	34752	5458	3965	21229	63138
216	54	7962	6592	680	592	2644	5669
7	12	1119	1070	136	126	315	948
2152	963	32737	24636	3981	2731	16639	53719
201	238	5401	2454	661	246	1632	2802
12		1762	1474	50	50	97	669
1357	129	10922	9474	839	791	12603	47699
707	67	6688	5875	377	362	9355	16744
31	3	148	31			194	201
597	44	3340	2822	379	347	2512	29929
22	15	747	747	83	83	542	826
88660	57410	179477	166590	47535	45639	306783	984974
44408	34279	152005	143696	40960	39807	225028	926861
239	61	923	750	6		12	
43550	22986	20391	16363	6288	5613	75831	42227
463	85	6159	5781	280	219	5912	15887
143860	501705	448074	430504	50387	46822	284174	1503922
97692	477597	402647	395181	41576	39130	199435	1406344
1806	1024	13735	9545	1464	1141	3753	19754
216	54	7962	6592	680	592	2644	5669

11－1续表6　continued6

		本年销项税额 VAT payable export	经营活动产生的现金流入 Cash inflows of operating	经营活动产生的现金流出 Cash outflows of operating
总　　计	**Total**	**3424926**	**16051665**	**15067248**
一、按登记注册类型分组:	Grouped by tpye registered			
内资企业	Domestic funds	2110440	9745114	9298183
国有企业	State owned	1598512	6402699	6152378
中央企业	Centre enterprises	1565279	6141453	5908226
地方企业	Local enterprises	33233	261246	244153
集体企业	Collective owned	24882	112480	114630
股份合作企业	Share holding cooperative	11789	60308	57161
联营企业	Joint ownership			
国有联营企业	State joint ownership enterprises			
集体联营企业	Collective owned			
国有与集体联营企业	State－collective joint			
其他营联企业	Others			
有限责任公司	Limited company	169513	1331474	1276973
国有独资公司	State owned	48315	359307	330960
其他有限责任公司	Others	121198	972168	946013
股份有限公司	Share holding	221561	1196905	1063301
私营企业	Private	83353	603292	606266
私营独资企业	Solely Owned	8322	79511	75960
私营合作企业	Privat partnership	1485	12490	10922
私营有限责任公司	Limited company	69540	492316	502471
私营股份有限公司	Private	4007	18976	16913
其他企业	Others	831	37955	27475
港、澳、台商投资企业	Funded from Hongkong, Macao and Taiwan	58536	242293	202979
合资经营企业(港或澳、台资)	Joint Ventare	24847	160586	126299
合作经营企业(港或澳、台资)	Cooperative	395		
港澳台商独资经营企业	Solely owned	31944	76715	76230
港澳台商投资股份有限公司	Funded from Hongkong, Macao and Taiwan	1350	4992	450
外商投资企业	Foreign funded	1255950	6064259	5566086
中外合资经营企业	Joint Venture	1188689	5763592	5293442
中外合作经营企业	Cooperative		1817	2828
外资企业	Solely owned	48208	164914	145820
外商投资股份有限公司	Share holding	19053	133936	123996
二、按经济组织类型分组	Grouped by ownership			
独资企业	Solely owned enterprises	1711869	6836318	6565018
国有企业	State owned	1598512	6402699	6152378
集体企业	Collective owned	24882	112480	114630
私营独资企业	Solely Owned	8322	79511	75960

注:本表的统计口径为全部国有工业企业和年主营业务收入500万元及以上的非国有工业法人企业

Note: Data in this table are all state－owned industrial enterprises and non－state－owned industrial enterprises with annual revenue from principal business over 5 million yuan

单位:万元 unit:10000yuan

投资活动产生的现金流入 Cash inflows of investment	投资活动产生的现金流出 Cash outflows of investment	筹资活动产生的现金流入 Cash inflows of raising funds	筹资活动产生的现金流出 Cash out flows of raising funds	全部从业人员年平均人数(人) Annual average of employment
326210	**979227**	**3330785**	**3099605**	**346579**
263086	564991	2991828	2817689	286742
197693	355788	2150230	2467383	119196
186089	345592	2117984	2426978	95174
11604	10196	32246	40405	24022
4197	5708	12934	6488	13651
395	389	3472	6695	2602
20859	94307	452731	77880	64911
7706	24589	37699	20839	20136
13153	69718	415031	57040	44775
12880	90349	328803	231718	41992
27062	18335	43658	27526	43121
4844	5056	5714	4643	9233
			4	967
21928	12723	37619	22733	28152
291	556	325	146	4769
	116			1269
2234	25954	20208	21854	7518
2228	25944	19608	21254	4790
				150
6	6	600	600	1991
	3			587
60890	388282	318749	260062	52319
58956	358960	241423	250945	39959
14	39			843
762	27316	41860	8685	8855
1158	1967	35467	431	2662
207502	393874	2211338	2487799	152926
197693	355788	2150230	2467383	119196
4197	5708	12934	6488	13651
4844	5056	5714	4643	9233

11-1 续表 7 continued7

		企 业 单位数(个) Enterprises	亏损企业 Loss-suffeing enterprises	工业总产值 (当年价格) Gross industrial output value (current price)	新产品产值 New products
港澳台商独资经营企业	Funded from Hongkong, Macao and Taiwan	8	2	224047	
外资企业	Foreign funded	27	10	1933383	1270694
合作、合伙企业	Cooperation and partnership	37	7	173134	40138
股份合作企业	Cooperative	16	6	77439	20285
国有联营企业	State joint ownership enterprises				
集体联营企业	Collective joint				
国有与集体联营企业	State-collective joint				
其他联营企业	Others				
私营合伙企业	Privat partnership	10		22328	
合作经营企业(港或澳、台资)	Funded from Hongkong Macao and Taiwan	1		1527	
中外合作经营企业	Cooperative	2	1	45046	8503
其他企业(内资)	Others	8		26794	11350
股份有限公司	Share holding	87	16	1888228	360063
股份有限公司(内资)	Share holding (domestic)	49	12	1676677	357164
私营股份有限公司	Private	30	3	66561	986
港澳台商投资股份有限公司	Funded from Hongkong, Macao and Taiwan	4	1	15476	
外商投资股份有限公司	Foreign funded	4		129515	1913
有限责任公司	Limited company	566	129	10931136	7136332
国有独资公司	State owned	21	9	310847	45422
私营有限责任公司	Limited company	279	43	774973	23474
合资经营企业(港或澳、台资)	Funded from Hongkong, Macao and taiwan	25	7	182251	4532
中外合资经营企业	Joint venture	84	24	8503639	7027390
其他有限责任公司	Others	157	46	1159425	35514
三、在总计中:国有控股企业	State share holding	147	54	14700075	9740135
国有控股大型企业	State share-hdding large-sized enterprises	10	1	13121024	9622681
国有控股中型企业	State share-hdding medium-sized enterprises	33	9	1068448	63704
国有控股小型企业	State share-hdding small-sized enterprises	104	44	510603	53749
四、按轻重工业分组	Grouped by light & heavy industries				
轻工业	Light industry	355	92	3921517	1345758
重工业	Heavy industry	597	136	17487977	9859660
五、按企业规模分组	Grouped by size of enterprises				
大型企业	Large-sized enterprises	16	3	15557845	10867469
中型企业	Medium-sized enterprises	108	21	2915111	143585
小型企业	Small-sized enterprises	828	204	2936539	194363
六、按隶属关系分组	Grouped by administrative				
中央企业	Central enterprises	20	3	13148674	9300056
省及省以下属企业	Provincial enterprises and below	932	225	8260821	1905362
省属企业	Provincial enterprises	60	23	913541	96316
地区及地区以下属企业	Prefecture enterprises and below	872	202	7347280	1809046
地区属企业	Prefectural enterprises	175	66	1528357	147523
县及县以下属企业	County enterprises and below	697	136	5818923	1661522
县属企业	County enterprises	83	30	245031	2650
街道属企业	Street enterprises	25	12	25295	
镇属企业	Town enterprises	28	4	63494	209
乡属企业	Town ship enterprises	16	8	23071	
居委会办企业	Residents committee enterprises	2		1510	
村委会办企业	Village enterprises	15	2	41576	
其他属企业	Others	528	80	5418947	1658664
七、在总计中:亏损企业	Making loss enterprises	228	228	1069025	83938
在总计中:农村工业	Rural industry	31	10	64646	
在总计中:民营工业	Private industry	559	99	2009237	73291

注:本表的统计口径为全部国有工业企业和年主营业务收入500万元及以上的非国有工业法人企业。

Note: Data in this table are all state-owned industrial enterprises and non-state-owned industrial enterprises with annual revenue from principal business over 5 million yuan

单位:万元 unit:10000yuan

工业销售产值(当年价格) Sale revenue (current price)		工业中间投入合计 Intermediat input					工业增加值(当年价格) Added value (current price)
	出口交货值 Export enterprises		直接材料 Direct materials	制造费用中的中间投入 Fabricating cost	管理费用中的中间投入 Management expenses	营业费用中的中间投入 Operating expenses	
239350		158323	142758	7328	2166	3467	68236
1962616	103597	1286626	1156267	53984	35549	18790	722588
117531	8713	128491	95636	17517	6448	5811	47801
23350	158	57368	36498	11156	3932	3502	22612
21403		15078	9891	2817	1065	935	7565
1527		703	142	115	234	200	1018
15046	8503	37028	32799	2982	1009	333	8030
26205	52	18314	16306	448	208	842	8577
1505699	131076	1384005	1143575	101623	54685	60978	580051
1295931	120304	1248366	1042143	91571	48128	47055	496053
64242		36574	27667	4994	1946	1280	31619
14537		11248	5090	1583	1454	2505	4770
130989	10773	87818	68675	3475	3157	10139	47609
10211686	176832	8186465	6349271	441069	344667	998866	3047251
301635	52851	267147	197548	25772	22494	10949	55388
746586	22410	579304	452027	70853	28541	21479	212309
183464	9980	114991	74759	27443	3437	6455	76615
7818166	72163	6396233	5009251	213820	237147	922484	2332435
1161835	19428	828791	615685	103182	53048	37498	370505
13883873	300846	11145320	9250761	386150	410017	979776	4020358
12326536	252826	9987112	8348781	276440	347170	934314	3515761
1055762	39390	770947	580075	83723	46189	34569	364104
501575	8630	387261	321905	25987	16659	10893	140493
3714820	185410	2734550	2290280	207748	81681	107936	1315831
16421234	374145	13302065	11005260	610633	521442	1024053	4722790
14353211	388551	11773940	9945047	369946	382712	964848	4249530
2879645	79934	2166989	1668057	257917	101039	97645	876307
2903199	91070	2095686	1682436	190519	119372	69496	912784
12023791	153273	9987335	8380648	269613	339554	920599	3534623
8112263	406281	6049280	4914891	548768	263569	211390	2503997
869093	61396	736560	558848	87941	48209	29890	202400
7243170	344885	5312720	4356043	460827	215359	181501	2301597
1483351	90704	1089063	782430	143168	70956	56701	507642
5759819	254180	4223657	3573613	317659	144403	124799	1793955
235288	7313	175858	136306	15330	8157	13255	78374
24284	1058	19460	17131	1393	504	286	6151
62553		40465	31438	4980	1909	1318	24562
23676	1914	14784	12641	1011	325	787	8623
1457		1133	1120	7	3	1	380
40899	572	26120	18893	5682	835	539	15803
5371673	243324	3945839	3356086	289257	132672	108614	1660062
1027014	77755	882467	664440	94835	63657	28426	207523
64565	2486	40904	31534	6693	1160	1326	24426
1760099	44741	1512969	1160470	202381	68408	63858	533839

11－1续表8 continued8

		资产总计 Total assets	流动资产合计 Current assets	短期投资 Short－term investment	应收帐款净额 Net value of account receiveabre
港澳台商独资经营企业	Funded from Hongkong, Macao and Taiwan	215662	89030	1495	34113
外资企业	Foreign funded	1436889	369749	11786	129703
合作、合伙企业	Cooperation and partnership	332505	121642	24	23916
股份合作企业	Cooperative	104369	45463		9055
国有联营企业	State joint ownership enterprises				
集体联营企业	Collective joint				
国有与集体联营企业	State－collective joint				
其他联营企业	Others				
私营合伙企业	Privat partnership	9374	3903	24	1321
合作经营企业(港或澳、台资)	Funded from Hongkong Macao and Taiwan	4030	1013		63
中外合作经营企业	Cooperative	157207	43160		7475
其他企业(内资)	Others	57525	28102		6003
股份有限公司	Share holding	2265892	996791	1805	253866
股份有限公司(内资)	Share holding (domestic)	2021407	874992	949	224167
私营股份有限公司	Private	53323	25038	856	13325
港澳台商投资股份有限公司	Funded from Hongkong, Macao and Taiwan	53206	38214		11002
外商投资股份有限公司	Foreign funded	137956	58548		5373
有限责任公司	Limited company	10089254	3666407	23634	1403896
国有独资公司	State owned	686182	312052	9365	78683
私营有限责任公司	Limited company	766027	365765	9489	95528
合资经营企业(港或澳、台资)	Funded from Hongkong, Macao and taiwan	280765	122165	2701	25149
中外合资经营企业	Joint venture	4123968	2018923	1194	1037547
其他有限责任公司	Others	4232312	847502	885	166989
三、在总计中:国有控股企业	State share holding	16777451	6387977	17401	1689920
国有控股大型企业	State share－hdding large－sized enterprises	11455079	5098771	7900	1408019
国有控股中型企业	State share－hdding medium－sized enterprises	4359962	914310	9461	178967
国有控股小型企业	State share－hdding small－sized enterprises	962409	374897	40	102934
四、按轻重工业分组	Grouped by light & heavy industries				
轻工业	Light industry	3826795	1300899	25285	266384
重工业	Heavy industry	19689004	7942963	29745	2227591
五、按企业规模分组	Grouped by size of enterprises				
大型企业	Large－sized enterprises	13259808	5525429	17422	1509845
中型企业	Medium－sized enterprises	6318036	1819810	9513	417606
小型企业	Small－sized enterprises	3937955	1898623	25094	566524
六、按隶属关系分组	Grouped by administrative				
中央企业	Centre enterprises	11216312	4982122	7900	1385002
省及省以下属企业	Provincial enterprises and below	12299486	4261740	44129	1108973
省属企业	Provincial enterprises	1262890	496043	9939	118014
地区及地区以下属企业	Prefecture enterprises and below	11036597	3765697	34190	990959
地区属企业	Prefectural enterprises	5352464	1305906	3220	323302
县及县以下属企业	County enterprises and below	5684132	2459791	30971	667657
县属企业	County enterprises	326156	132948		22080
街道属企业	Street enterprises	34241	17715	135	5204
镇属企业	Town enterprises	78087	34424	2291	6574
乡属企业	Town ship enterprises	25730	14444		4057
居委会办企业	Residents committee enterprises	92	36		18
村委会办企业	Village enterprises	38001	16280	12	7350
其他属企业	Others	5181825	2243945	28533	622372
七、在总计中:亏损企业	Making loss enterprises	2138928	843553	3150	248716
在总计中:农村工业	Rural industry	63731	30724	12	11408
在总计中:民营工业	Private industry	2052512	962138	17261	234336

注:本表的统计口径为全部国有工业企业和年主营业务收入500万元及以上的非国有工业法人企业。

Note: Data in this table are all state－owned industrial enterprises and non－state－owned industrial enterprises with annual revenue from principal business over 5 million yuan

单位:万元 unit:10000yuan

资产总计 Total assets							
流动资产合计 Total working copitals		流动资产年平均余额 Annua laverage balance of curret assets	长期投资 Long－term investment	固定资产合计 Fixed assets	固定资产原价 Original value of fixed assets		累计折旧 Accumulated depreciation
存货 Inventory	产成品 Finished goods					生产经营用 For production	
21042	5200	73760	1865	117055	118666	111651	9805
98018	77123	374748	4394	1016822	1108374	979707	305409
21359	8713	119266	21798	179340	266064	25509	88303
14040	7124	49174	11854	41907	58906	10824	18343
1271	562	3624		5208	6341	5702	1214
491		959		2297	2651	118	398
1575		39055		112799	178763	3024	66075
4019	1027	26454	9944	17129	19403	5841	2273
319778	82776	1009686	174106	1018791	1308979	856114	544450
292989	74333	889209	139855	940875	1176912	758706	476523
4978	1024	20956	678	26170	24501	16122	6234
3354	1665	38970	60	12871	13665	11146	5414
18457	5755	60551	33513	38876	93901	70140	56279
1118227	323808	3129313	185250	3543475	5181862	4526505	1979381
81014	43422	282983	47587	284840	364251	220060	113483
123214	55715	334964	16782	327881	364270	287435	71296
47371	22113	104683	2063	124867	158969	103020	38892
667128	110596	1634960	38969	1921831	3173024	2974267	1439995
199500	91963	771724	79850	884057	1121329	941723	315716
1621128	494320	6026980	2601501	5087725	8182250	7261220	3620893
1305750	390423	4890737	2453846	3612843	6113206	5746020	2897564
204931	49543	762492	118085	961229	1436037	972727	542117
110446	54354	373751	29570	513653	633008	542474	181213
401376	167712	1315204	76395	2234228	2755485	2279287	834231
2045778	675070	7409879	2717053	6161127	9342284	7930039	3979462
1464045	470046	5351860	2563371	4837530	7521010	7059709	3396609
484992	158830	1630257	176854	1828833	2433565	1755358	810469
498117	213906	1742966	53223	1728992	2143194	1394259	606615
1270061	412012	4707650	2485620	3460625	5701346	5394440	2762810
1177093	430770	4017433	307828	4934730	6396423	4814885	2050884
168927	53318	413602	33157	676050	1000334	561330	363345
1008166	377452	3603831	274671	4258680	5396088	4253555	1687539
242397	83597	1158138	141503	1437302	1912676	1535959	616685
765769	293855	2445693	133168	2821378	3483413	2717596	1070854
36285	10057	126712	6296	169884	233966	193504	69105
4593	1900	12145	450	14660	17492	8675	3180
11123	3484	34332		33890	38075	32452	5295
7542	1821	14038		11040	14205	9582	3167
16	16	32		52	55	50	11
4259	2815	14901	156	20230	27178	10713	7255
701950	273762	2243533	126266	2571622	3152442	2462620	982843
227510	72638	851994	66851	1070798	1497848	1176328	556991
11802	4637	28938	156	31270	41383	20295	10422
297255	133465	894466	53829	868011	942824	716985	202499

11－1续表9 continued9

		资产总计 Total assets			
		本年折旧 This year	固定资产净值 Net value of fixed assets	固定资产净值年平均余额 Annual average balance	无形资产 Intangible assets
港澳台商独资经营企业	Funded from Hongkong, Macao and Taiwan	2421	108861	103434	3435
外资企业	Foreign funded	45455	802965	618023	8979
合作、合伙企业	Cooperation and partnership	4483	177761	181886	4976
股份合作企业	Cooperative	2744	40563	42035	659
国有联营企业	State joint ownership enterprises				
集体联营企业	Collective joint				
国有与集体联营企业	State－collective joint				
其他联营企业	Others				
私营合伙企业	Privat partnership	252	5127	4845	
合作经营企业(港或澳、台资)	Funded from Hongkong Macao and Taiwan	71	2252	2252	721
中外合作经营企业	Cooperative	1316	112689	117796	1247
其他企业(内资)	Others	101	17129	14958	2349
股份有限公司	Share holding	73831	764529	771626	62252
股份有限公司(内资)	Share holding (domestic)	66079	700389	700596	52186
私营股份有限公司	Private	1000	18267	21994	1085
港澳台商投资股份有限公司	Funded from Hongkong, Macao and Taiwan	732	8251	9053	1962
外商投资股份有限公司	Foreign funded	6021	37622	39984	7020
有限责任公司	Limited company	398141	3202480	3027023	270697
国有独资公司	State owned	16571	250769	236530	32204
私营有限责任公司	Limited company	17444	292974	286942	39166
合资经营企业(港或澳、台资)	Funded from Hongkong, Macao and taiwan	7594	120077	95681	12981
中外合资经营企业	Joint venture	299546	1733047	1605880	94553
其他有限责任公司	Others	56986	805613	801989	91793
三、在总计中:国有控股企业	State share holding	513588	4561357	4362097	195827
国有控股大型企业	State share－hdding large－sized enterprises	395645	3215643	3096164	110481
国有控股中型企业	State share－hdding medium－sized enterprises	73844	893920	807201	51848
国有控股小型企业	State share－hdding small－sized enterprises	44098	451795	458733	33498
四、按轻重工业分组	Grouped by light & heavy industries				
轻工业	Light industry	113921	1921254	1690188	140810
重工业	Heavy industry	594793	5362822	5194346	285234
五、按企业规模分组	Grouped by size of enterprises				
大型企业	Large－sized enterprises	460722	4124400	3849374	152818
中型企业	Medium－sized enterprises	121593	1623096	1540002	134616
小型企业	Small－sized enterprises	126400	1536580	1495158	138610
六、按隶属关系分组	Grouped by administrative				
中央企业	Centre enterprises	386037	2938537	2842523	113316
省及省以下属企业	Provincial enterprises and below	322677	4345539	4042010	312728
省属企业	Provincial enterprises	60679	636990	569607	40550
地区及地区以下属企业	Prefecture enterprises and below	261998	3708549	3472403	272178
地区属企业	Prefectural enterprises	92854	1295991	1277574	94633
县及县以下属企业	County enterprises and below	169144	2412559	2194829	177545
县属企业	County enterprises	8858	164861	161026	14626
街道属企业	Street enterprises	627	14313	11719	536
镇属企业	Town enterprises	1111	32780	33248	1956
乡属企业	Town ship enterprises	426	11039	10827	202
居委会办企业	Residents committee enterprises	2	45	42	
村委会办企业	Village enterprises	965	19922	21970	1316
其他属企业	Others	157155	2169599	1955997	158938
七、在总计中:亏损企业	Making loss enterprises	85774	940858	900875	88493
在总计中:农村工业	Rural industry	1391	30961	32797	1519
在总计中:民营工业	Private industry	46223	740325	735813	130620

注:本表的统计口径为全部国有工业企业和年主营业务收入500万元及以上的非国有工业法人企业。

Note: Data in this table are all state－owned industrial enterprises and non－state－owned industrial enterprises with annual revenue from principal business over 5 million yuan

单位:万元　unit:10000yuan

负债合计 Liabilities	流动负债合计 Current liabilites	应付账款 Account payable	长期负债合计 Long－term liabilities	所有者权益合计 Owership interests	实收资本 Paid－up capital	国家资本 State	集体资本 Collective
141950	89911	56351	46402	73712	25449		
1075963	867886	146901	118750	360927	291744		
132906	122820	31133	2925	199600	221687		5622
72726	71274	25170	1452	31644	38728		5622
3390	3064	540	326	5984	2843		
544	－38	－47	542	3487	1000		
26353	25944	4394	409	130854	154722		
29893	22577	1076	196	27632	24385		
1149223	976488	315206	145741	1116669	380188	35751	8304
1044851	883298	293054	135561	976556	325310	35751	6584
35791	31605	14186	3183	17532	11025		
21847	15851	2396	5997	31359	10610		1720
46735	45734	5570	1001	91221	33243		
4218587	3574385	801083	536155	5870667	2251849	635916	41125
569757	348270	97661	221322	116425	101699	58342	
361257	397013	92492	50867	404769	199846		6507
136149	114429	23384	20849	144616	112105	2653	3738
1900952	1761924	349040	86956	2223016	1327774	526273	9785
1250472	1052749	238507	156161	2981841	510425	48648	21095
9098469	7925279	2252837	1125645	7678982	2652947	1529672	11
6989514	6380942	1918932	607452	4465565	1808391	1238246	
1394509	1065528	229873	326566	2965454	628461	178206	
714446	478810	104032	191628	247963	220096	113220	11
2414886	1927867	366170	394670	1411908	917462	197897	15747
10480300	9124669	2811742	1185148	9208704	3508044	1370515	70632
8169590	7412030	2098280	740678	5090218	2085505	1242506	4688
2551065	1985375	521843	485855	3766971	1094291	198579	22071
2174531	1655131	557788	353285	1763424	12455711	127327	59621
6883825	6226534	1875379	656153	4332488	1711828	1085710	
6011361	4826001	1302532	923664	6288125	2713679	482702	86379
656434	583826	132519	47090	606456	442294	126828	10741
5354927	4242175	1170014	876574	5681670	2271384	355874	75639
1902883	1418545	316325	386760	3449582	912627	257696	37405
3452044	2823630	853689	489814	2232088	1358757	98179	38233
212423	160909	49801	46936	113733	109206	12526	5679
18187	12834	1933	3266	16053	8982		483
36125	33680	5301	2170	41962	20810	2540	3086
18439	17300	7166	1043	7291	5620		865
8	8	8		84	50		
16137	14204	3168	1933	21861	15707	2586	6492
3150724	2584695	786313	434467	2031101	1198383	80527	21628
1734123	1275804	322118	307711	404805	652640	174250	28445
34577	31504	10333	2976	29155	21327	2586	7357
1063540	883490	256157	138883	98872	485511	5564	12372

11－1 续表 10　continued10

		所有者权益合计 Total owners equities			
		实收资本 Paicl－up capital			
		法人资本 Corporation	个人资本 Private	港澳台资本 From HongKong Macao and Taiwan	外商资本 Foreign
港澳台商独资经营企业	Funded from Hongkong，Macao and Taiwan	83		25366	
外资企业	Foreign funded	43531		8450	239762
合作、合伙企业	Cooperation and partnership	137694	9683	350	68329
股份合作企业	Cooperative	32706	400		
国有联营企业	State joint ownership enterprises				
集体联营企业	Collective joint				
国有与集体联营企业	State－collective joint				
其他联营企业	Others				
私营合伙企业	Privat partnership	1279	1564		
合作经营企业(港或澳、台资)	Funded from Hongkong Macao and Taiwan	650		350	
中外合作经营企业	Cooperative	86393			68329
其他企业(内资)	Others	16666	7719		
股份有限公司	Share holding	206776	105917	4991	18449
股份有限公司(内资)	Share holding (domestic)	197510	85464		
私营股份有限公司	Private	4385	6641		
港澳台商投资股份有限公司	Funded from Hongkong,Macao and Taiwan	1619	2280	4991	
外商投资股份有限公司	Foreign funded	3262	11532		18449
有限责任公司	Limited company	739094	170028	40528	625158
国有独资公司	State owned	43357			
私营有限责任公司	Limited company	88096	102543		2700
合资经营企业(港或澳、台资)	Funded from Hongkong，Macao and taiwan	74942	5100	24298	1375
中外合资经营企业	Joint venture	151909	3494	15230	621083
其他有限责任公司	Others	380791	58892	1000	
三、在总计中:国有控股企业	State share holding	581685	143553	889	401137
国有控股大型企业	State share－hdding large－sized enterprises	116975	105703		347467
国有控股中型企业	State share－hdding medium－sized enterprises	372737	36532		40987
国有控股小型企业	State share－hdding small－sized enterprises	91973	1319	889	12684
四、按轻重工业分组	Grouped by light & heavy industries				
轻工业	Light industry	285231	132266	36616	249705
重工业	Heavy industry	1012611	273495	43812	736980
五、按企业规模分组	Grouped by size of entenprises				
大型企业	Large－sized enterprises	219975	131825		486511
中型企业	Medium－sized enterprises	557089	88980	28667	198905
小型企业	Small－sized enterprises	520777	184956	51761	301270
六、按隶属关系分组	Grouped by administrative				
中央企业	Centre enterprises	171971	106680		347467
省及省以下属企业	Provincial enterprises and below	1125871	299081	80428	639219
省属企业	Provincial enterprises	145530	26469	579	132148
地区及地区以下属企业	Prefecture enterprises and below	980340	272612	79848	507071
地区属企业	Prefectural enterprises	444280	50195	14501	108551
县及县以下属企业	County enterprises and below	536061	222417	65347	398520
县属企业	County enterprises	22295	21977	8047	38681
街道属企业	Street enterprises	4599	3518		382
镇属企业	Town enterprises	6805	6404		1975
乡属企业	Town ship enterprises	1300	3056	399	
居委会办企业	Residents committee enterprises	50			
村委会办企业	Village enterprises	5119	1510		
其他属企业	Others	495892	185952	56901	357481
七、在总计中:亏损企业	Making loss enterprises	239404	46430	25433	138678
在总计中:农村工业	Rural industry	6419	4566	399	
在总计中:民营工业	Private industry	248732	216142		2700

注:本表的统计口径为全部国有工业企业和年主营业务收入500万元及以上的非国有工业法人企业。

Note:Data in this table are all state－owned industrial enterprises and non－state－owned industrial enterprises with annual revenue from principal business over 5 million yuan

单位:万元　unit:10000yuan

主营业务收入 Main business revenue	主营业务成本 Cost	主营业务税金及附加 Taxes and extra charges	其他业务收入 Other business revenue	其他业务利润 Other business profit	营业费用 Operating expenses	管理费用 Management expenses	税金 Tax
240750	205176	34	8580	403	4632	4418	400
1945135	1528536	2054	17097	3606	9899	58393	2481
136141	108463	679	1197	177	4013	11742	754
77771	65942	261	1034	126	1051	6736	188
21715	17213	368	12	12	1059	1362	83
2324	1527				255	431	6
9387	6144		14	4	333	438	12
24943	17637	51	137	36	1315	2775	465
1911151	1639844	7314	30368	5870	65520	116791	3070
1702171	1469261	6921	28773	5925	51318	104178	2730
64362	53213	393	451	127	1617	4504	128
8112	5651		26	2	1818	914	23
136506	111720		1118	−183	10768	7195	190
8938057	7521298	350556	614527	122897	239724	506025	16997
331382	284274	1607	11541	6502	8762	39544	1997
804375	682445	7166	6222	2809	31485	49345	1852
194338	144259	2991	4290	2384	10023	10546	397
6501232	5479390	332211	551179	106940	141787	326603	8751
1106730	930931	6581	41295	4262	47667	79986	4000
12577306	10666944	469175	950312	249299	435782	939572	24322
10985705	9397701	414995	889995	238917	380491	813365	16359
1117015	872948	50465	48498	6382	40884	87779	3631
474586	396296	3714	11820	4000	14407	38429	4333
3832264	3078555	62431	32659	4674	124398	161967	5267
15534542	13229841	455391	1025966	268014	478432	1124332	31530
13413603	11429832	416502	912689	241788	408326	873123	18852
3033586	2445952	84692	81071	16551	114937	194214	6566
2919618	2432612	16628	64865	14349	79568	218962	11379
10980236	9370483	457229	915888	243265	363120	803728	15852
8386570	6937913	60593	142737	29423	239710	482571	20945
888704	765000	2437	19479	1433	38312	64219	3921
7497866	6172913	58157	123258	27990	201398	418352	17024
1514847	1236959	8811	38140	11349	63913	124597	3804
5983019	4935954	49345	85117	16641	137486	293755	13219
235079	191989	8435	6106	3456	16334	17987	450
25583	23342	92	206	65	580	1327	68
57937	45961	1740	9	8	1944	3323	144
23257	21554	73			1008	668	57
1435	1391				11	3	3
40551	34887	106	58	56	291	4461	85
5599178	4616839	38901	78739	13057	117317	265987	12413
1012889	955306	10398	44876	13316	32266	115896	3934
63808	56431	179	58	56	1299	5129	142
2011857	1707766	12998	16679	3718	70957	116538	4295

11-1续表11 continued11

		管理费用 Cost of management			财务费用 Financial cost
		财产保险费 Property insurance	办公费 Administrative expenses	职工教育费 Education of staff	
港澳台商独资经营企业	Funded from Hongkong, Macao and Taiwan	112	170	9	2604
外资企业	Foreign funded	90	345	240	22037
合作、合伙企业	Cooperation and partnership	237	396	153	3079
股份合作企业	Cooperative	93	130	59	2281
国有联营企业	State joint ownership enterprises				
集体联营企业	Collective joint				
国有与集体联营企业	State-collective joint				
其他联营企业	Others				
私营合伙企业	Privat partnership	52	223	78	370
合作经营企业(港或澳、台资)	Funded from Hongkong Macao and Taiwan		8	2	12
中外合作经营企业	Cooperative	46	9		-95
其他企业(内资)	Others	45	25	13	510
股份有限公司	Share holding	1315	3194	1168	23144
股份有限公司(内资)	Share holding (domestic)	993	2376	1039	19469
私营股份有限公司	Private	82	620	110	687
港澳台商投资股份有限公司	Funded from Hongkong, Macao and Taiwan	2	29	3	616
外商投资股份有限公司	Foreign funded	238	170	16	2372
有限责任公司	Limited company	4535	11196	2716	52593
国有独资公司	State owned	148	764	345	10384
私营有限责任公司	Limited company	825	3746	718	6404
合资经营企业(港或澳、台资)	Funded from Hongkong, Macao and taiwan	175	265	52	2895
中外合资经营企业	Joint venture	2500	3145	979	13531
其他有限责任公司	Others	888	3277	623	19379
三、在总计中:国有控股企业	State share holding	4783	12252	6397	118617
国有控股大型企业	State share-hdding large-sized enterprises	3925	9436	5430	80407
国有控股中型企业	State share-hdding medium-sized enterprises	629	1409	730	26392
国有控股小型企业	State share-hdding small-sized enterprises	229	1408	237	11818
四、按轻重工业分组	Grouped by light & heavy industries				
轻工业	Light industry	2281	6602	1467	46905
重工业	Heavy industry	7000	18108	7726	140678
五、按企业规模分组	Grouped by size of enterprises				
大型企业	Large-sized enterprises	4540	10217	5639	111388
中型企业	Medium-sized enterprises	1703	4437	1444	42332
小型企业	Small-sized enterprises	3039	10056	2109	33863
六、按隶属关系分组	Grouped by administrative				
中央企业	Centre enterprises	3601	8936	5149	76920
省及省以下属企业	Provincial enterprises and below	5680	15774	4044	110663
省属企业	Provincial enterprises	641	1415	323	11672
地区及地区以下属企业	Prefecture enterprises and below	5039	14359	3721	98991
地区属企业	Prefectural enterprises	1625	2892	871	35809
县及县以下属企业	County enterprises and below	3414	11467	2850	63182
县属企业	County enterprises	261	876	96	2810
街道属企业	Street enterprises		57	2	147
镇属企业	Town enterprises	268	706	224	821
乡属企业	Town ship enterprises	12	56		19
居委会办企业	Residents committee enterprises				2
村委会办企业	Village enterprises	12	27	10	173
其他属企业	Others	2862	9745	2518	59210
七、在总计中:亏损企业	Making loss enterprises	1208	2241	714	31108
在总计中:农村工业	Rural industry	24	83	10	192
在总计中:民营工业	Private industry	2112	8375	1636	17851

注:本表的统计口径为全部国有工业企业和年主营业务收入500万元及以上的非国有工业法人企业。

Note: Data in this table are all state-owned industrial enterprises and non-state-owned industrial enterprises with annual revenue from principal business over 5 million yuan

单位:万元 unit:10000yuan

利息支出 Interest expenditure	营业利润 Operating profit	投资收益 Investment income	补贴收入 Subsidies revenue	营业外收入 Norbusiness revenue	利润总额 Profit	应交所得税 Income tax payable	亏损企业亏损总额 Total loss of loss-suffering enterprises
-76	23432		42	18	18433	484	524
20418	131871	-290	1155	740	132249	21469	7627
2762	8289	303	414	2218	7431	1641	1251
2065	1612	214	371	259	2294	784	1010
187	1356	3		209	1552	402	
	99				55	4	
	2570				2563	420	240
510	2652	85	43	1750	967	30	
21283	62785	27518	6356	1718	86668	9594	5365
18237	55594	26327	6356	1744	79147	6917	3970
322	3822	1		34	3217	922	155
618	-900			4	-902	60	1241
2106	4269	1190		-64	5206	1695	
39938	379729	25002	28053	46739	373850	209966	91092
5858	-8499	290	3888	922	-4926	2024	12835
4970	29005	2492	2976	711	30631	5445	6292
2203	25095	425	534	348	24863	2207	3379
12304	309983	20974	2070	4184	278071	193865	46945
14602	24145	820	18884	40573	45211	6426	21642
138483	79918	350893	32096	29354	365022	205051	47625
109614	36013	328479	8916	15436	294759	192410	283
19146	34963	22377	19422	13248	58543	8517	25220
9724	8942	37	3757	671	11720	4124	22122
41375	168139	11576	4690	5185	171484	29290	50194
153812	249687	358769	40408	70560	547401	232381	75845
139108	124166	343842	9202	16311	398602	208252	22492
31306	157053	26346	27879	53983	190681	27426	40076
24774	136607	156	8017	5451	129603	25993	63471
107231	48788	340280	4555	14074	313382	200924	1466
87957	369038	30064	40543	61671	405503	60748	124573
9697	7331	355	7309	2635	15731	1959	28688
78259	361706	29710	33234	59036	389772	58789	95885
25071	45892	5843	22698	41390	69066	11264	42310
53189	315815	23867	10536	17646	320706	47525	53575
2483	581	78	352	788	152	1429	9715
145	158			194	202	26	338
570	4113		154	1	4256	687	300
19	-65				-66	45	304
2	28			24	51	29	
144	699			119	799	29	199
49825	310300	23788	10029	26520	315312	45279	42720
21548	-133744	10141	8109	3739	-126039	-617	126039
163	635			120	733	75	502
13806	86820	2940	6378	2443	90864	12750	16597

11－1续表12 continued12

		利税总额 Pre－tax profits	广告费 Expenses of Ad.	研究开发费 Expenses of research and develping	劳动、失业保险费 Insurance expenses of labor and umployment
港澳台商独资经营企业	Funded from Hongkong, Macao and Taiwan	20980	610	78	131
外资企业	Foreign funded	210134	155	489	20489
合作、合伙企业	Cooperation and partnership	11268	19	841	1029
股份合作企业	Cooperative	5096		75	990
国有联营企业	State joint ownership enterprises				
集体联营企业	Collective joint				
国有与集体联营企业	State－collective joint				
其他联营企业	Others				
私营合伙企业	Privat partnership	2234	2		17
合作经营企业(港或澳、台资)	Funded from Hongkong Macao and Taiwan	249	17		2
中外合作经营企业	Cooperative	2575			21
其他企业(内资)	Others	1114		765	
股份有限公司	Share holding	169809	643	8648	10780
股份有限公司(内资)	Share holding (domestic)	153810	639	8496	10636
私营股份有限公司	Private	5242	4	17	18
港澳台商投资股份有限公司	Funded from Hongkong, Macao and Taiwan	－360			96
外商投资股份有限公司	Foreign funded	11118		135	31
有限责任公司	Limited company	1026987	18690	22802	8985
国有独资公司	State owned	8369	117	6959	1080
私营有限责任公司	Limited company	54435	3446	5149	1174
合资经营企业(港或澳、台资)	Funded from Hongkong, Macao and taiwan	37209	340	299	63
中外合资经营企业	Joint venture	835310	13080	5029	3853
其他有限责任公司	Others	91663	1708	5367	2814
三、在总计中:国有控股企业	State share holding	1299800	37348	116846	38771
国有控股大型企业	State share－hdding large－sized enterprises	1091603	35733	111584	30720
国有控股中型企业	State share－hdding medium－sized enterprises	175612	1321	3355	7536
国有控股小型企业	State share－hdding small－sized enterprises	32585	294	1907	515
四、按轻重工业分组	Grouped by light & heavy industries				
轻工业	Light industry	362778	19657	9915	26291
重工业	Heavy industry	1539671	36784	123571	42369
五、按企业规模分组	Grouped by size of enterprises				
大型企业	Large－sized enterprises	1280729	35938	112500	53651
中型企业	Medium－sized enterprises	403557	15477	9244	10434
小型企业	Small－sized enterprises	218162	5027	11742	4574
六、按隶属关系分组	Grouped by administrative				
中央企业	Centre enterprises	1143895	36337	104326	29819
省及省以下属企业	Provincial enterprises and below	758553	20104	29160	38841
省属企业	Provincial enterprises	43586	1563	2263	1153
地区及地区以下属企业	Prefecture enterprises and below	714967	18541	26897	37687
地区属企业	Prefectural enterprises	146226	11035	8259	5959
县及县以下属企业	County enterprises and below	568741	7507	18638	31729
县属企业	County enterprises	17787	2625	134	953
街道属企业	Street enterprises	610			4
镇属企业	Town enterprises	7529	52	7	40
乡属企业	Town ship enterprises	343	10		
居委会办企业	Residents committee enterprises	54			
村委会办企业	Village enterprises	1252	5	15	2
其他属企业	Others	541166	4815	18482	30730
七、在总计中:亏损企业	Making loss enterprises	－94676	3950	7311	5234
在总计中:农村工业	Rural industry	1595	15	15	2
在总计中:民营工业	Private industry	141433	4275	10069	3939

注:本表的统计口径为全部国有工业企业和年主营业务收入500万元及以上的非国有工业法人企业。

Note: Data in this table are all state－owned industrial enterprises and non－state－owned industrial enterprises with annual revenue from principal business over 5 million yuan

单位:万元 unit:10000yuan

养老保险和医疗保险费 Expenses of endowment and medical insurance	住房公积金和住房补贴 Public accumulation fund for housing construction	本年应付工资总额 Wages payable	主营业务应付工资总额 In main business	本年应付福利费总额 Welfarism payable	主营业务应付福利费总额 In main business	本年应交增值税 Value added taxes payable	本年进项税额 VAT payable - input
597	44	3340	2822	379	347	2512	29929
43550	22986	20391	16363	6288	5613	75831	42227
487	656	9226	4671	920	325	3159	11290
198	580	5274	1346	729	149	2541	9473
7	12	1119	1070	136	126	315	948
31	3	148	31			194	201
239	61	923	750	6		12	
12		1762	1474	50	50	97	669
24916	16553	122596	115044	16667	15621	75828	181360
24229	16216	110289	106063	15643	15074	67742	161845
201	238	5401	2454	661	246	1632	2802
22	15	747	747	83	83	542	826
463	85	6159	5781	280	219	5912	15887
64529	40577	286400	253224	56919	52024	302581	1126789
5659	2137	31407	28100	4194	3974	11688	40504
2152	963	32737	24636	3981	2731	16639	53719
707	67	6688	5875	377	362	9355	16744
44408	34279	152005	143696	40960	39807	225028	926861
11603	3131	63564	50917	7407	5105	39871	88962
159943	517749	617129	596459	94969	90819	465603	2350604
139172	509878	517269	517169	80937	80907	381848	2201616
16936	6065	72438	61836	11478	8112	66604	107123
3835	1807	27423	17455	2554	1800	17151	41865
56789	32285	142782	129829	19698	15986	128863	167296
177002	527206	723514	673612	105195	98806	536878	2656065
192219	543173	593241	592792	90859	90665	465625	2302561
28353	10810	150669	123632	21394	15577	128184	306553
13220	5508	122387	87017	12641	8550	71931	214247
138750	512304	477827	476481	78834	78655	373284	2209506
95042	47187	388470	326961	46059	36137	292456	613855
6814	1279	85837	81688	7091	5122	25419	101664
88228	45908	302632	245273	38967	31014	267038	512191
17400	6777	93677	73425	11080	7985	68349	119856
70828	39131	208955	171848	27887	23030	198689	392335
1634	508	17235	15466	1940	1401	9200	19473
123	6	1199	874	159	62	316	2689
189	2	3306	2952	281	247	1533	4027
		1151	1088	79	59	336	3149
		38	38	5	5	3	248
3	1	1794	1658	249	228	347	3880
68880	38614	184231	149772	25175	21027	186954	358870
9939	4408	108094	92154	6607	4723	20965	98846
3	1	2946	2747	328	287	684	7029
7867	8770	88625	66018	111077	7920	37571	109873

11-1续表 13 continued13

		本年销项税额 VAT payable export	经营活动产生的现金流入 Cash inflows of operating	经营活动产生的现金流出 Cash outflows of operating
港澳台商独资经营企业	Funded from Hongkong, Macao and Taiwan	31944	76715	76230
外资企业	Foreign funded	48208	164914	145820
合作、合伙企业	Cooperation and partnership	14500	112570	98385
股份合作企业	Cooperative	11789	60308	57161
国有联营企业	State joint ownership enterprises			
集体联营企业	Collective joint			
国有与集体联营企业	State-collective joint			
其他联营企业	Others			
私营合伙企业	Privat partnership	1485	12490	10922
合作经营企业(港或澳、台资)	Funded from Hongkong Macao and Taiwan	395		
中外合作经营企业	Cooperative		1817	2828
其他企业(内资)	Others	831	37955	27475
股份有限公司	Share holding	245970	1354809	1204659
股份有限公司(内资)	Share holding (domestic)	221561	1196905	1063301
私营股份有限公司	Private	4007	18976	16913
港澳台商投资股份有限公司	Funded from Hongkong, Macao and Taiwan	1350	4992	450
外商投资股份有限公司	Foreign funded	19053	133936	123996
有限责任公司	Limited company	1452588	7747968	7199185
国有独资公司	State owned	48315	359307	330960
私营有限责任公司	Limited company	69540	492316	502471
合资经营企业(港或澳、台资)	Funded from Hongkong, Macao and taiwan	24847	160586	126299
中外合资经营企业	Joint venture	1188689	5763592	5293442
其他有限责任公司	Others	121198	972168	946013
三、在总计中:国有控股企业	State share holding	2803479	13157810	12315751
国有控股大型企业	State share-hdding large-sized enterprises	2579374	11424141	10743402
国有控股中型企业	State share-hdding medium-sized enterprises	160727	1366206	1256426
国有控股小型企业	State share-hdding small-sized enterprises	63378	367463	315923
四、按轻重工业分组	Grouped by light & heavy industries			
轻工业	Light industry	205956	1533062	1435753
重工业	Heavy industry	3218970	14518604	13631494
五、按企业规模分组	Grouped by size of enterprises			
大型企业	Large-sized enterprises	2682735	11942482	11249722
中型企业	Medium-sized enterprises	412760	2408993	2289717
小型企业	Small-sized enterprises	329432	1700191	1527809
六、按隶属关系分组	Grouped by administrative			
中央企业	Centre enterprises	2565338	11218340	10576216
省及省以下属企业	Provincial enterprises and below	859588	4833325	4491032
省属企业	Provincial enterprises	113408	812329	740678
地区及地区以下属企业	Prefecture enterprises and below	746180	4020997	3750354
地区属企业	Prefectural enterprises	225531	1452566	1375416
县及县以下属企业	County enterprises and below	520650	2568430	2374938
县属企业	County enterprises	28574	224846	223639
街道属企业	Street enterprises	2829	11634	11170
镇属企业	Town enterprises	5482	46285	41259
乡属企业	Town ship enterprises	3444	17343	17167
居委会办企业	Residents committee enterprises	220	1435	1413
村委会办企业	Village enterprises	4001	27416	29027
其他属企业	Others	476100	2239472	2051262
七、在总计中:亏损企业	Making loss enterprises	153422	770038	760533
在总计中:农村工业	Rural industry	7444	44758	46194
在总计中:民营工业	Private industry	141771	1018624	1020170

注:本表的统计口径为全部国有工业企业和年主营业务收入500万元及以上的非国有工业法人企业。

Note: Data in this table are all state-owned industrial enterprises and non-state-owned industrial enterprises with annual revenue from principal business over 5 million yuan

单位:万元 unit:10000yuan

投资活动产生的现金流入 Cash inflows of investment	投资活动产生的现金流出 Cash outflows of investment	筹资活动产生的现金流入 Cash inflows of raising funds	筹资活动产生的现金流出 Cash out flows of raising funds	全部从业人员年平均人数(人) Annual average of employment
6	6	600	600	1991
762	27316	41860	8685	8855
409	543	3472	6699	5831
395	389	3472	6695	2602
			4	967
				150
14	39			843
	116			1269
14330	92876	364595	232295	50010
12880	90349	328803	231718	41992
291	556	325	146	4769
	3			587
1158	1967	35467	431	2662
103969	491934	751381	372811	137812
7706	24589	37699	20839	20136
21928	12723	37619	22733	28152
2228	25944	19608	21254	4790
58956	358960	241423	250945	39959
13153	69718	415031	57040	44775
216084	723604	2836530	2761221	189166
194142	614162	2326790	2517696	132886
12031	40800	415875	171877	31064
9911	68642	93865	71648	25216
18234	102338	292465	223721	86847
307976	876889	3038321	2875884	259732
202867	625778	2502741	2650460	165659
35305	132105	601747	282926	77238
88038	221344	226297	166219	103682
197801	616259	2196887	2493911	118531
128409	362968	1133898	605694	228048
2205	37058	240172	236654	49079
126204	325910	893726	369040	178969
78895	142801	445648	91522	57570
47308	183109	448078	277518	121399
954	47007	63665	24825	15148
409	153	1782	685	1473
	1201	5615	2950	3573
1	1210	171	84	1486
				44
2990			121	1783
42955	133539	376844	248854	97892
82591	133661	223205	149025	72297
2991	1210	171	205	3269
33778	48353	95111	57608	74294

11－2 工业企业主要经济指标

单位：万元

		企 业 单位数(个) Enterprises	亏损企业 Loss－suffeing enterprises	工业总产值 (当年价格) Gross industrial output value (current price)	新产品产值 New products
总 计	**Total**	**952**	**228**	**21409494.50**	**11205417.90**
煤炭开采和洗选业	Coal mining and dressing	14	2	70269.70	
石油和天然气开采业	Extraction of petroleum and natural gas	3		12323.10	
黑色金属矿采选业	Minging and dressing of ferrous metals				
有色金属矿采选业	Mining and dressing of nonferrous metals				
非金属矿采选业	Mining and dressing of nonmetal mineral products	3		3100.00	
其他采矿业	Others				
农副食品加工业	Food processing	97	18	2479459.20	1245908.00
食品制造业	Food manufacturing	24	6	308190.60	3358.00
饮料制造业	Beverage manufacturing	31	7	167258.60	2565.50
烟草制品业	Tobacco processing	1		130292.60	9470.30
纺织业	Textile industry	5	1	16910.20	3169.00
纺织服装、鞋、帽制造业	Garments, shoes and hats	17	1	51655.80	599.30
皮革、毛皮、羽毛(绒)及其制品业	Leather, furs, down and related products	3		10789.20	
木材加工及木、竹、藤、棕、草制品业	Timber, bamboo, cane, palm and straw products	16	4	165965.20	79206.40
家具制造业	Funiture	12	3	18241.20	1149.50
造纸及纸制品业	Paper making and paper products	14	2	37543.30	
印刷业和记录媒介的复制	Printing and record medium reproduction	18	6	42240.50	986.00
文教体育用品制造业	Culture education and sport manufacturing	1		3784.00	
石油加工、炼焦及核燃料加工业	Petroleum processing coking and nuclear processing	8	2	23646.80	268.20
化学原料及化学制品制造业	Raw chemical material and chemical products	42	4	176458.60	680.70
医药制造业	Medical and pharmacutical products	75	34	352614.50	46118.30
化学纤维制造业	Chemical fiber manufacturing	1		10010.50	
橡胶制品业	Rubber products	7		52430.00	
塑料制品业	Plastic products	36	7	94008.40	
非金属矿物制品业	Nonmetal mineral products	58	16	447597.50	16549.50
黑色金属冶炼及压延加工业	Smelting and pressing of ferrous metals	9	3	54425.60	38109.00
有色金属冶炼及压延加工业	Smelting and pressing of non－ferrous metals	7		37507.70	3278.70
金属制品业	Metal products	36	6	76620.50	50.60
通用设备制造业	Ordinery machinery	54	14	121138.10	10431.40
专用设备制造业	Special purpose equipment	29	4	160221.30	8134.00
交通运输设备制造业	Transport equipment	229	61	15365409.20	9690144.30
电气机械及器材制造业	Electric equipmert and machinery	29	5	129822.80	12913.20
通信设备、计算机及其他电子设备制造业	Telecommunication equipment, computer and other electronic equipment	17	3	87585.00	21741.30
仪器仪表及文化、办公用机械制造业	Instruments, meters, cultural and office machinery	10	1	23879.90	5699.40
工艺品及其他制造业	Art and other manufacture	7		20090.90	4860.30
废弃资源和废旧材料回收加工业	Discard resoures and materials processing	1		813.60	
电力、热力的生产和供应业	Production and supply of electric power and heat power	27	10	500874.50	
燃气生产和供应业	Production and supply of gas	5	3	102353.20	
水的生产和供应业	Production and supply of tap water	6	5	53962.70	

MAIN ECONOMIC INDICATORS OF INDUSTRIAL ENTERPRISES

unit: 10000yuan

工业销售产值（当年价格） Sale revenue (current price)	出口交货值 Export enterprises	工业中间投入合计 Intermediat input	直接材料 Direct materials	制造费用中的中间投入 Fabricating cost	管理费用中的中间投入 Management expenses	营业费用中的中间投入 Operating expenses	工业增加值（当年价格） Added value (current price)
20136054.10	**559554.50**	**16036614.50**	**13295539.50**	**818380.90**	**603122.60**	**1131989.00**	**6038620.60**
63908.00		26826.10	16090.10	5734.10	3913.50	1050.50	47823.80
12323.10		9459.20	7539.10	111.30	1219.30	279.40	3753.60
2910.00		1713.90	1352.50	195.80	95.80	54.10	1463.00
2338864.20	127353.90	1797923.70	1587090.30	115215.80	25511.20	38203.50	759780.30
306261.80		224762.40	193709.80	17837.90	3873.80	6909.90	86818.20
160136.90		110325.20	78645.90	12753.70	5301.40	11325.40	64548.20
130264.50		56515.30	47567.40	931.80	4551.60	3784.50	87492.70
21179.20	317.90	25123.30	21437.60	3322.40	141.40	83.60	-7949.40
45199.30	5816.60	40930.70	31251.30	3768.80	3335.30	1906.10	11762.50
10785.70		8000.00	6670.60	1221.40	43.10	59.00	2860.60
167520.60	43404.60	122082.70	93042.60	7724.50	7563.20	11283.70	49637.10
18728.90	6548.90	13621.60	10927.00	1977.00	385.70	279.30	4892.60
34923.20		26952.90	20560.20	4642.20	1254.60	406.10	11095.00
41733.30		28741.60	22180.50	3684.00	1109.30	1115.30	15000.20
3596.00		2459.60	1908.60	105.00	144.50	169.30	1324.70
20994.00		20760.20	16843.30	2684.10	847.20	314.70	3067.20
183150.80	8902.80	130597.10	104439.20	12639.10	4804.50	5015.90	53289.10
300356.40	5360.60	199411.10	111412.70	22705.00	24114.90	35580.60	167102.20
9768.10	326.10	8542.70	7915.30	299.50	257.40	69.00	1647.70
55147.70	28826.00	41432.70	32405.50	4540.30	828.50	1759.00	11338.30
93787.70		58353.10	47742.10	6492.10	1724.20	1830.40	37865.20
446715.70	8673.30	264620.80	170291.30	49966.90	16667.00	18609.30	209461.60
53475.40		47543.90	43855.30	2206.40	438.70	606.00	7153.90
37119.20	3278.70	30654.20	27505.00	1580.80	1038.50	191.40	7767.10
74445.30	778.00	57509.00	45185.80	5537.90	3280.30	2029.70	20283.00
115176.40	1311.60	73294.30	59110.40	6956.40	4826.60	1722.60	50854.40
160833.30	591.50	96223.60	81558.10	5043.80	6018.00	1857.30	65653.20
14288171.20	288917.90	11790270.70	9815008.80	459727.10	450797.90	977273.00	4009875.10
146205.90	5946.80	111684.30	88690.70	11201.90	6980.20	3328.20	23926.20
92385.10	15069.70	60594.30	48131.80	6369.90	2769.00	1744.10	29059.50
22857.40	3240.10	15546.90	10886.70	959.60	3365.00	339.80	10066.10
18539.50	4889.50	14557.10	10642.20	2446.50	1101.80	121.00	5917.50
813.60		569.50	542.00	10.80	13.70	2.90	287.30
506840.20		406719.80	338426.40	30053.20	9521.30	136.10	130662.50
97582.90		85394.20	77749.40	3006.90	2426.90	1921.00	22588.50
53353.60		26896.80	17223.00	4727.00	2857.30	627.30	30451.90

11－2续表1 continued1

		资产总计 Total assets	流动资产合计 Current assets	短期投资 Short－term investment	应收帐款净额 Net value of account receiveabre
总　计	**Total**	**23515798.80**	**9243861.10**	**52029.20**	**2493974.60**
煤炭开采和洗选业	Coal mining and dressing	79749.20	25032.60	14.70	7839.00
石油和天然气开采业	Extraction of petroleum and natural gas	24098.10	6997.60		4120.80
黑色金属矿采选业	Minging and dressing of ferrous metals				
有色金属矿采选业	Mining and dressing of nonferrous metals				
非金属矿采选业	Mining and dressing of nonmetal mineral products	2301.00	773.10	23.60	115.90
其他采矿业	Others				
农副食品加工业	Food processing	1732448.10	404458.40	10501.30	63300.60
食品制造业	Food manufacturing	383632.20	122164.20	2169.10	24324.50
饮料制造业	Beverage manufacturing	188065.80	73131.60	1945.00	5493.80
烟草制品业	Tobacco processing	126398.10	98265.20		5641.80
纺织业	Textile industry	39832.10	17159.20		1340.10
纺织服装、鞋、帽制造业	Garments, shoes and hats	66775.10	43439.90	5.00	7195.80
皮革、毛皮、羽毛(绒)及其制品业	Leather, furs, down and related products	7685.50	1451.10	210.50	324.50
木材加工及木、竹、藤、棕、草制品业	Timber, bamboo, cane, palm and straw products	314193.00	144358.80		11930.60
家具制造业	Funiture	26527.90	13455.40	154.00	1925.40
造纸及纸制品业	Paper making and paper products	19373.40	8484.70	62.00	2081.90
印刷业和记录媒介的复制	Printing and record medium reproduction	44531.60	14159.00	40.00	5973.20
文教体育用品制造业	Culture education and sport manufacturing	1025.30	283.50		7.10
石油加工、炼焦及核燃料加工业	Petroleum processing coking and nuclear processing	38370.10	14845.50		2621.90
化学原料及化学制品制造业	Raw chemical material and chemical products	262095.20	122900.10	1970.30	33652.90
医药制造业	Medical and pharmacutical products	602339.40	303284.70	8047.70	95822.00
化学纤维制造业	Chemical fiber manufacturing	6627.30	4124.90		2028.00
橡胶制品业	Rubber products	93880.40	66515.50	58.00	23257.30
塑料制品业	Plastic products	92376.80	56419.30		13811.80
非金属矿物制品业	Nonmetal mineral products	3210779.20	383540.50	960.30	50046.10
黑色金属冶炼及压延加工业	Smelting and pressing of ferrous metals	54517.70	27071.00		1132.90
有色金属冶炼及压延加工业	Smelting and pressing of non－ferrous metals	15609.50	9535.00		2511.20
金属制品业	Metal products	95516.40	56155.70	979.90	11576.40
通用设备制造业	Ordinery machinery	134960.80	78369.90	122.20	22722.40
专用设备制造业	Special purpose equipment	230199.40	140324.80	11289.70	26584.90
交通运输设备制造业	Transport equipment	13398292.60	6325852.50	10903.00	1875006.60
电气机械及器材制造业	Electric equipmert and machinery	208372.30	140307.40	2150.00	62561.90
通信设备、计算机及其他电子设备制造业	Telecommunication equipment, computer and other electronic equipment	191735.40	99906.70	422.90	30492.10
仪器仪表及文化、办公用机械制造业	Instruments, meters, cultural and office machinery	32483.30	22764.30		7070.80
工艺品及其他制造业	Art and other manufacture	14261.90	7541.20		1651.00
废弃资源和废旧材料回收加工业	Discard resoures and materials processing	100.00	43.00		
电力、热力的生产和供应业	Production and supply of electric power and heat power	1278105.30	302603.30		59555.10
燃气生产和供应业	Production and supply of gas	219447.40	67388.00		20586.40
水的生产和供应业	Production and supply of tap water	279092.00	40753.50		9667.90

单位:万元 unit:10000yuan

存货 Inventory	产成品 Finished goods	流动资产年平均余额 Annua laverage balance of curret assets	长期投资 Long-term investment	固定资产合计 Fixed assets	固定资产原价 Original value of fixed assets	生产经营用 For production	累计折旧 Accumulated depreciation
2447153.80	**842782.10**	**8725082.80**	**2793447.80**	**8395335.20**	**12097768.90**	**10209325.10**	**4813693.10**
3473.90	2069.60	25883.00	336.30	45033.10	47227.90	37172.20	12209.50
357.40	1.20	6773.60	400.00	15816.20	21616.50	20941.50	12960.00
320.40	184.60	817.80		1405.10	1482.80	1263.40	77.70
142539.70	77729.90	433778.10	45495.80	1211192.70	1456834.70	1316511.80	438680.80
33541.30	10555.10	114965.20	2472.70	228175.70	201720.60	178914.50	21712.10
29446.10	9937.60	66127.30		102163.80	151173.50	122632.60	49365.50
36860.80	455.20	90175.70		27380.60	56464.70		28812.40
5642.00	2392.80	11944.40	300.00	22000.10	13323.10	9519.00	389.00
24758.00	17306.50	44914.10	439.70	20078.30	27511.90	19322.70	7935.70
806.10	20.10	1614.40		6234.40	6418.80	6178.70	425.60
58372.50	20220.50	128553.40	12006.20	144746.30	229655.80	45232.40	87830.50
6880.40	3276.50	13330.60	459.00	11899.50	14413.00	12173.00	4362.40
3119.50	1237.20	7614.10	84.60	9825.40	13224.80	11090.80	4108.20
3598.40	1016.40	12655.40	3.00	26031.10	36406.90	18787.70	12978.00
7.50	7.00	285.20		741.80	769.00	741.50	27.20
5514.80	2915.20	13910.90	1226.80	18683.00	19031.50	15052.60	2460.80
33006.00	20333.00	120192.10	6755.10	93176.80	100523.20	65013.90	29236.50
80955.10	28575.80	310412.30	12327.30	239338.20	310545.60	169466.40	103593.70
1160.60	476.00	4142.90		2496.60	2409.40		516.30
5844.50	4057.10	70349.80	50.00	26344.20	27910.60	26689.40	7461.40
11994.60	5855.70	54952.60	72.60	34306.70	48609.70	19117.60	16897.10
69925.50	23192.30	326724.50	56863.80	428516.90	565232.70	498736.90	154660.60
22177.40	2626.50	26393.60		24049.20	26823.60	22256.50	2857.50
3905.30	939.20	7891.30		5499.20	6288.30	5854.60	838.50
25791.30	16233.30	46629.80	1696.50	32394.10	41249.60	35287.50	10204.20
29286.70	8626.30	72806.30	2206.50	43669.20	63544.00	33812.70	26943.00
44758.60	34768.80	116354.00	12819.30	56187.70	59623.00	47726.00	12903.60
1647241.00	518643.40	5947733.00	2533786.30	4149897.20	6544377.40	5980066.50	3039330.20
45344.80	19813.10	124773.30	12519.90	44722.90	70555.10	63411.20	28599.90
15893.90	5427.50	119232.00	14840.20	62320.90	135901.70	111225.30	78232.20
5778.50	2009.70	19349.80	986.60	6776.40	9006.40	7913.80	3252.80
2825.10	1683.20	6455.40		6626.10	8887.60	6133.80	2380.50
8.20		42.20		57.00	58.40	58.40	1.40
33989.40		270638.40	52714.40	884024.80	1271929.50	929988.60	448162.80
10747.70	195.80	63860.10	22069.60	125271.90	163459.90	36741.40	47040.20
1280.80		42805.70	515.60	237822.10	343557.70	334290.20	116245.30

11－2续表2 continued2

		资产总计 Total assets			
		累计折旧 Accumulated depreciation 本年折旧 This year	固定资产净值 Net value of fixed assets	固定资产净值年平均余额 Annual average balance	无形资产 Intangible assets
总　计	**Total**	**708714.20**	**7284075.80**	**6884533.60**	**426044.00**
煤炭开采和洗选业	Coal mining and dressing	1929.30	35018.40	36775.20	7704.90
石油和天然气开采业	Extraction of petroleum and natural gas	1477.60	8656.50	12383.90	873.30
黑色金属矿采选业	Minging and dressing of ferrous metals				
有色金属矿采选业	Mining and dressing of nonferrous metals				
非金属矿采选业	Mining and dressing of nonmetal mineral products	2.40	1405.10	1473.50	
其他采矿业	Others				
农副食品加工业	Food processing	56743.50	1018153.90	828803.70	52494.00
食品制造业	Food manufacturing	5860.10	180008.50	182066.20	29251.40
饮料制造业	Beverage manufacturing	3747.50	101808.00	102604.50	7478.20
烟草制品业	Tobacco processing	4043.90	27652.30	2766.00	167.80
纺织业	Textile industry	223.40	12934.10	12100.10	372.40
纺织服装、鞋、帽制造业	Garments, shoes and hats	877.10	19576.20	19006.90	2300.30
皮革、毛皮、羽毛(绒)及其制品业	Leather furs down and related products	49.60	5993.20	6225.90	
木材加工及木、竹、藤、棕、草制品业	Timber, bamboo, cane, palm and straw products	11330.50	141825.30	132522.80	5552.90
家具制造业	Funiture	625.80	10050.60	10482.50	445.80
造纸及纸制品业	Paper making and paper products	422.10	9116.60	9222.90	239.50
印刷业和记录媒介的复制	Printing and record medium reproduction	1428.70	23428.90	21657.70	485.80
文教体育用品制造业	Culture education and sport manufacturing	27.20	741.80	775.10	
石油加工、炼焦及核燃料加工业	Petroleum processing coking and nuclear processing	406.90	16570.70	16837.50	3604.70
化学原料及化学制品制造业	Raw chemical material and chemical products	4857.40	71286.70	84661.00	14646.10
医药制造业	Medical and pharmacutical products	23358.90	206951.90	189895.00	30902.00
化学纤维制造业	Chemical fiber manufacturing	516.30	1893.10	1893.10	
橡胶制品业	Rubber products	631.40	20449.20	21798.10	912.40
塑料制品业	Plastic products	2615.40	31712.60	29536.50	513.10
非金属矿物制品业	Nonmetal mineral products	25582.50	410572.10	400320.80	34360.10
黑色金属冶炼及压延加工业	Smelting and pressing of ferrous metals	1745.60	23966.10	23891.90	1396.70
有色金属冶炼及压延加工业	Smelting and pressing of Non－ferrous metals	437.30	5449.80	4798.60	433.90
金属制品业	Metal products	1670.00	31045.40	30581.20	4861.30
通用设备制造业	Ordinery machinery	3635.30	36601.00	37402.10	8909.60
专用设备制造业	Special purpose equipment	1845.80	46719.40	43928.20	6033.30
交通运输设备制造业	Transport equipment	462035.50	3505047.20	3337241.20	165581.20
电气机械及器材制造业	Electric equipmert and machinery	4838.20	41955.20	38279.90	8060.70
通信设备、计算机及其他电子设备制造业	Telecommunication equipment, computer and other electronic equipment	15090.20	57669.50	48885.80	10371.30
仪器仪表及文化、办公用机械制造业	Instruments, meters, cultural and office machinery	392.40	5753.60	5842.60	1893.90
工艺品及其他制造业	Art and other manufacture	398.50	6507.10	4760.60	92.30
废弃资源和废旧材料回收加工业	Discard resoures and materials processing		57.00	59.60	
电力、热力的生产和供应业	Production and supply of electric power and heat power	58827.30	823766.70	832576.50	21457.50
燃气生产和供应业	Production and supply of gas	1316.00	116419.70	121811.50	4647.00
水的生产和供应业	Production and supply of tap water	9724.60	227312.40	230665.00	0.60

单位:万元　unit:10000yuan

负债合计 Liabilities	流动负债合计 Current liabilites	应付账款 Account payable	长期负债合计 Long－term liabilities	所有者权益合计 Owership interests	实收资本 Paid－up capital	国家资本 State	集体资本 Collective
12895186.10	**11052535.60**	**3177911.10**	**1579817.10**	**10620612.70**	**4425506.60**	**1568411.80**	**86379.20**
38858.30	35001.50	5752.10	3856.70	40890.90	17283.20	1503.00	4276.10
11624.20	6679.70	842.40	4944.50	12473.90	3181.60	3131.60	
236.00	236.00	39.30		2065.00	485.00		
1184697.10	1022212.10	135916.20	154289.90	547751.00	337029.70	6270.60	9188.10
266595.00	192978.90	56517.40	71229.30	117037.20	58335.80		107.00
143431.80	103758.90	24286.90	33407.40	44634.00	66533.00	11195.00	212.30
92528.30	92528.30	23885.40		33869.80	13806.70		
31233.70	31227.70	3328.80		8598.40	8989.80		50.00
40194.20	35420.90	10789.10	1114.30	26580.90	17657.20	800.00	
1708.00	1696.00	1410.00	12.00	5977.50	1200.00		
126731.30	111544.30	9503.70	6304.20	187461.70	67739.00	23769.40	51.00
18881.20	17609.60	2616.60	268.10	7646.70	6251.40		745.30
9381.20	7392.60	3614.30	1733.40	9992.20	5288.60		283.00
25600.70	22627.00	6434.50	2196.20	18930.90	9013.70	3078.30	353.60
365.60	217.10		148.50	659.70	380.00		
20971.60	19571.60	2371.70	1400.00	17398.50	7165.10	1047.10	1045.80
145280.30	86988.00	14359.60	10735.40	116814.90	81317.70	11288.00	984.00
324144.50	245349.70	68978.80	52003.70	278194.90	181867.90	15211.60	3463.20
4849.90	4849.90	3926.70		1777.40	800.00		
71134.20	42741.90	2199.70	28377.50	22746.20	25852.70	22432.70	1875.00
39238.60	29346.30	13380.60	7109.60	53138.20	25688.10	115.70	352.10
507412.10	426774.80	92043.40	77632.10	2703367.10	305013.90	8418.70	5155.60
38917.10	28909.10	20437.80	10007.90	15600.60	14396.50	260.00	1181.60
10955.40	8446.80	4127.00	2508.50	4654.10	3407.80		157.00
50659.90	47771.50	10099.30	2346.50	44856.50	29157.70	685.80	2316.40
81831.60	67725.80	17309.70	8684.90	53129.20	52690.80	21422.40	2613.50
179872.30	171525.60	23499.90	2044.40	50327.10	26863.30	6614.80	3186.80
8035709.30	7346983.20	2452494.70	599197.20	5362583.30	2320143.20	1144302.60	42881.80
114652.90	107508.70	37223.70	1957.00	93719.40	58330.70	2334.40	
131568.80	60108.40	9307.50	31502.90	60166.60	41052.20	1335.30	
10246.20	9383.10	4651.70	693.00	22057.10	11888.40		3998.70
8871.60	5307.40	2171.40	3473.00	5390.30	3451.60	1500.00	901.60
8.00	8.00			92.00	50.00		
916195.90	508026.60	87255.00	404262.40	361909.40	380844.40	84998.00	1000.00
123577.30	106108.60	21950.10	17468.60	95870.10	99021.60	53368.50	
86842.00	47970.00	5186.10	38872.00	192250.00	143328.30	143328.30	

11－2续表3 continued3

		所有者权益合计 Total owners equities			
		实收资本 Paicl－up capital			
		法人资本 Corporation	个人资本 Private	港澳台资本 Prom HongKong Macao and Taiwan	外商资本 Foreign
总 计	Total	**1297841.50**	**405761.10**	**80427.50**	**986685.50**
煤炭开采和洗选业	Coal mining and dressing	9223.90	2280.20		
石油和天然气开采业	Extraction of petroleum and natural gas		50.00		
黑色金属矿采选业	Minging and dressing of ferrous metals				
有色金属矿采选业	Mining and dressing of nonferrous metals				
非金属矿采选业	Mining and dressing of nonmetal mineral products	365.00	120.00		
其他采矿业	Others				
农副食品加工业	Food processing	100632.00	42020.80	3170.00	175748.20
食品制造业	Food manufacturing	32329.60	1423.00	13007.00	11469.20
饮料制造业	Beverage manufacturing	15315.80	10637.50	5500.00	23672.40
烟草制品业	Tobacco processing	13806.70			
纺织业	Textile industry	6100.00		2839.80	
纺织服装、鞋、帽制造业	Garments shoes and hats	13298.60	1650.60	1660.00	248.00
皮革、毛皮、羽毛(绒)及其制品业	Leather furs down and related products	750.00	450.00		
木材加工及木、竹、藤、棕、草制品业	Timber, bamboo, cane, palm and straw products	979.00	19186.50	960.00	22793.10
家具制造业	Funiture	2295.00	2300.00	661.70	249.40
造纸及纸制品业	Paper making and paper products	3753.60	1252.00		
印刷业和记录媒介的复制	Printing and record medium reproduction	1864.50	3570.30	147.00	
文教体育用品制造业	Culture education and sport manufacturing	380.00			
石油加工、炼焦及核燃料加工业	Petroleum processing coking and nuclear processing	410.00	3565.00		1097.20
化学原料及化学制品制造业	Raw chemical material and chemical products	26948.90	25290.60	2564.80	14241.40
医药制造业	Medical and pharmacutical products	86658.10	58266.60	9590.10	8678.30
化学纤维制造业	Chemical fiber manufacturing	720.00	80.00		
橡胶制品业	Rubber products	510.00	410.00		625.00
塑料制品业	Plastic products	10430.90	3372.30	1040.00	10377.10
非金属矿物制品业	Nonmetal mineral products	259875.30	12326.30	7500.00	11738.30
黑色金属冶炼及压延加工业	Smelting and pressing of ferrous metals	8951.40	1186.30		2817.20
有色金属冶炼及压延加工业	Smelting and pressing of non－ferrous metals	927.00	250.00		2073.80
金属制品业	Metal products	12253.50	8164.90		5737.10
通用设备制造业	Ordinery machinery	15420.30	8813.80	1938.70	2482.10
专用设备制造业	Special purpose equipment	2932.60	8000.00		6129.10
交通运输设备制造业	Transport equipment	372023.20	152394.10	29848.40	578693.10
电气机械及器材制造业	Electric equipmert and machinery	16593.70	5618.60		33784.00
通信设备、计算机及其他电子设备制造业	Telecommunication equipment、computer and other electronic equipment	25705.40	10902.30		3109.20
仪器仪表及文化、办公用机械制造业	Instruments, meters, cultural and office machinery	2295.90	2142.30		3451.50
工艺品及其他制造业	Art and other manufacture	1000.00	50.00		
废弃资源和废旧材料回收加工业	Discard resoures and materials processing		50.00		
电力、热力的生产和供应业	Production and supply of electric power and heat power	223611.60	3764.00		67470.80
燃气生产和供应业	Production and supply of gas	29480.00	16173.10		
水的生产和供应业	Production and supply of tap water				

单位:万元　unit:10000yuan

主营业务收入 Main business revenue			其他业务收入 Other business revenue	其他业务利润 Other business profit	营业费用 Operating expenses	管理费用 Management expenses	
	主营业务成本 Cost	主营业务税金及附加 Taxes and extra charges					税金 Tax
19366806.00	**16308395.50**	**517822.00**	**1058625.20**	**272688.20**	**602829.60**	**1286298.90**	**36796.90**
65405.70	40147.60	663.00	305.50	28.90	2681.80	8184.60	87.70
12447.40	9299.70	110.60	1436.20	376.30	329.70	1715.20	34.70
2894.40	2153.50	42.30			79.50	180.90	2.20
2479285.60	2054703.90	3686.10	15888.10	1241.70	39618.70	50684.30	1563.30
296646.40	262628.00	333.10	6957.30	242.70	12171.50	7320.00	350.60
157865.50	118681.90	9009.10	3858.90	3228.50	18371.80	11399.70	349.60
129628.90	54938.50	44820.20	538.60	199.30	3449.20	12979.20	334.10
14694.60	13728.60	29.60	19.10	13.10	123.60	328.70	3.00
58430.30	46729.20	102.90	186.40	175.50	2406.40	4030.90	85.90
10097.30	9771.40	34.10			56.70	142.70	4.50
167381.50	131803.00	681.60	3842.20	251.80	13769.10	15193.10	617.70
19435.10	17586.60	68.40	14.50	6.10	655.00	956.30	36.70
37428.40	35261.40	92.80	98.00	14.00	379.00	985.70	29.50
45393.70	37702.40	199.70	265.20	239.10	460.30	4737.90	265.20
3784.00	3213.60	31.70			169.30	144.50	12.10
23958.80	20526.20	271.30	606.40	39.40	147.40	1397.70	226.50
176121.50	144685.60	1678.00	891.40	-20.70	5663.50	10175.40	510.20
284141.70	173436.00	1043.10	1269.50	106.70	38921.30	43858.50	1060.90
9568.70	8515.80	18.00	13.60	13.60	69.00	257.40	38.50
54008.00	45150.40	108.90	0.80	0.80	2148.80	1990.20	99.90
98368.50	82155.40	245.90	2301.40	477.70	1817.70	4924.80	408.70
402482.40	316457.60	3927.90	14272.40	1798.80	22692.80	23686.80	1041.40
58857.40	55302.90	152.30	5.00	1.90	848.30	1634.60	150.90
37529.50	35918.40	93.30	879.10	303.60	179.60	972.80	30.40
78809.60	66511.20	367.90	460.10	-527.50	2370.90	5889.40	262.10
98694.10	82493.00	998.00	2304.50	1610.40	2040.00	10490.40	386.60
125698.20	108094.70	538.00	1168.10	798.80	4467.30	9976.30	1946.10
13459623.50	11506386.30	440547.00	955478.10	257155.90	406443.90	983930.30	24697.50
172612.10	146501.20	1205.40	8484.10	948.90	4486.60	16912.50	296.10
99521.80	72983.20	1513.60	1130.70	595.80	5382.30	10362.80	593.70
23509.80	13542.40	178.30	507.00	291.50	629.00	5030.00	58.50
18583.40	16053.60	267.30			171.60	1368.90	29.40
813.00	819.90	2.10			4.70	15.20	
488843.10	453379.20	3879.50	34433.30	4639.90	266.00	17743.70	555.50
102053.70	83419.50	565.40	345.00	345.00	5494.60	6674.80	132.10
52188.40	37713.70	315.60	664.70	-1909.30	3862.70	8022.30	495.10

11－2续表4 continued4

		管理费用 Cost of management			财务费用 Financial cost
		财产保险费 Property insurance	办公费 Administrative expenses	职工教育费 Education of staff	
总　　计	Total	**9281.20**	**24710.10**	**9192.80**	**187582.50**
煤炭开采和洗选业	Coal mining and dressing	0.80	161.60	42.80	36.90
石油和天然气开采业	Extraction of petroleum and natural gas		71.50	13.50	310.10
黑色金属矿采选业	Minging and dressing of ferrous metals				
有色金属冶炼及压延加工业	Smelting and pressing of non－ferrous metals				
非金属矿采选业	Mining and dressing of nonmetal mineral products	0.90	1.60	12.50	15.70
其他采矿业	Others				
农副食品加工业	Food processing	899.70	1732.00	288.20	31902.90
食品制造业	Food manufacturing	99.10	211.40	245.30	2431.00
饮料制造业	Beverage manufacturing	324.80	986.20	182.30	2298.80
烟草制品业	Tobacco processing	71.20	80.80	98.90	－320.00
纺织业	Textile industry		52.00		138.30
纺织服装、鞋、帽制造业	Garments shoes and hats	47.30	137.40	46.60	669.20
皮革、毛皮、羽毛(绒)及其制品业	Leather, furs, down and related products	9.50	24.10	17.40	5.90
木材加工及木、竹、藤、棕、草制品业	Timber, bamboo, cane, palm and straw products	249.30	447.40	50.60	2468.70
家具制造业	Funiture	0.90	23.80	19.20	52.60
造纸及纸制品业	Paper making and paper products	9.70	51.60	17.20	89.80
印刷业和记录媒介的复制	Printing and record medium reproduction	44.20	181.70	23.40	652.50
文教体育用品制造业	Culture education and sport manufacturing	15.60	99.30	17.50	132.20
石油加工、炼焦及核燃料加工业	Petroleum processing coking and nuclear processing	52.20	71.50	27.80	70.90
化学原料及化学制品制造业	Raw chemical material and chemical products	231.60	899.00	183.00	3698.40
医药制造业	Medical and pharmacutical products	422.00	1528.30	233.90	5597.90
化学纤维制造业	Chemical fiber manufacturing		33.40	1.40	1.50
橡胶制品业	Rubber products	53.50	127.10	53.30	1899.40
塑料制品业	Plastic products	84.40	212.40	49.40	564.30
非金属矿物制品业	Nonmetal mineral products	503.50	757.60	314.80	9086.30
黑色金属冶炼及压延加工业	Smelting and pressing of ferrous metals	12.90	89.80	4.70	437.50
有色金属冶炼及压延加工业	Smelting and pressing of non－ferrous metals	7.00	41.80	2.80	338.50
金属制品业	Metal products	258.20	772.70	176.80	1475.30
通用设备制造业	Ordinery machinery	49.10	809.10	65.20	678.30
专用设备制造业	Special purpose equipment	33.50	712.00	92.80	1746.40
交通运输设备制造业	Transport equipment	5037.30	12500.50	6411.00	87463.90
电气机械及器材制造业	Electric equipmert and machinery	306.40	729.70	77.80	1483.30
通信设备、计算机及其他电子设备制造业	Telecommunication equipment、computer and other electronic equipment	32.50	259.30	45.40	1579.50
仪器仪表及文化、办公用机械制造业	Instruments, meters, cultural and office machinery	20.80	130.30	34.30	－4.20
工艺品及其他制造业	Art and other manufacture	23.40	71.10	17.90	245.60
废弃资源和废旧材料回收加工业	Discard resoures and materials processing		5.30		0.10
电力、热力的生产和供应业	Production and supply of electric power and heat power	330.50	234.30	125.10	28582.80
燃气生产和供应业	Production and supply of gas	23.30	95.00	55.40	290.00
水的生产和供应业	Production and supply of tap water	26.10	367.50	154.60	1462.20

单位:万元 unit:10000yuan

利息支出 Interest expenditure	营业利润 Operating profit	投资收益 Investment income	补贴收入 Subsidies revenue	营业外收入 Norbusiness revenue	利润总额 Profit	应交所得税 Income tax payable	亏损企业亏损总额 Total loss of loss-suffering enterprises
195187.40	**417825.50**	**370344.20**	**45097.60**	**75744.50**	**718885.50**	**261671.10**	**126038.70**
34.20	13609.30			18.10	13383.20	3608.80	219.20
309.60	1058.40	-22.00		7.60	972.20	167.30	
13.70	418.00				418.00	42.90	
30172.70	109536.30	1072.50	2889.50	792.70	112520.90	17135.80	20442.00
417.80	11759.30	39.70	570.60	76.50	10906.50	420.00	4304.90
2044.70	911.70			598.50	1054.70	819.60	7092.60
-327.60	12716.30	-20.00	377.50	167.80	12583.20	4745.70	
63.50	345.40			1.00	266.40		254.30
613.40	4577.30	7.50	188.20	124.30	4701.10	553.50	35.60
0.90	86.50				86.50	3.60	
2112.70	3693.10	463.90	4011.70	391.20	8151.30	131.70	79.40
2.90	110.70	5.40	1.40	112.90	224.20	10.00	278.40
64.80	626.70	1.20	60.80	58.50	698.70	227.00	98.50
488.50	1781.60		11.00	30.00	1734.10	212.00	380.40
114.10	92.40				92.40		
63.30	1556.10			4.20	1441.10	336.30	267.30
2789.50	9902.10	0.20	110.20	8847.50	8048.70	1060.50	2004.60
4571.20	20204.60	10297.40	167.30	2323.40	21915.90	3380.50	13851.90
7.20	708.50			13.40	721.90	238.20	
1764.70	2688.20			196.90	2473.60	82.40	
259.20	8919.80	0.20		17.30	8493.20	884.40	205.60
6685.90	28149.90	8059.40	14183.80	2029.60	45590.80	1937.10	1591.60
404.30	481.30			1.30	435.60	20.60	90.50
266.60	330.20		826.70	1.30	1158.20	202.10	
1031.10	1618.90	4.90	470.30	3.80	1675.90	205.30	303.50
428.90	1471.60	-20.60	177.40	646.80	1484.60	463.10	1369.20
426.30	1640.50	18.50	4.60	109.00	1591.20	927.50	2315.80
111501.00	180771.30	343254.60	8798.10	18341.30	444899.80	216778.40	33286.60
1457.40	2753.80	609.70		1448.60	4142.00	947.70	736.10
874.30	4383.30	552.50	651.40	1825.10	2567.50	1774.30	9834.90
37.10	4423.80			22.10	4263.80	569.20	87.90
218.60	476.20			26.70	479.30	72.20	
	-29.00		43.20		13.90		
24812.00	-11816.70	3687.10	6808.20	37329.50	-5212.90	3544.40	22153.10
0.70	-1020.30	2330.70	4800.00	-441.70	5503.40	169.00	3853.50
1462.20	-1111.60	1.40	245.70	619.30	-595.40		901.30

11-2续表5　continued5

		利税总额 Pre-tax profits	广告费 Expenses of Ad.	研究开发费 Expenses of research and develping	劳动、失业保险费 Insurance expenses of labor and umployment
总　计	**Total**	**1902448.10**	**56441.20**	**133485.80**	**68659.70**
煤炭开采和洗选业	Coal mining and dressing	18426.40		17.00	505.40
石油和天然气开采业	Extraction of petroleum and natural gas	1972.50			14.60
黑色金属矿采选业	Minging and dressing of ferrous metals				
有色金属矿采选业	Mining and dressing of nonferrous metals				
非金属矿采选业	Mining and dressing of nonmetal mineral products	537.20			
其他采矿业	Others				
农副食品加工业	Food processing	194451.80	718.00	575.90	21153.80
食品制造业	Food manufacturing	14629.60	1055.90	443.80	161.90
饮料制造业	Beverage manufacturing	17678.60	2663.90	26.60	526.60
烟草制品业	Tobacco processing	7118.80	113.70	3.30	2448.50
纺织业	Textile industry	559.70			5.70
纺织服装、鞋、帽制造业	Garments, shoes and hats	5841.40	78.40	30.60	371.00
皮革、毛皮、羽毛(绒)及其制品业	Leather, furs, down and related products	192.00			
木材加工及木、竹、藤、棕、草制品业	Timber, bamboo, cane, palm and straw products	14587.50	414.80	41.20	186.80
家具制造业	Funiture	565.60	10.40		3.00
造纸及纸制品业	Paper making and paper products	1296.10	3.60		17.80
印刷业和记录媒介的复制	Printing and record medium reproduction	3435.10	1.00		126.90
文教体育用品制造业	Culture education and sport manufacturing	124.40			
石油加工、炼焦及核燃料加工业	Petroleum processing coking and nuclear processing	1893.00		2.10	7.10
化学原料及化学制品制造业	Raw chemical material and chemical products	17154.30	117.20	299.50	70.00
医药制造业	Medical and pharmacutical products	36857.80	13817.20	4692.50	766.90
化学纤维制造业	Chemical fiber manufacturing	919.80			0.80
橡胶制品业	Rubber products	2923.50	4.20		15.00
塑料制品业	Plastic products	10949.00	1.40		119.10
非金属矿物制品业	Nonmetal mineral products	76003.60	141.90	745.80	1762.00
黑色金属冶炼及压延加工业	Smelting and pressing of ferrous metals	860.10			23.40
有色金属冶炼及压延加工业	Smelting and pressing of non-ferrous metals	2165.10			5.70
金属制品业	Metal products	3215.30	186.10	29.80	61.00
通用设备制造业	Ordinery machinery	5493.20	41.00	313.20	320.50
专用设备制造业	Special purpose equipment	3784.70	16.60	578.70	101.10
交通运输设备制造业	Transport equipment	1320183.40	36031.30	120486.00	36382.50
电气机械及器材制造业	Electric equipmert and machinery	11135.10	1.00	82.40	114.40
通信设备、计算机及其他电子设备制造业	Telecommunication equipment, computer and other electronic equipment	6149.90	5.20	3786.80	803.50
仪器仪表及文化、办公用机械制造业	Instruments, meters, cultural and office machinery	6175.20	18.00	446.60	162.30
工艺品及其他制造业	Art and other manufacture	1130.30			11.50
废弃资源和废旧材料回收加工业	Discard resoures and materials processing	59.20			2.40
电力、热力的生产和供应业	Production and supply of electric power and heat power	35174.40			1951.10
燃气生产和供应业	Production and supply of gas	11698.30	0.40	884.00	315.60
水的生产和供应业	Production and supply of tap water	3106.20			141.80

单位:万元　unit:10000yuan

养老保险和医疗保险费 Expenses of endowment and medical insurance	住房公积金和住房补贴 Public accumulation fund for housing construction	本年应付工资总额 Wages payable	主营业务应付工资总额 In main business	本年应付福利费总额 Welfarism payable	主营业务应付福利费总额 In main business	本年应交增值税 Value added taxes payable	本年进项税额 VAT payable – input
233791.40	**559491.10**	**866296.60**	**803441.50**	**124892.90**	**114791.60**	**665740.60**	**2823361.00**
590.60	474.10	13767.80	10409.10	1586.50	1117.80	4380.20	4205.60
211.70	137.30	886.60	886.60	124.00	124.00	889.70	960.70
		364.20	364.20	1.60	1.60	76.90	185.60
46469.60	28955.10	64838.70	62179.80	8199.80	7923.80	78244.80	59007.80
408.30	12.50	6458.60	6037.30	1275.80	1261.60	3390.00	33854.20
967.80	293.90	9202.10	7360.50	1326.80	812.20	7614.80	20455.10
1534.40	768.40	6595.90	6572.70		923.00	13715.40	8769.60
372.80	14.20	2853.50	2351.00	373.50	317.50	263.70	1964.70
680.80	153.30	5845.60	4703.40	545.30	477.70	1037.40	3620.40
		133.20	125.50	13.30	13.20	71.40	840.00
2485.60	209.70	26117.10	25958.90	2154.00	2146.90	5754.60	25659.40
5.00	1.20	1545.80	1544.40	49.60	49.00	273.00	958.60
33.40	4.80	920.60	812.50	154.70	73.80	504.60	1770.30
735.40	95.20	3710.90	3123.70	1950.70	286.00	1501.30	3709.70
		47.50	42.00	14.50	11.50	0.30	1.50
214.30	46.20	874.00	874.00	70.20	70.20	180.60	2176.20
625.00	221.10	7110.90	4198.50	1062.90	557.00	7247.60	12841.10
1945.80	835.70	17802.90	14115.50	2129.70	1569.90	13898.80	14463.90
8.50	0.40	93.60	93.60	13.10	13.10	179.90	1408.80
179.50	0.30	2129.60	1819.70	237.60	237.00	341.00	3946.60
466.80	54.50	2418.00	2111.40	285.60	90.10	2209.90	5472.10
5433.50	1094.30	21726.20	17947.20	2504.70	1652.70	26484.90	37010.40
205.90	109.40	982.90	768.40	15.70	15.70	272.20	7021.30
55.80	20.50	432.40	395.80	38.30	36.20	913.60	4782.60
383.60	154.30	5127.50	4166.60	642.20	566.10	1171.50	7025.00
1482.60	266.70	7968.80	6854.00	695.10	591.00	3010.60	9018.10
764.50	170.30	5996.00	4415.00	455.10	325.40	1655.50	12532.80
152674.10	518215.70	575582.20	552314.00	88833.20	85956.00	434736.60	2462400.90
1437.50	471.30	11294.70	8990.70	1064.00	987.70	5787.70	21801.30
572.90	278.10	4967.40	2433.30	562.50	186.00	2068.80	2645.50
442.90	51.10	2226.70	1196.60	153.80	108.80	1733.10	1719.60
160.80	37.00	773.50	752.10	86.50	57.60	383.70	967.00
		12.70	12.70	1.70	1.70	43.20	98.10
9255.00	5494.80	40151.60	36059.40	5315.80	4816.30	36507.80	40506.30
900.10	80.50	4077.00	430.30	581.10	70.60	5629.50	9508.90
2086.60	802.20	11258.90	11021.10	1450.40	1324.90	3386.00	51.30

11－2续表6 continued6

		本年销项税额 VAT payable export	经营活动产生的现金流入 Cash inflows of operating	经营活动产生的现金流出 Cash outflows of operating
总 计	Total	**3424926.30**	**16051665.40**	**15067247.70**
煤炭开采和洗选业	Coal mining and dressing	8656.60	54133.60	44834.00
石油和天然气开采业	Extraction of petroleum and natural gas	1847.80	12251.90	9391.00
黑色金属矿采选业	Minging and dressing of ferrous metals			
有色金属矿采选业	Mining and dressing of nonferrous metals			
非金属矿采选业	Mining and dressing of nonmetal mineral products	262.50	389.90	375.70
其他采矿业	Others			
农副食品加工业	Farm sideline food processing	56860.70	514955.00	496379.50
食品制造业	Food manufacturing	34768.80	115391.80	112164.90
饮料制造业	Beverage manufacturing	24918.10	168453.40	170786.30
烟草制品业	Tobacco processing	22259.40	158295.50	137181.70
纺织业	Textile industry	2208.70	22485.70	28226.60
纺织服装、鞋、帽制造业	Garments, shoes and hats	4030.60	29377.30	30040.00
皮革、毛皮、羽毛(绒)及其制品业	Leather, furs, down and related products	911.40	5475.70	5229.00
木材加工及木、竹、藤、棕、草制品业	Timber, bamboo, cane, palm and straw products	26255.80	160705.60	143755.70
家具制造业	Funiture	422.30	21106.90	8109.30
造纸及纸制品业	Paper making and paper products	2275.60	22144.70	20286.60
印刷业和记录媒介的复制	Printing and record medium reproduction	4129.00	27133.10	26415.00
文教体育用品制造业	Culture education and sport manufacturing	1.80	295.00	287.50
石油加工、炼焦及核燃料加工业	Petroleum processing coking and nuclear processing	2317.20	22445.60	21217.50
化学原料及化学制品制造业	Raw chemical material and chemical products	21863.90	80428.30	73180.50
医药制造业	Medical and pharmacutical products	27161.10	257045.20	225549.70
化学纤维制造业	Chemical fiber manufacturing	1582.30		
橡胶制品业	Rubber products	3501.10	46526.90	45489.70
塑料制品业	Plastic products	7579.30	45551.70	37803.60
非金属矿物制品业	Nonmetal mineral products	60080.10	493841.60	477384.00
黑色金属冶炼及压延加工业	Smelting and pressing of ferrous metals	8163.20	11246.80	11527.30
有色金属冶炼及压延加工业	Smelting and pressing of non－ferrous metals	5481.90	30837.00	31220.50
金属制品业	Metal products	8374.50	55319.80	55116.00
通用设备制造业	Ordinery machinery	11697.00	78336.60	80875.70
专用设备制造业	Special purpose equipment	14566.50	42603.00	40478.10
交通运输设备制造业	Transport equipment	2947185.00	12458874.70	11743903.70
电气机械及器材制造业	Electric equipmert and machinery	26729.20	157432.80	16077060
通信设备、计算机及其他电子设备制造业	Telecommunication equipment, computer and other electronic equipment	5002.80	71207.60	58912.70
仪器仪表及文化、办公用机械制造业	Instruments, meters, cultural and office machinery	3271.60	24348.90	20524.00
工艺品及其他制造业	Art and other manufacture	1142.20	7836.20	7159.10
废弃资源和废旧材料回收加工业	Discard resoures and materials processing	141.30	1156.30	1093.90
电力、热力的生产和供应业	Production and supply of electric power and heat power	61107.20	655142.40	549070.70
燃气生产和供应业	Production and supply of gas	14788.70	124822.00	127653.90
水的生产和供应业	Production and supply of tap water	3381.10	74064.90	64853.70

单位:万元 unit:10000yuan

投资活动产生的现金流入 Cash inflows of investment	投资活动产生的现金流出 Cash outflows of investment	筹资活动产生的现金流入 Cash inflows of raising funds	筹资活动产生的现金流出 Cash out flows of raising funds	全部从业人员年平均人数(人) Annual average of employment
326209.60	**979226.80**	**3330785.10**	**309960450**	**346579**
32.40	7765.30	1100.00	721.80	9052
	784.90	2700.00	3676.60	401
				398
2664.90	27367.60	165073.30	92858.50	31057
185.00	20297.90	40614.70	11837.10	5899
849.30	22196.60	23134.40	16487.30	6733
46.20	4749.00		26000.00	1150
223.50	3564.90	7180.00		3606
9.30	732.10	33.90	83.00	5151
			3.00	113
1119.70	9115.20	106417.10	82960.80	10689
383.20	692.40	258.70	251.70	1382
148.20	334.20	321.90	182.20	1020
30.00	2105.90	5190.20	2325.40	2636
			4.00	67
124.30	585.90	805.00	79.90	1011
1254.80	2858.20	9194.00	7253.40	5746
10946.80	13879.70	34549.30	55206.10	13070
				60
	1127.20	2800.00	3383.70	1556
377.10	700.60	4188.70	3323.40	2242
8526.60	24566.10	339496.70	21188.10	9792
14.00	711.90	20338.40	20338.10	808
135.50	877.20	5435.50	3613.70	314
2611.20	4742.90	6849.90	3824.20	3445
6169.80	5801.70	9205.40	5151.90	8194
806.60	1537.00	2751.60	2608.50	5011
278383.00	732378.20	2348461.90	2623442.70	177506
7613.00	5289.90	15900.00	10596.00	8911
728.10	2611.60	5064.90	2091.90	4410
130.00	2503.70	991.90	1103.60	1837
249.40	104.30	334.00	216.80	881
				10
1447.10	74813.40	163517.00	79445.70	15086
75.20	3503.10	5050.70	11266.10	1882
1384.40	927.60	3826.00	8079.30	5463

11－2续表7 continued7

		企业亏损面(%) Deficit scale of enterprises	工业增加值率(%) Ratio of value added to gross industrial outpnt value	总资产贡献率(%) Ratio of total assets to industrial output value	资产负债率(%) Assets liability ratio
总　　计	**Total**	**23.95**	**28.21**	**8.92**	**54.84**
煤炭开采和洗选业	Coal mining and dressing	14.29	68.06	23.15	48.73
石油和天然气开采业	Extraction of petroleum and natural gas		30.46	9.47	48.24
黑色金属矿采选业	Minging and dressing of ferrous metals				
有色金属矿采选业	Mining and dressing of nonferrous metals				
非金属矿采选业	Mining and dressing of nonmetal mineral products		47.19	23.94	10.26
其他采矿业	Others				
农副食品加工业	Farm sideline food processing	18.56	30.64	12.97	68.38
食品制造业	Food manufacturing	25.00	28.17	3.92	69.49
饮料制造业	Beverage manufacturing	22.58	38.59	10.49	76.27
烟草制品业	Tobacco processing		67.15	56.01	73.20
纺织业	Textile industry	20.00	－47.01	1.56	78.41
纺织服装、鞋、帽制造业	Garments, shoes and hats	5.88	22.77	9.37	60.19
皮革、毛皮、羽毛(绒)及其制品业	Leather, furs, down and related products		26.51	2.51	22.22
木材加工及木、竹、藤、棕、草制品业	Timber, bamboo, cane, palm and straw products	25.00	29.91	5.32	40.34
家具制造业	Funiture	25.00	26.82	2.14	71.17
造纸及纸制品业	Paper making and paper products	14.29	29.55	7.02	48.42
印刷业和记录媒介的复制	Printing and record medium reproduction	33.33	35.51	8.81	57.49
文教体育用品制造业	Culture education and sport manufacturing		35.01	23.26	35.66
石油加工、炼焦及核燃料加工业	Petroleum processing coking and nuclear processing	25.00	12.97	5.10	54.66
化学原料及化学制品制造业	Raw chemical material and chemical products	9.52	30.20	7.61	55.43
医药制造业	Medical and pharmacutical products	45.33	47.39	6.88	53.81
化学纤维制造业	Chemical fiber manufacturing		16.46	13.99	73.18
橡胶制品业	Rubber products		21.63	4.99	75.77
塑料制品业	Plastic products	19.44	40.28	12.13	42.48
非金属矿物制品业	Nonmetal mineral products	27.59	46.80	2.58	15.80
黑色金属冶炼及压延加工业	Smelting and pressing of ferrous metals	33.33	13.14	2.32	71.38
有色金属冶炼及压延加工业	Smelting and pressing of non－ferrous metals		20.71	15.58	70.18
金属制品业	Metal products	16.67	26.47	4.45	53.04
通用设备制造业	Ordinery machinery	25.93	41.98	4.39	60.63
专用设备制造业	Special purpose equipment	13.79	40.98	1.83	78.14
交通运输设备制造业	Transport equipment	26.64	26.10	10.69	59.98
电气机械及器材制造业	Electric equipmert and machinery	17.24	18.43	6.04	55.02
通信设备、计算机及其他电子设备制造业	Telecommunication equipment、computer and other electronic equipment	17.65	33.18	3.66	68.62
仪器仪表及文化、办公用机械制造业	Instruments, meters, cultural and office machinery	10.00	42.15	19.12	32.10
工艺品及其他制造业	Art and other manufacture		29.45	9.46	62.20
废弃资源和废旧材料回收加工业	Discard resoures and materials processing		35.31	59.20	8.00
电力、热力的生产和供应业	Production and supply of electric power and heat power	37.04	26.09	4.69	71.68
燃气生产和供应业	Production and supply of gas	60.00	22.07	5.33	56.31
水的生产和供应业	Production and supply of tap water	83.33	56.43	1.64	31.12

单位:万元　unit:10000yuan

流动资产周转率(次/年) Number of times of annual of turnover working copitals (time/year)	成本费用利润率(%) Ratio of profits to cost	全员劳动生产率(元/人·年) Overall labor productivity (yuan/person – year)	产品销售率(%) Proportion of products sold	销售收入利润率(%) Ratio of profits sales revenue	销售收入利税率(%) Ratio of profit and tax to sales	成本费用利税率(%) Ratio of profit and tax to cost	流动资产占用比重(%) Ocupation proportion of working capitals	
							按应收帐款净额计算 Net value of account receivables	按产成品计算 Finished goods
2.22	**3.91**	**174235**	**94.05**	**3.71**	**9.82**	**10.35**	**26.98**	**9.12**
2.53	26.22	52832	90.95	20.46	28.17	36.09	31.32	8.27
1.84	8.34	93606	100.00	7.81	15.85	16.92	58.89	0.02
3.54	17.20	37706	93.87	14.44	18.56	22.11	14.99	23.88
5.72	5.17	244641	94.33	4.54	7.84	8.93	15.65	19.22
2.58	3.83	147174	99.37	3.68	4.93	5.14	19.91	8.64
2.39	0.70	95868	95.74	0.67	11.20	11.73	7.51	13.59
1.44	17.71	760806	99.98	9.71	54.86	100.10	5.74	0.46
1.23	1.86	-22045	125.25	1.81	3.81	3.91	7.81	13.94
1.30	8.73	22835	87.50	8.05	10.00	10.85	16.56	39.84
6.25	0.87	253150	99.97	0.86	1.90	1.92	22.36	1.39
1.30	4.99	46438	100.94	4.87	8.72	8.94	8.26	14.01
1.46	1.16	35402	102.67	1.15	2.91	2.94	14.31	24.35
4.92	1.90	108775	93.02	1.87	3.46	3.53	24.54	14.58
3.59	3.98	56905	98.80	3.82	7.57	7.89	42.19	7.18
13.27	2.52	197716	95.03	2.44	3.29	3.40	2.50	2.47
1.72	6.51	30338	88.78	6.01	7.90	8.55	17.66	19.64
1.47	4.90	92741	103.79	4.57	9.74	10.45	27.38	16.54
0.92	8.37	127852	85.18	7.71	12.97	14.08	31.59	9.42
2.31	8.16	274617	97.58	7.54	9.61	10.40	49.16	11.54
0.77	4.83	72868	105.18	4.58	5.41	5.71	34.97	6.10
1.79	9.49	168890	99.77	8.63	11.13	12.24	24.48	10.38
1.23	12.26	213911	99.80	11.33	18.88	20.44	13.05	6.05
2.23	0.75	88538	98.25	0.74	1.46	1.48	4.18	9.70
4.76	3.10	247360	98.96	3.09	5.77	5.79	26.34	9.85
1.69	2.20	58877	97.16	2.13	4.08	4.22	20.61	28.91
1.36	1.52	62063	95.08	1.50	5.57	5.62	28.99	11.01
1.08	1.28	131018	100.38	1.27	3.01	3.05	18.95	24.78
2.26	2.43	225901	92.99	3.31	9.81	10.17	29.64	8.20
1.38	2.45	26580	112.62	2.40	6.45	6.57	44.59	14.12
0.83	2.84	65895	105.48	2.58	6.18	6.81	30.52	5.43
1.21	22.21	54796	95.72	18.14	26.27	32.17	31.06	8.83
2.88	2.69	67168	92.28	2.58	6.08	6.34	21.89	22.32
19.27	1.65	287300	100.00	1.71	7.28	7.05		
1.81	-1.04	86612	101.19	-1.07	7.20	7.04	19.68	
1.60	5.74	120024	95.34	5.39	11.46	12.20	30.55	0.29
1.22	-1.17	55742	98.87	-1.14	5.95	6.08	23.72	

交通运输、邮电通信业

TRANSPORTATION，POST AND TELECOMMUNICATION

第十二篇　交通运输邮电和通信业

2006 年公路完成货物周转量 37.1 亿吨/公里，比上年增长 3.9%；民航货邮吞吐量 26458.9 吨，比上年增长 32.3%。

2006 年公路完成旅客周转量为 27.3 亿人/公里，比上年增长 5.0%；民航旅客吞吐量 222.7 万人，比上年增长 27.2 %。

2006 年全年完成邮电业务收入 46.63 亿元，比上年增长 12.5 %，全年邮政收入完成 42368 万元，比上年增长 35.5 %。邮政特快专递大幅度增长，完成 185.1 万件，比上年增长 2.9%。市话、农话下降比较明显，分别为 - 36.6 %、- 3.8%，移动电话增长 28%。由于 ADSL 宽带的高速增长，促使互连网同比上年增长 159.5%。

12－1　2006年长春市民用车辆拥有量

单位:辆

		总　计 Total	营　运 Operating
合计	Total	615836	105156
一、汽车	Vehicles	288291	91171
1.载客汽车	Buses and cars	218922	27107
其中:大型	Large	8053	5807
中型	Mudium	3746	853
小型	Smaller	183795	19756
微型	Smaller	23328	691
其中:轿车	Cars	140248	18716
2.载货汽车	Truck	53521	50384
其中:重型	Heavy	11403	11174
中型	Mudium	9901	9402
轻型	Light	30679	28512
微型	Small	1538	1296
其中:普通载货	Ordinary truck	39705	37403
3.其他汽车	Others	15848	13680
其中:三轮汽车	Tricar	4427	3950
低速货车	Low－speed truck	6755	5785
二、电车	Electric car	29	27
1.无轨	Railless car	4	2
2.有轨	Trolley car	25	25
三、摩托车	Motorcycle	323031	9559
1.普通	Ordinary	306700	9150
2.轻便	Light	16331	409
四、拖拉机	Tractors	41	0
1.大中型	Large and Medium	2	0
2.小型方向盘式	Small	7	0
五、挂车	Trailer	4399	4366
六、其他类型车	Others	45	33
补充资料:机动车驾驶员(人)	Note:The driver of motor－driven vehicles(person)	1015423	0
其中:汽车驾驶员(人)	Wheelman (person)	869883	0
农机部门数据	Supplement specification of agricultural department		
一、农用运输车	Vehicle for agricultural use	35217	0
1.三轮汽车	Tricar	24332	0
2.低速货车	Quadricyle	10885	0
二、拖拉机	Tractors	103053	0
1.大中型	Large and Medium	6072	0
2.小型方向盘式	Small	96981	0

NUMBER OF CIVIL MOTOR VEHICLE OWNED (2006)

unit: coach

	总计中: In which:			
非营运 Non-operating	进口 Import	个人 Individual	新注册 New register	报废 Abandened
510680	**15647**	**493145**	**74008**	**1151**
197120	14936	175319	44437	1113
191815	13477	149191	38694	663
2246	77	1153	715	270
2893	79	1342	412	26
164039	13305	126952	34895	358
22637	16	19744	2672	9
121532	8921	103555	26644	67
3137	1385	15585	3986	426
229	103	2997	903	35
499	299	2514	198	94
2167	981	9216	2774	290
242	2	858	111	7
2302	1118	11706	2203	380
2168	74	10543	1757	24
477	0	4382	150	0
970	0	6161	40	0
2	0	3	0	0
2	0	3	0	0
0	0	0	0	0
313472	701	317523	28194	38
297550	695	301421	27738	27
15922	6	16102	456	11
41	0	32	0	0
2	0	0	0	0
7	0	3	0	0
33	7	257	1373	0
12	3	11	4	0
0	0	0	0	0
0	0	0	0	0
0	0	0	0	0
0	0	0	0	0
0	0	0	0	0
0	0	32	0	0
0	0	32	0	0
0	0	0	0	0

统计资料
STATISTICS

建筑业
CONSTUCTION

第十三篇　建筑业

建筑业企业生产速度平稳增长，1、2级企业占据主导地位，2006年全市建筑企业完成总产值343.96亿元，同比增长22.21%。1、2级以上企业完成产值315.38亿元，占总量的91.69%。

建筑业企业本年签订合同额上升，2006年我市国民经济健康发展，固定资产投资和房地产较快增长，为建筑业的发展打下了良好的基础。2006年资质建筑业企业本年签订合同额328.66亿元，增长1.76%。上年结转合同额241.75%，下降10%，同比减少27亿元。

企业利润大幅提高，2006年全市资质建筑企业完成建筑业总产值343.96亿元，实现利润总额2.16亿元，增长31.63%；上交税金及附加10.52亿元，增长12.84%；建筑业企业劳动生产率13.88万元/人。

13－1 长春市建筑业生产情况

		计量单位 Unit		总 计 Total	内资企业 Domestic funded
建筑业总产值	Output value of construction	千元	1000yuan	34396264	34080894
1. 建筑工程	Installation	千元	1000yuan	30703698	30438575
2. 安装工程	Decoration	千元	1000yuan	3481037	3430790
3. 其他产值	Others	千元	1000yuan	211529	211529
竣工产值	Completed	千元	1000yuan	22067020	21762600
房屋建筑施工面积	Floor space under constructior	平方米	sq·m	18992579	18762846
#:本年新开工面积	Newly started area	平方米	sq·m	11820720	11700987
#:投标承包面积	Contracted By bid	平方米	sq·m	17827101	17707368
#:本年新开工	New stared this year	平方米	sq·m	11333607	11213874
房屋建筑竣工面积	Completed area	平方米	sq·m	8238728	8038666
自有机械设备净值	Net value of own machinery	千元	1000yuan	1790398	1764175
自有机械设备年末总台数	Number of own machinery	台	unit	38450	36818
#:总功率	Aggreate capacity	千瓦	kw	809293	786806
计算建筑业全员劳动生产率的平均人数	Average of employment for productivity	人	preson	247782	241139

13－1 续表 1

		计量单位 Unit		房 屋 Building
建筑业总产值	Output value of construction	千元	1000yuan	11933777
1. 建筑工程	Installation	千元	1000yuan	11758866
2. 安装工程	Decoration	千元	1000yuan	98738
3. 其他产值	Others	千元	1000yuan	76173
竣工产值	Completed	千元	1000yuan	8379209
房屋建筑施工面积	Floor space under constructior	平方米	sq·m	18122338
#:本年新开工面积	New started area	平方米	sq·m	11262441
#:投标承包面积	Contracted by bid	平方米	sq·m	16956860
#:本年新开工	New stared this year	平方米	sq·m	10775328
房屋建筑竣工面积	Completed area	平方米	sq·m	8003287
自有机械设备净值	Net value of own machinery	千元	1000yuan	449181
自有机械设备年末总台数	Number of own machinery	台	unit	15030
#:总功率	Aggreate capacity	千瓦	1000W	197167
计算建筑业全员劳动生产率的平均人数	Average number of employment for overall labor productivity of construction	人	preson	127220

BASIC CONDITIONS OF CONSTRUCTION

登记注册类型 By register						港澳台商投资企业 Fund from Hongkong、Macao and Taiwan			外商投资企业 Foreign investment	
国有企业 State owned	集体企业 Collective owned	股份合作企业 Cooperative	有限责任公司 Limited liability company	股份有限公司 Share holding	私营企业 Private enterprises		合资经营企业 Joint－venture	合作经营企业 Cooperative		合资企业 Joint－venture
6565121	706163	103384	19675770	3122219	3908237	134306	84059	50247	181064	130740
4834157	454328	103384	18518418	3016328	3508960	84059	84059		181064	130740
1635827	186698		1119381	105891	382983	50247		50247		
92137	65137		37961		16294					
4665028	446626	101024	10490863	2541983	3517076	131306	81059	50247	173114	122790
1544040	453909	3000	12458315	3116637	1186945				229733	229733
1046244	358716	3000	7387223	1885306	1020498				119733	119733
1545040	371149	3000	11979996	2653415	1154768				119733	119733
1046244	32956	3000	7294476	1562880	985318				119733	119733
483528	179853		5273198	1350529	751558				200062	200062
495205	66297	2621	799897	72136	328019	1772	1772		24451	7390
11848	1289	137	15917	3449	4178	286	286		1346	348
292078	24379	800	336783	56656	76110	1980	1980		20507	5625
41272	6519	1053	137447	29026	25792	2482	1519	963	4161	2675

continued1

行 业 类 型 By sector					建筑安装业 Installation	装修装饰业 Decoration
土木工程建筑业 Civil engineering	铁路公路和隧道桥梁 Railway and tunnel	水利和港口 Water conservancy	其他土木工程 Others	架线和管道 Stringing and pipeline		
20165234	15028309	2074264	276626	2786035	1420786	864611
17830777	14735012	2023881	230026	841858	286322	827733
2235013	282037	50383		1902593	1106724	26828
99444	11260		46600	41854	27740	50
11557132	7725907	1374902	276626	217697	1340056	778767
726786	414304			312482	143455	
426851	289355			137496	131428	
726786	414304			312482	143455	
426851	289355			137496	131428	
114546	3304			111242	120895	
1220105	878840	223838	36295	81132	103819	17037
18612	8694	5707	749	3462	3623	1167
553351	303423	152260	22626	75042	47867	10518
97931	72638	12148	3452	9693	13701	8813

13－2 长春市建筑业财务情况

单位:千元

		总 计 Total	内资企业 Domestic funded
一、年末资产负债	Assets and liabilities		
流动资产合计	Lurrent assets	22645669	22254648
年初存货	Inventory at year beginning	3755860	3720996
在建工程	Project under corstruction	522446	522446
固定资产合计	Total fixed assets	5042420	4981363
固定资产原价	Original value of fixed assets	7132611	7003585
#:生产经营用	For operation	5096987	4979344
累计折旧	Accumulated depreciation	2619499	2551530
#:本年折旧	Depreciation this year	604884	598638
无形及递延资产合计	Intangible and deferred assets	522446	2245472
#:无形资产	Intangible assets	1020568	968661
资产合计	Total assets	31701378	31197392
流动负债合计	Total current Liability	20157483	19864108
长期负债合计	Total long－term liability	1619215	1619215
负债合计	Total liability	21776698	21483323
所有者权益合计	Total owners eguity	9924680	9714069
#:实收资本	Paid－up capital	6667320	6533011
二、损益及分配	Profitand loss distribution		
工程结算收入	Of settlement	32082691	31776507
工程结算成本	Lost of settlement	29342442	29100025
工程结算税金及附加	Tax and extra charges of settlement	1052693	1043054
工程结算利润	Others	1686563	1632445
管理费用	Management expenses	1369810	1348586
#:税金	Tax	110230	104713
劳动、待业保险费	Insurance of labor and unemployment	313444	310014
营业利润	Operating profit	245797	212730
利润总额	Total profit	215916	183154
应交所得税	Income tax payable	80814	78045
应付利润	Profit payable	271999	241968
三、工资、福利费	Wages and welfare expenses		
本年应付工资总额	Total wages payable	2894388	2840197
本年应付福利费总额	Welfare expenses payable	409671	401676

FINANCIAL CONDITIONS OF CONSTRUCTION

unit: 1000yuan

登记注册类型 By register						港澳台商投资企业 Fund from Hongkong、Macao and Taiwan			外商投资企业 Foreign investment	
国有企业 State owned	集体企业 Collective owned	股份合作企业 Cooperative	有限责任公司 Limited liability company	股份有限公司 Share holding	私营企业 Private enterprises		合资经营企业 Joint-venture	合作经营企业 Cooperative		中外合资经营企业 Joint-venture
3963678	384696	22186	11909235	3767276	2207577	261442	69037	192405	129579	75024
501524	100354	3752	2502599	259296	353471	5505	5505		29539	29539
61838	7488		423352	19553	10215					
1193284	109462	4404	2498693	314095	861425	16329	10330	5999	44728	14401
1894105	162052	10262	3191423	368124	1377619	26182	17667	85185	102844	25021
1302045	133906	2621	2347906	270690	922176	14799	6284	8515	102844	25021
766106	60078	5858	1119004	73582	526902	9853	7337	2516	58116	10620
151169	27116	3829	278106	41470	96958	3489	1334	2515	2397	1379
65193	6587	6	2113365	51762	8559	5808	5808		46100	46100
25389	6587	6	882106	46014	8559	5808	5808		46100	46100
5526081	517103	26596	17105646	4817082	3204884	283579	85175	198404	220407	89425
2800356	310440	3681	11572436	3604365	1572830	194116	43674	150442	99259	64425
182550	459		1242710	20308	173188					
2982906	310899	3681	12815146	3624673	1746018	164116	43674	150442	99259	64425
2543175	206204	22915	4290500	1192409	1458866	89463	41501	47962	121148	25000
1597311	181129	16081	3043901	610939	1083650	50000	30000	20000	84309	24300
6490920	505155	23088	19225500	2232665	3299179	175639	83836	91803	130545	80221
5833858	452824	17021	17766383	2086233	2943706	123364	70151	53213	119053	74742
205960	16533	805	631066	73625	115065	5269	2515	2754	4370	2707
450706	35798	5252	827538	72793	240358	46996	11160	35836	7122	2772
435077	35570	4165	628173	69074	176527	17654	10490	7164	3570	1029
22444	3645	872	50895	9773	17084	3046	2944	102	2471	800
95229	12212	1050	169482	12157	19884	468	305	163	2962	2675
8233	579	1085	155615	2827	44391	29506	676	28830	3561	1746
-9006	380	1085	136794	8259	45479	29201	676	28525	3561	1746
15186	1427	863	44993	4007	11569	1751	226	1525	1018	746
38294	1975	1003	139245	13773	47678	27488	488	27000	2543	1000
533064	67815	8195	1678157	267161	285805	13773	8762	5011	40418	18128
74387	8301	1296	239189	38140	40363	1933	1241	692	6062	2719

统计资料
STATISTICS

批发零售贸易和餐饮业
WHOLESALE RETAIL TRADES AND CATERING

第十四篇　批发零售贸易和餐饮业

2006年,我市实现社会消费品零售总额666.3亿元,比上年增长11.0%。

分行业看:批发零售贸易业零售额仍占主体地位,全年实现零售额591.1亿元,占社会消费品零售总额的88.7%,比上年增长11.2%。其中:限额以上批发零售贸易业全年实现零售额230.4亿元,比上年增长12.4%。限额以下及个体实现零售额360.7亿元,比上年增长10.5%;住宿和餐饮业零售额继续保持增长,全年实现零售额75.0亿元,比上年增长9.9%;其他行业实现零售额0.2亿元,下降24.9%。

从社会消费品零售总额实现的地域上看:市的零售额增长较快,全年实现零售额625.3亿元,比上年增长11.2%;县及县以下实现零售额41.0亿元,比上年增长9.3%。

14－1 社会消费品零售总额
TOTAL RETAIL SALES OF CONSUMER GOODS

单位：万元　　unit：10000 yuan

		2006
社会消费品零售总额	**Total**	**6662790.1**
其中：市区	District	5472768.1
(一)按销售单位所在地分组	Grouped by region	
(1)市的零售额	Total of district	6253087.3
(2)县的零售额	Total of county	131560.8
(3)县以下零售额	Below county	278142.0
(二)按行业分组	Grouped by sector	
(1)批发、零售贸易业	Wholesale and retail trade	5910624.3
限额以上	Above designated size	2304286.0
限额以下及个体	Under designated size	3606338.3
(2)住宿和餐饮业	Hotels and catering	749600.8
星级(限额以上)企业	Star enterprises(above designated size)	161784.8
星级(限额以下)企业和个体户	Star enterprises(below designated size)	587816.0
(3)其他	Others	2565.0

14－2 限额以上批发和零售业商品购进、销售、库存总额

计量单位:万元

		法人企业(个) Corpordte (units)	产业活动单位(个) Industrial activity (units)	年末从业人数(人) Employment (person)
总　计	**Total**	**239**	**518**	**33942**
一、批发业	Wholesale	111	120	9450
其中:国有及国有控股	State owned and state proprietary	37	42	5134
1. 按登记注册类型分组	Grouped by type registered			
内资企业	Domestic funds	109	116	9164
国有企业	State owned	21	26	3415
集体企业	Collective owned	1	2	34
股份合作企业	Cooperative	4	4	457
联营企业	Joint			
国有联营企业	State joint owned			
集体联营企业	Collective joint owned			
国有与集体联营企业	State－collective joint owned			
其他联营企业	Other joint owned			
有限责任公司	Limited liability corporations	27	28	1837
国有独资企业	State owned solely	5	5	597
其他有限责任公司	Other	22	23	1240
股份有限公司	Share holding	11	11	877
私营企业	Private	45	45	2544
私营独资企业	Private funded	1	1	60
私营合伙企业	Private partner	2	2	74
私营有限责任公司	Private limited company	40	40	2325
私营股份有限公司	Private share holding	2	2	85
其他企业	Others			
港、澳、台商投资企业	Funded from Hongkong, Macao and Taiwan		1	7
与港澳台商合资经营	Joint venture		1	7
与港澳台商合作经营	Cooperative			
港澳台商独资	Solefunds			
港澳台商独资股份有限公司	Share holding			
外商投资企业	Foreign funds	2	3	279
中外合资经营企业	Joint venture	1	1	21
中外合作经营企业	Cooperative	1	1	150
外资企业	Foreign funded		1	108
外商投资股份有限公司	Share holding			
2. 按国民经济行业分组	Grouped by sector			
农畜产品批发业	Agricultural products	16	16	1266
食品、饮料及烟草制品批发业	Food, drink and tobaccoes	8	8	1863
米、面制品及食用油批发业	Grain and edible oil			
烟草制品批发业	Wholesale of tobaccos	3	3	1386
纺织、服装及日用品批发业	Textile, garment and daily articles	2	3	135
服装批发业	Garment	1	1	18
文化、体育用品及器材批发业	Cultural and sport goods	4	5	491
医药及医疗器材批发业	Medicine and medical appliance	14	14	1719
矿产品、建材及化工产品批发业	Minerals and construction materials	35	40	1953
煤炭及制品批发业	Coal and related products	3	3	82
石油及制品批发业	Petroleum and related products	13	17	1322
金属及金属矿批发业	Metal materials	10	10	222
建材批发业	Construction materials	5	6	95
化肥批发业	Chemical fertilizers	3	3	219
机械设备、五金交电及电子产品批发业	Machinery, hardwane and electrohic equipment	28	30	1639
汽车、摩托车及零配件批发业	Motor vehicles, motorcycle and parts	7	7	319
家用电器批发业	Electrical household appliances	2	4	545
计算机、软件及辅助设备批发业	Computer software and accessories	7	7	311
贸易经纪与代理	Agency and brokerage	1	1	10
其他批发业	Other wholesale	3	3	374

TOTAL PURCHASE, SALES AND INVENTORY IN WHOLESALE AND RETAIL TRADE ABOVE DESIGNATED SIZE

unit: 10000yuan

购进总额 Total purchase		销售总额 Total sales				年末库存总额 Inventory	年末零售营业面积(万平方米) Business areas ($10000m^2$)
	进口 Imports	合计 Total	批发 Wholesale	出口 Exports	零售 Retail trade		
8361793.2	**128379.7**	**5564063.5**	**3088004.6**	**160842.5**	**2476058.9**	**839507.4**	**203.8**
6380858.6	102062.4	2961771.0	2919356.5	160805.8	42414.5	683977.4	2.4
1921648.2	90972.2	1898562.9	1868658.9	94843.8	29904.0	488875.0	0.6
6359215.6	102062.4	2940139.4	2897724.9	160805.8	42414.5	681391.6	2.4
456670.3	698.5	560400.7	547998.8	1910.0	12401.9	55591.6	0.3
3937.2		4281.4	4281.4			262.9	
29949.4		35585.4	35585.4			3611.8	0.2
1550671.5	97034.9	1396142.2	1393429.5	57057.2	2712.7	452996.7	0.9
198120.5	86465.7	219879.6	219871.2	52933.8	8.4	49970.2	
1352551.0	10569.2	1176262.6	1173558.3	4123.4	2704.3	403026.5	0.8
242090.5	4329.0	235494.2	217186.6	98134.3	18307.6	37486.1	0.2
4075896.7		708235.5	699243.2	3704.3	8992.3	131442.5	0.7
8400.0		8000.0	8000.0			400.0	
15608.9		16148.9	15139.5		1009.4	2562.5	
4031760.4		663498.9	655516.0	3704.3	7982.9	126367.0	0.7
20127.4		20587.7	20587.7			2113.0	
2941.1		3327.3	3327.3			5.8	
2941.1		3327.3	3327.3			5.8	
18701.9		18304.3	18304.3			2580.0	
2000.0		1500.0	1500.0		500.0		
5027.4		5129.8	5129.8			487.6	
11674.5		11674.5	11674.5			1592.4	
281678.3	86465.7	279101.5	279059.0	111068.1	42.5	41281.8	
275242.2	698.5	344461.6	344389.0	511.5	72.6	14559.6	
255704.2	698.5	320220.3	320220.3	511.5		12449.6	
11989.0	3808.0	50120.6	50120.6	40000.0		703.8	
4535.2		6793.3	6793.3			38.0	
58173.6		74470.0	72090.7		2379.3	43525.8	0.7
159146.4	55.8	176513.3	175871.6		641.7	48323.9	0.1
1540463.5	465.2	1328814.4	1308142.5	5102.8	20671.9	432993.5	0.5
10159.5		11156.5	11156.5			987.8	
137643.7		142865.7	125363.6		17502.1	9251.0	0.2
1244565.1		1051825.7	1051825.7	3704.3		388783.3	0.1
36393.1		40157.0	37530.8	1398.5	2626.2	268.4	0.1
108236.4		77630.0	77630.0			33628.8	
4025744.5	10569.2	677046.3	659449.2	4123.4	17597.1	96008.6	0.8
47975.8		82423.4	71509.7		10913.7	4393.5	0.4
88534.3		93297.7	91852.0		1445.7	9697.6	
317548.8		49210.3	45749.5		3460.8	3491.9	
4993.1		8608.2	8608.2			2692.3	
23428.0		22635.1	21625.7		1009.4	3888.1	0.2

14-2续表1 continued1

指标名称	Item	法人企业（个）Corporatie (units)	产业活动单位（个）Industrial activity (unit)	年末从业人数（人）Employment (person)
二、零售业	Retail trade	128	398	24492
其中:国有及国有控股	State owned and state proprietary	23	236	10890
1. 按登记注册类型分组	Grouped by type registered			
内资企业	Domestic funds	124	382	21323
国有企业	State owned	9	65	4408
集体企业	Collective owned	1	1	133
股份合作企业	Cooperative	4	4	744
联营企业	Joint			
国有联营企业	State joint owned			
集体联营企业	Collective joine owned			
国有与集体联营企业	State-collective joint owned			
其他联营企业	Other joint owned			
有限责任公司	Limited liability corporations	34	54	4079
国有独资企业	State owned solely	3	7	366
其他有限责任公司	Other	31	47	3713
股份有限公司	Share holding	11	164	6439
私营企业	Private	65	94	5520
私营独资企业	Private funded	1	1	77
私营合伙企业	Private partner	2	2	106
私营有限责任公司	Private limited company	59	88	5235
私营股份有限公司	Private share holding	3	3	102
其他企业	Others			
港澳台商投资企业	Funded from Hongkong, Macao and Taiwan	2	2	1631
合资经营企业	Joint venture	1	1	698
合作经营企业	Cooperative			
独资经营企业	Solefunds	1	1	933
独资股份有限公司	Share holding			
外商投资企业	Foreign funds	2	14	1538
中外合资经营企业	Joint venture	2	13	1502
中外合作经营企业	Cooperative		1	36
外资企业	Foreign funded			
外商投资股份有限公司	Share holding			
2. 按国民经济行业分组	Grouped by sector			
综合零售业	Retail trade	29	65	13169
百货零售业	Consumer goods	18	32	8697
超级市场零售业	Supmarket	11	33	4472
食品、饮料及烟草制品专门零售业	Food, beverage and tobaccos	1	1	265
纺织、服装及日用品专门零售业	Textile, garment and daily articles	7	18	442
服装零售业	Garments	4	14	275
文化、体育用品及器材专门零售业	Cultural and sports goods	9	14	3485
体育用品零售业	Cultural and sports goods			
图书零售业	Books	8	12	663
医药及医疗器材专门零售业	Medicine and medical appliarce	6	46	1320
药品零售业	Medicine	6	46	1320
汽车、摩托车、燃料及零配件专门零售业	Vehicles, motorcycle and part	64	235	5030
汽车零售业	Vehicles	53	53	3310
机动车燃料零售业	Fuel	10	181	1710
家用电器及电子产品专门零售业	Electrical household equipment	8	15	646
家用电器零售业	Electrical household equipment	3	6	487
计算机、软件及辅助设备零售业	Computer software and accessories	3	5	65
通讯设备零售业	Teleconmmunicational equipment	2	4	94
五金、家具及室内装修材料专门零售业	Hardware funiture and indoor hareware fitting	4	4	135
无店铺及其他零售业	Other retait trade			
邮购及电子销售业	Electronic sales			

单位:万元 unit:10000yuan

购进总额 Total purchases	进口 Imports	销售总额 Total sales 合计 Total	批发 Wholesale	出口 Exports	零售 Retail trade	年末库存总额 Inventory	年末零售营业面积(万平方米) Business areas ($10000m^2$)
1980934.6	26317.3	2602292.5	168648.1	36.7	2433644.4	155530.0	201.4
808333.5		1157254.9	97678.2	36.7	1059576.7	41779.8	133.3
1818607.2	26317.3	2391436.7	168648.1	36.7	2222788.6	148687.4	186.0
105372.3		107418.1	23059.4	36.7	84358.7	9710.6	16.9
1963.7		1996.7			1996.7	107.1	
12228.0		11319.3			11319.3	2669.3	2.4
421658.3	12125.7	435701.9	8337.5		427364.4	42847.1	24.6
13117.5		12756.4	98.9		12657.5	4628.6	0.9
408540.8	12125.7	422945.5	8238.6		414706.9	38218.5	23.7
709144.9		1160418.9	74347.8		1086071.1	26794.4	124.2
568240.0	14191.6	674581.8	62903.4		611678.4	66558.9	17.8
13910.1		14689.4			14689.4	1311.0	0.5
6571.1		5428.4			5428.4	4432.5	0.6
521520.1	14191.6	626632.0	62903.4		563728.6	59112.3	16.2
26238.7		27832.0		27832.0	1703.1	0.5	
91033.6		125503.9			125503.9	1368.9	4.8
90796.6		117818.3			117818.3	1301.2	3.6
237.0		7685.6			7685.6	67.7	1.2
71293.8		85351.9			85351.9	5473.7	10.6
58846.2		68769.0			68769.0	4646.3	10.6
12447.6		16582.9			16582.9	827.4	0.1
764758.9		1237480.2	13905.7		1223574.5	50459.7	155.2
608350.2		1069072.1	7646.9		1061425.2	31774.9	135.5
156408.7		168408.1	6258.8		162149.3	18684.8	19.7
11987.6		16401.0			16401.0	6781.6	0.2
32956.9	3590.2	37857.7			37857.7	4985.7	3.5
9731.3		10993.0			10993.0	195.3	3.3
28441.2		24896.1	1055.5	36.7	23840.6	11992.6	2.5
21605.4		22371.4	98.9		22272.5	10042.9	2.3
54755.0		48280.4	172.1		48108.3	6663.4	1.1
54755.0		48280.4	172.1		48108.3	6663.4	1.1
996613.2	22727.1	1153791.3	153514.8		1000276.5	59772.6	33.2
620086.0	20032.1	653254.4	19997.8		633256.6	48933.6	10.9
373527.2	2695.0	498453.0	133517.0		364936.0	10818.0	22.4
85010.3		76797.7			767979.7	14760.1	2.4
31871.8		30672.2			30672.2	2942.1	2.3
9919.6		9992.4			9992.4	833.0	0.1
43218.9		36133.1			36133.1	10985.0	0.1
6411.5		6788.1			6788.1	114.3	3.3

14－3 星级住宿业和限额以上餐饮业经营情况

		法人企业(个) Lorporate (unit)	产业活动单位(个) Industrial activity (unit)	从业人数(人) Employment (person)
总 计	**Total**	**92**	**103**	**18959**
一、住宿业	Hotels	45	49	11423
其中:国有及国有控股	State owned and state proprietary	27	30	6655
1. 按登记注册类型分组	Grouped by type registered			
内资企业	Domestic funds	35	39	8322
国有企业	State owned	23	26	5756
集体企业	Collective owned	1	1	93
股份合作企业	Cooperative			
联营企业	Joint			
国有联营企业	State joint owned			
集体联营企业	Collective joint owned			
国有与集体联营企业	State－collective joint owned			
其他联营企业	Other joint owned			
有限责任公司	Limited liability corporations	5	6	1593
国有独资企业	State owned soely	1	1	324
其他有限责任公司	Others	4	5	1269
股份有限公司	Share holding	2	2	442
私营企业	Private	3	3	362
私营独资企业	Private funded			
私营合伙企业	Private partner			
私营有限责任公司	Private limited company	3	3	362
私营股份有限公司	Private share holding			
其他企业	Others	1	1	76
港、澳、台商投资企业	Funded from Hongkong, Macao and Taiwan	5	5	1136
与港澳台商合资经营	Joint venture	2	2	445
与港澳台商合作经营	Cooperative	1	1	262
港澳台商独资	Solefunds	2	2	429
港澳台商独资股份有限公司	Share holding			
外商投资企业	Foreign funded	5	5	1965
中外合资经营企业	Joint venture	4	4	1500
中外合作经营企业	Cooperative	1	1	465
外资企业	Foreign funds			
外商投资股份有限公司	Share holding			
2. 按国民经济行业分组	Grouped by sector			
旅游饭店	Tourism restaurant	45	49	11423
一般旅馆	Hotels			
其他住宿服务	Other accomomodation services			

BASIC STATISTICS ON HOTELS AND CATERING ABOVE DESIGNATED SIZE

营业额(万元) Turnover (10000yuan)					年末餐饮营业面积(万平方米) Business areas ($10000m^2$)	年末住宿和餐饮企业拥有床位数(万个) Beds (10000units)	年末住宿和餐饮企业拥有餐位数(万位) Seats (10000units)
	客房收入 Guest room income	餐费收入 Food bill	商品销售收入 Goods sale income	其他收入 Other income			
179444.8	**59430.8**	**102110.0**	**3952.9**	**13951.1**	**30.4**	**1.7**	**6.0**
102134.8	46189.0	43960.6	779.3	11205.9	14.0	1.2	2.8
54329.0	24915.3	23919.5	592.4	4901.8	9.1	0.8	1.8
63614.5	28507.0	27960.3	603.0	6544.2	11.5	0.9	2.2
46103.7	21602.7	20083.7	592.4	3824.9	8.4	0.7	1.6
426.0	253.0	173.0			0.1		
11383.5	4443.2	5052.7	7.4	1880.2	1.5	0.2	0.2
4078.1	1873.1	2061.2		143.8	0.3	0.1	0.1
7305.4	2570.1	2991.5	7.4	1736.4	1.2	0.1	0.2
3137.5	1405.5	1382.2		349.8	1.2		0.1
2022.8	611.6	944.7	3.2	463.3	0.4		0.2
2022.8	611.6	944.7	3.2	463.3	0.4		0.2
541.0	191.0	324.0		26.0			
10466.3	3980.9	6031.5	26.8	427.1	0.9	0.1	0.2
4054.8	2105.9	1641.9	19.6	287.4	0.2		0.1
1970.0	862.5	1091.3	7.2	9.0	0.3		0.1
4441.5	1012.5	3298.3		130.7	0.3		
28054.0	13701.1	9968.8	149.5	4234.6	1.7	0.2	0.4
25017.7	12961.6	8081.6	140.2	3834.3	1.5	0.2	0.3
3036.3	739.5	1887.2	9.3	400.3	0.2		0.1
102134.8	46189.0	43960.6	779.3	11205.9	14.0	1.2	2.8

14－3续表1

		法人企业（个）Corporate（unit）	产业活动单位（个）Indutrial activity（unit）	从业人数（人）Employment（person）
二、餐饮业	Catering	47	54	7536
其中：国有及国有控股	State owned and state proprietary	7	7	1141
1．按登记注册类型分组	Grouped by type registered			
内资企业	Domestic funds	45	50	5362
国有企业	State owned	6	6	991
集体企业	Collective owned	2	2	163
股份合作企业	Cooperative			
联营企业	Joint			
国有联营企业	State joint owned			
集体联营企业	Collective joine owned			
国有与集体联营企业	State－collective joint owned			
其他联营企业	Other joint owned			
有限责任公司	Limited liability corporations	1	1	270
国有独资企业	State owned sdely			
其他有限责任公司	Other	1	1	270
股份有限公司	Share holding	1	1	150
私营企业	Private	35	40	3788
私营独资企业	Private funded	5	5	445
私营合伙企业	Private partner	1	1	103
私营有限责任公司	Private limited company	29	34	3240
私营股份有限公司	Private share holding			
其他企业	Others			
港、澳、台商投资企业	Funded from Hongkong，Macao and Taiwan			
与港澳台商合资经营	Joint ventune			
与港澳台商合作经营	Cooperative			
港澳台商独资	Solefunds			
港澳台商独资股份有限公司	Share holding			
外商投资企业	Foreign funded	2	4	2174
中外合资经营企业	Joint venture	1	1	182
中外合作经营企业	Cooperative		1	1032
外资企业	Foreign funds	1	2	960
外商投资股份有限公司	Share holding			
2．按国民经济行业分组	Grouped by sector			
正餐服务业	Dinner	46	52	6531
快餐服务业	Fast food		1	910
饮料及冷饮服务业	Beverage and cold drink			
其他餐饮服务业	Others	1	1	95

continued1

营业额 (万元) Turnover (10000 yuan)					年末餐饮营业面积 (万平方米) Business areas (10000m²)	年末住宿和餐饮企业拥有床位数(万个) Beds(10000 unit)	年末住宿和餐饮企业拥有餐位数(万位) Seats(10000 units)
	客房收入 Guest room income	餐费收入 Food bill income	商品销售收入 Goods sale income	其他收入 Other income			
77310.0	13241.8	58149.4	3173.6	2745.2	16.4	0.5	3.2
17001.1	7583.2	5497.9	1283.9	2636.1	1.8	0.2	0.3
53494.8	13241.8	34334.2	3173.6	2745.2	15.5	0.5	2.8
15876.1	7275.2	4857.1	1283.9	2459.9	1.3	0.2	0.2
1943.0	852.2	345.6	745.2		0.3		0.1
1085.7	426.5	659.2			3.0		
1085.7	426.5	659.2			3.0		
1125.0	308.0	640.8		176.2	0.5		0.1
33465.0	4379.9	27831.5	1144.5	109.1	10.5	0.2	2.4
4975.2		4965.2	8.0	2.0	1.5		0.2
964.0		964.0			0.2		0.1
27525.8	4379.9	21902.3	1136.5	107.1	8.8	0.2	2.0
23815.2		23815.2			0.9		0.4
627.0		627.0			0.2		
3654.5		3654.5			0.2		0.1
19533.7		19533.7			0.4		0.3
58196.5	13241.8	39035.9	3173.6	2745.2	16.0	0.5	2.9
18942.2		18942.2			0.2		0.2
171.3		171.3			0.2		0.1

14－4 限额以上批发和零售业企业财务状况

单位:万元

		企业数(个) Enterprises	亏损企业数(个) Loss-making enterprises	流动资产合计 Circulating funds
总计	Total	239	80	1253575.2
一、批发业	Whole sale enterprises	111	40	805195.1
其中:国有及国有控股	State owned and state proprietary	37	17	549593.7
1.按登记注册类型分组	Grouped by type registered			
内资企业	Domestic funds	109	40	800524.8
国有企业	State owned	21	14	187992.4
集体企业	Collective owned	1	1	270.9
股份合作企业	Cooperative	4	1	58887.1
联营企业	Joint ownership			
国有联营企业	State joint			
集体联营企业	Collective joint			
国有与集体联营企业	State and collective joint			
其他联营企业	Others			
有限责任公司	Limited liability company	27	9	338227.0
国有独资企业	State owned solely	5		155263.1
其他有限责任公司	Others	22	9	182963.9
股份有限公司	Share holding	11	5	88179.7
私营企业	Private	45	10	126967.7
私营独资企业	Private funded	1		3000.0
私营合伙企业	Private partner	2	1	11286.6
私营有限责任公司	Private limited company	40	7	102433.5
私营股份有限公司	Private share holding	2	2	10247.6
其他企业	Others			
港、澳、台商投资企业	Funded from HongKong, Macao and Taiwan			
与港澳台商合资经营	Joint venture			
与港澳台商合作经营	Cooperative			
港澳台商独资	Sole funds			
港澳台商独资股份有限公司	Share holding			
外商投资企业	Foreign funded	2		4670.3
中外合资经营企业	Joint venture	1		674.8
中外合作经营企业	Cooperative	1		3995.5
外资企业	Foreign funded			
外商投资股份有限公司	Share holding			

MAIN FINANCIAL INDICATORS OF ENTERPRISES ABOVE DESIGNATED SIZE IN WHOLESALE AND RETAIL TRADE

unit: 10000 yuan

存　货 Inventory	固定资产原价 Original value of fixed assets	累计折旧 Total depreciation	本年折旧 Depreciation in this year	资产合计 Total assets	负债合计 Total liabilities
369163.2	**573344.0**	**165622.3**	**33045.3**	**2166480.2**	**1633566.0**
229223.0	146519.2	51314.0	8687.4	1219262.0	904959.5
109127.2	118060.5	41958.4	7111.5	889285.9	622452.0
228536.6	145495.6	51066.5	8682.8	1213578.7	901006.3
55820.2	79108.7	29631.9	4434.9	407156.5	190452.8
259.4	20.3	11.7	4.9	304.4	575.6
2386.5	8815.1	4995.7	833.0	81949.6	120325.6
74349.0	26543.9	6815.4	697.5	441745.1	331455.9
34173.7	15391.4	3371.2	365.9	195060.3	147638.6
40175.3	11152.5	3444.2	331.6	246684.8	183817.3
47936.0	19102.9	5246.2	1848.4	142316.6	139664.5
47785.5	11904.7	4365.6	864.1	140106.5	118531.9
100.0	1000.0	100.0	40.0	3900.0	3000.0
2665.5	724.7	99.8	31.3	11946.4	10883.1
42914.4	8120.2	3416.1	712.4	112673.2	97190.3
2105.6	2059.8	749.7	80.4	11586.9	7458.5
686.4	1023.6	247.5	4.6	5683.3	3953.2
198.8	957.9	226.6	4.4	1632.7	12.6
487.6	65.7	20.9	0.2	4050.6	3940.6

14-4续表1 continued1

指标名称	Item	年末资产负债 Assets and liabilities 所有者权益合计 Creditors' equity	实收资本 Paid-up capital
总　计	**Total**	**532914.2**	**384748.0**
一、批发业	Wholesale enterprises	314302.5	194369.0
其中:国有及国有控股	State owned and state proprietary	266833.9	156315.0
1.按登记注册类型分组	Grouped by type registered		
内资企业	Domestic	312572.4	192246.1
国有企业	State owned	216703.7	26447.4
集体企业	Collective owned	-271.2	160.0
股份合作企业	Cooperative	-38376.0	52540.0
联营企业	Joint ownership		
国有联营企业	State joint		
集体联营企业	Collective joint		
国有与集体联营企业	State collective joint		
其他联营企业	Others		
有限责任公司	Limited liability company	110289.2	78592.5
国有独资企业	State owned solely	47421.7	25225.0
其他有限责任公司	Others	62867.5	53367.5
股份有限公司	Share holding	2652.1	18645.8
私营企业	Private	21574.6	15860.4
私营独资企业	Private funded	900.0	500.0
私营合伙企业	Private partner	1063.0	1000.0
私营有限责任公司	Private limited company	15482.9	12860.4
私营股份有限公司	Private share holding	4128.4	1500.0
其他企业	Others		
港、澳、台商投资企业	Funded from HongKong, Macao and Taiwan		
与港澳台商合资经营	Joint venture		
与港澳台商合作经营	Cooperative		
港澳台商独资	Sole funds		
港澳台商独资股份有限公司	Share holding		
外商投资企业	Foreign funded	1730.1	2122.9
中外合资经营企业	Joint venture	1620.1	1872.9
中外合作经营企业	Cooperative	110.0	250.0
外资企业	Foreign funds		
外商投资股份有限公司	Share holding		

单位:万元 unit:10000 yuan

国家资本 State owned	集体资本 Collective	法人资本 Corporate	个人资本 Private	港澳台资本 Funded from Hongkong, Macao and Taiwan	外商资本 Foreign funds
125859.8	**20456.0**	**102140.6**	**126918.0**	**8786.6**	**587.0**
96489.0	9846.0	36343.0	51404.0		287.0
96059.0		23298.7	36957.3		
96489.0	9846.0	34563.1	51348.0		
22797.9		3520.2	129.3		
	16.0				
7047.0		9315.0	36178.0		
60679.0	100.0	15511.5	2302.0		
15059.0		10166.0			
45620.0	100.0	5345.5	2302.0		
5965.1	9586.0	1200.0	1894.7		
		5016.4	10844.0		
			500.0		
			1000.0		
		5016.4	7844.0		
			1500.0		
		1779.9	56.0		287.0
		1779.9			93.0
			56.0		194.0

14－4续表2 continued2

		营业收入合计 Total businers revenue	主营业务收入 Operating revenue	主营业务成本 Operating cost
总　计	**Total**	**4656471.4**	**4632129.5**	**4334449.3**
一、批发业	Wholesale enterprises	2586692.7	2573690.9	2421362.6
其中:国有及国有控股	State owned and state proprietary	1900314.1	1887443.1	1778660.5
1.按登记注册类型分组	Grouped by type registered			
内资企业	Domestic funds	2579991.6	2566989.8	2415149.3
国有企业	State owned	560275.0	560275.0	483349.9
集体企业	Collective owned	2111.7	2111.7	2127.2
股份合作企业	Cooperative	41893.8	41893.8	36117.1
联营企业	Joint ownership			
国有联营企业	State joint			
集体联营企业	Collective joint			
国有与集体联营企业	State collective joint			
其他联营企业	Others			
有限责任公司	Limited liability company	1378032.9	1365122.2	1329947.0
国有独资企业	State owned solely	203639.8	202433.0	186309.4
其他有限责任公司	Others	1174393.1	1162689.2	1143637.6
股份有限公司	Share holding	277088.0	277016.3	265716.9
私营企业	Private	320590.2	320570.8	297891.2
私营独资企业	Private funded	5000.0	5000.0	4500.0
私营合伙企业	Private partner	16149.0	16149.0	15717.2
私营有限责任公司	Private limited company	280675.0	280655.6	259282.6
私营股份有限公司	Private share holding	18766.2	18766.2	18391.4
其他企业	Others			
港、澳、台商投资企业	Funded from HongKong, Macao and Taiwan			
与港澳台商合资经营	Joint venture			
与港澳台商合作经营	Cooperative			
港澳台商独资	Sole funds			
港澳台商独资股份有限公司	Share holding			
外商投资企业	Foreign funded	6701.1	6701.1	6213.3
中外合资经营企业	Joint venture	1571.3	1571.3	1345.7
中外合作经营企业	Cooperative	5129.8	5129.8	4867.6
外资企业	Foreign funds			
外商投资股份有限公司	Share holding			

单位:万元　unit:10000 yuan

损益及分配 Profit and loss distribution							
主营业务税金及附加 Operating taxes and extra harges	主营业务利润 Operating profits	其他业务利润 Other profits	营业费用 Busines expenses	管理费用 Management expenses	税　金 Taxes	差旅费 Travel expenses	工会经费 Trade union Outlays
8306.1	**289374.1**	**39781.6**	**141960.4**	**117281.4**	**3666.5**	**3952.9**	**1772.5**
2880.5	149447.8	2756.0	58433.7	48296.5	1265.0	2554.5	1468.1
1995.9	106786.7	1997.9	27177.6	39282.8	968.9	1709.8	423.2
2859.2	148981.3	2756.0	58333.8	48143.3	1262.5	2538.5	1468.1
1387.7	75537.4	333.2	16049.4	24450.3	377.0	725.2	323.2
	-15.5		45.0	33.4			
317.5	5459.2	8.0	3234.6	5742.3	247.4	319.9	37.0
523.9	34651.3	1880.1	17621.7	12101.9	452.8	927.5	988.3
155.1	15968.5	1522.1	5657.1	7178.1	85.9	522.3	43.8
368.8	18682.8	358.0	11964.6	4923.8	366.9	405.2	944.5
142.0	11157.4	196.1	7117.9	1940.3	62.0	149.4	23.9
488.1	22191.5	338.6	14265.2	3875.1	123.3	416.5	95.7
100.0	400.0		20.0	190.0	2.0	6.0	5.0
0.8	431.0		181.0	166.4	5.6	32.9	
383.5	20989.5	320.8	13903.4	3201.4	105.5	290.2	90.7
3.8	371.0	17.8	160.8	317.3	10.2	87.4	
21.3	466.5		99.9	153.2	2.5	16.0	
21.3	204.3			2.9	2.5	0.3	
	262.2		99.9	150.3		15.7	

14－4续表3 continued3

		财务费用 Financial expenses	利息支出 Interest expenditure	营业利润 Business profits
总 计	**Total**	**23606.2**	**20885.8**	**51743.5**
一、批发业	Wholesale enterprises	9483.1	9298.8	39008.7
其中:国有及国有控股	State owned and state proprietary	8532.0	8986.9	34149.9
1.按登记注册类型分组	Grouped by type registered			
内资企业	Domestic funds	9482.0	9298.2	38796.4
国有企业	State owned	2885.5	2473.0	32827.4
集体企业	Collective owned			－62.9
股份合作企业	Cooperative	1532.3	1510.0	－5042.0
联营企业	Joint ownership			
国有联营企业	State joint			
集体联营企业	Collective joint			
国有与集体联营企业	State－collective joint			
其他联营企业	Others			
有限责任公司	Limited liability company	2949.2	3805.9	6214.6
国有独资企业	State owned solely	1520.6	2441.8	3150.5
其他有限责任公司	Others	1428.6	1364.1	3064.1
股份有限公司	Share holding	1835.2	1455.0	528.5
私营企业	Private	279.8	54.3	4330.8
私营独资企业	Private funded	90.0		100.0
私营合伙企业	Private partner	37.6	37.5	46.2
私营有限责任公司	Private limited company	171.0	35.6	4253.4
私营股份有限公司	Private share holding	－18.8	－18.8	－68.8
其他企业	Others			
港、澳、台商投资企业	Funded from HongKong, Macao and Taiwan			
与港澳台商合资经营	Joint venture			
与港澳台商合作经营	Cooperative			
港澳台商独资	Sole funds			
港澳台商独资股份有限公司	Share holding			
外商投资企业	Foreign funded	1.1	0.6	212.3
中外合资经营企业	Joint venture	0.8	0.8	200.6
中外合作经营企业	Cooperative	0.3	－0.2	11.7
外资企业	Foreign funds			
外商投资股份有限公司	Share holding			

单位:万元 unit:10000 yuan

损益及分配 Profits and loss distribution				工资、福利、增值税 Wages, welfare, value-added tax			全部从业人员年平均人数(人) Employment (person)
利润总额 Total profits	应交所得税 Income taxes payable	劳动、失业保险费 Labor and unemployment insurance	住房公积金和住房补贴 Public accommodation fund and subsidies	本年应付工资总额 Wages payable	本年应付福利费总额 Total welfare	本年应交增值税 VAT payable	
56815.1	**22730.2**	**6254.1**	**2920.3**	**54762.0**	**9005.4**	**69736.0**	**29938**
45324.5	17100.9	2912.4	1791.2	25286.9	3553.6	17101.1	9473
41711.6	15767.5	2484.7	1731.5	17658.7	2440.5	13251.6	5404
45115.8	17097.0	2904.1	1791.0	25109.1	3528.7	17060.2	9302
34527.9	12799.5	1415.1	1341.5	11852.5	1749.2	11172.4	3389
-62.9				32.7	1.8		30
-5190.9	68.5	301.4	31.7	1923.6	267.6	71.4	663
12204.2	3147.7	849.0	290.7	4660.0	618.6	3277.2	1968
7289.5	2166.5	555.2	244.6	1819.6	191.3	395.2	604
4914.7	981.2	293.8	46.1	2840.4	427.3	2882.0	1364
952.4	611.6	241.1	122.1	2278.2	254.9	616.6	843
2685.1	469.7	97.5	5.0	4362.1	636.6	1922.6	2409
20.0	14.0			79.0	11.0		60
17.1	7.8	4.5		70.4	9.8	11.8	57
2718.5	447.9	86.0	4.4	4128.2	603.3	1872.2	2217
-70.5		7.0	0.6	84.5	12.5	38.6	75
208.7	3.9	8.3	0.2	177.8	24.9	40.9	171
200.6	0.3	0.3	0.2	25.6	3.6	21.3	21
8.1	3.6	8.0		152.2	21.3	19.6	150

14－4续表4 continued4

		企业数 (个) Enterprises	亏损企业数 (个) Loss－making enterprises
2.按国民经济行业分组	Grouped by sector		
农畜产品批发业	Agricultural products	16	14
食品、饮料及烟草制品批发业	Wholesale of food, beverage and tobaccos	8	1
米、面制品及食用油批发业	Grain and edible oil		
烟草制品批发业	Tobaccoes	3	
纺织、服装及日用品批发业	Textiles, garments and daily articles	2	1
服装批发业	Garments	1	1
文化、体育用品及器材批发业	Cultural and sports goods	4	
医药及医疗器材批发业	Medicines and medical appliances	14	4
矿产品、建材及化工产品批发业	Minerals and construction materials	35	10
煤炭及制品批发业	Coal and related products	3	1
石油及制品批发业	Petroleum and related products	13	1
金属及金属矿批发业	Metal materials	10	4
建材批发业	Constructional materials	5	2
化肥批发业	Chemical fertilizer	3	2
机械设备、五金交电及电子产品批发业	Machinery, hardware and electric equipnent	28	7
汽车、摩托车及零配件批发业	Motor vehicles, motorcycle and parts	7	2
家用电器批发业	Electrical household appliances	2	1
计算机、软件及辅助设备批发业	Computer software and accessories	7	2
贸易经纪与代理	Agercy and brokerage	1	1
其他批发业	Other wholesale	3	2

单位:万元 unit:10000 yuan

年末资产负债 Assets and liabilities						
流动资产合计 Circulating assets	存货 Inventory	固定资产原价 Original value of fixed assets	累计折旧 Total depreciation	本年折旧 Depreciation in this year	资产合计 Total assets	负债合计 Total liabilities
209194.7	41549.1	41658.0	17911.8	1382.3	246867.9	255853.8
78956.2	13820.8	38698.6	10005.5	3401.3	255158.3	35644.1
74959.6	12449.6	37299.9	9587.0	3338.0	249396.9	32014.6
15614.6	697.7	5709.4	1441.7	24.9	22536.0	18667.4
1681.0	38.0	22.5	22.5	0.7	1681.0	2095.9
36337.8	24920.9	13567.3	2448.6	149.4	66549.4	38142.5
94595.4	39689.8	8136.8	3050.1	685.4	146373.2	126454.7
242459.9	78977.8	25337.0	9495.9	1949.9	331178.4	250639.1
2106.3	123.4	93.0	57.2	4.2	2184.4	1359.7
27923.2	8709.2	18953.4	7308.0	1719.5	60062.3	44240.8
149044.2	24376.9	3280.4	1200.1	151.5	202143.9	150981.7
3160.1	1468.7	806.1	273.2	34.6	4830.9	4061.3
59927.4	44234.3	2038.7	594.2	35.9	61487.2	49730.1
68517.2	26369.5	2597.4	811.4	176.3	74335.1	61290.5
16747.4	3980.0	415.1	246.6	31.8	18724.2	15280.5
11240.3	8105.2	378.0	99.0	2.0	11569.5	12081.6
12190.7	5381.2	358.0	204.0	35.3	12373.2	8021.0
1967.7	1692.3	1833.3	1182.0	97.6	2933.8	985.6
57551.6	1505.1	8981.4	4967.0	820.3	73329.9	117281.8

14－4续表5 continued5

		年末资产负债 Assets and liability	
		所有者权益合计 Creditors equity	实收资本 Paid－up capital
2. 按国民经济行业分组	Grouped by sector		
农畜产品批发业	Agricultural products	－8958.9	15583.0
食品、饮料及烟草制品批发业	Wholesale of food, beverage and tobaccos	219514.2	3900.2
米、面制品及食用油批发业	Grain and edible oil		
烟草制品批发业	Tobaccoes	217382.3	3303.4
纺织、服装及日用品批发业	Textiles, garments and daily articles	3868.6	5785.1
服装批发业	Garments	－414.9	100.0
文化、体育用品及器材批发业	Cultural and sports goods	28406.9	15294.6
医药及医疗器材批发业	Medicines and medical appliances	19918.5	8238.0
矿产品、建材及化工产品批发业	Minerals and construction materials	80539.3	82063.1
煤炭及制品批发业	Coal and related products	824.7	287.5
石油及制品批发业	Petroleum and related products	15821.5	25827.2
金属及金属矿批发业	Metal materials	51162.2	41960.0
建材批发业	Constructional materials	769.6	3097.7
化肥批发业	Chemical fertilizes	11757.1	10690.7
机械设备、五金交电及电子产品批发业	Machinery, hard ware and electric equipnent	13044.6	9665.0
汽车、摩托车及零配件批发业	Motor vehicles, motorcycle and parts	3443.7	1665.0
家用电器批发业	Electrical household appliance	－512.1	200.0
计算机、软件及辅助设备批发业	Computer software and accessories	4352.2	3912.0
贸易经纪与代理	Agercy and brokerage	1948.2	2000.0
其他批发业	Other wholesale	－43951.9	51840.0

单位:万元 unit:10000 yuan

国家资本 State owned	集体资本 Collective	法人资本 Corporate	个人资本 Private	港澳台资本 Funded from Hongkong Macao and Taiwan	外商资本 Foreign
9216.9		5316.8	1049.3		
266.4	30.0	3403.8	200.0		
		3303.4			
5685.1		100.0			
		100.0			
14912.6		168.0	214.0		
	300.0	2880.0	4864.0		194.0
58961.0	9416.0	8348.4	5244.7		93.0
		237.5	50.0		
17388.3		6945.9	1400.0		93.0
40000.0			1960.0		
1572.7		965.0	560.0		
	9416.0		1274.7		
400.0	100.0	6011.0	3154.0		
400.0		600.0	665.0		
	100.0	100.0			
			3246.0	666.0	
			2000.0		
7047.0		8115.0	36678.0		

14-4续表6 continued6

		营业收入合计 Business revenus	主营业务收入 Operating revenues	主营业务成本 Operating cost
2. 按国民经济行业分组	Grouped by sector			
农畜产品批发业	Agricultural products	291594.4	291594.4	277767.3
食品、饮料及烟草制品批发业	Wholesale of food, beverage and tobaccos	345618.4	344411.6	280306.5
米、面制品及食用油批发业	Grain and edible oil			
烟草制品批发业	Tobaccos	320220.3	320220.3	258652.2
纺织、服装及日用品批发业	Textiles, garments and daily articles	67113.3	67113.3	64257.4
服装批发业	Garments	6793.3	6793.3	6079.4
文化、体育用品及器材批发业	Cultural and sports goods	53691.1	53690.9	45530.8
医药及医疗器材批发业	Medicines and medical appliances	187940.4	187940.4	170687.1
矿产品、建材及化工产品批发业	Minerals and construction materials	1291766.8	1280030.9	1251379.2
煤炭及制品批发业	Coal and related products	9992.6	9992.6	8755.9
石油及制品批发业	Petroleum and related products	143789.0	132124.8	119231.0
金属及金属矿批发业	Metal materials	1044270.4	1044270.4	1035717.2
建材批发业	Constructional materials	10833.7	10833.7	8725.9
化肥批发业	Chemical fertilizes	77701.6	77629.9	75484.0
机械设备、五金交电及电子产品批发业	Machinery, hardware and electric equipnent	311230.9	311172.0	296654.0
汽车、摩托车及零配件批发业	Motor vehicles, motorcycle and parts	79653.2	79653.2	77236.6
家用电器批发业	Electrical household appliances	71335.7	71296.2	66532.8
计算机、软件及辅助设备批发业	Computer software and accessories	48833.2	48832.9	47584.8
贸易经纪与代理	Agercy and brokerage	8608.2	8608.2	8547.42
其他批发业	Other wholesale	29129.2	29129.2	26332.9

单位:万元　unit:10000 yuan

损益及分配 Profits and loss distribution							
主营业务税金及附加 Operatin taxes and extra charges	主营业务利润 Operating profits	其他业务利润 Other profits	营业费用 Business expenses	管理费用 Manogement epenses			
					税金 Taxes	差旅费 Travel expenses	工会经费 Trade union outlays
48.5	13778.6	1151.6	12685.4	4814.0	141.1	591.9	99.8
1106.3	62998.8	488.8	5652.5	21245.1	241.2	532.0	198.3
1009.4	60558.7	84.5	4166.9	20255.6	216.9	519.4	191.3
12.3	2843.6	48.7	956.9	462.5	10.0	87.5	2.8
11.8	702.1		638.6	160.6	9.5	21.9	
82.5	8077.6	103.5	2199.3	3795.8	16.5	51.6	17.2
231.2	17022.1	77.4	15246.9	1864.0	12.1	84.3	1.3
650.5	28001.2	338.3	12003.8	5744.0	491.5	363.6	164.8
17.9	1218.8		104.7	670.1	3.0	2.4	2.0
166.7	12727.1	180.9	7679.4	1883.2	87.1	116.5	70.6
385.6	8167.6	51.7	2814.0	1927.2	303.7	184.0	31.5
47.7	2060.1	34.0	446.6	428.9	54.3	48.3	57.1
	2145.9	71.7	925.0	813.1	33.4	2.9	2.6
494.4	14023.6	537.8	7561.5	3914.0	101.5	483.2	17.4
224.3	2192.3	104.7	426.8	835.4	14.2	118.1	14.0
104.8	4658.6	−112.3	3744.6	785.5	15.0	239.5	
14.6	1233.5	194.5	380.9	900.4	9.8	32.8	0.8
	60.8		1339.7	951.2	3.7	17.0	930.5
254.8	2641.5	9.9	787.7	5505.9	247.4	343.4	36.0

14-4续表 7 continued7

指标名称	Item	财务费用 Financial expenses	利息支出 Interest expenses	营业利润 Business profits
2. 按国民经济行业分组	Grouped by sector			
农畜产品批发业	Agricultural products	5767.9	6295.8	-8006.2
食品、饮料及烟草制品批发业	Wholesale of food, beverage and tobaccos	-1448.0	-1459.2	38064.6
米、面制品及食用油批发业	Grain and edible oil			
烟草制品批发业	Tobaccos	-1448.4	-1448.4	37690.0
纺织、服装及日用品批发业	Textiles, garments and daiy articles	1361.7	1350.3	111.2
服装批发业	Garments	-1.7	-1.7	-95.4
文化、体育用品及器材批发业	Cultural and sports goods	-19.9	-24.8	2219.4
医药及医疗器材批发业	Medicine and medical appliances	119.2	43.0	-128.9
矿产品、建材及化工产品批发业	Minerials and construction materials	1720.0	1338.0	9101.2
煤炭及制品批发业	Coal and related products	2.8	-1.7	441.2
石油及制品批发业	Petroleum and related products	201.2	149.2	3160.7
金属及金属矿批发业	Metal materials	1243.6	1141.5	2347.1
建材批发业	Constructional materials	33.8	-37.7	1254.2
化肥批发业	Chemical fertilizes	227.4	75.5	283.1
机械设备、五金交电及电子产品批发业	Machinery, hardware and electric equipnent	329.5	129.2	2856.8
汽车、摩托车及零配件批发业	Motor vehicles, motorcycle and parts	84.9	52.0	1002.0
家用电器批发业	Electrical household appliances	42.8	-2.4	-26.4
计算机、软件及辅助设备批发业	Computer software and accessories	68.9	58.2	120.4
贸易经纪与代理	Agercy and brokerage	85.3	85.3	
其他批发业	Other wholesale	1567.4	1541.2	-5209.4

单位:万元 unit:10000 yuan

损益及分配 Profits and loss distribution				工资、福利、增值税 Wages, welfare and VAT			全部从业人员年平均人数(人) Employment (person)
利润总额 Total profits	应交所得税 Income tax Payable	劳动、失业保险费 Labour and unemployment insurave	住房公积金和住房补贴 Public accumulation fund for housing and subsidies	本年应付工资总额 Wages payable	本年应付福利费总额 Total wetfare	本年应交增值税 VAT payable	
-2859.0	1645.2	390.0	66.1	3794.1	501.0	361.1	1550
38804.2	12564.6	1072.8	1119.4	9318.7	1407.9	9569.3	1821
38424.1	12460.1	966.9	1088.9	8622.9	1310.5	9130.8	1386
111.2		5.7	6.8	156.0	7.7	11.6	128
-95.4				16.0	2.2	95.2	18
2160.8	404.1	396.4	155.6	1017.8	78.7	157.7	525
86.6	204.6	38.0	7.0	3421.1	507.2	1734.9	1726
10964.0	1855.5	406.4	359.2	3320.4	412.6	2491.6	1725
434.5	150.7			151.0	21.1	94.8	84
3208.5	276.7	218.8	292.8	2074.7	246.0	812.1	1123
4185.7	868.8	96.0	33.1	652.3	89.9	1549.1	239
972.1	50.2	8.5		163.2	19.2	35.6	104
548.3	444.1	71.9	22.7	243.6	26.6		163
1482.3	405.3	306.0	48.4	2373.2	381.9	2729.3	1382
563.6	174.9	64.8	37.1	359.4	50.8	1710.9	282
-1.2	1.8	161.2	5.1	989.0	191.4	1109.3	411
136.1	38.7	5.8		318.7	44.0	37.0	225
-67.2		1.9		9.1	0.8		10
-5358.4	21.6	295.2	28.7	1876.5	255.8	45.6	606

14-4续表8 continued8

指标名称	Item	企业数(个) Enterprises (unit)	亏损企业数(个) Loss-making enterprises (unit)	流动资产合计 Circulating funds
二、零售业	Retail trade	128	40	44380.1
其中:国有及国有控股	State owned and state proprietary	23	4	117942.2
1.按登记注册类型分组	Grouped by type registered			
内资企业	Domestic funds	124	37	432260.2
国有企业	State owned	9	2	15126.9
集体企业	Collective owned	1	1	178.4
股份合作企业	Cooperative	4		3858.2
联营企业	Joint ownership			
国有联营企业	State joint			
集体联营企业	Collective joint			
国有与集体联营企业	State collective joint			
其他联营企业	Others			
有限责任公司	Limited liability company	34	14	141260.5
国有独资企业	State owned	3		6518.9
其他有限责任公司	Others	31	14	134741.6
股份有限公司	Share holding	11	4	115917.5
私营企业	Private	65	16	155918.7
私营独资企业	Private funded	1		4219.7
私营合伙企业	Private partner	2		6243.5
私营有限责任公司	Private limited company	59	15	140083.2
私营股份有限公司	Private share holding	3	1	5372.3
其他企业	Others			
港、澳、台商投资企业	Funded from HongKong, Macao and Taiwan	2	2	13098.2
与港澳台商合资经营	Joint venture	1	1	12103.2
与港澳台商合作经营	Cooperative			
港澳台商独资	Sole funds	1	1	995.0
港澳台商独资股份有限公司	Share holding			
外商投资企业	Foreign funded	2	1	3021.7
中外合资经营企业	Joint venture	2	1	3021.7
中外合作经营企业	Cooperative			
外资企业	Foreign funds			
外商投资股份有限公司	Share holding			

单位:万元 unit:10000 yuan

年末资产负债 Assets and liabilities at year－end					
存 货 Inventory	固定资产原价 Original value of fixed assets	累计折旧 Depreciation	本年折旧 Depreciation in this year	资产合计 Total assets	负债合计 Liabilities
139940.2	426824.8	114308.3	24357.9	947218.2	728606.5
35636.6	159944.5	37713.5	13955.7	321478.1	239202.0
138279.4	364742.1	86653.3	21620.0	861505.8	644363.7
6356.1	19525.8	8365.1	555.6	30931.3	38273.3
107.1	16.8	12.3	1.7	183.0	446.4
2861.4	3675.9	3178.5	190.5	4356.6	3461.0
45608.0	93028.3	20505.4	3863.0	234908.6	199106.6
2732.1	4448.7	1268.0	243.5	11228.3	8892.4
42875.9	88579.6	19237.4	3619.5	223680.3	190214.2
24633.6	183132.8	38813.9	13808.4	355154.7	224690.8
58713.2	65362.5	15778.1	3200.8	235972.6	178385.6
1118.7	1473.4	242.9	134.6	5972.0	3793.9
4432.5	664.5	222.0	69.3	6686.0	5074.3
51645.7	61516.7	15157.2	2902.2	216004.5	165959.5
1516.3	1707.9	156.0	94.7	7310.1	3557.5
1368.9	60022.3	27481.8	2635.1	80604.9	79212.4
1301.2	59497.3	27169.2	2533.2	79263.6	71363.0
67.7	525.0	312.6	101.9	1341.3	7849.4
291.9	2060.4	173.2	102.8	5107.5	5030.4
291.9	2060.4	173.2	102.8	5107.5	5030.4

14－4续表9　continued9

指标名称	Item	所有者权益合计 Creditors' equity	实收资本 Paid－up Capital
二、零售业	Retail trade	218611.7	190379.0
其中:国有及国有控股	State owned and state proprietary	82276.1	39702.9
1. 按登记注册类型分组	Grouped by type registered		
内资企业	Domestic	217142.1	173800.2
国有企业	State owned	－7342.0	7653.9
集体企业	Collective owned	－263.4	10.0
股份合作企业	Cooperative	894.6	831.4
联营企业	Joint ownership		
国有联营企业	State joint		
集体联营企业	Collective joint		
国有与集体联营企业	State and collective joint		
其他联营企业	Others		
有限责任公司	Limited liability company	35802.0	60880.0
国有独资企业	State owned solely	2335.9	1690.1
其他有限责任公司	Others	33466.1	59189.9
股份有限公司	Share holding	130463.9	60862.1
私营企业	Private	57587.0	43562.8
私营独资企业	Private funded	2178.1	1000.0
私营合伙企业	Private partner	1611.7	901.8
私营有限责任公司	Private limited company	50044.6	39561.0
私营股份有限公司	Private share holding	3752.6	2100.0
其他企业	Others		
港、澳、台商投资企业	Funded from HongKong, Macao and Taiwan	1392.5	16278.8
与港澳台商合资经营	Joint venture	7900.6	15278.8
与港澳台商合作经营	Cooperative		
港澳台商独资	Sole funds	－6508.1	1000.0
港澳台商独资股份有限公司	Share holding		
外商投资企业	Foreign funded	77.1	300.0
中外合资经营企业	Joint venture	77.1	300.0
中外合作经营企业	Cooperative		
外资企业	Foreign funds		
外商投资股份有限公司	Share holding		

单位:万元　unit: 10000 yuan

年末资产负债 Assets and liability					
国家资本 State owned	集体资本 Collective	法人资本 Corporate	个人资本 Private	港澳台资本 Funded from Hongkong, Macao and Taiwan	外商资本 Foreign funds
29370.8	10610.0	65797.6	75514.0	8786.6	300.0
24333.5		3240.7	12128.7		
29370.8	10610.0	58005.4	75514.0	300.0	
6937.1		716.8			
	10.0				
200.0			631.4		
2225.4	10600.0	21728.2	26026.4	300.0	
555.4		1134.7			
1670.0	10600.0	20593.5	26026.4	300.0	
15508.3		20132.6	25221.2		
4500.0		15427.8	23635.0		
			1000.0		
			901.8		
4500.0		14427.8	20633.2		
		1000.0	1100.0		
		7792.2		8486.6	
		7792.2		7486.6	
				1000.0	
					300.0
					300.0

14－4续表10 continued10

		营业收入合计 Total income	主营业务收入 income	主营业务成本 Operating cost
二、零售业	Retail trade	2069778.7	2058438.6	1913086.7
其中:国有及国有控股	State owned and state proprietary	857972.3	854237.4	787377.9
1.按登记注册类型分组	Grouped by type registered			
内资企业	Domestic	1958734.1	1947986.8	1814607.7
国有企业	State owned	100305.0	100162.1	91065.6
集体企业	Collective owned	1996.7	1996.7	1947.3
股份合作企业	Cooperative	11319.3	11319.3	9623.0
联营企业	Joint ownership			
国有联营企业	State joint			
集体联营企业	Collective joint			
国有与集体联营企业	State collective joint			
其他联营企业	Others			
有限责任公司	Limited liability company	420420.4	417689.1	388890.7
国有独资企业	State owned solely	11017.0	11017.0	8105.7
其他有限责任公司	Others	409403.4	406672.1	380785.0
股份有限公司	Share holding	784968.5	780324.6	723767.9
私营企业	Private	639724.2	636495.0	599313.2
私营独资企业	Private funded	25837.2	25837.2	24221.3
私营合伙企业	Private partner	5041.8	5041.8	4655.5
私营有限责任公司	Private limited company	584244.3	581015.1	547041.1
私营股份有限公司	Private share holding	24600.9	24600.9	23395.3
其他企业	Others			
港、澳、台商投资企业	Funded from HongKong, Macao and Taiwan	106371.6	105778.8	94839.9
与港澳台商合资经营	Joint venture	101304.3	101304.3	90796.6
与港澳台商合作经营	Cooperative			
港澳台商独资	Sole funds	5067.3	4474.5	4043.3
港澳台商独资股份有限公司	Share holding			
外商投资企业	Foreign funded	4673.0	4673.0	3639.1
中外合资经营企业	Joint venture	4673.0	4673.0	3639.1
中外合作经营企业	Cooperative			
外资企业	Foreign funds			
外商投资股份有限公司	Share holding			

单位:万元 unit:10000 yuan

损益及分配 Profits and loss distribution							
主营业务税金及附加 Operating taxes and extra charges	主营业务利润 Operating profits	其他业务利润 Other profits	营业费用 Operation expenses	管理费用 Management expenses			
					税金 Taxes	差旅费 Travel expenses	工会经费 Trade union outlays
5425.6	139926.3	37025.6	83526.7	68984.9	2401.5	1398.4	304.4
1932.3	64927.2	4957.2	33403.6	24095.6	1042.4	339.4	205.4
4951.2	128427.9	29982.9	71346.4	62683.5	2400.1	1252.5	304.4
96.3	9000.2	333.7	5374.0	2272.3	74.5	49.6	14.6
1.0	48.4	80.3	143.6	4.5			
143.7	1552.6		550.7	604.4	125.0	14.2	4.3
886.0	27912.4	11610.7	16798.2	18977.0	511.5	258.6	32.7
16.1	2895.2	228.8	747.3	2267.1	43.7	38.2	22.4
869.9	25017.2	11381.9	16709.9	16709.9	467.8	220.4	10.3
1777.5	54779.2	10242.6	29736.3	23918.9	991.7	376.5	200.9
2046.7	35135.1	7715.6	18743.6	16906.4	697.4	553.6	51.9
35.0	1580.9		640.7	220.3			
110.7	275.6		102.8	117.7	66.9	8.0	1.0
1878.6	32095.4	7465.6	17559.7	15508.1	566.8	514.6	45.9
22.4	1183.2	250.0	440.4	1060.3	63.7	31.0	5.0
452.3	10486.6	6876.6	11132.1	6045.0	0.3	123.8	
447.3	10060.4	6315.1	8870.7	5463.6		85.9	
5.0	426.2	561.5	2261.4	581.4	0.3	37.9	
22.1	1011.8	166.1	1048.2	256.4	1.1	22.1	
22.1	1011.8	166.1	1048.2	256.4	1.1	22.1	

14－4续表 11　continued11

		财务费用 Financial expenses	利息支出 Interest expenditure	营业利润 Business profits
二、零售业	Retail trade	14123.1	11587.0	12734.8
其中:国有及国有控股	State owned and state proprietary	2533.6	2066.5	9994.6
1.按登记注册类型分组	Grouped by type registered			
内资企业	Domestic funds	11293.0	8827.1	15502.2
国有企业	State owned	326.6	85.8	1361.1
集体企业	Collective owned			－19.4
股份合作企业	Cooperative	128.1	128.1	269.7
联营企业	Joint ownership			
国有联营企业	State joint			
集体联营企业	Collective joint			
国有与集体联营企业	State collective joint			
其他联营企业	Others			
有限责任公司	Limited liability company	4970.0	3947.0	－201.2
国有独资企业	State owned solely	－12.3	－12.5	138.1
其他有限责任公司	Others	4982.3	3959.5	－339.3
股份有限公司	Share holding	3432.2	3251.7	8134.6
私营企业	Private	2436.1	1414.5	5957.4
私营独资企业	Private funded	197.6		523.0
私营合伙企业	Private partner	25.0	25.0	30.1
私营有限责任公司	Private limited company	2007.4	1389.3	5237.9
私营股份有限公司	Private share holding	206.1	0.2	166.4
其他企业	Others			
港、澳、台商投资企业	Funded from HongKong, Macao and Taiwan	2832.7	2762.7	－2643.4
与港澳台商合资经营	Joint venture	2730.5	2663.2	－689.3
与港澳台商合作经营	Cooperative			
港澳台商独资	Sole funds	102.2	99.4	－1954.1
港澳台商独资股份有限公司	Share holding			
外商投资企业	Foreign funded	－2.6	－2.7	－124.0
中外合资经营企业	Joint venture	－2.6	－2.7	－124.0
中外合作经营企业	Cooperative			
外资企业	Foreign funds			
外商投资股份有限公司	Share holding			

单位:万元 unit:10000 yuan

损益及分配 Profits and loss distribution				工资、福利、增值税 Wages, welfare, VAT			全部从业人员年平均人数(人) Average number of employment (person)
利润总额 Total profits	应交所得税 Income tax payable	劳动、失业保险费 unemployment insurante	住房公积金和住房补贴 Public accumulation fund for housing and subsidies	本年应付工资总额 Wages payable	本年应付福利费总额 Welfare payable	本年应交增值税 VAT payable	
11490.6	5629.3	3341.7	1129.1	29475.1	5451.8	52634.9	20465
9636.6	3299.7	1799.3	606.2	14099.3	1875.6	41027.5	8233
13944.4	5609.6	3114.2	1084.6	28186.1	3850.5	50504.6	19357
1018.6	26.5	203.7	119.0	2140.5	251.3	407.8	1097
-19.4				75.1	2.9	10.3	136
196.4	75.6	5.8		488.7	42.6	258.6	742
13.3	1324.0	841.9	236.7	6558.4	867.1	1881.8	4454
114.9	9.9	281.0	53.7	1124.5	157.5	139.5	492
-101.6	1314.1	560.9	183.0	5433.9	709.6	1742.3	3962
8180.1	2893.2	1533.9	582.8	11324.6	1578.3	43666.3	7327
4555.4	1290.3	528.9	146.1	7598.8	1108.3	4279.8	5601
523.0	246.4			141.5	19.8	235.5	77
26.9	19.8	2.4		80.7	12.1	77.9	108
3850.5	957.6	520.8	146.0	7243.9	1059.9	3298.7	5308
155.0	66.5	5.7	0.1	132.7	16.5	667.7	108
-2300.1		210.1	43.2	1109.6	1576.2	1979.2	858
-359.8		192.6	39.2	874.5	1570.5	2012.6	698
-1940.3		17.5	4.0	235.1	5.7	-33.4	160
-153.7	19.7	17.4	1.3	179.4	25.1	151.1	250
-153.7	19.7	17.4	1.3	179.4	25.1	151.1	250

14-4续表 12 continued12

指标名称	Item	企业数（个）Enterprises (unit)	亏损企业数（个）Loss-making enterprises (unit)
2. 按国民经济行业分组	Grouped by sector		
综合零售业	Retail trade	29	13
百货零售业	Consumer goods	18	7
超级市场零售业	Supermarket	11	6
食品、饮料、烟草制品专门零售业	Wholesale of food, beverage and Tobaccos	1	
纺织、服装及日用品专门零售业	Textile, garment and daily articles	7	2
服装零售业	Garments	4	2
文化、体育用品及器材专门零售业	Cultural and sport goods and equipment	9	1
体育用品零售业	Cultural and sports goods		
图书零售业	Books	8	1
医药及医疗器材专门零售业	Medicines and medical equipment	6	2
药品零售业	Medicines	6	2
汽车、摩托车、燃料及零配件专门	Vehicles, motercycle and parts	64	19
汽车零售业	Vehicles	53	16
机动车燃料零售业	Fuels	10	3
家用电器及电子产品专门零售业	Electrical household applicances and electronic products	8	2
家用电器零售业	Electric household appliance	3	2
计算机、软件及辅助设备零售业	Computer, software and accessories	3	
通讯设备零售业	Telecommunication equipment	2	
五金、家具及室内装修材料专门零售业	Hardware、funiture and indoor hardware fitting	4	1
无店铺及其他零售业	Other retail trade		
邮购及电子销售业	Mail order and electronic sales		

单位:万元　unit:10000 yuan

年末资产负债 Assets and abilities						
流动资产合计 Circulating funds	存　货 Inventory	固定资产原价 Original value of fixed assets	累计折旧 Total depreciation	本年折旧 Depreciation this year	资产合计 Total assets	负债合计 Total Liabilities
202504.4	45002.9	309184.4	82617.6	8874.0	534820.2	397643.4
161040.4	29532.1	263343.4	70325.4	7263.0	458583.0	336349.0
41464.0	15470.8	45841.0	12292.2	1611.0	76237.2	61294.4
7203.1	6781.6	2282.5	180.0		9737.8	7219.0
6762.7	5598.7	4549.9	523.0	196.8	16246.7	17593.5
2645.4	1760.9	4212.0	402.8	175.0	11911.7	13525.5
14373.3	6944.4	6847.4	1803.2	354.5	21191.0	17406.1
13578.5	6381.2	6818.6	1798.0	352.7	20371.9	16864.9
18846.9	6684.4	9441.2	2096.4	465.6	28103.0	22549.9
18846.9	6684.4	9441.2	2096.4	465.6	28103.0	22549.9
189138.1	62403.0	92483.0	26396.9	14402.1	318987.3	257566.8
169687.3	51841.9	45904.8	7268.4	2995.4	238025.3	169127.9
19307.5	10540.1	46478.2	19028.5	11405.0	80709.9	88335.9
8742.6	6419.8	1501.1	570.4	45.6	11818.2	6712.7
3769.7	2910.0	731.6	324.0	36.6	6070.7	4873.8
2556.2	1155.7	43.5	26.9	4.9	2824.3	1694.4
2416.7	2354.1	726.0	219.5	4.1	2923.2	144.5
809.0	105.4	535.3	120.8	19.3	6314.0	1915.1

14-4续表 13 continued13

		所有者权益合计 Creditors' equity	实收资本 Paid-up capital
2. 按国民经济行业分组	Grouped by sector		
综合零售业	Retail trade	137176.8	104750.7
百货零售业	Consumer goods	122234.0	89820.5
超级市场零售业	Supermarket	14942.8	14930.2
食品、饮料、烟草制品专门零售业	Wholesale of food, beverage and Tobaccos	2518.8	1670.0
纺织、服装及日用品专门零售业	Textile, garment and daily articles	-1346.8	1191.4
服装零售业	Garments	-1613.8	996.3
文化、体育用品及器材专门零售业	Cultural and sport goods and equipment	3784.9	2936.6
体育用品零售业	Cultural and sports goods		
图书零售业	Books	3507.0	2736.6
医药及医疗器材专门零售业	Medicines and medical equipment	5553.1	7327.7
药品零售业	Medicines	5553.1	7327.7
汽车、摩托车、燃料及零配件专门	Vehicles, motorcycle and parts	61420.5	68592.6
汽车零售业	Vehicles	68897.4	56072.4
机动车燃料零售业	Fuels	-7626.0	12420.4
家用电器及电子产品专门零售业	Electrical household applicances	5105.5	2750.0
家用电器零售业	Electric household appliance and electronic products	1196.9	1400.0
计算机、软件及辅助设备零售业	Computer, software and accessories	1129.9	1100.0
通讯设备零售业	Telecommunication equipment	2778.7	250.0
五金、家具及室内装修材料专门零售业	Hardware funiture indoor hardware fitting	4398.9	1160.0
无店铺及其他零售业	Other retail trade	1864.1	2202.9
邮购及电子销售业	Mail order and electronic sales		

单位:万元 unit:10000 yuan

年末资产负债 Assets and liability					
国家资本 State owned	集体资本 Collective	法人资本 Corporate	个人资本 Private	港澳台资本 Funded from Hongkong Macao and Taiwan	外商资本 Foreign funds
6886.4		47728.3	41149.4	8786.6	200.0
6386.4		45219.9	39527.6	8486.6	200.0
500.0		12508.4	1621.8	300.0	
1670.0					
		100.0	991.4		100.0
			896.3		100.0
678.3		2058.3	200.0		
678.3	2058.3				
5877.7		1290.0	160.0		
5877.7		1290.0	160.0		
14258.4	10010.0	13014.0	31310.2		
5050.0	10000.0	9812.0	31210.2		
9208.4	10.0	3202.0			
		1107.0	1643.0		
		500.0	900.0		
		500.0	600.0		
		107.0	143.0		
	600.0	500.0	60.0		

14－4续表 14　continued14

		营业收入合计 Total income	主营业务收入 Operating revenme	主营业务成本 Operating cost
2. 按国民经济行业分组	Grouped by sector			
综合零售业	Retail trade	776141.8	769451.2	708521.4
百货零售业	Consumer goods	671343.8	666986.5	615870.6
超级市场零售业	Supmarket	104798.0	102464.7	92650.8
食品、饮料、烟草制品专门零售业	Wholesale of food, beverage and Tobaccos	14018.0	14018.0	11151.2
纺织、服装及日用品专门零售业	Textile, garment and daily articles	20978.3	20978.3	19001.4
服装零售业	Garments	11015.0	11015.01	9858.1
文化、体育用品及器材专门零售业	Cultural and sport goods and equipment	21513.3	20705.1	15505.1
体育用品零售业	Cultural and sports goods			
图书零售业	Books	20244.4	19436.2	14509.6
医药及医疗器材专门零售业	Medicines and medical equipment	47576.2	47575.4	41385.6
药品零售业	Medicines	47576.2	47575.4	41385.6
汽车、摩托车、燃料及零配件专门	Vehicles, motorcycle and parts	1103931.5	1102381.0	1038609.5
汽车零售业	Vehicles	647397.0	645846.5	609738.8
机动车燃料零售业	Fuels	454450.6	454450.6	427071.7
家用电器及电子产品专门零售业	Electrical household applicances	78702.6	76412.6	73152.6
家用电器零售业	Electric household appliance	32491.0	30201.0	28739.7
计算机、软件及辅助设备零售业	Computer, software	10081.7	10081.7	9791.1
通讯设备零售业	Telecommunication equipment	36129.9	36129.9	34621.8
五金、家具及室内装修材料专门零售业	Hardware and funiture	6917.0	6917.0	5759.9
无店铺及其他零售业	Other retail trade			
邮购及电子销售业	Mail order and electronic sales			

单位:万元　unit:10000 yuan

损益及分配 Profits and loss distribution							
主营业务税金及附加 Operating taxes and extra charges	主营业务利润 Operating profits	其他业务利润 Other profits	营业费用 Operating cost	管理费用 Management expenses	税金 Taxes	差旅费 Travel expenses	工会经费 Trade union outlays
2749.4	58180.4	30554.7	32426.4	42213.7	1566.5	551.7	147.5
2219.5	48896.4	24163.2	22260.8	36251.5	1348.5	511.9	107.9
529.9	9284.0	6391.5	10165.6	5962.2	218.0	39.8	39.6
	2866.8		295.6	1642.3			
28.5	1948.4	26.6	1159.4	3338.2	11.1	77.7	
25.7	1131.2	22.2	1022.7	2760.4	9.5	56.9	
60.8	5139.2	242.3	1625.2	3081.3	75.9	95.5	28.9
34.4	4892.2	242.3	1625.2	2861.6	75.9	83.4	28.9
88.3	6101.5	1311.4	4293.8	2376.1	9.3	41.2	14.2
88.3	6101.5	1311.4	4293.8	2376.1	9.3	41.2	14.2
1780.2	61991.3	2180.0	37856.9	14188.0	697.7	575.1	99.1
1479.5	34628.2	2292.2	13177.3	12838.0	516.6	480.9	17.1
281.1	27097.8	−112.2	24586.0	1249.1	179.9	69.4	77.0
661.9	2589.1	2404.2	3642.0	2003.2	32.8	44.7	
34.2	1427.1	2070.4	3023.6	715.2	9.3	19.4	
2.8	287.8	2.7	2.4	250.2	0.1	9.8	
624.9	883.2	331.1	616.0	1037.8	23.4	15.5	
56.5	1100.6	306.4	2227.4	142.1	8.2	12.5	14.7

14－4续表15 continued15

指标名称	Item	财务费用 Financial expenses	利息支出 Interent expenditure	营业利润 Business
2. 按国民经济行业分组	Grouped by sector			
综合零售业	Retail trade	10274.2	9871.9	4165.9
百货零售业	Consumer goods	9170.8	8788.1	5380.1
超级市场零售业	Supermarket	1103.4	1083.8	－1214.2
食品、饮料、烟草制品专门零售业	Wholesale of food, beverage and Tobaccos	93.8		835.1
纺织、服装及日用品专门零售业	Textile, garment and daily articles	95.8	72.6	－2614.7
服装零售业	Garments	41.5	41.2	－2670.8
文化、体育用品及器材专门零售业	Cultural and sport goods and equipment	－1.5	－7.1	692.8
体育用品零售业	Cultural and sports goods			
图书零售业	Books	－16.9	－17.6	680.9
医药及医疗器材专门零售业	Medicines and medical equipment	166.9	163.1	649.9
药品零售业	Medicines	166.9	163.1	649.9
汽车、摩托车、燃料及零配件专门	Vehicles, motercycle and parts	3427.1	1475.5	10604.8
汽车零售业	Vehicles	2210.3	594.3	10600.2
机动车燃料零售业	Fuels	1189.2	881.2	－38.6
家用电器及电子产品专门零售业	Electrical household appliances and electronic products	61.0	11.0	－672.2
家用电器零售业	Electric household appliance	45.8	－0.1	－255.4
计算机、软件及辅助设备零售业	Computer, software and accessories	－0.4	－1.3	38.3
通讯设备零售业	Telecommunication equipment	15.6	12.4	－455.1
五金、家具及室内装修材料专门零售业	Hardware funiture and indoor hardware fitting	5.8		－926.8
无店铺及其他零售业	Other retail trade	2.8	－127.8	223.7
邮购及电子销售业	Mail order and electronic sales			

单位:万元 unit:10000 yuan

损益及分配 Profits and loss distribution				工资、福利、增值税 Wages wdfare VAT			全部从业人员年平均人数(人) Average number of employment (person)
利润总额 Total profits	应交所得税 Income tax payable	劳动、失业保险费 Labor unemployment insurance	住房公积金和住房补贴 Public accumulated fund for housing and subsidies	本年应付工资总额 Wages payable	本年应付福利费总额 Welfare payable	本年应交增值税 VAT payable	
4441.8	2906.1	1113.2	425.7	11792.6	2956.5	10206.1	10841
5543.7	2885.0	884.3	317.5	8284.7	2528.3	9149.1	7525
-1101.9	21.1	228.9	108.2	3507.9	428.2	1057.0	3316
835.1	366.6	103.5	85.8	678.8	72.2	381.8	265
-2642.7	9.3	40.1	4.4	518.7	65.8	1195.9	401
-2700.7		33.1	4.4	325.3	44.9	196.5	275
279.1	81.3	389.9	69.4	1662.7	247.8	379.2	846
268.7	75.2	384.0	69.4	1598.0	239.5	332.0	811
645.7	31.5	12.0	24.3	1331.4	186.0	887.5	1580
645.7	31.5	12.0	24.3	1331.4	186.0	887.5	1580
9046.4	2022.7	1514.0	495.7	12201.7	1721.4	39096.1	5699
10254.7	1965.8	317.6	167.9	5402.2	748.8	2657.9	3324
-1247.5	46.9	1192.8	327.8	6778.2	969.7	36438.2	2365
-151.2	199.4	139.8	18.7	965.1	157.8	417.8	676
-287.2	155.0	130.3	18.7	743.0	103.9	326.8	499
22.1	7.1	3.3		84.0	11.7	65.0	69
113.9	37.3	6.2		138.1	42.2	26.0	108
-963.6	12.4	29.2	5.1	324.1	44.3	70.5	157

14－5 限额以上餐饮企业财务状况

单位:万元

		企业数(个) Enterprises (unit)	亏损企业数(个) Loss-making enterprises (unit)	流动资产合计 Total of current assets
一、餐饮业合计	Total	47	19	37218.8
其中:国有及国有控股	State owned and state proprietry	7	6	18768.9
1.按登记注册类型分组	Grouped by type registered			
内资企业	Domestic funds	45	18	36343.3
国有企业	State owned	6	5	9644.1
集体企业	Collective owned	2	1	66.6
股份合作企业	Cooperative			
联营企业	Joint ownership			
国有联营企业	State joint			
集体联营企业	Collective joint			
国有与集体联营企业	State collective joint			
其他联营企业	Others			
有限责任公司	Limited liability company	1		600.3
国有独资企业	State owned solely			
其他有限责任公司	Others	1		600.3
股份有限公司	Share holding	1	1	9124.8
私营企业	Private	35	11	16907.5
私营独资企业	Private funded	5	1	1002.9
私营合伙企业	Private partner	1		66.9
私营有限责任公司	Private limited company	29	10	15837.7
私营股份有限公司	Private share holding			
其他企业	Others			
港、澳、台商投资企业	Funded from HongKong, Macao and Taiwan			
与港澳台商合资经营	Joint venture			
与港澳台商合作经营	Cooperative			
港澳台商独资	Sole funds			
港澳台商独资股份有限公司	Share holding			
外商投资企业	Foreign funded	2	1	875.5
中外合资经营企业	Joint venture	1	1	657.7
中外合作经营企业	Cooperative			
外资企业	Foreign funds	1		217.8
外商投资股份有限公司	Share holding			
2.按国民经济行业分组	Grouped by sector			
正餐服务业	Dinner	46	18	37152.9
快餐服务业	Snack			
饮料及冷饮服务业	Beverage and cold drink services			
其他餐饮服务业	Other	1	1	65.9

FINANCIAL CONDITIONS OF CATERING ENTERPRISES ABOVE DESIGNATED SIZE

unit:10000 yuan

存 货 Inventory	固定资产原价 Original value of fixed assets	累计折旧 Depreciation	本年折旧 Depreciation this year	资产合计 Total assets	负债合计 liabilities
4646.2	73318.0	17034.1	2246.0	94249.9	43965.7
704.0	55402.4	12471.3	1339.2	56174.2	20801.2
4443.1	73187.5	16953.2	2226.5	93221.3	43243.4
532.2	46386.3	10089.4	1082.0	47636.8	20213.8
12.2	1856.9	1169.3	23.3	542.2	159.1
144.0	3.4	0.1		603.7	602.2
144.0	3.4	0.1		603.7	602.2
171.8	9016.1	2381.9	257.2	8537.4	587.4
3582.9	15924.8	3312.5	864.0	38901.2	21680.9
336.2	2843.2	435.9	75.2	3650.6	1223.8
7.3	8.1	4.0	1.5	128.2	109.4
3239.4	13073.5	2872.6	787.3	32122.4	20347.7
203.1	130.5	80.9	19.5	1028.6	722.3
189.4	70.7	30.7	8.3	801.2	692.3
13.7	59.8	50.2	11.2	227.4	30.0
4615.5	73283.1	17034.1	2246.0	93822.3	43728.1
30.7	34.9			427.6	237.6

14－5续表1 continued1

指标名称	Item	所有者权益合计 Creditors' equity	实收资本 Paid－up capital
一、餐饮业合计	Total	50284.2	46567.7
其中:国有及国有控股	State owned and state owned	35737.0	31688.2
1.按登记注册类型分组	Grouped by type registered		
内资企业	Domestic funds	49977.9	45367.7
国有企业	State owned	27423.0	23738.2
集体企业	Collective owned	383.1	370.0
股份合作企业	Cooperative		
联营企业	Joint ownership		
国有联营企业	State joint		
集体联营企业	Collective joint		
国有与集体联营企业	State collective joint		
其他联营企业	Others		
有限责任公司	Limited liability company	1.5	200.0
国有独资企业	State owned solely		
其他有限责任公司	Others	1.5	200.0
股份有限公司	Share holding	7950.0	7950.0
私营企业	Private	14220.3	13109.5
私营独资企业	Private funded	2426.8	4081.4
私营合伙企业	Private partner	18.8	50.0
私营有限责任公司	Private limited company	11774.7	8978.1
私营股份有限公司	Private share holding		
其他企业	Others		
港、澳、台商投资企业	Funded from HongKong, Macao and Taiwan		
与港澳台商合资经营	Joint venture		
与港澳台商合作经营	Cooperative		
港澳台商独资	Sole funds		
港澳台商独资股份有限公司	Share holding		
外商投资企业	Foreign funded	306.3	1200.0
中外合资经营企业	Joint venture	108.9	700.0
中外合作经营企业	Cooperative		
外资企业	Foreign funds	197.4	500.0
外商投资股份有限公司	Share holding funded from foreign		
2.按国民经济行业分组	Grouped by sector		
正餐服务业	Dinner	50094.2	46517.7
快餐服务业	Snack		
饮料及冷饮服务业	Beverage and cold drink services		
其他餐饮服务业	Other	190.0	50.0

单位:万元 unit:10000 yuan

国家资本 State owned	集体资本 Collective	法人资本 Corporate	个人资本 Private	港澳台资本 Funded from Hongkong, Macao and Taiwan	外商资本 Foreign funds
23252.5	470.0	16825.7	4819.5		1200.0
23052.5		8635.7			
23252.5	470.0	16825.7	4819.5		
23052.5		685.7			
	370.0				
200.0					
200.0					
		7950.0			
	100.0	8190.0	4819.5		
		4010.0	71.4		
			50.0		
	100.0	4180.0	4698.1		
					1200.0
					700.0
					500.0
23252.5	470.0	16825.7	4769.5		1200.0
			50.0		

14-5续表2 continued2

		营业收入合计 Business revenue	营业务收入 Operating revenue	主营业务成本 Operating cost
一、餐饮业合计	Total	56511.0	54206.9	30309.7
其中:国有及国有控股	State owned and state proprietary	16935.8	16313.6	7387.8
1.按登记注册类型分组	Grouped by type registered			
内资企业	Domestic funds	54924.4	52620.3	29492.8
国有企业	State owned	15816.7	15272.9	6946.0
集体企业	Collective owned	1090.8	1090.8	731.3
股份合作企业	Cooperative			
联营企业	Joint ownership			
国有联营企业	State joint			
集体联营企业	Collective joint			
国有与集体联营企业	State and collective joint			
其他联营企业	Others			
有限责任公司	Limited liability company	1241.1	1241.1	287.3
国有独资企业	State owned solely			
其他有限责任公司	Others	1241.1	1241.1	287.3
股份有限公司	Share holding	1119.1	1040.7	441.8
私营企业	Private	35656.7	33974.8	21086.4
私营独资企业	Private funded	4975.2	4975.2	3169.5
私营合伙企业	Private partner	964.0	964.0	482.0
私营有限责任公司	Private limited company	29717.5	28035.6	17434.9
私营股份有限公司	Private share holding			
其他企业	Others			
港、澳、台商投资企业	Funded from HongKong, Macao and Taiwan			
与港澳台商合资经营	Joint venture			
与港澳台商合作经营	Cooperative			
港澳台商独资	Sole funds			
港澳台商独资股份有限公司	Share holding			
外商投资企业	Foreign funded	1586.6	1586.6	816.9
中外合资经营企业	Joint venture	995.1	995.1	641.0
中外合作经营企业	Cooperative			
外资企业	Foreign funds	591.5	591.5	175.9
外商投资股份有限公司	Share holding			
2.按国民经济行业分组	Grouped by sector			
正餐服务业	Dinner	56339.7	54035.6	30219.1
快餐服务业	Snack			
饮料及冷饮服务业	Beverage and cold drink services			
其他餐饮服务业	Other	171.3	171.3	90.6

单位:万元 unit:10000 yuan

损益及分配 Profits and loss distribution							
主营业务税金及附加 Operating taxes and extra charges	主营业务利润 Operating profits	其他业务利润 Other profits	营业费用 Business expenses	管理费用 Management expenses	税金 Taxes	差旅费 Travel expenses	工会经费 Travel union outlays
3339.0	20558.2	224.2	12534.6	11997.7	300.8	280.8	89.1
967.8	7958.2	2.3	1524.0	7424.9	186.6	98.4	42.5
3255.5	19872.0	224.2	12040.5	11860.6	300.8	275.0	88.7
906.1	7420.8		800.6	7036.0	51.0	98.4	42.5
203.2	156.3		355.7	40.0		6.2	5.9
69.0	884.8		421.4	492.4		4.1	1.5
69.0	884.8		421.4	492.4		4.1	1.5
61.5	537.4	2.3	723.4	388.9	135.6		
2015.7	10872.7	221.9	9739.4	3903.3	114.2	166.3	38.8
349.7	1456.0	72.5	1216.2	143.7	14.0	65.4	5.2
39.8	442.2		281.6	140.8			
1626.2	8974.5	149.4	8241.6	3618.8	100.2	100.9	33.6
83.5	686.2		494.1	137.1		5.8	0.4
54.0	300.1		276.1	35.8			
29.5	386.1		218.0	101.3		5.8	0.4
3328.8	20487.7	224.2	12441.4	11971.2	300.8	280.8	89.1
10.2	70.5		93.2	26.5			

14－5续表3 continued3

指标名称	Item	财务费用 Financial expenses	利息支出 Interest expenditure	营业利润 Business profits
一、餐饮业合计	Total	768.8	526.2	－4518.7
其中:国有及国有控股	State owned and state proprietary	467.0	439.9	－1455.4
1.按登记注册类型分组	Grouped by type registered			
内资企业	Domestic funds	758.1	526.2	－4563.0
国有企业	State owned	467.0	439.9	－882.8
集体企业	Collective owned	18.9		－258.3
股份合作企业	Cooperative			
联营企业	Joint ownership			
国有联营企业	State joint			
集体联营企业	Collective joint			
国有与集体联营企业	State and collective joint			
其他联营企业	Others			
有限责任公司	Limited liability company	2.1		－31.1
国有独资企业	State owned solely			
其他有限责任公司	Others	2.1		－31.1
股份有限公司	Share holding			－572.6
私营企业	Private	270.1	86.3	－2818.2
私营独资企业	Private funded	5.5	0.3	163.1
私营合伙企业	Private partner	1.0		18.8
私营有限责任公司	Private limited company	263.6	86.0	－3000.1
私营股份有限公司	Private share holding			
其他企业	Others			
港、澳、台商投资企业	Funded from HongKong, Macao and Taiwan			
与港澳台商合资经营	Joint venture			
与港澳台商合作经营	Cooperative			
港澳台商独资	Sole funds			
港澳台商独资股份有限公司	Share holding			
外商投资企业	Foreign funded	10.7		44.3
中外合资经营企业	Joint venture	10.2		－22.0
中外合作经营企业	Cooperative			
外资企业	Foreign funds	0.5		66.3
外商投资股份有限公司	Share halding funded from foreigh			
2.按国民经济行业分组	Grouped by sector			
正餐服务业	Dinner	768.8	526.2	－4469.5
快餐服务业	Snack			
饮料及冷饮服务业	Beverage and cold drink services			
其他餐饮服务业	Other			－49.2

单位:万元 unit:10000 yuan

损益及分配 Profits and loss distribution				工资、福利费 Wages and welfare		全部从业人员年平均人数(人) Average number of employment (person)
利润总额 Total profits	应交所得税 Income tax payable	劳动、失业保险费 Labor unemployment insurance	住房公积金和住房补贴 Public accumulated fund for housing and subsidies	本年应付工资总额 Wages payable	本年应付福利费总额 Wages payable	
-1353.3	782.5	327.2	77.2	5837.8	792.2	5530
-1508.8	157.5	258.7	72.9	2105.7	277.1	1352
-1397.6	782.5	327.2	77.2	5632.1	764.1	5320
-935.9	157.5	258.7	52.5	1923.2	272.6	1202
-258.3				134.4	18.8	153
14.1			1.1	208.6	32.7	240
14.1			1.1	208.6	32.7	240
-572.9			20.4	182.5	4.5	150
355.4	625.0	68.5	3.2	3183.4	435.5	3575
290.5	122.2	7.5		326.7	43.2	277
18.8		12.4		98.9	13.8	103
46.1	502.8	48.6	3.2	2757.8	378.5	3195
44.3				205.7	28.8	210
-22.0				90.0	12.6	150
66.3				115.7	16.2	60
-1307.8	782.5	327.2	77.2	5722.5	776.8	5459
-45.5				115.3	16.1	71

统计资料

STATISTICS

对外经济贸易和旅游业

FOREIGN TRADE AND TOURISM

第十五篇　对外经济贸易和旅游业

2006年长春市对外贸易大幅度增长，进口额增长，出口额减少。实现进出口总额52.3亿美元，比上年增长15.1%，其中，进口41.4亿美元，增长26.4%；出口10.9亿美元，下降14.1%。在出口额中，国有企业出口5.3亿美元，减少38%；外商投资企业出口3.5亿美元，增长20.7%；一般贸易出口8.9亿美元，减少17.7%。

2006年招商引资成效显著。全年新批三资企业149个，其中投资总额超千万元美元的大项目33个。全年共有19个国家和地区来长春投资，从投资的方向看，主要投向制造业，所占比重为68.9%；从投资的来源看，主要来自香港和美国，所占比重为75.5%。全年实际利用外资14.1亿美元，比上年增长20.2%。其中直接利用外资5亿美元，增长23.2%。

15－1 对外经济贸易指标
FOREIGN TRADE AND ECONOMIC COOPERATION

		单位 Unit	2005	2006
进出口总额(一)	Total import and export(Ⅰ)	万美元 $ 10000	454139	522588
其中:进口	Imports	万美元 $ 10000	327566	413969
出口	Exports	万美元 $ 10000	126573	108619
1. 国有企业	State owned	万美元 $ 10000	211133	191349
其中:进口	Imports	万美元 $ 10000	126239	138710
出口	Exports	万美元 $ 10000	84894	52639
2. 集体企业	Collective owned	万美元 $ 10000	768	928
其中:进口	Imports	万美元 $ 10000	17	839
出口	Exports	万美元 $ 10000	751	89
3. 三资企业	Foreign funded	万美元 $ 10000	225037	303358
其中:进口	Imports	万美元 $ 10000	195900	268198
出口	Exports	万美元 $ 10000	29137	35160
4. 私营企业	Private	万美元 $ 10000	17158	26877
其中:进口	Imports	万美元 $ 10000	5401	6961
出口	Exports	万美元 $ 10000	11757	19916
进出口总额(二)	Total import and export(Ⅱ)	万美元 $ 10000	399028	507032
其中:进口	Imports	万美元 $ 10000	310849	424805
出口	Exports	万美元 $ 10000	88179	82227
新批项目(企业)数	Number of new registered enterprises	个 unit	139	149
投资总额	Total investment	万美元 $ 10000	129140	164861
合同利用外资额	Contract foreign investment	万美元 $ 10000	50597	71776
其中:直接利用外资额	Direct foreign investments	万美元 $ 10000	50597	71776
实际利用外资额	Total of foreign funds actually used	万美元 $ 10000	117060	140734
其中:直接利用外资额	Direct foreign investment	万美元 $ 10000	40799	50249

注:进出口总额(一)中进出口总额是指在长春行政区域内工商注册、并在长春海关登记、赋予代码为“2201”的全部有外贸经营权的企业(公司)进出口总额。它是衡量我市有外贸经营权的企业(公司)经营规模和总体水平的标志。

进出口总额(二)中进出口总额是指在全国各地工商注册,并在当地海关登记的赋予相应代码的有外贸经营权的企业(公司),进口商品目的地为长春市、出口产品货源地产自长春市的进出口总额。它是衡量我市进口市场需求(包括项目)及出口生产质量、能力的标志。

Note:

* Import－export value(Ⅰ) by changchun foreign trade managing units refer to actul value of imports and exports carried out by corporation which have been registered by changchun customhouse and vested with right to run import, export business. It is a measure of trade rights to the city and the overall level of the enterprise size.

* * Import value of commodities by the places of their destination and export value of commodities by the place of their origin in china: The places of their consumption, utilization or the place of their final destination. The latter indicator refers to the value of export commodities of the places of their origin or the place of the commodities dispatched, changchun.

15－2 2006年新批外商项目(企业)分类表
NEW REGISTERED FOREIGN PROJECTS (ENTERPRISES) BY CATEGORY(2006)

		户 数 (个) Enterprises (unit)	外商投资 (万美元) Investment ($10000)	比重 (%) Percentage (%)
总 计	Total	149	60310	100
1. 按行业类别分	Grouped by sector			
农林牧渔业	Farming forestry animal husbandry and fishery	2	1039	1.7
采矿业	Mining	1	250	0.5
制造业	Manufacturing	96	41540	68.9
电力燃气及水的生产和供应业	Production and supply of eolectric power gas and water	2	1346	0.1
建筑业	Construction	3	2998	5.0
交通运输、仓储和邮电业	Transport storage and post	2	500	0.2
批发零售贸易餐饮业	Wholesale, retail trade and catering services	6	486	0.8
信息传输与计算机服务	Information transmission and computer services	7	737	1.2
房地产业	Real estate	13	8395	13.9
住宿及餐饮业	Hotels and catering services	8	55	0.1
租赁与商业服务业	Leasing and business services	7	411	0.7
科学研究、技术服务与地质勘察业	Scientific research, technical services and geologic prospecting	2	2553	4.2
2. 按国别、地区分	Grouped by country or region			
香 港	Hongkong	46	38964	64.6
韩 国	Korea	29	583	1.0
开罗群岛	Cario islands	1	275	0.5
维尔京群岛(英属)	Virgin islands	11	5987	9.9
巴巴多斯	Barbados	2	2660	4.4
台 湾	Taiwan	7	191	0.3
美 国	United states	20	6587	10.9
日 本	Japan	10	105	0.2
德 国	Germany	1	10	0.0
新 加 坡	Singapore	3	157	0.3
巴 林	Bahrain	1	97	0.2
加 拿 大	Canada	9	1245	2.1
萨 摩 亚	Samoa	1	40	0.1
毛 里 求 斯	Mauritius	1	500	0.8
朝 鲜	Korea DFR	1	7	
安 圭 拉 岛	Anguilla	1	120	0.2
澳 大 利 亚	Australia	1	75	0.1
英 国	U.K.	1	370	0.6
3. 按经济类型分	Grouped by ownership			
外资企业	Foreign funds	84	29128	48.3
合资经营	Joint venture	56	15314	25.4
合作经营	Cooperative	9	15868	26.3

15－3 主要出口商品情况
MAIN EXPORT GOODS

商品名称 Item		出口金额（万美元）Export($10000)	占出口总额比重(%) Proportion(%)
1. 玉米	Corn	14905	13.7
2. 汽车及汽车底盘	Vehicles and its chassis	10424	9.6
3. 服装及衣着附件	Garments and auessories	8581	7.9
4. 汽车零件	Vehicle parts	5886	5.4
5. 新的充气橡胶轮胎	New pneumaticrubber tire	5840	5.4
6. 胶合板及类似的多层板	Veneer and multiply wood	1937	0.1
7. 稻谷和大米	Rice	1933	1.8
8. 鲜冻牛肉	Fresh, frozen beef	1789	1.6
9. 家具及其零件	Funiture	1661	1.5
10. 纺织纱线、织物及制品	Textile	1519	1.4
11. 电线、电缆	Electrical wire and cable	1381	1.3
12. 锯材	Timeber	1021	0.9
13. 干豆	Potatos	1017	0.9
14. 钢材	Steel	983	0.9
15. 家用或装饰用木制品	Timber products for household or decoration	982	0.9
16. 塑料制品	Plastics products	708	0.7
17. 摩托车	Motorcycles	653	0.6
18. 通断保护电路装置及零件	Electrical apparatus for switching or protecting electrical circuits	544	0.5
19. 食用油籽	Oil－bearing seed	540	0.5
20. 药材	Medicine materials	502	0.5
合　计	Total	108619	100

15-4 主要进口商品情况
MAIN IMPORT GOODS

商品名称 Item		进口金额（万美元） Import($10000)	占进口额比重（%） Proportion(%)
合　计	**Total**	**413969**	**100**
其中:1. 汽车零件	Vehicles parts	134321	32.4
2. 汽车和汽车底盘	Vehicles and its chassis	46594	11.3
3. 活塞式内燃机的零件	Parts of piston eagine	23216	5.6
4. 计量检测分析自控仪器及器具	Analysis of measurement control equipment and appliance	20600	5.0
5. 通断保护电路装置及零件	Hardware	13136	3.2
6. 大豆	Soybean	12774	3.1
7. 自动调节及控制仪器及装置	Augomatic governing and control instrument and apparatus	11014	2.7
8. 钢材	Steel products	6078	1.5
9. 钢铁制标准坚固件	Standard strong steel products	4883	1.2
10. 电视机	TVS	4098	1.0
11. 金属加工机床	Metal-cutling machine tools	3516	0.8
12. 集成电路及微电子组件	Integrated circuit and microelectronics components	3051	0.7
13. 发电机组及旋转式变流机	Generating set and rotary electric machine	3031	0.7
14. 初级形状的塑料	Initial shape plastics	2860	0.7
15. 焊接及其零件	Seal and its parts	2650	0.6
16. 电线和电缆	Wire and cable	2284	0.6
17. 天然橡胶(包括乳胶)	Natural rubber include emulsoid	2074	0.5
18. 型模及金属铸造用型箱	Mould and box for metal casting	1891	0.5
19. 液泵及液体提升机	Pump and liquid elevator	1817	0.4
20. 电动机及发电机	Electric motor	1611	0.3
21. 阀门	Valve	1145	0.3
22. 非泡沫塑料的板片膜箔	Non-foamed plastic plate, film and foil	1134	0.3
23. 制冷设备用压缩机	Compressors for refrigerating equipment	1009	0.2

15－5 外贸进出口总值分国别(地区)出口情况
BASIC CONDITIONS OF FOREIGN TRADE BY COUNTRY

国家(地区)	Country or region	出口额(万美元) Exports($ 10000)
		2006
总　　值	**Total**	**108619**
1.東 埔 寨	Cambodia	1061
2.香　　港	HongKong	2149
3.印度尼西亚	Indonesia	235
4.日　　本	Japan	19485
5.马来西亚	Malaysia	4938
6.菲 律 宾	Philippines	769
7.新 加 坡	Singapore	406
8.韩　　国	Korea	18371
9.叙 利 亚	Syria	2498
10.泰　　国	Thailand	604
11.越　　南	Vietnam	1245
12.台 湾 省	Taiwan	652
13.阿尔及利亚	Algeria	1422
13.南　　非	South Africa	2304
15.比 利 时	France	1478
16.英　　国	United Kingdom	3455
17.德　　国	Germany	3322
18.法　　国	France	723
19.意 大 利	Italy	1394
20.荷　　兰	Netherland	4675
21.西 班 牙	Spain	1506
22.奥 地 利	Austria	25
23.匈 牙 利	Hungary	133
24.波　　兰	Poland	1139
25.俄 罗 斯	Russia	2901
26.乌 克 兰	Ukraine	1075
27.捷　　克	Czech	54
28.阿 根 廷	Argentina	145
29.巴　　西	Brazil	522
30.墨 西 哥	Mexico	726
31.加 拿 大	Canada	1641
32.美　　国	United States	10808

金融保险业
BANKING AND INSURANCE

第十六篇 金融、保险篇

2006年，全市金融运行继续呈现健康、良性的发展势头。各项存款、贷款适度增长，信贷结构进一步优化，有力地促进了全市经济结构的调整和健康发展。保险事业进一步发展。

一、各项存款稳定增长。2006年末，全市金融机构本外币各项存款余额2396.2亿元，比年初增加361.3亿元，增长17.8%。其中，人民币各项存款余额为2336.4亿元，比年初增加327.8亿元，增长16.3%。从存款结构上看：

居民储蓄存款余额1219.5亿元，比年初增加140.5亿元，增长13.0%。其中，人民币储蓄存款余额为1174.6亿元，比年初增加115.3亿元，增长10.9%。

企业事业单位存款余额696.5亿元，比年初增加122.7亿元，增长21.4%。其中，人民币企业存款余额为682.9亿元，比年初增加113.6亿元，增长20.0%。

二、各项贷款适度增长，信贷结构进一步优化。2006年末，全市金融机构本外币各项贷款余额为2194.8亿元，按可比口径计算，比年初增加324.1亿元，增长17.3%。其中，人民币各项贷款余额为2160.3亿元，比年初增加315.6亿元，增长17.1%。

从人民币贷款增量投向上看：一是短期贷款比年初增加51.4亿元，增长6.3%。其中，农业贷款比年初增加15.8亿元；工业贷款比年初增加10.1亿元；二是中长期贷款比年初增加309.1亿元，增长33.3%。

各项贷款的适度增长，为促进全市经济持续发展提供了资金支持。

三、保险事业进一步发展。2006年，全市各保险公司保费收入完成35.1亿元，比上年增长13.7%。其中，财产险保费收入8.8亿元，比上年增长31.8%，人寿险保费收入26.3亿元，比上年增长8.6%；全年赔款支出总额9亿元，比上年增长65.8%。其中，财产险赔款支出4.5亿元，比上年增长21.5%；人身险赔款支出4.5亿元，比上年增长159.7%。

16－1 主要年份城乡居民储蓄存款
DEPOSITS OF URBAN AND RURAL RESIDENTS

单位:万元 unit:10000yuan

		2001	2002	2003	2004	2005	2006
年末储蓄存款余额	Balance of deposits at year－end	6080769	7138522	8313564	9103685	10593043	11745969
一、按对象分	Grouped by object						
城镇储蓄	Urban deposits	5664812	6654240	7773358	8530992	9911222	10911191
农户储蓄	Rural deposits	415957	484282	540206	572693	681821	834778
二、按地区分	Grouped by region						
市辖区	District	5064461	6082025	7160952	7856406	9125248	10109765
榆树市	Yushu	249948	251187	282725	315601	354235	384426
农安县	Nong'an	264189	268832	288796	304466	393671	430827
德惠市	Dehui	286622	302290	327308	352121	405081	438505
九台市	Jiutai	215549	234188	253783	275091	314808	382446

16－2 1991－2006年保险费收入和赔款支出
PREMIUM AND CLAIM OF INSURANCE(1991－2006)

单位:千元 unit:1000yuan

年份 Year	保险费收入 Premium	赔款支出 Claim	赔付率(%) Payment rate
1991	164200	103320	62.9
1992	226790	134070	59.1
1993	225929	130248	57.6
1994	208195	132679	63.7
1995	242880	156920	64.6
1996	243165	27898	11.5
1997	834330	216260	25.9
1998	467423	288599	61.7
1999	840370	234360	27.9
2000	897800	284490	31.7
2001	1203345	404926	33.7
2002	1870688	484611	25.9
2003	2871260	562650	19.6
2004	3212130	579940	18.1
2005	2986980	665300	22.3
2006	3513544	902754	25.7

16－3 全市金融机构信贷收支(人民币)
CREDIT FUNDS BALANCE SHEET OF FINANCIAL INSTITUTIONS (RMB)

单位:万元 unit:10000yuan

来源项目名称 Item of soures	金额 Amount	运用项目名称 Item of uses	金额 Amount
一、各项存款 Deposits	23363621	一、各项贷款 Loans	21602790
1. 企业存款 Deposits of enterprises	6829188	1. 短期贷款 Short term loans	8651597
(1)活期存款 Current deposits	5686848	(1)工业贷款 Industrial loans	200216
(2)定期存款 Fixed deposits	1142340	(2)商业贷款 Commercial loans	3401839
2. 财政存款 Treasury deposits	869564	(3)建筑业贷款 Construction loans	154525
3. 机关团体存款 Government and organization	1544664	(4)农业贷款 Agricultural loans	581199
4. 储蓄存款 Saving deposits	11745968	(5)乡镇企业贷款 Loans to township enterprises	
(1)活期储蓄 Current deposits	4116479	(6)三资企业贷款 Loans to foreign funded enterprise	131105
(2)定期储蓄 Fixed deposits	7629489	(7)私营企业及个体贷款 Loans to individuals	76863
5. 农业存款 Agricultural deposits	417851	(8)其他短期贷款 Other short－term loans	2303950
6. 信托存款 Intrusted deposits		2. 中长期贷款 Medium and long－term loans	12382292
7. 委托存款 Precative deposits	133859	(1)基本建设贷款 Construction loans	5471961
8. 其他存款 Others	1822527	(2)技术改造贷款 Innovation loans	359819
二、金融债券 Ronds		(3)其他中长期贷款 Others	6550512
三、应付及暂收款 Payable	354737	其中:个人中长期消费贷款 Individual consumer loans	977332
四、同业往来 Interbank loan	324583	3. 信托贷款 Credit loans	
五、行内资金往来 Pooling currency	2179667	4. 融资租赁 Lease	
六、各项准备 Creditor's equity	296824	5. 委托贷款 Precative loans	90888
七、所有者权益 Creditor's equity	608097	6. 票据融资 Papercredit	468152
八、其他 Others	－1184420	7. 各项垫款 Delay loans	9861
		二、有价证券及投资 Portfolio loans	843804
		三、应收及预付款 Receivable and payable	209418
		四、同业往来 Interbank account	18008
		五、二级准备金 Secondary reserve	2619588
		六、行内资金往来 Within account	
		七、委托投资 Precative investment	
		八、金银占款 Gold and silver	
		九、外汇占款 Purchase foreigh exchanges	10173
		十、固定资产 Fixed assets	499019
		十一、库存现金 Stock of cash	140310
资金来源总计 Total of sources	25943110	资金运用总计 Total of uses	25943110

16－4 全市金融机构现金收支(人民币)
CASH INCOME AND EXPENDITURES OF FINANCIAL INSTITUTIONS(RMB)

单位:万元 unit:10000yuan

	金 额 Amount		金 额 Amount
一、商品销售收入 Commodity sales	654869	一、工资性支出 Wages	213967
二、服务业收入 Service revenue	155996	二、农副产品采购支出 Purchases products	374196
三、税款收入 Taxes revenue	28570	三、工矿及其他产品采购支出 Purchases of industrail and mineral products	73637
四、城乡个体经营收入 Individual business revenue	83961	四、行政企事业管理费支出 Expenditure for government and enterprises	310434
五、储蓄存款收入 Saving depostes	4343990	五、城乡个体经营支出 Expenditure for individual business	170121
六、其他金融机构收入 Other financial instirutions	64319	六、储蓄存款支出 Expenditure for saving deposits	4399508
七、居民归还贷款收入 Repayment of residents loands	331959	七、其他金融机构支出 Expenditure for other financial instituriions	72235
八、汇兑收入 Remittances	73396	八、居民提取贷款支出 Expenditure for loans by residents	100794
九、有价证券收入 Securities	2389	九、汇兑支出 Expenditure for exchage	38385
十、其他收入 Others	476724	十、有价证券支出 Expenditure for securities	3441
其中:兑换外币收入 Income for exchange of foreign currencies	3529	十一、其他支出 Other expenditure	490224
		其中:兑换外币支出 Expenditure for exchange of foreign currencies	6525
收入合计 Total	6216173	支出合计 Total	6246942
		投放(+)、回笼(-) Currency issuance(+), withdrawn(-)	30769

16－5　2006年全市金融机构年末储蓄存款余额(人民币)
DEPOSITS BALANCE SHEET OF FINANCE INSTITUTIONS IN 2006(RMB)

单位:万元　　unit:10000yuan

		金　额 Amount
全市金融机构年末储蓄存款余额	**Total**	**11745969**
一、按期限划分	Grouped by objects	
活期储蓄	Demand	4116480
定期储蓄	Time	7629489
二、按对象划分	Grouped term	
城镇居民储蓄	Urban deposits	10911191
农村居民储蓄	Rural deposits	834778
三、按地区划分	Grouped by object	
市辖区	District	10109765
榆　树	Yushu	384426
农　安	Nong'an	430827
德　惠	Dehui	438505
九　台	Jutai	382446

16－6　2006年全市保险业务状况
BASIC STATISTICS ON INSURANCE (2006)

单位:万元　　unit:10000yuan

		保费收入 Premium	赔款支出 Claim	赔付率(%) Loss ratio
总　计	**Total**	**3513544**	**902754**	**25.7**
一、财产险合计	Property	885067	449376	50.8
企财险	Enterprises property insurance	118566	63619	
家财险	Family property insurance	6588	3036	
机动车险	Motor vehicle insurance	642071	324997	
工程保险	Engineering insurance	7549	3837	
责任险	Liability insurance	18499	11898	
保证保险	Guarantee insurance	7270	7908	
货运险	Freight transport insurance	36640	16721	
农业保险	Agriculture insurance	5058	1616	
健康险	Healty insurance	2310	995	
意外伤害保险	Accident injury insurance	36797	14580	
其他	Other life insurance	3719	169	
二、人寿险合计	Life insurance	2628477	453378	17.2
人寿保险	Life insurance	2429906	365345	
其中:普通寿险	Ordinary life insurance	540478	111384	
分红险	Profit sharing insurance	1520472	253361	
投连险	Special insurance	38803	444	
万能险	Omnipotence insurance	330154	158	
意外伤害险	Accident injury insurance	31885	17769	
健康险	Health insurance	166686	70264	

教育、科技及文化事业

EDUCATION, SCIENCE AND TECHNOLOGY CULTURE

第十七篇　教育及文化事业

2006年教育整体水平得到进一步提升。年末全市普通全日制高等院校28所，共招收本、专科学生9.2万人。年底在校生30.9万人。各类成人高等学校10所，共招收本、专科学生3.96万人，年底在校生10.4万人。年末中等职业技术学校64所，其中：普通中专13所、成人中专14所，职业高中37所，共招生2.7万人，年底在校生6.5万人。其中普通中专在校生1.5万人、成人中专在校生0.4万人、职业高中在校生2.6万人。普通中学374所，在校生42.9万人，其中初中297所，在校生28万人，小学1665所，在校生46.1万人。

2006年，长春电影制片厂全年共生产故事片16部。全市共有文化(文物)事业机构202家，其中艺术团体9家，剧场、影剧院19家，公共图书馆12家，艺术馆、文化馆12家，文化站112家，文物保护单位1家，文物保护管理机构4家，博物馆2家，文化市场管理机构12家。公共图书总藏书174万册，其中少儿图书馆31万册。

17－1 长春市各级各类学校基本情况
BASIC STATISTICS ON EDUCATION

		校 数 (所) Schools	在校学生数 (人) Student enrollment (person)	毕业生数 (人) Graduates (person)	教职工数(人) Teacher and staff(person)	
					合 计 Total	#:专职教师 Full time teacher
普通高等学校	Institutions of higher education	28	308605	72486	39924	20468
成人高校	Adult education schools	10	104315	21977	3717	2031
中等专业学校	Technical secondary schools	64	64746	18898	6561	4271
其中:普通中专	Specialized secondary schools	13	14656	3484	1446	964
成人中专	Specialized secondary schools for adults	14	4254	2496	1956	1400
职业高中	Vocational senior middle school	37	26402	6249	1817	1090
职业初中	Volational middle school	4	1508	962	153	118
普通中学	Regular secondary schools	374	429493	154160	33249	25396
其中:初中	Junior secondary schools	297	279871	107682	21597	18345
高中	Senior secondary schools	77	149622	46478	11652	7051
小学	Primary schools	1665	460647	84873	42913	37052
工读学校	Approved schools	1	138	26	49	40
特殊教育学校	Special education schools	10	1358	161	461	338
幼儿园	Kindergartens	782	116335	42833	7202	4374

17－2 平均每万人口中学生数
SECONDARY STUDENT ENROLLMENT PER 10000 POPULATION

单位:人　　unit:person

		全市 Total	市区 District	九台市 Jiutai	榆树市 Yushu	农安县 Nong'an	德惠市 Dehui
普通高等学校	Higher education	420	891				
成人高等	Adult higher education	142	301				
中等职业学校	Specializde secondany schools	88	138	69	43	27	44
高中	Senior schools	203	198	233	170	257	178
初中	Junior schools	381	289	519	375	470	534
小学	Primary schools	626	553	627	635	719	803

17－3 中学概况
BASIC STATISTICS ON SECONDARY SCHOOLS

		校数(所) Schools	班数(个) Classes (unit)	在校学生数(人) Student enrollment (person)	毕业生数(人) Graduates (person)	教职工数(人) Teacher and staff (person)	
						合计 Total	#:专职教师 Full time teacher
长春市	Changchun	374	7916	429493	154160	33249	25396
城区	District	128	3438	168831	58845	14967	11700
市辖区	District	35	1023	54081	16598	4165	3111
南关区	Nanguan	13	193	7852	3503	1055	893
宽城区	Kuancheng	14	257	12179	4497	1171	907
朝阳区	Chaoyang	20	419	21058	6586	1776	1439
二道区	Erdao	14	320	15826	5920	1308	958
绿园区	Luyuan	8	169	7213	3120	908	808
高新开发区	High－technical developing area	2	18	737	379	89	80
经济开发区	Economic technical developing area	3	48	2109	763	247	215
净月开发区	Jingyue developing area	4	47	2069	573	235	197
省直	Directly under province	5	321	17494	5537	1251	1030
双阳区	Shuangyang	30	395	17850	7875	1835	1320
四县(市)区	Four counties(cities)	246	4478	260662	95315	18282	13696
农安县	Nong'an	71	1255	77519	30836	5709	4138
九台市	Jiutai	38	1058	56841	21786	4611	3320
榆树市	Yushu	58	1176	68689	22029	4392	3323
德惠市	Dehui	49	989	57613	20664	3570	2915

17－4 小 学 概 况
BASIC STATISTICS ON PRIMARY SCHOOLS

		校 数 (所) Schools	班数(个) Class (unit)	在校学生数 (人) Student enrollment (person)	毕业生数(人) Graduates (person)	教 职 工 数 (人) Teacher and staff(person)	
						合 计 Total	#:专职教师 Full time teacher
长春市	**Changchun**	**1665**	**16027**	**460647**	**84873**	**42913**	**37052**
城 区	District	388	5423	191610	31086	15920	13691
市辖区	District	3	215	10737	1408	620	544
南关区	Nanguan	31	572	21868	2915	1833	1663
宽城区	Kuancheng	36	645	25560	4524	2126	1791
朝阳区	Chaoyang	45	769	29280	4729	2347	2067
二道区	Erdao	48	700	26024	4655	1821	1545
绿园区	Luyuan	28	560	22564	3511	1665	1503
高新开发区	Economic technical developing area	4	31	927	129	80	65
经济开发区	Economic developing area	16	220	8069	1212	614	543
净月开发区	Jingyue developing area	26	226	6025	924	493	442
省直	Directly under province	3	225	11670	1281	592	534
双阳区	Shuangyang	131	983	19605	3739	2968	2341
四县(市)区	Four counties(cities)	1277	10604	269037	53787	26993	23361
农安县	Nong'an	377	2849	76643	16896	7247	5960
九台市	Jiutai	292	2074	47380	10196	7637	6750
榆树市	Yushu	365	3260	80041	13022	6570	5946
德惠市	Dehui	263	2421	64973	13673	5539	4705

17－5 幼 儿 园
BASIC STATISTICS ON KINDERGARTENS

		园 数 (所) Kindergartens (unit)	在园幼儿数 (人) Children (person)	教 职 工 数 (人) Teacher and staff(person)	
				合 计 Total	#:专职教师 Full time teacher
长春市	**Changchun**	782	116335	7202	4374
城 区	Distric	459	43136	5281	2966
市辖区	District	2	591	91	63
南关区	Nanguan	50	4606	683	687
宽城区	Kuancheng	70	4796	598	362
朝阳区	Chaoyang	86	7904	1286	693
二道区	Erdao	118	8985	778	437
绿园区	Luyuan	104	9655	1535	791
高新开发区	Economic technical developing area				
经济开发区	Developing area	13	1025	128	58
净月开发区	Jingyue developing area		134		
双阳区	Shuangyang	16	5121	227	175
四县(市)区	Four counties(cities)	323	73199	1921	1408
农安县	Nong'an	74	8679	351	284
九台市	Jiutai	38	18663	420	298
榆树市	Yushu	134	18206	639	450
德惠市	Dehui	77	17651	511	376

17－6 小学学龄人口入学情况
BASIC STATISTICS ON SCHOOL－AGE CHILDREN ENROLLED

单位:人 unit:person

		校内外学龄人口 School－age children		在校学龄人口 School－age children enrolled		入学率(%) Enrollment rate	
		合计 Total	#:女 Female	合计 Total	#:女 Female	合计 Total	#:女 Female
总计	**Total**	**407999**	**192133**	**407737**	**192008**	**99.94**	**99.93**
城市	Urban area	125533	60167	125438	60129	99.92	99.94
县镇	Town	84707	39590	84640	39553	99.92	99.91
农村	Rural area	197759	92376	197659	92326	99.95	99.95

17－7 初中学龄人口入学情况
BASIC STATISTICS ON MIDDLE SCHOOL STUDENTS ENROLLED

单位:人 unit:person

		校内外学龄人口 School－age children		在校学龄人口 School－age children enrolled		入学率(%) Enrollment rate	
		合计 Total	#:女 Female	合计 Total	#:女 Female	合计 Total	#:女 Female
总计	**Total**	**195759**	**94196**	**19556**	**94136**	**99.90**	**99.94**
城市	Urban area	55668	27289	55659	27287	99.98	99.99
县镇	Town	73598	35247	73490	35221	99.85	99.93
农村	Rural area	66493	31660	66417	31628	99.89	99.90

17－8 文化事业基本情况
BASIC STATISTICS ON CULTURAL INSTITUTIONS

		单位 Unit	全市 Total	市区 District	县(市) County
一、座席个数	Seats	个 sets	7884	3271	4613
1.电影院、开放礼堂俱乐部	Cinema, music hall	个 unit	1858	658	1200
2.艺术表演场所	Theater	个 unit	6026	2613	3413
二、演(映)出场次	Performances	场 shous	4307	4028	279
1.电影院、开放礼堂俱乐部	Cinema, music hall	场 shows	2600	2600	
2.艺术表演场所	Theater	场 shows	285	135	150
其中:艺术演出	Performancing	场 shows	100	100	
3.艺术表演团体	Art performance group	场 shows	1422	1293	129
三、观众人次	Spectators	千人次 1000person－time	1029	870	159
1.电影院、开放礼堂俱乐部	Cinema, music hall	千人次 1000person－time	20	20	
2.艺术表演场所	Theater	千人次 1000person－time	203	173	30
其中:艺术演出	Performancing	千人次 1000person－time	139	139	
3.艺术表演团体	Art performance group	千人次 1000person－time	806	677	129
四、举办展览个数	Number of exhibition	个 unit	48	33	15
1.群众艺术馆	Mass art centres	个 unit	1	1	
2.文化馆(站)	Cultural centers	个 unit	26	11	15
3.博物馆	Museums	个 unit	21	21	
4.文物商店	Arts store	个 unit			
五、参观人次	Visitors	千人次 1000person－time	463	460	3
1.文物保护管理机构	Agency of historical relics	千人次 1000person－time	3		3
2.博物馆	Museums	千人次 1000person－time	460	412	
六、文物藏品	Number of collection	件 pcs	106641	101351	5290
1.文物保护管理机构	Agency of historical relics	件 pcs	542		542
2.博物馆	Museums	件 pcs	106099	101351	4748
七、总藏量	Number of collections	千册(件) 1000 pcs	5908	5194	714
1.群众艺术馆	Mass art centres	千册 1000 pcs	6	6	
2.文化馆(站)	Cultural centers	千册 1000 pcs	6		6
3.公共图书馆	Public libraries	千册 1000 pcs	2744	2036	708

17－9 文化事业机构、人数
INSTITUTIONS AND PERSONNEL IN CULTURE AND ART

		机构数（个）Institutions			职工数（人）Workers and staff members(person)		
		总计 Total	市区 District	县（市）County	总计 Total	市区 District	县（市）County
一、电影事业	Film	206	22	186	1113	357	756
1.电影发行放映管理机构	Film renting units	7	3	4	316	104	212
2.电影制片厂	Film studios						
3.电影院、影剧院	Cinemas	15	9	6	531	245	286
4.开放礼堂、俱乐部	Music hall						
5.对内礼堂、俱乐部	Theatre						
6.电影队	Film team	184	8	176	266	8	258
二、艺术业	Art instifutions	27	19	8	1912	1634	278
1.艺术表演团体	Art performance troups	13	9	4	1394	1151	243
2.艺术表演场所	Theatre	7	7		375	375	
3.艺术创作机构	Art creation institution	7	3	4	134	99	35
三、文化科技科研机构	Instifutions of S&R	2	2		26	26	
四、文物事业	Cultural relics	10	6	4	462	371	91
1.文物保护管理机构	Agency of historical relics	4	1	3	52	7	45
2.文物研究机构	Research historical relics agency	2	2		79	79	
3.博物馆	Museums	3	2	1	312	266	46
4.文物商店	Arts store	1	1		19	19	
五、图书馆	Public libraries	13	9	4	653	491	162
其中:少儿公共图书馆	Public libraries	1	1		43	43	
七、群众文化	Mass culture	125	35	90	740	429	311
1.群众艺术馆	Mass art centres	3	3		166	166	
2.文化馆	Culture centres	10	6	4	352	230	122
3.文化站	Culture department and stations	112	26	86	222	33	189
其中:乡镇文化站	Township cultural stations	86		86	189		189

17－10 规模以上工业企业技术改造、技术获取及减免税情况
BASIC STATISTICS ON TECHNOLOGICAL TRANS FORMATION TECHNOLOGY DEVELOPING AND TAX RELIEFS

单位:千元 unit:1000 yuan

		技术改造经费支出 Innovation	引进国外技术经费支出 Technology introduce	引进技术的消化吸收经费支出 Training	购买国内技术经费支出 Technology developing	享受各级政府对技术开发的减免税 Tax－free
总　　计	**Total**	**1280309**	**349594**	**20390**	**8500**	**38630**
总计中:国有控股企业	State proprietary	1247792	347974	12690	8400	35544
一、按企业规模分组:	Grouped by size of enterprises					
大型企业	Large－scale enterprises	1091903	340457	12690	2040	18132
中型企业	Middle－scale	157454	7817	7700	1970	2736
小型企业	Small－scale	30952	1320	0	4490	17762
二、按登记注册类型分组	Grouped by status of registration					
内资企业	Domestic funds	1270809	348874	12690	8500	38630
国有企业	State－owned	948273	309277	0	6060	0
集体企业	Collective－owned	129	0	0	0	32
有限责任公司	Limited liability company	179788	7817	0	420	17380
国有独资公司	Sole state－funded	93523	0	0	170	0
其他有限责任公司	Other limited liability company	86265	7817	0	250	17380
股份有限公司	Share holding limited	138187	31780	12690	2020	18482
私营企业	Drivate enterprises	4432	0	0	0	2736
私营独资企业	Sole private	525	0	0	0	0
私营有限责任公司	Private limited company	3751	0	0	0	2736
私营股份有限公司	Private share holding	156	0	0	0	0
港、澳、台商投资企业	Funded from HongKong, Mocao and Taiwan	758	0	0	0	0
合资经营企业(港或澳、台资)	Joint owned	758	0	0	0	0
外商投资企业	Foreign funded	8742	720	7700	0	0
中外合资经营企业	Joint venture	2150	720	7700	0	0
外商投资股份有限公司	Share holding	6592	0	0	0	0
三、按工业行业大类分组	Grouped by sector					
制造业	Manafacturing	1174173	349594	20390	2460	38630
农副食品加工业	Farm sideline food processing	10883	0	0	0	0
食品制造业	Food manufacturing	421	0	0	0	0
饮料制造业	Beverage manufacturing	2150	0	0	0	0
皮革、毛皮、羽毛(绒)及其制品业	Leather, furs, down and related products	124	0	0	0	0
木材加工及木、竹、藤、棕、草制品业	Timber, bamboo, cane, palm and straw products	14746	2867	1693	0	0
家具制造业	Furniture manufacturing	345	0	0	0	0
造纸及纸制品业	Paper making and paper products	114	0	0	0	0
医药制造业	Medical and pharmacutical products	14210	0	0	0	2736
塑料制品业	Plastic products	234	0	0	0	0
非金属矿物制品业	Nonmetal mineral products	8604	0	0	150	17380
金属制品业	Metal products	547	0	0	0	0
通用设备制造业	Ordinary mathinery	7700	0	0	0	0
专用设备制造业	Special purpose equipment	134	0	0	0	0
交通运输设备制造业	Transport equipment	1110301	346127	18697	2310	18132
仪器仪表及文化办公用机械制造业	Instruments, meters, culturae and office	3660	600	0	0	350
工艺品及其他制造业	Art and others	0	0	0	0	32
电力、燃气及水的生产和供应业	Production and supply of heat power gas and water	106136	0	0	6040	0
电力、热力的生产和供应业	Electricity cnd heatpower	84956	0	0	6040	0
燃气生产和供应业	Gas production and supply	16460	0	0	0	0
水的生产和供应业	Water procluetion and supply	4720	0	0	0	0
四、按隶属关系分组	Grouped by administration					
中央	Centra	1036697	309277	0	6230	0
省(自治区、直辖市)	Province	32552	3467	1693	150	17730
地(区、市、州、盟)	Prefeture	33610	0	0	0	0
县(区、市、旗)	County	2150	0	0	0	32
其他	Others	175300	36850	18697	2120	20868

17－11 规模以上工业企业科技活动情况(一)

		企业数(个) Enterprises (unit)	有科技活动 With S.T. activities	科技活动人员(人) Staff of S.T. activities (person)	其中：女性 Female	#科学家工程师 Scientists and engineers
总计	**Total**	**853**	**70**	**19078**	**5191**	**13935**
一、按登记注册类型分组	Grouped by register					
内资企业	Domestic funds	713	60	18475	5013	13496
国有企业	State－owned	76	8	12033	3873	9649
集体企业	Collective－owned	64	7	141	13	79
股份合作企业	Share holding	13				
有限责任公司	Limited liability company	167	2144	494	1466	992
国有独资公司	Sole state－funded	19	4	1175	283	816
其他有限责任公司	Other limited liability company	148	17	969	211	650
股份有限公司	Share holding limited	47	11	3771	522	2009
私营企业	Drivate enterprises	340	13	386	111	293
私营独资企业	Sole private	73				
私营合伙企业	Partnership	9				
私营有限责任公司	Private limited company	233	10	356	109	265
私营股份有限公司	Private share holding	25	3	30	2	28
其他企业	Other enterprises	6				
港、澳、台商投资企业	Funded from HongKong, Moaco and Taiwan	36	2	14	9	10
合资经营企业(港或澳、台资)	Joint owned	24	1	10	8	8
合作经营企业(港或澳、台资)	Cooperative enterprises	1				
港、澳、台商独资经营企业	Sole operation	8	1	4	1	2
港、澳、台商投资股份有限公司	Share holding limited	3				
外商投资企业	Foreign funded	104	8	589	169	429
中外合资经营企业	Joint venture	74	6	503	130	405
中外合作经营企业	cooperative enterprises	2				
外资企业	Foreign enterprises	25				
外商投资股份有限公司	Share holding	3	2	86	39	24
二、按工业行业大类分组	Grouped by sector					
采矿业	Mining	18				
煤炭开采和洗选业	Coal mining and processing	13				
石油和天然气开采业	Petroleum and natural gas extraction	2				
非金属矿采选业	Nonmetal Minerals minging and of dressing	3				
制造业	Manafacturing	797	66	18782	5155	13661
农副食品加工业	Farm sideline food processing	83	2	293	101	149
食品制造业	Food manufacturing	22				
饮料制造业	Beverage manufacturing	27				
烟草制品业	Tobacco processing	1				
纺织业	Textile industry	4				
纺织服装、鞋、帽制造业	Clothigng shoes and hats	15				
皮革、毛皮、羽毛(绒)及其制品业	Leather, furs, down and related products	3				
木材加工及木、竹、藤、棕、草制品业	Timber, bamboo, cane, palm and straw products	14	1	2305	120	900
家具制造业	Furniture manufacturing	10				
造纸及纸制品业	Paper making and paper products	12				
印刷业和记录媒介的复制	Printing and record medium reproduction	17				
文教体育用品制造业	Cultural, educational and sports goods	1				
石油加工、炼焦及核燃料加工业	Petroleum processing and coking	6				
化学原料及化学制品制造业	Raw chemical material and chemical products	39	1	52	3	3
医药制造业	Medical and pharmaceutical products	72	16	828	342	667
化学纤维制造业	Chemical fiber	1				
橡胶制品业	Rubber products	5				
塑料制品业	Plastic products	32				
非金属矿物制品业	Nonmetal Mineral products	50	3	167	41	165
黑色金属冶炼及压延加工业	Smelting and pressing of ferrous metals	9				
有色金属冶炼及压延加工业	Smelting and pressing of non ferrous metals	6	1	48	2	5
金属制品业	Metal products	32	2	9	1	9
通用设备制造业	Ordinary machinery	48	5	306	80	186
专用设备制造业	Special purpose equipment	27	2	42		32
交通运输设备制造业	Transport equipment	206	24	14439	4395	11354
电气机械及器材制造业	Electric equipmert and machinery	25	2	76	25	45
通信设备、计算机及其他电子设备制造业	Computer and other equipment	15	2	43	2	23
仪器仪表及文化办公用机械制造业	Instruments, meters, culturae and office	9	4	139	37	88
工艺品及其他制造业	Art and others	5	1	35	6	35
废弃资源和废旧材料回收加工业	Waste material processing	1				
电力、燃气及水的生产和供应业	Production and supply of heat power gas and water	38	4	296	36	274
电力、热力的生产和供应业	Electricity cnd heatpower	27	3	253	30	231
燃气生产和供应业	Gas production and supply	5	1	43	6	43
水的生产和供应业	Water production and supply	6				

S&T ACTIVITES OF INDUSTRY ENTREPRISES ABOVE DESIGNATED SIZE(Ⅰ)

其中: #R&D人员 Staff of R&D	其中: 机构人员 Staff of institution	R&D人员折合全时当量(人年) Full-time equivalent of R&D staff (person year)	科技活动经费筹集总额(千元) Fund raised of R&D(1000 yuan)	其中: 1、企业资金 Enterprises	2、金融机构贷款 Loans of financa, institutions	3、政府资金 Grovernment	科技活动经费内部支出(千元) Self-expenses of R&D(1000yuan)	其中:1. 经费支出 Expenditure
5439	**4160**	**4656.33**	**3950109**	**3866481**	**8800**	**57578**	**3913749**	**3881298**
5439	4082	4656.33	2991113	2907485	8800	57578	2955263	2922812
3824	1879	3450.51	2363641	2313111	0	36430	2368027	2366027
	8		16640	16640			16603	16603
992	1093	673.72	265058	245658	8800	8800	254595	242478
911	677	617.67	126745	108045	8800	8100	104196	104196
81	416	56.05	138313	137613		700	150399	138282
559	1042	475.3	316250	303947		10953	288031	269747
64	60	56.8	29524	28129		1395	28007	27957
64	60	56.8	26974	25579		1395	26157	26157
			2550	2550			1850	1800
			1779	1779			1779	1779
			998	998			998	998
			781	781			781	781
	78		957217	957217			956707	956707
			950003	950003			949493	949493
	78		7214	7214			7214	7214
5439	4100	4656.33	3927006	3843378	8800	57578	3876472	3844021
90	184	18	23720	23720			15420	15420
	205		70000	70000			76038	65858
			1506	1506			1506	1506
322	225	304.9	64693	58028		6665	61044	56423
31	82	10.85	17800	17800			18833	17033
			10200	10200			10200	10200
			250	250			250	250
	37		22510	7410		1200	22762	20562
			2000	2000			2000	2000
4966	3213	4305.09	3689346	3630216	8800	46980	3640586	3631872
	71		10480	10480			15141	10475
	8		4021	4021			4021	4021
30	75	18.3	9580	6847		2733	7521	7521
			900	900			880	880
	60		23103	23103			37277	37277
	60		21457	21457			19957	19957
			1646	1646			17320	17320

17－12 规模以上工业企业科技活动情况(二)

		2.科研基建支出 Copital construction expenses	其中：R&D经费 R&D outlays	其中：新产品开发经费支出 New produts developing epenses	企业办科技机构(个) S.T. institutions of enterprises (unit)
总计	**Total**	**32451**	**1083581**	**3588550**	**42**
一、按登记注册类型分组	Grouped by register				
内资企业	Domestic funds	32451	1083581	2630464	41
国有企业	State－owned	2000	824024	2163182	4
集体企业	Collective－owned			16603	1
股份合作企业	Share holding				
有限责任公司	Limited liability company	12117	106706	196456	19
国有独资公司	Sole state－funded		89415	84309	7
其他有限责任公司	Other limited liability company	12117	17291	112147	12
股份有限公司	Share holding limited	18284	147631	235536	14
私营企业	Drivate enterprises	50	5220	18687	3
私营独资企业	Sole private				
私营合伙企业	Partnership				
私营有限责任公司	Private limited company		5220	18687	3
私营股份有限公司	Private share holding	50			
其他企业	Other enterprises				
港、澳、台商投资企业	Funded from HongKong, Moaco and Taiwan			1779	
合资经营企业(港或澳、台资)	Joint owned			998	
合作经营企业(港或澳、台资)	Cooperative enterprises				
港、澳、台商独资经营企业	Sole operation			781	
港、澳、台商投资股份有限公司	Share holding limited				
外商投资企业	Foreign funded			956307	1
中外合资经营企业	Joint venture			949093	
中外合作经营企业	cooperative enterprises				
外资企业	Foreign enterprises				
外商投资股份有限公司	Share holding			7214	1
二、按工业行业大类分组	Grouped by sector				
采矿业	Mining				
煤炭开采和洗选业	Coal mining and processing				
石油和天然气开采业	Petroleum and natural gas extraction				
非金属矿采选业	Nonmetal Minerals minging and of dressing				
制造业	Manafacturing	32451	1083581	3575390	40
农副食品加工业	Farm sideline food processing		6000	15320	5
食品制造业	Food manufacturing				
饮料制造业	Beverage manufacturing				
烟草制品业	Tobacco processing				
纺织业	Textile industry				
纺织服装、鞋、帽制造业	Clothigng shoes and hats				
皮革、毛皮、羽毛(绒)及其制品业	Leather, furs, down and related products				
木材加工及木、竹、藤、棕、草制品业	Timber, bamboo, cane, palm and straw products	10450		63450	3
家具制造业	Furniture manufacturing				
造纸及纸制品业	Paper making and paper products				
印刷业和记录媒介的复制	Printing and record medium reproduction				
文教体育用品制造业	Cultural, educational and sports goods				
石油加工、炼焦及核燃料加工业	Petroleum processing and coking				
化学原料及化学制品制造业	Raw chemical material and chemical products			1506	
医药制造业	Medical and pharmaceutical products	4621	26775	37953	7
化学纤维制造业	Chemical fiber				
橡胶制品业	Rubber products				
塑料制品业	Plastic products				
非金属矿物制品业	Nonmetal Mineral products	1800	4726	4795	4
黑色金属冶炼及压延加工业	Smelting and pressing of ferrous metals				
有色金属冶炼及压延加工业	Smelting and pressing of non ferrous metals			10200	
金属制品业	Metal products			250	
通用设备制造业	Ordinary machinery	2200		7735	2
专用设备制造业	Special purpose equipment			1900	
交通运输设备制造业	Transport equipment	8714	1044680	3410348	15
电气机械及器材制造业	Electric equipmert and machinery	4666		10475	1
通信设备、计算机及其他电子设备制造业	Computer and other equipment			4021	1
仪器仪表及文化办公用机械制造业	Instruments, meters, culturae and office		1400	6557	2
工艺品及其他制造业	Art and others			880	
废弃资源和废旧材料回收加工业	Waste material processing				
电力、燃气及水的生产和供应业	Production and supply of heat power gas and water			13160	2
电力、热力的生产和供应业	Electricity cnd heatpower				2
燃气生产和供应业	Gas production and supply			13160	
水的生产和供应业	Water production and supply				

S&T ACTIVITIES OF INDUSTRY ENTREPRISES ABOVE DESIGNATED SIZE(Ⅱ)

科技项目数(项) Number of S.T. projects (unit)	新产品项目(项) New products project (unit)	项目经费(千元) Project outlays (1000yuan)	新产品产值(千元) Value of new products (1000yuan)	专利申请数(件) Patent application (PCS)	发明专利 Inventions	技术改造经费支出 Innovaton (1000yuan)	技术引进经费支出(千元) Technology introducing expenditure (1000 yuan)	消化吸收经费支出(千元) Innovatin (1000yuan)	购买国内技术经费支出(千元) Expense of purchasing domestic technic (1000yuan)
1131	**663**	**2862140**	**101525467**	**255**	**47**	**1280309**	**349594**	**20390**	**8500**
1089	621	2668444	29395099	255	47	1270809	348874	12690	8500
548	267	2166452	23988256	173	25	948273	309277	0	6060
10	10	16333	13600	1	1	129			
			210529						
326	247	232166	1210465	38	7	179788	7817		420
254	207	104196	460393	24		93523			170
72	40	127970	750072	14	7	86265	7817		250
159	88	225536	3618967	39	10	138187	31780	12690	2020
46	9	27957	239782	4	4	4432			
			3361			525			
44	9	26157	235435	4	4	3751			
2		1800	986			156			
			113500						
2	2	1779	43654			758			
1	1	998	43654			758			
1	1	781							
40	40	191917	72086714			8742	720	7700	
37	37	184703	70510500			2150	720	7700	
			85031						
			1472055						
3	3	7214	19128			6592			
1105	662	2824863	101525467	255	47	1174173	349594	20390	2460
7	5	15320	1245400	4	2	10883			
			33580			421			
			27455			2150			
			94703						
			31960						
			5993						
						124			
33	20	22437	798564			14746	2867	1693	
			11495			345			
						114			
			986						
			2682						
1	1	1506	6807						
121	64	56423	476305	32	25	14210			
			5850			234			
8	2	7700	513426			8604			150
			381090						
1	1	10200	32787						
2	2	250	506			547			
49	17	14310	109914	11	4	7700			
111	1	2000	81575			134			
751	531	2672510	97203384	188	13	1110301	346127	18697	2310
4	4	10475	129132						
2	2	4021	217413	4	1				
14	11	6831	65857	16	2	3660	600		
1	1	880	48603						
26	1	37277				106136			6040
23		19957				84956			6040
3	1	17320				16460			
						4720			

17－13 规模以上工业企业科技活动基本情况表

		企业数（个）Enterprises	#有科技活动的 With S&T activites	#有R&D活动的 With R&D activities	#有新产品开发的 With new production	#有科技机构的 With S&T institutions	工程技术人员（人）Technican (person)
总　计	**Total**	**853**	**70**	**14**	**58**	**30**	**27389**
总计中：国有控股企业	State proprietary	263	33	9	28	15	22132
一、按企业规模分组：	Grouped by size of enterprises						
大型企业	Large－scale enterprises	16	10	6	9	8	16948
中型企业	Middle－scale	108	19	6	17	14	5110
小型企业	Small－scale	729	41	2	32	8	5331
二、按登记注册类型分组	Grouped by status of registration						
内资企业	Domestic funds	713	60	14	48	29	24887
国有企业	State－owned	76	8	4	6	3	14204
集体企业	Collective－owned	64	7		7	1	597
股份合作企业	Share holding	13					119
有限责任公司	Limited liability company	167	21	5	17	13	3910
国有独资公司	Sole state－funded	19	4	2	4	4	1498
其他有限责任公司	Other limited liability company	148	17	3	13	9	2412
股份有限公司	Share holding limited	47	11	3	10	9	3941
私营企业	Private enterprises	340	13	2	8	3	2089
私营独资企业	Sole private	73					426
私营合伙企业	Private partnership enterprises	9					26
私营有限责任公司	Private limited company	233	10	2	8	3	1462
私营股份有限公司	Private share holding	25	3				175
其他企业	Others	6					27
港、澳、台商投资企业	Funded from HongKong, Mocao and Taiwan	36	2		2		632
合资经营企业（港或澳、台资）	Joint owned	24	1		1		556
合作经营企业（港或澳、台资）	Cooperative enterprises	1					2
港、澳、台商独资经营企业	Sole operation	8	1		1		65
港、澳、台商投资股份有限公司	Share holding limited	3					9
外商投资企业	Foreign funded	104	8		8	1	1870
中外合资经营企业	Joint venture	74	6	0	6		1283
中外合作经营企业	Cooperative enterprises	2					30
外资企业	Foreign enterprises	25					328
外商投资股份有限公司	Share holding	3	2		2	1	229
三、按工业行业大类分组	Grouped by sector						
采矿业	Mining	18					144
煤炭开采和洗选业	Coal mining and processing	13					133
石油和天然气开采业	Petroleum and natural gas extraction	2					5
非金属矿采选业	Nonmetal Minerals minging and of dressing	3					6
制造业	Manafacturing	797	66	14	57	28	23728
农副食品加工业	Farm sideline food processing	83	2	1	2	2	847

BASIC CONDITIONS ON SCIENCE AND TECHNOLOGY ACTIVITIES OF INDUSTRIAL ENTERPRISES

		企业数(个) Enterprises	#有科技活动的 With S&T activites	#有 R&D 活动的 With R&D activities	#有新产品开发的 With new production	#有科技机构的 With S&T institutions	工程技术人员(人) Technican
食品制造业	Food manufacturing	22					106
饮料制造业	Beverage manufacturing	27					277
烟草制品业	Tobacco processing	1					10
纺织业	Textile industry	4					25
纺织服装、鞋、帽制造业	Clothigng shoes and hats	15					134
皮革、毛皮、羽毛(绒)及其制品业	Leather, furs, down and related products	3					17
木材加工及木、竹、藤、棕、草制品业	Timber, bamboo, cane, palm and straw products	14	1		1	1	925
家具制造业	Furniture manufacturing	10					94
造纸及纸制品业	Paper making and paper products	12					45
印刷业和记录媒介的复制	Printing and record medium reproduction	17					152
文教体育用品制造业	Cultural, educational and sports goods	1					4
石油加工、炼焦及核燃料加工业	Petroleum processing and coking	6					59
化学原料及化学制品制造业	Raw chemical material and chemical products	39	1		1		198
医药制造业	Medical and pharmacutical products	72	16	6	14	7	1422
化学纤维制造业	Chemical fiber	1					4
橡胶制品业	Rubber products	5					27
塑料制品业	Plastic products	32					174
非金属矿物制品业	Nonmetal Mineral products	50	3	1	2	1	591
黑色金属冶炼及压延加工业	Smelting and pressing of ferrous metals	9					27
有色金属冶炼及压延加工业	Smelting and pressing of non ferrous metals	6	1		1		13
金属制品业	Metal products	32	2		2		255
通用设备制造业	Ordinary machinery	48	5		4	2	722
专用设备制造业	Special purpose equipment	27	2		1		126
交通运输设备制造业	Transport equipment	206	24	5	20	11	16935
电气机械及器材制造业	Electric equipmert and machinery	25	2		2	1	293
通信设备、计算机及其他电子设备制造业	Computer and other equipment	15	2		2	1	51
仪器仪表及文化办公用机械制造业	Instruments, meters, culturae and office	9	4	1	4	2	135
工艺品及其他制造业	Art and others	5	1		1		58
废弃资源和废旧材料回收加工业	Waste material processing	1					2
电力、燃气及水的生产和供应业	Production and supply of heat power gas and water	38	4		1	2	3517
电力、热力的生产和供应业	Electricity cnd heatpower	27	3			2	2899
燃气生产和供应业	Gas production and supply	5	1		1		348
水的生产和供应业	Water production and supply	6					270
四、按隶属关系分组	Grouped by administration						
中央	Center	19	8	3	7	5	13992
省(自治区、直辖市)	Province	48	7	1	6	6	1680
地(区、市、州、盟)	Prefeture	123	11	5	10	6	3092
县(区、市、旗)	County	52	3		2		454
其他	Others	611	41	5	33	13	8171

17－14 规模以上工业企业科技活动人员情况

单位：人

		科技活动人员合计 Personnel
总　计	Total	19078
总计中：国有控股企业	State proprietary	17719
一、按企业规模分组	Grouped by size	
大型企业	Large－scale	16601
中型企业	Middle－scale	1359
小型企业	Small－scale	1118
二、按登记注册类型分组	Grouped by status of registration	
内资企业	Domestic funds	18475
国有企业	State－owned	12033
集体企业	Collective－owned	141
有限责任公司	Limited liability company	2144
国有独资公司	Sole state－funded	1175
其他有限责任公司	Other limited liability company	969
股份有限公司	Share holding	3771
私营企业	Drivate enterprises	386
私营有限责任公司	Private limited company	356
私营股份有限公司	Private share holding	30
港澳台商投资企业	Funded from HongKong, Macao and Taiwan	14
合资经营企业(港或澳、台资)	Joint owned	10
港、澳、台商独资经营企业	Sole operation	4
外商投资企业	Foreign funds	589
中外合资经营企业	Joint venture	503
外商投资股份有限公司	Share holding	86
三、按工业行业大类分组	Grouped by sector	
制造业	Manafacturing	18782
农副食品加工业	Farm sideline food processing	293
木材加工及木、竹、藤、棕、草制品业	Timber, bamboo, cane, palm and straw products	2305
化学药品制剂制造	Chemicals processing	52
医药制造业	Medical and pharmacutical products	828
非金属矿物制品业	Nonmetal mineral products	167
有色金属冶炼及压延加工业	Smelting and pressing of non ferrous metals	48
金属制品业	Metal products	9
通用设备制造业	Ordinary machinery	306
专用设备制造业	Special purpose equipment	42
交通运输设备制造业	Transport equipment	14439
电气机械及器材制造业	Electric equipmert and machinery	76
通信设备、计算机及其他电子设备制造业	Computer and other equipment	43
仪器仪表及文化办公用机械制造业	Instruments, meters, culturae and office	139
工艺品及其他制造业	Art and others	35
电力、燃气及水的生产和供应业	Production and supply of heat power gas and water	296
电力、热力的生产和供应业	Electricity and heatpower	253
燃气生产和供应业	Production and supply of gas	43
四、按隶属关系分组	Grouped by administration	
中央	Center	12888
省(自治区、直辖市)	Province	2559
地(区、市、州、盟)	Prefeture	851
县(区、市、旗)	County	102
其他	Others	2678

BASIC STATISTICS ON S&T PERSONNEL OF INDUSTRIAL ENTERPRISE ABOVE DESIGNATED SIZE

unit: person

#1. 参加科技项目人员 Personel in S&T project	2. 科技管理和服务人员 S&t Management and service personel	#女性 Female	#1. 全时人员 Full－time	2. 非全时人员 Part－time	#科学家和工程师 Scientists and engineers	高中级技术职称 Senior amd medium titles	#R&D人员 Personnel of R&D
12023	**6997**	**5191**	**9501**	**9577**	**13935**	**9549**	**5439**
10899	6779	4792	8959	8760	13055	9055	5213
10081	6502	4549	8410	8191	12116	8341	5056
1013	316	378	644	715	1009	712	345
929	179	264	447	671	810	496	38
11469	6948	5013	9254	9221	13496	9344	5439
5907	6118	3873	6560	5473	9649	6773	3824
118	23	13	40	101	79	49	
1780	316	494	686	1458	1466	1032	9925
1007	137	283	300	875	816	567	911
773	179	211	386	583	650	465	81
3344	425	522	1765	2006	2009	1297	559
320	66	111	203	183	293	193	64
290	66	109	180	176	265	183	64
30		2	23	7	28	10	
14		9		14	10	1	
10		8		10	8		
4		1		4	2	1	
540	49	169	247	342	429	204	
470	33	130	189	314	405	187	
70	16	39	58	28	24	17	
11751	6937	5155	9491	9291	13661	9376	5439
267	26	101	78	215	149	58	90
2156	149	120	1103	1202	900	662	
52		3	15	37	3	3	
651	177	342	448	380	667	395	322
135	32	41	35	132	165	137	31
40	8	2	7	41	5	5	
7	2	1	7	2	9	6	
184	114	80	141	165	186	127	
32	10		4	38	32	17	
7981	6410	4395	7531	6908	11354	7834	4966
67	9	25	56	20	45	36	
38	5	2		43	23	14	
112	25	37	45	94	88	61	30
29	6	6	21	14	35	21	
272	24	36	10	286	274	173	
229	24	30	10	243	231	142	
43		6		43	43	31	
6699	6158	4065	6694	6194	10448	6977	4162
2269	273	213	1178	1381	991	721	30
743	108	209	227	624	765	590	457
96	6	15	51	51	53	29	
2216	452	689	1351	1327	2008	1232	790

17－15 规模以上工业企业科技活动经费筹集情况

单位:千元

		科技活动经费筹集总额 Personnel
总 计	**Total**	**3950109**
总计中:国有控股企业	State propriatary	3827566
一、按企业规模分组	Grouped by size of enterprises	
大型企业	Large－scale enterprises	3661349
中型企业	Middle－scale	190558
小型企业	Small－scale	98202
二、按登记注册类型分组	Grouped by status of registration	
内资企业	Domestic funds	2991113
国有企业	State－owned	2363641
集体企业	Collective－owned	16640
有限责任公司	Limited liability company	265058
国有独资公司	Sole state－funded	126745
其他有限责任公司	Other limited liability company	138313
股份有限公司	Share holding limited	316250
私营企业	Drivate enterprises	29524
私营有限责任公司	Private limited company	26974
私营股份有限公司	Private share holding	2550
港、澳、台商投资企业	Funded from HongKong, Mocao and Taiwan	1779
合资经营企业(港或澳、台资)	Joint owned	998
港、澳、台商独资经营企业	Sole operation	781
外商投资企业	Foreign funded	957217
中外合资经营企业	Joint venture	950003
外商投资股份有限公司	Share holding	7214
三、按工业行业大类分组	Grouped by sector	
制造业	Manafacturing	3927006
农副食品加工业	Farm sideline food processing	23720
木材加工及木、竹、藤、棕、草制品业	Timber, bamboo, cane, palm and straw products	70000
化学药品制剂制造	Chemicals prolessing	1506
医药制造业	Medical and pharmacutical products	64693
非金属矿物制品业	Nonmetal mineral products	17800
有色金属冶炼及压延加工业	Smelting and pressing of non ferrous metals	10200
金属制品业	Metal products	250
通用设备制造业	Ordinary machinery	22510
专用设备制造业	Special purpose equipment	2000
交通运输设备制造业	Transport equipment	3689346
电气机械及器材制造业	Electric equipmert and machinery	10480
通信设备、计算机及其他电子设备制造业	Computer and other equipment	4021
仪器仪表及文化、办公用机械制造业	Instruments, meters, culturae and office	9580
工艺品及其他制造业	Art and others	900
电力、燃气及水的生产和供应业	Production and supply of heat power gas and water	23103
电力、热力的生产和供应业	Electricity and heatpower	21457
燃气生产和供应业	Production and supply of gas	1646
四、按隶属关系分组	Grouped by administration	
中央	Center	335317
省(自治区、直辖市)	Province	77754
地(区、市、州、盟)	Prefeture	105109
县(区、市、旗)	County	6590
其他	Others	425339

FUNDING FOR S&T ACTIVITIES OF INDUSTRIAL ENTERPRISE ABOVE DESIGNATED SIZE

unit: 1000yuan

企业资金 Enterprises funds	金融机构贷款 Loans of financial intitutes	政府资金 Government funds	国外资金 Foreign funds	其他资金 Other funds
3866481	**8800**	**57578**		**17250**
3745533	8800	55983		17250
3612019		46780		2550
174793	8800	6165		800
79669		4633		13900
2907485	8800	57578		17250
2313111		36430		14100
16640				
245658	8800	8800		1800
108045	8800	8100		1800
137613		700		
303947		10953		1350
28129		1395		
25579		1395		
2550				
1779				
998				
781				
957217				
950003				
7214				
3843378	8800	57578		17250
23720				
70000				
1506				
58028		6665		
17800				
10200				
250				
7410		1200		13900
2000				
3630216	8800	46980		3350
10480				
4021				
6847		2733		
900				
23103				
21457				
1646				
3286107	8800	38410		2000
77754				
104809		300		
6590				
391221		18868		15250

17－16 规模以上工业企业科技活动经费支出情况(一)

单位:千元

		科技活动经费支出总额 Total	内部经费支出 Domesties expeniture
总 计	**Total**	**3983725**	**3913749**
总计中:国有控股企业	State proprietary	3858913	3800137
一、按企业规模分组	Grouped by size of enterprises		
大型企业	Large－scale enterprises	3669076	3621350
中型企业	Middle－scale	219892	198247
小型企业	Small－scale	94757	94152
二、按登记注册类型分组	Grouped by status of registration		
内资企业	Domestic funds	3024729	2955263
国有企业	State－owned	2390127	2368027
集体企业	Collective－owned	16603	16603
有限责任公司	Limited liability company	267105	254595
国有独资公司	Sole state－funded	116336	104196
其他有限责任公司	Other limited liability company	150769	150399
股份有限公司	Share holding limited	342087	288031
私营企业	Drivate enterprises	28807	28007
私营有限责任公司	Private limited company	26957	26157
私营股份有限公司	Private share holding	1850	1850
港、澳、台商投资企业	Funded from HongKong, Mocao and Taiwan	1779	1779
合资经营企业(港或澳、台资)	Joint owned	998	998
港、澳、台商独资经营企业	Sole operation	781	781
外商投资企业	Foreign funded	957217	956707
中外合资经营企业	Joint venture	950003	949493
外商投资股份有限公司	Share holding	7214	7214
三、按工业行业大类分组	Grouped by sector		
制造业	Manafacturing	3944948	3876472
农副食品加工业	Farm sideline food processing	18420	15420
木材加工及木、竹、藤、棕、草制品业	Timber, bamboo, cane, palm and straw products	79688	76308
化学药品制剂制造	Chemicals prolessing	1506	1506
医药制造业	Medical and pharmacutical products	69159	61044
非金属矿物制品业	Nonmetal mineral products	1883	18833
有色金属冶炼及压延加工业	Smelting and pressing of non ferrous metals	10200	10200
金属制品业	Metal products	250	250
通用设备制造业	Ordinary machinery	23282	22762
专用设备制造业	Special purpose equipment	2000	2000
交通运输设备制造业	Transport equipment	3694047	3640586
电气机械及器材制造业	Electric equipmert and machinery	15141	15141
通信设备、计算机及其他电子设备制造业	Computer and other equipment	4021	4021
仪器仪表及文化办公用机械制造业	Instruments, meters, culturae and office	7521	7521
工艺品及其他制造业	Art and others	880	880
电力、燃气及水的生产和供应业	Production and supply of heat power gas and water	38777	37277
电力、热力的生产和供应业	Electricity and heatpower	21457	19957
燃气生产和供应业	Production and supply of gas	17320	17320
四、按隶属关系分组	Grouped by administration		
中央	Center	3340697	3326977
省(自治区、直辖市)	Province	89472	86092
地(区、市、州、盟)	Prefeture	119868	119073
县(区、市、旗)	County	6570	6570
其他	Others	427118	375037

EXPENDITURE FOR S&T FUNDS OF INDUSTRIAL ENTERPRISES ABOVE DESIGNATED SIZE(Ⅰ)

unit: 1000 yuan

其中: 1. 经常费支出 Regular expenses	劳务费 Service charge	原材料费 Raw material	购买和自制设备支出 Purchase and home equipment	其他 Others	2. 科研基建支出 Expenses of S&T Capital construction
3881298	**445432**	**886642**	**273340**	**2275884**	**32451**
3775853	424663	855426	259419	2236345	24284
3603066	393700	775145	234198	2200023	18284
185346	32884	74436	24819	53207	12901
92886	18848	37061	14323	22654	1266
2922812	420815	871118	259995	1370884	32451
2366027	300859	670753	132192	1262223	2000
16603	2453	5653	5686	2811	0
242478	44420	88601	41525	67932	12117
104196	20330	23816	28089	31961	0
138282	24090	64785	13436	35971	12117
269747	66800	100618	75059	27270	18284
27957	6283	5493	5533	10648	50
26157	5983	4003	5523	10648	0
1800	300	1490	10	0	50
1779	140	477	405	757	0
998	60	332	405	201	0
781	80	145	0	556	
956707	24477	15047	12940	904243	
949493	23076	12952	12900	900565	
7214	1401	2095	40	3678	
3844021	432892	874244	262551	2274334	32451
15420	2300	5090	3500	4530	0
65858	22830	6500	24578	11950	10450
1506	293	324	768	121	0
56423	14383	10259	3358	28423	4621
17033	3019	3072	9920	1022	1800
10200	800	2450	5500	1450	0
250	150	46	50	4	0
20562	6149	12297	1058	1058	2200
2000	254	1030	116	600	0
3631872	377217	822454	210071	2222130	8714
10475	2220	7150	1105	0	4666
4021	575	1545	25	1876	
7521	1966	1949	2446	1160	
880	736	78	56	10	
37277	12540	12398	10789	1550	
19957	11570	6028	809	1550	
17320	970	6370	9980		
3326977	326752	672993	172145	2155087	
73442	26673	7315	26393	13061	12650
110372	18927	35367	21806	34272	8701
6570	1749	402	824	3595	0
363937	71331	170565	52172	69869	11100

17－17 规模以上工业企业科技活动经费支出情况(二)

单位:千元

		#固定资产购建 Purchase of fixed assets
总　计	Total	305791
总计中:国有控股企业	State proprietary	283703
一、按企业规模分组	Grouped by size of enterprises	
大型企业	Large－scale enterprises	252482
中型企业	Middle－scale	37720
小型企业	Small－scale	15589
二、按登记注册类型分组	Grouped by status of registration	
内资企业	Domestic funds	292446
国有企业	State－owned	134192
集体企业	Collective－owned	5686
有限责任公司	Limited liability company	53642
国有独资公司	Sole state－funded	28089
其他有限责任公司	Other limited liability company	25553
股份有限公司	Share holding limited	93343
私营企业	Drivate enterprises	5583
私营有限责任公司	Private limited company	5523
私营股份有限公司	Private share holding	60
港、澳、台商投资企业	Funded from HongKong, Mocao and Taiwan	405
合资经营企业(港或澳、台资)	Joint owned	405
港、澳、台商独资经营企业	Sole operation	0
外商投资企业	Foreign funded	12940
中外合资经营企业	Joint venture	12900
外商投资股份有限公司	Share holding	40
三、按工业行业大类分组	Grouped by sector	
制造业	Manafacturing	295002
农副食品加工业	Farm sideline food processing	3500
木材加工及木、竹、藤、棕、草制品业	Timber, bamboo, cane, palm and straw products	35028
化学原料及化学药品制品制造业	Chemicals processing	768
医药制造业	Medical and pharmacautical products	7979
非金属矿物制品业	Nonmetal mineral products	11720
有色金属冶炼及压延加工业	Smelting and pressing of non ferrous metals	5500
金属制品业	Metal products	50
通用设备制造业	Ordinary machinery	3258
专用设备制造业	Special purpose equipment	116
交通运输设备制造业	Transport equipment	218785
电气机械及器材制造业	Electric equipmert and machinery	5771
通信设备、计算机及其他电子设备制造业	Computer and other equipment	25
仪器仪表及文化办公用机械制造业	Instruments, meters, culturae and office	2446
工艺品及其他制造业	Art and others	56
电力、燃气及水的生产和供应业	Production and supply of heat power gas and water	10789
电力、热力的生产和供应业	Electricity and heatpower	809
燃气生产和供应业	Production and supply of gas	9980
四、按隶属关系分组	Grouped by administration	
中央	Center	172145
省(自治区、直辖市)	Province	39043
地(区、市、州、盟)	Prefeture	30507
县(区、市、旗)	County	824
其他	Others	63272

EXPENDITURE FOR S&T FUNDS OF INDUSTRIAL ENTERPRISES ABOVE DESIGNATED SIZE(Ⅱ)

unit: 1000 yuan

设备购置 Purchase of equipment	#新产品开发经费支出 New products developing	2. 外部经费支出 Epenses of exterior outlays	对研究院所及高等学校支出 Epenses to research institutions and higher schools	对其他企业支出 Expenses to other enterprises
289691	**3588550**	**69976**	**10906**	**59010**
272083	3506179	58776	6922	51794
244782	3374253	47726	9846	37820
29320	146948	21645	955	20690
15589	67349	605	105	500
276346	2630464	69466	10906	58500
132992	2163182	2100	20	2080
5686	16603			
46442	196456	12510	290	12160
28089	84309	12140	106	11974
18353	112147	370	184	186
85643	235536	54056	9796	44260
5583	18687	800	800	
5523	18687	800	800	
60				
405	1779			
405	998			
	781			
12940	956307	510		510
12900	949093	510		510
40	7214			
278902	3575390	68476	10906	57510
3500	15320	3000	3000	
27328	63450	3380	80	3300
768	1506			
5885	37953	8115	899	7216
11200	4795			
5500	10200			
50	250			
1058	7735	520	20	500
116	1900			
218785	3410348	53461	6907	46494
2185	10475			
25	4021			
2446	6557			
56	880			
10789	13160	1500		1500
809		1500		1500
9980	13160			
172145	3128503	13720	106	13554
29143	69909	3380	80	3300
25507	77005	795	99	696
824	2386			
62072	310747	52081	10621	41460

17－18 规模以上工业企业研究与试验发展(R&D)情况(一)

单位:千元

		R&D人员折合全时当量(人年) Full－time equivalent of R&D staff
总　计	**Total**	**4656**
总计中:国有控股企业	State proprietary	4521
一、按企业规模分组	Grouped by size of enterprises	
大型企业	Large－scale enterprises	4323
中型企业	Middle－scale	312
小型企业	Simall－scale	22
二、按登记注册类型分组	Grouped by status of registration	
内资企业	Domestic funds	4656
国有企业	State－owned	3451
有限责任公司	Limited liability company	674
国有独资公司	Sole state－funded	618
其他有限责任公司	Other limited liability company	56
股份有限公司	Share holding limited	475
私营企业	Drivate enterprises	57
私营有限责任公司	Private limited company	57
三、按工业行业大类分组	Grouped by sector	
制造业	Manufacturing	4656
农副食品加工业	Farm sideline food processing	18
医药制造业	Medical and pharmacutical products	304
非金属矿物制品业	Nonmetal mineral products	11
交通运输设备制造业	Transport equipment	4305
仪器仪表及文化、办公用机械制造业	instruments, meters, culturae and office	18
四、按隶属关系分组	Grouped by administration	
中央	Center	3614
省(自治区、直辖市)	Province	18
地(区、市、州、盟)	Prefeture	319
其他	Other	705

BASIC CONDITIONS OF RESEARCH AND EXPERIMENT DEVELOPING OF ENTERPRISES ABOVE DESIGNATED SIZE(Ⅰ)

unit: 1000 yuan

#科学家和工程师 Scietist and engineers	#全时人员 Full－time staff	基础研究 fundamental research	应用研究 Application research	试验发展 Experimental developing	R&D经费内部支出 Interal expenses of R&D	1. 经常费支出 Regular expenses	其中:人员劳务费 Personnel
3984	**4107**		**194**	**4462**	**1083581**	**1E＋06**	**149978**
3879	3998		191	4330	1059563	1E＋06	146010
3671	3800			4323	1050680	1E＋06	143447
300	295		194	117	30334	29882	5971
13	12			22	2567	2567	560
3984	4107		194	4462	1083581	1E＋06	149978
3018	3135		191	3259	824024	823850	104307
464	466			674	106706	106428	18653
409	419			618	89415	89415	16655
55	47			56	17291	17013	1998
457	454			475	147631	146902	25132
45	53		3	54	5220	5220	1886
45	53		3	54	5220	5220	1886
3984	4107		194	4462	1083581	1E＋06	149978
7	4			18	6000	6000	706
291	292		194	110	26775	26377	5269
11	4			11	4726	4672	862
3664	3796			4305	1044680	1E＋06	142741
10	11			18	1400	1400	400
2973	3183			3614	863122	863122	109579
10	11			18	1400	1400	1400
318	232			319	61071	60793	11252
682	681		194	511	157988	157085	28747

17－19 规模以上工业企业研究与试验发展(R&D)情况(二)

单位:千元

		经常费支出中:Regular expenses		
		基础研究 Tundamental research	应用研究 Application research	试验发展 Experimental developing
总　计	**Total**	**1**	**6415**	**1075984**
总计中:国有控股企业	State proprietary		6363	1052243
一、按企业规模分组	Grouped by size of enterprises			
大型企业	Large－scale enterprises			1049951
中型企业	Middle－scale	1	6415	23466
小型企业	Simall－scale			2567
二、按登记注册类型分组	Grouped by status of registration			
内资企业	Domestic funds	1	6415	1075984
国有企业	State－owned		6363	817487
有限责任公司	Limited liability company			106428
国有独资公司	Sole state－funded			89415
其他有限责任公司	Other limited liability company			17013
股份有限公司	Share holding limited			146902
私营企业	Drivate enterprises	1	52	5167
私营有限责任公司	Private limited company	1	52	5167
三、按工业行业大类分组	Grouped by sector			
制造业	Manufacturing	1	6415	1075984
农副食品加工业	Farm sideline food processing			6000
医药制造业	Medical and pharmacautical products	1	6415	19961
非金属矿物制品业	Nonmetal mineral products			4672
交通运输设备制造业	Transport equipment			1043951
仪器仪表及文化、办公用机械制造业	instruments, meters, culturae and office			1400
四、按隶属关系分组	Grouped by administration			
中央	Center			863122
省(自治区、直辖市)	Province			1400
地(区、市、州、盟)	Prefeture			60793
其他	Other	1	6415	150669

BASIC CONDITIONS OF RESEARCH AND EXPERIMENT DEVELOPING OF INDUSTRIAL ENTERPRISES ABOVE DESIGNATED SIZE(Ⅱ)

unit:1000 yuan

2.R&D科研基建支出 Captial construction expenses of R&D	内部支出中:固定资产购建支出 Purchases of equipment	设备购置 Purchases of equipment	内部经费支出中:Interior expense 政府资金 Government funds	企业资金 Enterprises funds	国外资金 Foreign funds	其他资金 Other funds	R&D经费外部支出 Exterior outlays of R&D
1181	**110955**	**1102744**	**28864**	**1051724**		**2995**	**41442**
957	106094	105974	28074	1028496		2995	38491
729	104887	104886	23466	1024221		2995	40609
452	4718	4508	5398	24936			833
	1350	1350		2567			
1181	110955	110744	28864	1051724		2995	41442
174	45876	45771	15045	807807		1172	80
278	26921	26816	6736	99139		832	377
	23193	23193	6736	81848		832	92
278	3728	3623		17291			285
729	36842	36842	6293	140348		991	40437
	1316	1315	790	4430			548
	1316	1315	790	4430			548
1181	110955	110744	28864	1051724		2995	41442
	2471	2471		6000			2118
398	2214	2019	5398	21377			833
54	3004	2989		4726			
729	102416	102415	23466	1018221		2995	38491
	850	850		1400			
	68699	68698	17173	843946		2004	172
	850	850		1400			
278	3924	3819	300	60771			285
903	37482	37377	11391	145607		991	40985

17－20　规模以上工业企业办科技机构情况

		企业办科技机构数合计(个) Institutions
总　计	**Total**	**42**
总计中:国有控股企业	State proprietary	24
一、按企业规模分组	Grouped by size of enterprises	
大型企业	Large－scale enterprises	17
中型企业	Middle－scale	17
小型企业	Small－scale	8
二、按登记注册类型分组	Grouped by status of registration	
内资企业	Domestic funds	41
国有企业	State－owned	4
集体企业	Collective－owned	1
有限责任公司	Limited liability company	19
国有独资公司	Sole state－funded	7
其他有限责任公司	Other limited liability company	12
股份有限公司	Share holding limited	14
私营企业	Drivate enterprises	3
私营有限责任公司	Private limited company	3
外商投资企业	Foreign funded	1
外商投资股份有限公司	Share holding	1
三、按工业行业大类分组	Grouped by sector	
制造业	Manafacturing	40
农副食品加工业	Farm sideline food processing	5
木材加工及木、竹、藤、棕、草制品业	Timber, bamboo, cane, palm and straw products	3
医药制造业	Medical and pharmacutical products	7
非金属矿物制品业	Nonmetal mineral products	4
通用设备制造业	Ordinary machinery	2
交通运输设备制造业	Transport equipment	15
电气机械及器材制造业	Electric equipmert and machinery	1
通信设备、计算机及其他电子设备制造业	Computer and other equipment	1
仪器仪表及文化办公用机械制造业	Instruments, meters, culturae and office	2
电力、燃气及水的生产和供应业	Production and supply of heat power gas and water	2
电力、热力的生产和供应业	Electricity and heatpower	2
四、按隶属关系分组	Grouped by administration	
中央	Central	9
省(自治区、直辖市)	Province	8
地(区、市、州、盟)	Prefeture	9
其他	Others	16

BASIC CONDITIONS OF S&T INSTITDTIONS OF INDUSTRIAL ENTERPRISES ABOVE DESIGNATED SIZE

科技活动人员(人) Personnel of S&T activities (person)	博士毕业 Doctors	硕士毕业 Postgraduates	机构科技经费内部支出(千元) Inner expense of S&T(1000yuan)	仪器设备(千元) Instruments and equipment(1000yuan)
4160	**60**	**629**	**1832474**	**954905**
3576	48	572	1773910	927476
3390	49	571	1687269	903420
609	6	53	136995	47905
161	5	5	8210	3580
4082	59	628	1825554	952740
1879	22	226	1537321	613418
8	0	0	350	350
1093	19	293	190049	255977
677	16	272	74654	229219
416	3	21	115395	26758
1042	15	82	90585	81392
60	3	27	7249	1603
60	3	27	7249	1603
78	1	1	6920	2165
78	1	1	6920	2165
4100	60	628	1819647	934175
184	2	4	15420	14165
205	0	31	25960	8811
225	7	51	30516	11552
82	0	0	15660	8260
37	0	1	1378	8020
3213	49	538	1716393	881317
71	0	0	10350	1080
8	1	1	50	20
75	1	2	3920	950
60	0	1	12827	20730
60	0	1	12827	20730
2183	23	236	1568195	796809
324	4	35	31419	19533
571	16	280	81034	62037
1087	17	78	151826	76526

17－21　规模以上工业企业新产品产出和专利情况

单位：千元

		新产品产值 Output of new products
总　计	**Total**	**101525467**
总计中：国有控股企业	State proprietary	98101490
一、按企业规模分组	Grouped by size of enterprises	
大型企业	Large－scale enterprises	97467319
中型企业	Middle－scale	2077203
小型企业	Small－scale	1980945
二、按登记注册类型分组	Grouped by status of registration	
内资企业	Domestic funds	29395099
国有企业	State－owned	23988256
集体企业	Collective－owned	13600
股份合作企业	Share holding	210529
有限责任公司	Limited liability company	1210465
国有独资公司	Sole state－funded	460393
其他有限责任公司	Other limited liability company	750072
股份有限公司	Share holding limited	3618967
私营企业	Drivate enterprises	239782
私营独资企业	Sole private	3361
私营有限责任公司	Private limited company	235435
私营股份有限公司	Private share holding	986
其他企业	Others	113500
港、澳、台商投资企业	Funded from HongKong, Mocao and Taiwan	43654
合资经营企业(港或澳、台资)	Joint owned	43654
外商投资企业	Foreign funded	72086714
中外合资经营企业	Joint venture	70510500
中外合作经营企业	cooperative enterprises	85031
外资企业	Foreign enterprises	1472055
外商投资股份有限公司	Share holding	19128
三、按工业行业大类分组	Grouped by sector	
制造业	Manafacturing	101525467
农副食品加工业	Farm sideline food processing	1245400
食品制造业	Food manufacturing	33580
饮料制造业	Beverage manufacturing	27455
烟草制品业	Tobacco processing	94703
纺织业	Textile industry	31960
纺织服装、鞋、帽制造业	Clothigng shoes and hats	5993
木材加工及木、竹、藤、棕、草制品业	Timber, bamboo, cane, palm and straw products	798564
家具制造业	Furniture manufacturing	11495
印刷业和记录媒介的复制	Printing and record medium reproduction	986
石油加工、炼焦及核燃料加工业	Petroleum processing and coking	2682
化学原料及化学制品制造业	Raw chemical material and chemical products	6807
医药制造业	Medical and pharmacutical products	476305
塑料制品业	Plastic products	5850
非金属矿物制品业	Nonmetal Mineral products	513426
黑色金属冶炼及压延加工业	Smelting and pressing of ferrous metals	381090
有色金属冶炼及压延加工业	Smelting and pressing of non ferrous metals	32787
金属制品业	Metal products	506
通用设备制造业	Ordinary machinery	109914
专用设备制造业	Special purpose equipment	81575
交通运输设备制造业	Transport equipment	97203384
电气机械及器材制造业	Electric equipmert and machinery	129132
通信设备、计算机及其他电子设备制造业	Computer and other equipment	217413
仪器仪表及文化办公用机械制造业	Instruments, meters, culturae and office	65857
工艺品及其他制造业	Art and others	48603
四、按隶属关系分组	Grouped by administration	
中央	Center	93013042
省(自治区、直辖市)	Province	978161
地(区、市、州、盟)	Prefeture	1569167
县(区、市、旗)	County	16200
其他	Others	5948897

OUTPUT OF NEW PRODUCTS AND PATENT OF INDUSTRIAL ENTERPRISES ABOVE DESIGNATED SIZE

unit:1000yuan

新产品销售收入 Sales	出口 Export	专利申请数（件） Patent application (piece)	发明专利 Inventions	拥有发明专利数（件） Invention patent owned(piece)
76128963	**834105**	**255**	**47**	**100**
73984151	823444	225	29	37
71978142	823444	190	14	36
2222655	0	29	21	18
1928166	10661	36	12	46
26386893	834105	255	47	100
20443219	0	173	25	26
14048	0	1	1	0
601512				
1240888	184995	38	7	49
487474	184995	24	0	6
753414	0	14	7	43
3817942	638849	39	10	23
210264	10261	4	4	2
2612				
206705	10261	4	4	2
947				
59020				
78767				
78767				
49663303				
49234962				
17000				
395583				
15758				
76128963	834105	255	47	100
52052		4	2	16
32237				
21960				
90915				
30682				
3116				
767095				
10507				
947				
1395				
3540				
407544		32	25	60
5730				
524683				
377279				
31476				
486				
65074		11	4	1
77590				
73235656	825508	188	13	19
124029				1
158777		4	1	
58803	8597	16	2	2
47390				
68081651		176	12	19
935657	400	8	5	2
2041321	184995	20	8	2
13352				41
5056982	648710	51	22	36

17－22 规模以上工业企业科技项目情况

单位:千元

		科技项目数(项) Projects	#新产品开发项目数 New products	#R&D项目数 R&D projects
总　计	**Total**	**452**	**375**	**173**
总计中:国有控股企业	State proprietary	367	300	153
一、按企业规模分组	Grouped by size of enterprises			
大型企业	Large－scale enterprises	282	239	133
中型企业	Middle－scale	105	84	36
小型企业	Small－scale	65	52	4
二、按登记注册类型分组	Grouped by status of registration			
内资企业	Domestic funds	414	337	173
国有企业	State－owned	216	199	112
集体企业	Collective－owned	9	9	0
有限责任公司	Limited liability company	70	52	22
国有独资公司	Sole state－funded	20	19	8
其他有限责任公司	Other limited liability company	50	33	14
股份有限公司	Share holding limited	102	68	37
私营企业	Drivate enterprises	17	9	2
私营有限责任公司	Private limited company	15	9	2
私营股份有限公司	Private share holding	2		
港澳台商投资企业	Funded from HongKong, Macao and Taiwan	2	2	
合资经营企业(港或澳、台资)	Joint owned	1	1	
港、澳、台商独资经营企业	Sole operation	1	1	
外商投资企业	Foreign funds	36	36	
中外合资经营企业	Joint venture	33	33	
外商投资股份有限公司	Share holding	3	3	
三、按工业行业大类分组	Grouped by sector			
制造业	Manafacturing	426	374	173
农副食品加工业	Farm sideline food processing	5	5	3
木材加工及木、竹、藤、棕、草制品业	Timber, bamboo, cane, palm and straw products	10	10	
化学药品制剂制造	Chemicals processing	1	1	
医药制造业	Medical and pharmacutical products	56	52	36
非金属矿物制品业	Nonmetal mineral products	5	2	1
有色金属冶炼及压延加工业	Smelting and pressing of non ferrous metals	1	1	
金属制品业	Metal products	2	2	
通用设备制造业	Ordinary machinery	11	10	
专用设备制造业	Special purpose equipment	2	1	
交通运输设备制造业	Transport equipment	315	275	130
电气机械及器材制造业	Electric equipmert and machinery	4	4	
通信设备、计算机及其他电子设备制造业	Computer and other equipment	2	2	
仪器仪表及文化办公用机械制造业	Instruments, meters, culturae and office	11	8	3

S&T PROJECTS OF INDUSTRIAL ENTEEPRISES ABOVE DESIGNATED SIZE

unit:1000yuan

参加项目人员合计(人) Personnel	科学家和工程师 Scientists and egineers	高中级技术职称人员 Senior and medium title	参加项目人员实际工作时间(人年) Actucal work time	项目经费内部支出(千元) Inner expenses	#R&D项目支出 R&D projects expenses	#新产品项目支出 New products evpenses
7163	**5985**	**3827**	**5911**	**2737183**	**925196**	**2637600**
6190	5324	3443	5165	2637590	902922	2558330
5547	4650	2941	4596	2495703	895573	2432559
805	669	474	646	167767	27586	145690
811	666	412	669	73713	2037	59351
6769	5685	3686	5659	2544029	925196	2444446
3495	3149	1970	3193	2073159	688938	2035744
110	68	45	75	16313	0	16313
1508	1063	769	1134	208737	85856	185505
846	582	438	593	83405	68943	74307
662	481	331	541	125332	16913	111198
1346	1134	727	969	219084	146072	188287
310	271	175	288	26736	4330	18597
280	243	165	258	25196	4330	18597
30	28	10	30	1540		
14	10	1	6	1779		1779
10	8		5	998		998
4	2	1	2	781		781
380	290	140	246	191375		191375
310	266	123	177	184161		184161
70	24	17	69	7214		7214
6891	5716	3659	5833	2700766	925196	2624440
182	64	23	101	15320	6000	15320
374	244	179	223	20160		20160
52	3	3	37	1506		1506
536	499	289	542	51077	24081	36163
51	47	45	18	7205	4672	4795
40	5	5	28	10200		10200
7	7	5	7	250		250
101	96	67	76	4458		4168
32	32	17	22	2000		1900
5297	4559	2907	4627	2567707	889573	2510444
67	38	29	68	10475		10475
38	18	12	19	4021		4021
85	75	57	36	5507	870	4158

17－22 续表 1 continued1

		科技项目数（项）Projects	＃新产品开发项目数 New products developing	＃R&D 项目数 R&D projects
工艺品及其他制造业	Art and others	1	1	
电力、燃气及水的生产和供应业	Production and supply of heat power gas and water	26	1	
电力、热力的生产和供应业	Electricity cnd heatpower	23		
燃气生产和供应业	Gas production and supply	3	1	
四、按隶属关系分组	Grouped by administration			
中央	Center	211	194	97
省(自治区、直辖市)	Province	22	21	3
地(区、市、州、盟)	Prefeture	58	41	27
县(区、市、旗)	County	3	2	
其他	Others	158	117	46
五、按项目来源分组	Grouped by projects			
国家科技项目	National at projects	22	19	13
地方科技项目	Local projects	17	11	12
其他企业委托科技项目	Other enterprises projects	17	17	3
本企业自选科技项目	Enterprises prjects	332	271	118
来自国外的科技项目	Foreign project	26	26	3
其他科技项目	Others	38	31	22
六、按项目合作形式分组	Grouped by cooperation type			
与境外机构合作	With foreign conutries	10	10	6
与国内高校合作	With higher education	22	8	5
与国内独立研究院所合作	With institution	10	10	5
与境内注册的外商独资企业合作	With foreign sole enterprises registend in China	16	16	12
与境内注册的其他企业合作	With other enterprises registered in China	11	8	1
以本企业所办科技机构为主完成	With home institutions	142	122	44
由本企业有关部门组成联合攻关小组协作完成	With own tackling key problem group	215	177	98
其他	Others	26	24	2
七、按项目活动类型分组	Grouped by active type			
应用研究	Applpied research	10	10	10
试验发展	Experimental development	163	146	163
研究与试验发展成果应用	Results applied	279	219	0
八、按项目技术经济目标分组	Grouped by gools			
开发全新产品	New products	198	198	78
增加已有产品的功能	Increasing products functions	16	16	5
提高产品性能	Improving products functions	161	161	73
提高劳动生产率	Raising prodcictivity	12		
减少能源消耗	Saving energy consumption	10		
节约原材料	Saving material	3		
减少环境污染	Reducing environment waste	6		
其他	Others	46	0	17

单位：千元　unit：1000yuan

参加项目人员合计(人) Personnel	科学家和工程师 Scientists and engineers	高中级技术职称人员 High and midde title	参加项目人员实际工作时间(人年) Actual work time	项目经费内部支出(千元) Inner expenses	#R&D项目支出 R&D projects expenses	#新产品项目支出 New products expenses
29	29	21	29	880	0	880
272	269	168	78	36417	0	13160
229	226	137	63	19957		
43	43	31	15	16460	0	13160
4162	3508	2185	3565	2276193	719733	2229780
460	310	225	279	24310	870	24210
578	537	399	414	88205	50004	76615
96	47	29	84	6570	0	2386
1867	1583	989	1570	341905	154589	304609
260	201	145	242	76062	59572	71538
687	338	202	460	64290	51510	56415
151	114	66	97	22667	6120	22667
5690	4972	3150	4719	2471429	727113	2392455
115	105	78	95	14644	4650	14644
260	255	186	297	88091	76231	79881
108	98	64	81	63254	58980	63254
217	157	74	175	36124	24770	27390
591	261	167	424	56858	40184	56858
238	194	82	108	163332	4222	163332
274	183	130	202	32454	1000	28063
2211	1899	1204	1830	351811	112763	328563
3443	3121	2054	3038	2012546	681029	1958586
81	72	52	53	20804	2248	11554
94	94	62	91	5057	5057	5057
3033	2471	1660	2568	920139	920139	883501
4036	3420	2105	3252	1811987	0	1749042
2956	2173	1315	2289	511429	226266	511429
346	253	151	180	156229	2405	156229
2969	2705	1825	2776	1969942	659887	1969942
280	280	185	224	15889		
35	35	32	12	7881		
43	37	17	32	2186		
57	55	55	59	6301		
477	447	247	338	67326	36638	

17－23　规模以上工业企业科技项目(课题)情况
BASIC CONDITIONS ON S&T PROJECTS OF INDUSTRIAL ENTERPRISES ABOVE DESIGNATED SIZE

单位：千元　　unit：1000yuan

		项目(课题)数(项) Number of projects (unit)	项目参加人员折合全时当量(人年) Full－time equivalent of engaged project personnel	科学家和工程师 Scientist and engineer	项目实际经费支出(万元) Actural expenditure of project (10000yuan)
总　计	**Total**	**1131**	**9346**	**7850**	**286214**
一、按科学分组	Grouped by science				
自然科学	Natural science				
农业科学	Agricultural science				
医药科学	Medical science				
工程与技术科学	Engineering and technical science	1131	9346	7850	286214
人文与社会科学	Human and social science				
二、按服务的国民经济行业分组	Grouped by national economic sector				
农副食品加工业	Farm sideline food processing	7	118	39	1532
木材加工及木、竹、藤、棕、草制品业	Timber, bamboo, cane, palm and straw products	33	1285	838	2244
化学原料及化学制品制造业	Raw chemical material and chemical products	1	37	2	151
医药制造业	Medical and pharmacutical products	121	575	551	5642
非金属矿物制品业	Nonmetal mineral products	8	47	45	770
有色金属冶炼及压延加工业	Smelting and pressing of non ferrous metals	1	28	4	1020
金属制品业	Metal products	2	7	7	25
通用设备制造业	Ordinary machinery	49	134	130	1431
专用设备制造业	Special purpose equipment	111	21	21	200
交通运输设备制造业	Transport equipment	751	6855	6021	267251
电气机械及器材制造业	Electric equipmert and machinery	4	66	37	1048
通信设备、计算机及其他电子设备制造业	Computer and other equipment	2	19	9	402
仪器仪表及文化办公用机械制造业	Instruments, meters, culturae and office	14	48	42	683
工艺品及其他制造业	Art and others	1	29	29	88
电力、热力的生产和供应业	Electricity cnd heatpower	23	63	62	1996
燃气生产和供应业	Gas production and supply	3	15	15	1732
三、按活动类型分组(项目表)	Grouped by active type				
应用研究	Applpied research	25	144	140	529
试验发展	Experimental development	408	4060	3346	96214
研究与试验发展成果应用	Results applied	698	5142	4364	189471
四、按项目来源分组	Grouped by projects				
国家科技项目	National at projects	55	383	325	7953
地方科技项目	Local projects	43	727	316	6722
其他企业委托科技项目	Other enterprises projects	43	154	139	2370
本企业自选科技项目	Enterprises prjects	831	7461	6475	258425
来自国外的科技项目	Foreign project	65	150	141	1531
其他科技项目	Others	95	470	454	9211
五、按项目合作形式分组	Grouped by cooperation type				
与境外机构合作	With foreign conutries	25	129	120	6614
与国内高校合作	With higher education	55	276	233	3777
与国内独立研究院所合作	With institution	25	671	309	5975
与境内注册的外商独资企业合作	With foreign sole enterprises registend in China	40	170	147	17079
与境内注册的其他企业合作	With other enterprises registered in China	28	319	223	3394
独立完成	Dependently complete	893	7697	6743	247229
其他	Others	65	83	75	2175

统计资料

STATISTICS

体育、卫生及其他事业

SPORTS，PUBLIC HEALTH AND OTHERS

第十八篇　体育、卫生及其他事业

2006年末，卫生事业快速发展。全市卫生医疗机构发展到1832个，其中医院、卫生院320所，拥有医疗、疗养床位2.6万张，比上年增长8.3%。卫生技术人员为3.5万人，比上年上升6.1%。农村设村卫生室2094个。每千人拥有执业医师和执业助理医师3.25人。

大力推进社区卫生服务，已经建立1个社区服务医疗培训指导中心，5个社区卫生服务指导中心，24个社区卫生服务中心，121个社区卫生服务站。

2006年，体育事业蓬勃发展。年底全市行政区域内共有体育场馆40个，80%的社区拥有健身场地和健身设施。全年成功承办了国际滑联短道速滑世界杯赛、自由式滑雪空中技巧世界杯赛、国际雪联越野滑雪短道距离世界杯赛、远东杯沃尔沃国际瓦萨越野滑雪等国际大型体育赛事8项次；短道速滑、自行车、自由式滑雪、举重、射击射箭、田径、篮球、足球、网球等全国比赛20余项次；其它各级各类体育赛事150余项次。竞技体育取得可喜成绩。全年，长春及长春籍运动员参加本年度国际、国内系列比赛29项次，获得冠军3个、亚军10个、季军8个；获得全国冠军47个、亚军52个、季军38个；在第十五届省运动会中，我市共获得金牌460个，占金牌总数的45%。

一年来，开展各类群体活动500余项次，参加人次达1000余万。成功举办了全国男篮甲A联赛和中国男子足球超级联赛，获得良好的社会效益和经济效益。全年共销售体育彩票4.65亿元，同比增长62%。

18－1 公共体育场
STADIUMS AND GYMNASIUMS

		实际数（个）Number			实际数（个）Number			实际数（个）Number
体育场	Stadium	20	体育馆	Gymnasiums	22	室内游泳池	Swimming pool	7
室外游泳池	Outdoor swimming pools	6	运动场	Stadiums	75	足球场	Football court	45
室内游泳馆	Swimming pools	16	室内网球场	Tennis court	7	保龄球房	Bowling ball room	5

18－2 2006年长春市大中小学校《国家体育锻炼标准》达标情况
PERSONS WHO HAVE COME UP TO THE STATE PHYSICAL TRAINING STANDARDS (2006)

单位：人 unit: person

		小 学 Primary schools			中 学 Middle schools			中专中技 Specilized middle schols		
		应参加达标学校数 Proper schools	应参加达标活动学生数 Proper students	达标学生数 Students standard	应参加达标学校数 Proper schools	应参加达标活动学生数 Proper students	达标学生数 Students standard	应参加达标学校数 Proper schools	应参加达标活动学生数 Proper students	达标学生数 Students standard
合 计	**Total**	**1599**	**49948**	**490819**	**512**	**295480**	**289232**	**40**	**46703**	**43971**
市区合计	Total	308	178618	176397	119	110110	107031	30	27010	25729
南关区	Nanguan	29	13987	13352	15	12023	11857	3	2980	2812
宽城区	Kuancheng	51	31276	31980	20	15228	14889			
朝阳区	Chaoyuang	56	32609	32289	27	22789	22131	9	11232	10932
二道区	Erdao	20	14690	14119	12	11728	11245			
绿园区	Luyuan	24	35790	34789	16	14683	14372			
双阳区	Shuangyang	128	50266	49868	29	33659	32537	18	12798	11985
农安县	Nong′an	325	67453	66980	257	54342	53892	6	14659	13365
九台市	Jiutai	281	71045	70056	35	29433	28766	4	5034	4877
榆树市	Yushu	398	107680	103490	56	40987	39657			
德惠市	Dehui	287	74652	73896	45	60608	59886			

18－3 卫生机构床位、人员数

BEDS AND PERSONNEL IN HEALTH INSTITUTIONS

		机构数（个） Institutions	床位数（张） Beds	人员数(人) Personnel 总计 Total	#卫生技术员 Medical technical personnel 合计 Total	执业医师 Practicing physicians	执业助理医师 Ass－doctors	注册护士 Registered nurses
总计	**Total**	**1832**	**25786**	**45330**	**35330**	**14289**	**1483**	**12092**
一、医院	Hospitals	177	22939	31368	24068	9509	570	9400
二、卫生院	Clinics	143	1975	4712	3531	1149	408	785
三、疗养院	Sanatoriums	1	150	75	9	2	1	3
四、门诊部	Policlinic	132	28	1101	931	433	66	278
五、急救中心	First－aid centre	1		103	46	10	2	34
六、采供血机构	Blood bank	1		180	138	18		40
七、妇幼保健院(所、站)	Maternity and child care centers	10	242	1057	846	435	61	180
八、专科疾病防治院(所、站)	Specialized prevention & treatment centers or station	8	142	494	323	115	58	76
九、疾病预防控制中心(防疫站)	Sanitation and antiepidemic agencies	14	10	1985	1545	677	104	100
十、卫生监督所	Health care centre	7		539	432	323	37	17
十一、卫生监检验(监测、检测)所、站	Monitor and test office	2	300	509	281	101	58	83
十二、医学科学研究机构	Research institutes of medical science	1		24	7	7		
十三、健康教育所(站、中心)	Health training centre	4		68	58	37		14
十四、其他卫生机构	Other institutions	1331		3115	3115	1473	118	1082
十五、诊所、医务室、社区卫生服务站	Clinique, in firmary and medical service station							

18－4 长春市县(区)村卫生室基本情况
BASIC STATISTIC ON HEALTH CARE OF TOWNSHIP IN CHANGCHUN

		单 位 Unit	全 市 Total	市 区 District	县(市) County
一、机构数	Institutions	个 unit	2094	384	1710
二、村办	Village	个 unit	1005	275	730
乡卫生院设点	Township	个 unit	831	39	792
联合办	Joint	个 unit	101	57	44
私人办	Private	个 unit	119	12	107
其他	Others	个 unit	38	1	37
三、乡村医生和卫生员人数	Rural doctors and nurese	人 person	4867	746	4121
乡村医生	Rural doctors	人 person	4819	739	4080
卫生员	Health workers	人 person	48	7	41
四、村民委员会数	Village committees	个 unit	1658	276	1382
其中:未设置卫生室的村数	Villages without medical room	个 unit			
实行合作医疗村数	Villages for cooperative healthcare	个 unit	752	134	618
实行大病统筹村数	Villages planed as a whole of serious illness	个 unit	442	134	308
农村接生员	Rural midwives	个 unit			

18－5 计划生育情况
BASIC STATISTICS ON BIRTH CONTROL

	育龄妇女人数（人）Birth－aged women（person）	其中：已婚 Married	20周岁以前结婚人数（人）Married before 20 years old	23周岁以后结婚人数（人）Married after 23 years old	晚婚率（%）Rate of married at mature age（%）	晚育（人）Late childbirth（person）	晚育率（%）Rate of late childbirth（%）	计划内出生（人）	计划生育率（%）Birth control rate（%）	领证数（人）Certificate of birth contral（person）
总计 Total	**1906675**	**1499158**	**278**	**19066**	**51.33**	**14035**	**49.95**	**39966**	**97.02**	**636513**
南关区 Nanguan	143040	97264	1	3294	78.63	1419	90.5	1668	99.46	73547
宽城区 Kuancheng	124612	95103		1900	51.5	870	56.9	1776	99.66	70588
朝阳区 Chaoyang	203236	139997	8	5731	73.7	3194	92.37	3715	99.62	103342
二道区 Erdao	94972	78862		2472	79.38	878	75.75	1320	99.92	52107
绿园区 Luyuan	131334	100199	3	859	68.78	1442	73.09	2205	98.79	52625
榆树市 Yushu	309669	257855	113	679	13.16	1016	26.07	7068	94.01	68936
农安县 Nong'an	260191	204646	2	720	19.99	217	4.75	7450	97.28	45419
德惠市 Dehui	210467	173940	40	957	33.54	998	31.42	4942	96.35	33910
九台市 Jiutai	208245	173880	72	870	33.72	1610	49.42	5059	95.18	55363
双阳区 Shuangyang	89499	76520	22	724	48.66	708	55.62	2114	97.24	28287
经开区 Developing area	40212	30866	2	322	55.23	425	59.77	782	99.87	11807
净旅区 Tourism area	29341	23274	15	231	71.3	384	75.44	668	99.26	8611
高新区 High－technical area	8804	7061		64	46.72	103	61.68	200	99.5	2588
汽开区 Motor vevicle development zone	53053	39691		243	61.06	771	90.39	999	99.8	29383

18-6 节 育 情 况
BASIC CONDITION OF BRITH CONTROL

		避孕人数(人) Persons of contraception (person)	避孕率(%) Rate of contraception (%)	手术例数(个) Number of operations
总 计	**Total**	**1384296**	**92.34**	**39136**
南关区	Nanguan	84609	86.99	913
宽城区	Kuancheng	88596	93.16	1383
朝阳区	Chaoyang	122498	87.5	1208
二道区	Erdao	69932	88.68	1132
绿园区	Luyuan	88501	88.33	2141
榆树市	Yushu	237781	92.22	9139
农安县	Nong′an	193370	94.49	6680
德惠市	Dehui	166767	95.88	6304
九台市	Jiutai	171927	98.88	5131
双阳区	Shuangyang	70292	91.86	2805
经开区	Developing area	27343	88.59	618
净旅区	Tourism area	21222	91.18	881
高新区	High-technical area	6977	98.81	332
汽开区	Motor vehicles development zone	34481	86.87	469

18-7 火 灾 基 本 情 况
BASIC STATISTICS ON FIRES

		全 市 Total
次数(次)	Cases	7843
死人(人)	Deaths(person)	22
伤人(人)	Injuries(person)	17
直接损失(元)	Direct losses (yuan)	11172143

18－8 交通事故情况
BASIC STATISTICS ON TRAFFIC ACCIDENTS

		次数 Times	死亡(人) Death(person)	伤人(人) Injuries(person)	直接折款(元) Loss(yuan)
总计	Total	3418	622	3391	13570861
市区合计	Total district	2510	343	2385	9831653
南关交警大队	Nanguan traffic police department	275	20	292	165000
宽城交警大队	Kuancheng traffic police department	322	38	326	846930
朝阳交警大队	Chao yang traffic police department	593	27	399	2665338
二道交警大队	Erdao traffic police department	106	27	72	547500
汽车厂交警大队	Automobile factory traffic police department	211	14	227	662885
双阳交警大队	Shuangyang traffic police department	251	56	300	718800
绿园交警大队	Luyuan traffic police department	400	29	399	1736900
经济开发区交警大队	Econmic development zone traffic police department	61	19	71	601500
净月开发区交警大队	Jing yue development zone traffic police department	95	30	136	1433600
高新交警大队	High－tech traffic police department	47	27	43	139000
公路治安巡逻大队	Road peace and patrol department	149	56	120	314200
站前治安管理分局	Zhanqian public security and management office	0	0	0	0
榆树交警大队	Yushu traffic police department	146	79	158	778400
农安交警大队	Nong'an traffic police department	180	63	173	1019401
九台交警大队	Jiutai traffic police department	286	64	297	858000
德惠交警大队	Dehui traffic police department	296	73	378	1083407

18－9 刑事案件情况
BASIC STATISTICS ON PUBLIC ORDER

立案 Put on record	合计(起) Totall(case)	25204	破案 Break cases	合计(件) Total(case)	11333
发案地域 Put on record Area of Cases happened	城区 City zone	18602	破获年前案件 Break cases before the year		2168
	郊区 Suburb	890	破获外省、区市案件 Break cases in other provinces and cityes		1557
	镇 Town	2013	直接受害人 Direct victims	死亡(人)Death (person)	348
	乡村 Village	3659		受伤(人)Injury (person)	682
	其他 Others	40		其他(人)Others (person)	9255
补立年前案件 Makeup case before the year		2336	财物、损失总价值(万元) Total value of property and loss(10000yuan)		9434

主要统计指标解释

EXPLANATORY NOTES ON MAIN STATISTICAL INDICATORS

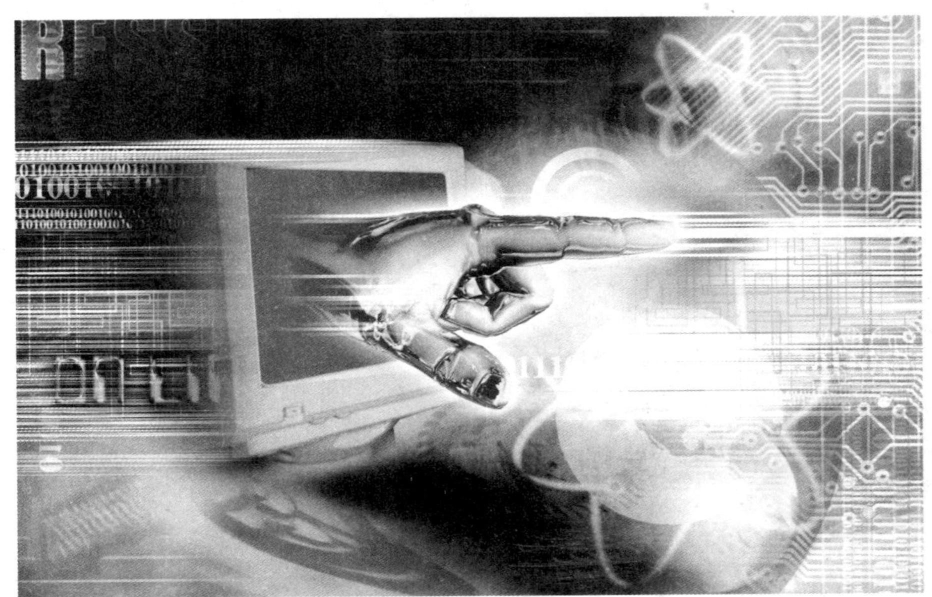

主 要 统 计 指 标 解 释

自然资源

森林覆盖率 通常是指森林面积占土地总面积之比，一般用百分数表示。但国家规定在计算森林覆盖率时，森林面积还包括灌木林面积、农田林网树占地面积以及四旁树木的覆盖面积。森林覆盖率，是反映一个国家或地区森林资源和绿化水平的重要指标。计算公式：

$$森林覆盖率(\%)=\frac{森林面积}{土地总面积}\times 100\%$$

本《年鉴》内所列森林覆盖率是按有林地面积计算的。

森林蓄积量 指森林面积上生长着的林木树干材积总量。它是反映一个国家或地区森林资源总规模和水平的重要指标。

矿产保有储量 指探明的矿产储量（包括工业储量和远景储量）扣除已开采部分和地下损失量后的年末实有储量。它反映国家矿产资源的现状。

综　　合

国内生产总值 是按市场价格计算的国内生产总值的简称。它是一个国家（地区）所有常住单位在一定时期内生产活动的最终成果。国内生产总值有三种表现形态，即价值形态、收入形态和产品形态。从价值形态看，它是所有常住单位在一定时期内所生产的全部货物和服务价值超过同期投入的全部非固定资产货物和服务价值的差额，即所有常住单位的增加值之和；从收入形态看，它是所有常住单位在一定时期内所创造并分配给常住单位和非常住单位的初次分配收入之和；从产品形态看，它是最终使用的货物和服务减去进口货物和服务。在实际核算中，国内生产总值的三种表现形态表现为三种计算方法，即生产法、收入法和支出法。三种方法分别从不同的方面反映国内生产总值及构成。

国民生产总值 是按市场价格计算的国民生产总值的简称。它是一个国家所有常住单位在一定时期内收入初次分配的最终成果。一国常住单位从事生产活动所创造的增加值在初次分配过程中主要分配给该国的常住单位，但也有一部分以劳动者报酬和财产收入等形式分配给该国的非常住单位，同时，国外生产所创造的增加值也有一部分以劳动者报酬和财产收入等形式分配给该国的常住单位。从而产生了国民生产总值概念，它等于国内生产总值加上来自国外的劳动者报酬和财产收入减去付给国外的劳动者报酬和财产收入。与国内生产总值不同，国内生产总值是一个生产概念，而国民生产总值则是个收入概念。

国民生产总值同社会总产值、国民收入的区别，从核算范围看，社会总产值和国民收入都只计算物质生产部门的劳动成果，而国民生产总值除计算物质生产部门劳动成果外，还计算非物质生产部门的劳动成果。从这三个指标的价值构成看，社会总产值计算了社会产品的全部价值；国民生产总值计算在生产产品和提供劳务过程中增加的价值，即增加值不计算中间产品和中间劳务投入的价值；而国民收入除了不计算中间产品价值外，还不包括固定资产折旧价值，即只计算净产值。

三次产业 根据社会生产活动历史发展的顺序对产业结构的划分，产品直接取自自然界的部门称为第一产业，对初级产品进行再加工的部门称为第二产业，为生产和消费提供各种服务的部门称为第三产业。它是世界上通用的产业结构分类，但各国的划分不尽一致。我国的三次产业划分是：

第一产业：农业（包括种植业、林业、牧业、副业和渔业）。

第二产业:工业(包括采掘工业、制造业、自来水、电力、蒸汽、热水、煤气)和建筑业。

第三产业:除第一、第二产业以外的其他各业。由于第三产业包括的行业多、范围广,根据我国的实际情况,第三产业可分为两大部分,一是流通部门,二是服务部门。具体又可分为四个层次:

第一层次:流通部门,包括交通运输业、邮电通讯业、商业、饮食业、物资供销和仓储业。

第二层次:为生产和生活服务的部门,包括金融、保险业,地质普查业,房地产、公用事业,居民服务业,咨询服务业和综合技术服务业,农、林、牧、渔、水利服务业和水利业,公路、内河(湖)航道养护业等。

第三层次:为提高科学文化水平和居民素质服务的部门,包括教育、文化、广播电视,科学研究、卫生、体育和社会福利事业等。

第四层次:为社会公共需要服务的部门,包括国家机关、政党机关、社会团体,以及军队和警察等。

支出法国内生产总值 指一个国家(或地区)所有常住单位在一定时期内用于最终消费、资本形成总额,以及货物和服务的净出口总额,它反映本期生产的国民生产总值的使用构成。

最终消费 指常住单位在一定时期内对于货物和服务的全部最终消费支出,也就是常住单位为满足物质、文化和精神生活的需要,从本国经济领土和国外购买的货物和服务的支出,它不包括非常住单位在本国经济领土内的消费支出。最终消费分为居民消费和政府消费。

(一)居民消费:指常住住户在一定时期内对于货物和服务的全部最终消费支出。居民关于货物的最终消费支出在货物的所有权发生变化时记录,关于服务的最终消费支出在服务提供的时候记录。居民消费支出按市场价格计算,即按居民支付的购买者价格计算,货物的购买者价格是购买者取得交货所支付的价格,它包括购买者支付的运输和商业费用。居民消费支出除了直接以货币形式购买的货物和服务的消费支出外,还包括以其他方式获得的货物和服务的消费支出,即所谓的虚拟消费支出。居民虚拟消费支出包括如下几种类型:单位以实物报酬及实物转移的形式提供给劳动者的货物和服务;住户生产并由本住户消费了的货物和服务,其中的服务仅指住户的自有住房服务;金融机构提供的金融媒介服务;保险公司提供的保险服务。

(二)政府消费:指政府部门为全社会提供的公共服务的消费支出和免费或以较低的价格向居民住户提供的货物和服务的净支出,前者等于政府服务的产出价值减去政府单位所获得的经营收入的价值,政府服务的产出价值等于它的经常性业务支出加上固定资产折旧;后者等于政府部门向居民住户提供的货物和服务的市场价值减去向居民住户收取的价值。

资本形成总额 指常住单位在一定时期内获得减去处置的固定资产和存货的净额,包括固定资产形成总额和存货增加两项。

(一)固定资产形成总额:指常住单位在一定时期内购置、转入和自产自用的固定资产价值,扣除固定资产的销售和转出后的价值。可分为有形固定资产形成总额和无形固定资产形成总额。有形固定资产形成总额包括一定时期内完成的建筑工程、安装工程和设备工器具购置(减处置)价值,以及土地改良、新增役、种、奶、毛、娱乐用牲畜和新增经济林木价值。无形固定资产形成总额包括矿藏的勘探、计算机软件、娱乐和文学艺术品原件等获得减处置。

(二)存货增加:指常住单位在一定时期内存货实物量变动的市场价值即期末价值减期初价值的差额。存货增加可以是正值,也可以是负值,正值表示存货上升,负值表示存货下降。它包括生产单位购进的原材料、燃料和储备物资等存货,以及生产单位生产的产成品、在制品和半成品等存货等。

人　口

人口数 指一定时点、一定地区范围内的有生命的个人的总和。年度统计的年末人口数是指每年12月31日24时的人口数。

出生率(又称粗出生率) 指在一定时期内(通常为一年)平均每千人所出生的人数的比率,一般用千分率表示。计算公式:

$$出生率=\frac{年出生人数}{年平均人数}\times 1000‰$$

出生人数是指活婴儿，即胎儿脱离母体时(不管怀孕月数)，有过呼吸或其他生命现象。

年平均人数是年初、年底人口数的平均数，也可用年中人口数代替。

死亡率(又称粗死亡率) 指在一定时期内(通常为一年)一定地区的死亡人数与同期平均人数(或期中人数)之比，一般用千分率表示。计算公式为：

$$死亡率 = \frac{年死亡人数}{年平均人数} \times 1000‰$$

人口自然增长率 指在一定时期内(通常为一年)人口自然增加数(出生人数减死亡人数)与该时期内平均人数(或期中人数)之比，一般用千分率表示。计算公式：

$$人口自然增长率 = \frac{本年出生人数 - 本年死亡人数}{年平均人数} \times 1000‰$$

$$人口自然增长率 = 人口出生率 - 人口死亡率$$

从业人员和职工工资

从业人员 指从事一定社会劳动并取得劳动报酬或经营收入的人员。包括：

(1)全部职工

(2)再就业的离退休人员

(3)私营业主

(4)个体户主

(5)私营和个体从业人员

(6)乡镇企业从业人员

(7)农村从业人员

(8)其他从业人员(包括民办教师、宗教职业者、现役军人等)

这一指标反映了一定时期内全部劳动力资源的实际利用情况，是研究我国基本国情国力的重要指标。

各单位的从业人员是指在各级国家机关、政党机关、社会团体及企业、事业单位中工作，并取得劳动报酬的全部人员。包括职工、再就业的离退休人员、民办教师以及在各单位中工作的外方人员和港、澳、台方人员。

各单位的从业人员反映了各单位实际参加生产或工作的全部劳动力。

经济活动人口 指在16岁以上，有劳动能力，参加或要求参加社会经济活动的人口。包括：从业人员和失业人员。

城镇登记失业人员及失业率 指有非农业户口，在一定的劳动年龄内，有劳动能力，无业而要求就业，并在当地就业服务机构进行求职登记的人员。城镇登记失业率指城镇登记失业人数同城镇从业人数与城镇登记失业人数之和的比。计算公式为：

$$城镇登记失业率 = \frac{城镇登记失业人数}{(城镇从业人数 + 城镇登记失业人数)} \times 100\%$$

职工工资总额 指各单位在一定时期内直接支付给本单位全部职工的劳动报酬总额。

工资总额的计算原则应以直接支付给职工的全部劳动报酬为根据。各单位支付给职工的劳动报酬以及其他根据有关规定支付的工资，不论是计入成本的还是不计入成本的，不论是按国家规定列入计征奖金税项目的，还是未列入计征奖金税项目的，不论是以货币形式支付的还是以实物形式支付的，均包括在工资总额内。

职工平均工资 指企业、事业、机关单位的职工在一定时期内平均每人所得的货币工资额。它表明一定时期职工工资收入的高低程度，是反映职工工资水平的主要指标。计算公式为：

$$职工平均工资 = \frac{报告期实际支付的全部职工工资总额}{报告期全部职工平均人数}$$

职工平均实际工资 指扣除物价变动因素后的职工平均工资。计算公式为：

$$职工平均实际工资=\frac{报告期职工平均工资}{报告期城镇居民消费价格指数}$$

固定资产投资

全社会固定资产投资 固定资产投资是社会固定资产再生产的主要手段。通过建造和购置固定资产的活动,国民经济不断采用先进技术装备,建立新兴部门,进一步调整经济结构和生产力的地区分布,增强经济实力,为改善人民物质文化生活创造物质条件。这对我国的社会主义现代化建设具有重要意义。

固定资产投资额是以货币表现的建造和购置固定资产活动的工作量,它是反映固定资产投资规模、速度、比例关系和使用方向的综合性指标。全社会固定资产投资按经济类型可分为国有、集体、个体、联营、股份制、外商、港澳台商、其他等。按照管理渠道,全社会固定资产投资总额分为基本建设、更新改造、房地产开发投资和其他固定资产投资四个部分。

基本建设投资 基本建设是企业、事业、行政单位以扩大生产能力或工程效益为主要目的的新建、扩建工程及有关工作。其综合范围为总投资50万元以上(含50万元,下同)的基本建设项目。具体包括:(1)列入中央和各级地方本年基本建设计划的建设项目,以及虽未列入本年基本建设计划,但使用以前年度基建计划内结转投资(包括利用基建设备材料)在本年继续施工的建设项目;(2)本年基本建设计划内投资与更新改造计划内投资结合安排的新建项目和新增生产能力(或工程效益)达到大中型项目标准的扩建项目,以及为改变生产力布局而进行的全厂性迁建项目;(3)国有单位既未列入基建计划,也未列入更新改造计划的总投资在50万元以上的新建、扩建、恢复项目和为改变生产力布局而进行的全厂性迁建项目,以及行政、事业单位增建业务用房和行政单位增建生活福利设施的项目。

更新改造投资 更新改造是指企业、事业单位对原有设施进行固定资产更新和技术改造,以及相应配套的工程和有关工作(不包括大修理和维护工程)。其综合范围为总投资50万元以上的更新改造项目。具体包括:(1)列入中央和各级地方本年更新改造计划的投资单位(项目)和虽未列入本年更新改造计划,但使用上年更新改造计划内结转的投资在本年继续施工的项目;(2)本年更新改造计划内投资与基本建设计划内投资结合安排的对企、事业单位原有设施进行技术改造或更新的项目和增建主要生产车间、分厂等其新增生产能力(或工程效益)未达到大中型项目标准的项目,以及由于城市环境保护和安全生产的需要而进行的迁建工作;(3)国有企、事业单位既未列入基建计划也未列入更新改造计划,总投资在50万元以上的属于改建或更新改造性质的项目,以及由于城市环境保护和安全生产的需要而进行的迁建工程。

房地产开发投资 指房地产开发公司、商品房建设公司及其他房地产开发法人单位和附属于其他法人单位实际从事房地产开发或经营的活动单位统一开发的包括统代建、拆迁还建的住宅、厂房、仓库、饭店、宾馆、度假村、写字楼、办公楼等房屋建筑物和配套的服务设施、土地开发工程(如道路、给水、排水、供电、供热、通讯、平整场地等基础设施工程)的投资。不包括单纯的土地交易活动。

其他固定资产投资 指全社会固定资产投资中未列入基本建设、更新改造和房地产开发投资的建造和购置固定资产的活动。具体包括:

(1)国有单位按规定不纳入基本建设计划和更新改造计划管理,计划总投资(或实际需要总投资)在50万元以上的以下工程:①用油田维护费和石油开发基金进行的油田维护和开发工程;②煤炭、铁矿、森工等采掘采伐业用维简费进行的开拓延伸工程;③交通部门用公路养路费对原有公路、桥梁进行改建的工程;④商业部门用简易建筑费建造的仓库工程。

(2)城镇集体固定资产投资:指所有隶属城市、县城和经国务院及省、自治区、直辖市批准建制的镇领导的集体单位(乡镇企业局管理的除外)建造和购置固定资产计划总投资(或实际需要总投资)在50万元以上的项目。

(3)除上述以外的其他各种企、事业单位、个体建造和购置固定资产总投资在50万元以上的、未列入基本建设计划和更新改造计划的项目。

城镇和工矿区私人建房投资和农村个人投资 城镇和工矿区私人建房包括市、县城、镇、工矿区所辖范围内的全部私人建房,不论其房主是否系本地的常住户口均应包括。农村个人投资包括农村个人建房及购置生产性固定资产的投资。

新增生产能力 指通过固定资产投资活动而增加的设计能力或工程效益,它是用实物形态表示的固定资产投资的成果。新增生产能力的计算,是以能独立发挥生产能力或效益的单项工程(或项目)为对象。当单项工程(或项目)建成,经有关部门鉴定合格,正式移交投入生产,即可计算新增生产能力。

新增生产能力或工程效益有以下几种表现形式:

(1)以建设项目或单位工程建成后的年产能力表示,如煤炭开采、石油开采等。

(2)以建设项目或单项工程建成后处理原料的能力表示,如选矿工程的年处理矿石能力,洗煤厂年洗原煤能力等。

(3)以新增的主要设备数量或容量表示。如棉纺锭枚数,发电机组容量等。

(4)以建筑物容积、容量、面积或长度表示。如水库容量、铁路公路里程等。

新增生产能力的数量一般按设计能力计算。设计能力是指设计文件中规定的在正常情况下能够达到的生产能力,而不论投产后的实际产量如何。以设备数量、建筑物容积、面积、长度等表示的新增生产能力(或效益),则按建成的实际数量计算。

房屋建筑面积 指从房屋外墙线算起的各层平面面积的总和,包括可供使用的有效面积和房屋结构(如柱、墙)占用面积。多层建筑按各层(包括地下室)面积总和计算。

住宅建筑面积 指施工和竣工房屋建筑面积中供居住用的施工和竣工房屋建筑面积。

施工面积 指报告期内施工的全部房屋建筑面积。包括本期新开工的面积、上期跨入本期继续施工的房屋面积、上期停缓建在本期恢复施工的房屋面积、本期竣工的房屋面积及本期施工后又停缓建的房屋面积。

竣工面积 指在报告期内房屋建筑按照设计要求已全部完工,达到住人和使用条件,经验收鉴定合格,正式移交使用单位的建筑面积。

房屋建筑面积竣工率 指一定时期内房屋竣工面积占同期房屋施工面积的比率。它是从房屋建筑施工速度的角度反映投资效果和建筑业经济效益的指标。

新增固定资产 指通过投资活动所形成的新的固定资产价值。包括已经建成投入生产或交付使用的工程价值和达到固定资产标准的设备、工具、器具的价值及有关应摊入的费用。它是以价值形式表示的固定资产投资成果的综合性指标,可以综合反映不同时期、不同部门、不同地区的固定资产投资成果。

建设项目投产率 指一定时期内全部建成投入生产项目个数与同期正式施工项目个数的比率。它是从项目建设速度的角度反映投资效果的指标。

固定资产交付使用率 指一定时期新增固定资产与同期完成投资额的比率。它是反映各个时期固定资产动用速度,衡量建设过程中投资效果的一个综合性指标。

能源和原材料消费

能源生产总量 指一定时期内全国(地区)一次能源生产量的总和,是观察全国(地区)能源生产水平、规模、构成和发展速度的总量指标。一次能源生产量包括原煤、原油、天然气、水电及其他动力能(如风能、地热能等)发电量。不包括低热值燃料生产量、生物质能、太阳能等的利用和由一次能源加工转换而成的二次能源产量。

能源消费总量 指一定时期内全国(地区)物质生产部门、非物质生产部门和生活消费的各种能源的总和,是观察能源消费水平、构成和增长速度的总量指标,能源消费总量包括原煤和原油及其制品、天然气、电力。不包括低热值燃料、生物质能和太阳能等的利用。能源消费总量分为三部分,即终端能源消费量、能源加工转换损失量和损失量。

(1)终端能源消费量 指一定时期内全国(地区)物质生产部门、非物质生产部门和生活消费的各种能源在扣除了用于加工转换二次能源消费量和损失量以后的数量。

(2)能源加工转换损失量 指一定时期内全国(地区)投入加工转换的各种能源数量之和与产出各种能源

产品之和的差额。它是观察能源在加工转换过程中损失量变化的指标。

(3)能源损失量 指一定时期内能源在输送、分配、储存过程中发生的损失和由客观原因造成的各种损失量。包括各种气体能源放空、放散量。

财 政

财政收入 国家财政参与社会产品分配所取得的收入,是实现国家职能的财力保证。财政收入所包括的内容几经变化,目前主要包括:

(1)各项税收 包括增值税、营业税、消费税、土地增值税、城市维护建设税、资源税、城市土地使用税、印花税、固定资产投资方向调节税、个人所得税、企业所得税、关税、农牧业税和耕地占用税等。

(2)专项收入 包括征收排污费、征收城市水资源费收入,教育费附加收入等。

(3)其他收入 包括基本建设贷款归还收入、国家能源交通重点建设基金收入、国家预算调节基金等。

(4)国有企业计划亏损补贴 这项为负收入,冲减财政收入。

财政支出 国家财政将筹集起来的资金进行分配使用,以满足经济建设和各项事业的需要,主要包括:

(1)基本建设支出 指按国家有关规定,属于基本建设范围内的基本建设有偿使用、拨款、资本金支出以及经国家批准对专项和政策性基建投资贷款,在部门的基建投资额中统筹支付的贴息支出。

(2)企业挖潜改造资金 指国家预算内拨给的用于企业挖潜、革新和改造方面的资金。包括各部门企业挖潜改造资金和企业挖潜改造贷款资金,为农业服务的县办“五小”企业技术改造补助,挖潜改造贷款利息支出。

(3)地质勘探费用 国家预算用于地质勘探单位的勘探工作费用,包括地质勘探管理机构及其事业单位经费、地质勘探经费。

(4)科技三项费用 国家预算用于科技支出的费用,包括新产品试制费、中间试验费、重要科学研究补助费。

(5)支援农村生产支出 国家财政支援农村集体(户)各项生产的支出。包括对农村举办的小型农田水利和打井、喷灌等的补助费;对农村水土保持措施的补助费;对农村举办的小水电站的补助费;特大抗旱的补助费;农村开荒补助费;扶持乡镇企业资金;农村农技推广和植保补助费;农村草场和畜禽保护补助费;农村造林和林木保护补助费;农村水产补助费;发展粮食生产专项资金。

(6)农林水利气象等部门的事业费用 国家财政用于农垦、农场、农业、畜牧、农机、林业、森工、水利、水产、气象、乡镇企业的技术推广、良种推广(示范)、植物(畜禽、森林)保护、水质监测、勘探设计、资源调查、干部训练等项费用,园艺特产补助费,中等专业学校经费,飞播牧草试验补助费,营林机构、气象机构经费,渔政费以及农业管理事业费等。

(7)工业交通商业等部门的事业费 国家预算支付给工交商各部门用于事业发展的经费。包括勘探设计费、中等专业学校经费、技术学校经费、干部训练费。

(8)文教科学卫生事业费 国家预算用于文化、出版、文物、教育、卫生、中医、公费医疗、体育、档案、地震、海洋、通讯、电影电视、计划生育、党政群干部训练、自然科学、社会科学、科协等项事业的经费支出和高技术研究专项经费。主要包括工资、补助工资、福利费、离退休费、助学金、公务费、设备购置费、修缮费、业务费、差额补助费。

(9)抚恤和社会福利救济费 国家预算用于抚恤和社会福利救济事业的经费,包括由民政部门开支的烈士家属和牺牲病残人员家属的一次性、定期抚恤金,革命伤残人员的抚恤金,各种伤残补助费、烈军属、复员退伍军人生活补助费、退伍军人安置费,优抚事业单位经费,烈士纪念建筑物管理、维修费,自然灾害救济事业费和特大自然灾害后重建补助费等。

(10)国防支出 国家预算用于国防建设和保卫国家安全的支出,包括国防费、国防科研事业费、民兵建设以及专项工程支出等。

(11)行政管理费 包括行政管理支出,党派团体补助支出,外交支出,公安安全支出,司法支出,法院支出，检察院支出和公检法办案费用补助。

(12)价格补贴支出　经国家批准，由国家财政拨给的政策性补贴支出，主要包括粮食加价款，粮、棉、油差价补贴，棉花收购价外奖励款，副食品风险基金，市镇居民的肉食价格补贴，平抑市价肉食、蔬菜价差补贴等以及经国家批准的教材课本、报刊新闻纸等价格补贴。

物　　价

零售价格指数　是反映城乡商品零售价格变动趋势的一种经济指数。零售物价的调整变动直接影响到城乡居民的生活支出和国家的财政收入，影响居民购买力和市场供需平衡，影响消费与积累的比例。因此，计算零售价格指数，可以从一个侧面对上述经济活动进行观察和分析。

居民消费价格指数　是反映一定时期内城乡居民所购买的生活消费品价格和服务项目价格变动趋势和程度的相对数。是综合了城市居民消费价格指数和农民消费价格指数计算取得。利用居民消费价格指数，可以观察和分析消费品的零售价格和服务价格变动对城乡居民实际生活费支出的影响程度。

城市居民消费价格指数　是反映城市职工及其家庭所购买的生活消费品和服务项目价格变动趋势及其程度的相对数。编制城市居民消费价格指数，可以观察和分析消费品的零售价格和服务项目价格变动对职工货币工资的影响，作为研究职工生活和确定工资政策的依据。

农村居民消费价格指数　是反映农村居民家庭所购买的生活消费品的价格和服务项目价格变动趋势和程度的相对数。用它可以观察农村消费品的零售价格和服务项目价格变动对农村居民生活消费支出的影响，直接反映农民生活水平的实际变化情况，为分析和研究农村居民生活问题提供依据。

农产品收购价格指数　是反映国有商业、集体商业、个体商业、外贸部门、国家机关、社会团体等各种经济类型的商业企业和有关部门收购农产品价格的变动趋势和程度的相对数。农产品收购价格指数可以观察和研究农产品收购价格总水平的变化情况，以及对农民货币收入的影响，作为制订和检查农产品价格政策的依据。计算指数所选的商品有 11 个大类、包括 276 种农副土特产品。采用加权倒数平均公式(即按报告期实际收购金额加权综合法)计算。

农村工业品零售价格指数　是反映农村市场工业品零售价格水平变动趋势和程度的相对数。通过农村工业品零售价格指数，可以观察工业品零售价格变动对农民货币支出的影响。

工业品出厂价格指数　是反映全部工业产品出厂价格总水平的变动趋势和程度的相对数。其中除包括工业企业售给商业、外贸、物资部门的产品外，还包括售给工业和其他部门的生产资料以及直接售给居民的生活消费品。通过工业生产价格指数能观察出厂价格变动对工业总产值的影响。

固定资产投资价格指数　是反映固定资产投资额价格变动趋势和程度的相对数。固定资产投资额是由建筑安装工程投资完成额、设备、工器具购置投资完成额和其他费用投资完成额三部分组成的。编制固定资产投资价格指数应首先分别编制上述三部分投资的价格指数，然后采用加权算术平均法求出固定资产投资价格总指数。

编制固定资产投资价格指数可以准确地反映固定资产投资中涉及的各类商品和取费项目价格变动趋势和变动幅度，消除按现价计算的固定资产投资指标中的价格变动因素，真实地反映固定资产投资的规模、速度、结构和效益，为国家科学地制定、检查固定资产投资计划并提高宏观调控水平，为完善国民经济核算体系提供科学的，可靠的依据。

人民生活

城镇居民家庭就业人口　指城镇居民从事社会劳动并取得劳动报酬或经营收入的人口。就业人口包括通过国家统筹规划和指导由劳动部门介绍就业，自愿组织起来就业和自谋职业等方式，在国有制、集体所有制、中外合资、中外合作、外资在华独资的企事业单位和私营企业单位工作或从事个体劳动的有固定性职业或临时性职业的人口。被聘用和留用的离退休人员也计入就业人口。本指标可以反映城镇居民的就业情况，是计算就业面、负担系数的重要资料。

城镇居民家庭全部收入 指被调查城镇居民家庭全部的实际现金收入，包括经常或固定得到的收入和一次性收入。不包括周转性收入，如提取银行存款、向亲友借入款、收回借出款以及其他各种暂收款。

城镇居民家庭可支配收入 指被调查的城镇居民家庭在支付个人所得税之后，所余下的实际收入。

城镇居民家庭消费性支出 指被调查的城镇居民家庭用于日常生活的全部支出，包括购买商品支出和文化生活、服务等非商品性支出。不包括罚没、丢失款和缴纳的各种税款(如个人所得税、牌照税、房产税等)，也不包括个体劳动者生产经营过程中发生的各项费用。

城镇居民家庭购买商品支出 指被调查的城镇居民家庭购买商品的全部支出，包括从商店、工厂、饮食业、工作单位食堂、集市以及直接从农民购买各种商品的开支。共分九类：食品、衣着品、日用品、文化娱乐用品、书报杂志、药及医疗用品、房屋及建筑材料、燃料、其他商品。不论自用的或赠送亲友的都包括在内。

农村居民家庭纯收入 指农村常住居民家庭总收入中，扣除从事生产和非生产经营费用支出、缴纳税款和上交承包集体任务金额以后剩余的，可直接用于进行生产性、非生产性建设投资、生活消费和积蓄的那一部分收入。它是反映农民家庭实际收入水平的综合性的主要指标。农民家庭纯收入，既包括从事生产性和非生产性的经营收入，又包括取自在外人口寄回带回和国家财政救济、各种补贴等非经营性收入；既包括货币收入，又包括自产自用的实物收入。但不包括向银行、信用社和向亲友借款等属于借贷性的收入。

农村居民家庭整半劳动力 指农村常住居民家庭成员中有劳动能力并经常参加实际劳动的人员。是生产的基本要素指标之一，是发展生产增加农民家庭收入的重要源泉。按规定，农村男 18 周岁至 50 周岁、女 18 周岁至 45 周岁为整劳动力；男 16 周岁到 17 周岁、51 周岁到 60 周岁，女 16 周岁到 17 周岁、46 周岁到 55 周岁为半劳动力。农民家庭整半劳动力，既包括在上述规定劳动年龄内和在劳动年龄以外有劳动能力并经常参加实际劳动的男女整半劳动力；也包括农民家庭常住人员中属于职工的劳动力。但不包括在劳动年龄内已丧失劳动能力的人员。

农村居民家庭生活消费支出 指农村常住居民家庭年内用于日常生活的全部开支。它是用来反映和研究农民家庭实际生活消费水平高低的重要指标。农民家庭生活消费支出，包括用于吃、穿、住、烧、用等生活消费品开支和文化、生活服务费用开支两大部分。

农村居民家庭商品性生活消费支出 指农村常住居民家庭用其货币收入，在市场上购买食品、衣着、家庭用家具器皿、日用杂品、燃料、耐用消费品、以及文教卫生用品等生活消费总量。包括向国有商店、集体商店和集市贸易市场以及其他流通渠道购买的全部生活消费品。农民家庭商品性生活消费支出，是农民家庭生活消费支出的一个重要组成部分，是用来反映和分析农民家庭生活消费水平的商品化程度，及其由自给性经济向商品经济发展趋势的重要指标，也是研究和预测农民家庭对市场消费品需求，制定商品供应计划的重要依据。

城乡居民储蓄存款余额 城乡居民储蓄存款，包括城镇居民储蓄存款和农民个人储蓄存款两部分。不包括居民的手存现金和工矿企业、部队、机关团体等集团存款。储蓄存款余额，是指城乡居民存入银行及农村信用社储蓄的时点数(存入数扣除取出数的余额)，如月末、季末或年末数额。

市政公用事业

年底自来水生产能力 指年底城建部门管理的自来水厂和自备水源的社会单位取水、净化、送水、出厂输水干管等环节的实际生产能力。

年底供水管道长度 指从送水泵到用户水表之间所有管道的长度。

全年供水总量 指公用自来水厂和自备水源的社会单位全年的供水总量，包括有效供水量及损失水量。

生活用水量 指居民日常生活与公共福利设施的用水量。包括居民、饮食店、旅馆、医院、理发店、浴池、洗衣店、游泳池、商店、学校、机关、部队等单位的用水量。

城市人口用水普及率 指城市用水的非农业人口数(不包括临时人口和流动人口)与城市非农业人口总数之比。计算公式：

$$用水普及率=(城市用水的非农业人口数÷城市非农业人口数)\times 100\%$$

人工煤气生产能力 指城市煤气厂制气、净化、输送等环节的综合实际生产能力。

输气管道长度 指由压缩机、鼓风机、储气罐的出口到用户立管之间的全部管道长度。

全年供气总量 指全年售给各类用户的全部煤气量。包括工业用量、家庭用量和其他用量。

城市用气普及率 指使用煤气(包括人工煤气、液化石油气、天然气)的城市非农业人口数(不包括临时人口和流动人口)与城市非农业人口总数之比。计算公式:

$$城市煤气普及率=\frac{城市用气的非农业人口}{城市非农业人口总数}\times 100\%$$

城市供热能力 指热电厂、热力公司和达到标准的集中采暖锅炉房向城市输送的供热源的设计能力。每小时向城市输送的蒸汽、热水能力。

城市供热总量 指热电厂、热力公司和达到标准的集中采暖锅炉房全年向城市输送的全部蒸汽、热水量。

城市供热管道长度 指热电厂、热力公司和达到标准的集中采暖锅炉房管理的集中供热热源到用户之间的全部供气、供热水的管道长度。

年底实有铺装道路长度 指除土路外,路面经过铺装宽度在3.5米以上的道路,包括高级、次高级道路和普通道路。

城市桥梁 指城市范围内,修建在河道上的桥梁和道路与道路立交、道路跨越铁路的立交桥,以及人行天桥。包括永久性桥和半永久性桥,不包括临时性桥、铁路桥、涵洞。

城市下水道总长度 指所有排水总管、干管、支管及暗渠、检查井、连接井进出水口等长度之和。

城市污水日处理能力 指污水处理厂每昼夜处理污水量的设计能力。

年末实有公共汽(电)车 指年底可参加营运的全部车辆数,包括年底营运车辆数和库存查封未参加营运的车辆,不包括非营运车辆,如架线车、油罐车、工程车、货车及其他专用车辆和借人客运车辆。

营运线路长度 指设置的固定营运线路长度,包括郊区营运线路长度。不包括临时行驶的线路长度。

城市园林绿地面积 指城市公共绿地、专用绿地、生产绿地、防护绿地、郊区风景名胜区的全部面积。

公共绿地 指供游览休息的各种公园、动物园、植物园、陵园以及花园、游园和供游览休息用的林荫道绿地、广场绿地。不包括一般栽植的行道树及林荫道的面积。

农　　业

农林牧渔业总产值 是以货币表现的农、林、牧、渔业全部产品的总量,它反映一定时期内农业生产总规模和总成果。

农、林、牧、渔业的统计范围包括国有经济的各种专业农(农、林、牧、渔)场以及国家各级机关团体学校、部队、集体所有制的乡、镇、村各级办农场;工矿企业经营的农、林、牧、渔业,农村各种经济组织和农户经营的农林牧渔业和农民家庭兼营的商品性工业等。

(1)农业 包括种植业和其他农业。

种植业 包括谷物、豆类、薯类、棉、油料、糖料、麻类、烟叶、蔬菜、药材、瓜类和其他农作物的种植,以及茶园、桑园、果园的生产经营。

其他农业 包括采集野生植物的果实、纤维、树胶、树脂、油料以及柴草、野生药材、菌类以及农民家庭兼营的商品性工业。

(2)林业 包括林木的栽培(不包括茶园、桑园和果园的栽培、管理和收获等活动)、林产品的采集和村及村以下合作经济组织和农户的竹木采伐。

(3)牧业 包括除渔业养殖以外的一切动物饲养和放牧以及野生动物的捕猎和饲养。

(4)渔业 包括水生动物和海藻类植物的养殖和捕捞。

农业总产值的计算方法通常是按农林牧渔业产品及其副产品的产量分别乘以各自单位产品价格求得,少数生产周期较长,当年没有产品或产品产量不易统计的,则采用间接方法匡算其产值,然后将四业产品产值相加即为农业总产值。

1957年以前的农业总产值中包括了厩肥和农民自给性手工业(如农民自制衣服、鞋、袜、自己从事粮食初步加工等)。1958年及以后的农业总产值,林业中增加了村及村以下竹木采伐产值;牧业中取消了厩肥产值;副业中取消了农民自给性手工业产值,增加了村及村以下办的工业产值;渔业中增加了海洋捕捞水产品产值。1980年及以后的农业总产值,在副业中增加了农民家庭兼营工业商品部分的产值。从1984年起村及村以下办工业产值划归工业。从1993年起,取消副业。将野生动物的捕猎划入牧业,野生植物采集和农民家庭兼营商品性工业划归农业。

粮食产量 指全社会的产量。包括国有经济经营的、集体统一经营的和农民家庭经营的粮食产量,还包括工矿企业办的农场和其他生产单位的产量。粮食除包括稻谷、小麦、玉米、高粱、谷子及其他杂粮外,还包括薯类和豆类。其产量计算方法,豆类按去豆荚后的干豆计算;薯类(包括甘薯和马铃薯,不包括芋头和木薯)1963年以前按每4公斤鲜薯折1公斤粮食计算,从1964年开始及以后改为按5公斤鲜薯折1公斤粮食计算。城市郊区作为蔬菜的薯类(如:马铃薯等)按鲜品计算,并且不做为粮食统计。其他粮食一律按脱粒后的原粮计算。

油料产量 指全部油料作物的生产量。包括花生、油菜籽、芝麻、向日葵籽、胡麻籽(亚麻籽)和其他油料。不包括大豆,也不包括木本油料和野生油料。花生以带壳干花生计算。

水产品产量 指人工养殖的水产品和天然生长的水产品的捕捞量。包括海水的鱼类、虾蟹类、贝类和藻类以及内陆水域的鱼类、虾蟹类和贝类,不包括淡水生殖物。

猪、牛、羊肉产量 指当年出栏并已屠宰后除去头蹄下水后带骨肉(即胴体重)的重量。

耕地面积 指年初可以用来种植农作物、经常进行耕锄的田地,除包括熟地、当年新开荒地、连续撂荒未满三年的耕地和当年的休闲地(轮歇地)外,还包括以种植农作物为主并附带种植桑树、茶树、果树和其他林木的土地,以及沿海、沿湖地区已围垦利用的"海涂"、"湖田"等面积。但不包括属于专业性的桑园、茶园、果园、果木苗圃、林地、芦苇地、天然或人工草地面积。

农作物播种面积 指实际播种或移植有农作物的面积。凡是实际种植有农作物的面积,不论种植在耕地上还是种植在非耕地上,均包括在农作物播种面积中。在播种季节基本结束后,因遭灾而重新改种和补种的农作物面积,也包括在内。

有效灌溉面积 指具有一定的水源,地块比较平整,灌溉工程或设备已经配套,在一般年景下当年能够进行正常灌溉的耕地面积。

农用化肥施用量 指本年内实际用于农业生产的化肥数量。包括氮肥、磷肥、钾肥和复合肥。化肥施用量要求按折纯量计算数量。折纯法化肥施用量是把氮肥、磷肥和钾肥分别按含氮、含五氧化二磷、含氧化钾的百分之一百成份折算后的数量。复合肥按其所含主要成分折算。

农业机械总动力 指主要用于农、林、牧、渔业的各种动力机械的动力总和。包括耕作机械、排灌机械、收获机械、农用运输机械、植物保护机械、牧业机械、林业机械、渔业机械和其他农业机械〔内燃机按引擎马力折成瓦(特)计算,电动机按功率折成瓦(特)计算〕。不包括专门用于乡、镇、村、组办工业、基本建设、非农业运输、科学试验和教学等非农业生产方面的动力机械与作业机械。

农林牧渔业劳动力 指直接参加农林牧渔业生产劳动的劳动力。

期初(末)畜禽存栏头(只)数 指本期期初(末)农村各种合作经济组织和国营农场、农民个人、机关、团体、学校、工矿企业、部队等单位以及城镇居民饲养的大牲畜、猪、羊、家禽等畜禽的存栏头(只)数。

谷物 指籽实主要供作粮食的作物。这类作物包括稻谷、小麦、玉米、谷子、高粱和其他谷物,不包括豆类和薯类作物。

工 业

工业 指从事自然资源的开采,对采掘品和农产品进行加工和再加工的物质生产部门。具体包括:(1)对自然资源的开采,如采矿、晒盐、森林采伐等(但不包括禽兽捕猎和水产捕捞);(2)对农副产品的加工、再加工,如粮油加工、食品加工、轧花、缫丝、纺织、制革等;(3)对采掘品的加工、再加工,如炼铁、炼钢、化工生产、石油加工、机器制造、木材加工等,以及电力、自来水、煤气的生产和供应等;(4)对工业品的修理、翻新,如机器设备的修理、交通运输工具(包括小卧车)的修理等。

1984 年以前农村的村及村以下办工业归属农业,1984 年以后划归工业。

本年鉴中涉及的企业登记注册类型:

(1)国有及国有控股企业。国有企业(即过去的全民所有制工业或国营工业) 是指企业全部资产归国家所有,并按《中华人民共和国企业法人登记管理条例》规定登记注册的非公司制的经济组织。包括国有企业、国有独资公司和国有联营企业。1957 年以前的公私合营和私营工业,后均改造为国营工业,1992 年改为国有工业,这部分工业的资料不单独分列时,均包括在国有企业内。国有控股企业是对混合所有制经济的企业进行的"国有空股"分类。它是指这些企业的全部资产中国有资产(股份)相对其他所有者中的任何一个所有者占资(股)最多的企业。该分组反映了国有经济控股情况。

(2)集体企业 指企业资产归集体所有,并按《中华人民共和国企业法人登记管理条件》规定登记注册的经济组织。是社会主义公有制经济的组成部分。包括城乡所有使用集体投资举办的企业,以及部分个人通过集资自愿放弃所有权并依法经工商行政管理机关认定为集体所有制的企业。

(3)股份有限公司 指根据《中华人民共和国企业法人登记管理条例》规定登记注册,其全部注册资本由等额股份构成并通过发行股票筹集资本,股东以其认购的股份对公司承担有限责任,公司以其全部资产对其债务承担责任的经济组织。

(4)港、澳、台商投资企业 指企业注册登记类型中的港、澳、台合资、合作、独资经营企业和股份有限公司之和。

(5)外商投资企业 指企业注册登记类型中的中外资、合作经营企业、外资企业和外商投资股份有限公司之和。

(6)本年鉴中涉及的名为"其他"的企业均指除国有企业、集体企业、个体经营以外的其他类型工业企业(单位)。包括联营企业、私营企业、股份有限公司、有限责任公司;外商投资企业(中外合资经营、中外合作经营、外资企业)港、澳、台投资企业(与大陆合资经营与大陆合作经营,港、澳、台独资企业)及其它企业。

轻工业 指主要提供生活消费品和制作手工工具的工业。按其所使用的原料不同,可分为两大类:(1)以农产品为原料的轻工业,是指直接或间接以农产品为基本原料的轻工业。主要包括食品制造、饮料制造、烟草加工、纺织、缝纫、皮革和毛皮制作、造纸以及印刷等工业;(2)以非农产品为原料的轻工业,是指以工业品为原料的轻工业。主要包括文教体育用品、化学药品制造、合成纤维制造、日用化学制品、日用玻璃制品、日用金属制品、手工工具制造、医疗器械制造、文化和办公用机械制造等工业。

重工业 是指为国民经济各部门提供物质技术基础的主要生产资料的工业。按其生产性质和产品用途,可以分为下列三类:(1)采掘(伐)工业,是指对自然资源的开采,包括石油开采、煤炭开采、金属矿开采、非金属矿开采和木材采伐等工业;(2)原材料工业,指向国民经济各部门提供基本材料、动力和燃料的工业。包括金属冶炼及加工、炼焦及焦炭化学、化工原料、水泥、人造板以及电力、石油和煤炭加工等工业;(3)加工工业,是指对工业原材料进行再加工制造的工业,以及为农业提供的生产资料如化肥、农药等工业。

根据上述划分原则,修理业中以重工业产品为修理作业对象的划为重工业,反之划为轻工业。

工业总产值 是以货币表现的工业企业在一定时期内生产的已出售或可供出售工业产品总量,它反映一定时间内工业生产的总规模和总水平。它包括:在本企业内不再进行加工,经检验、包装入库(规定不需包装的产品除外)的成品价值,工业性作业价值,自制半成品、在产品期末期初差额价值。工业总产值采用"工厂法"计算,即以工业企业作为一个整体,按企业工业生产活动的最终成果来计算,企业内部不允许重复计算,不能把企业内部各个车间(分厂)生产的成果相加。但在企业之间、行业之间、地区之间存在着重复计算。

轻重工业总产值的划分也是按"工厂法"计算的,即一个工业企业在正常情况下生产的主要产品的性质属于轻工业,则该企业的全部总产值作为轻工业总产值;一个工业企业生产的主要产品的性质属于重工业,则该企业的全部总产值作为重工业总产值。

工业增加值 是指工业行业在报告期内以货币表现的工业生产活动的最终成果。

固定资产原价 固定资产原价指企业在建造、购置、安装、改建、扩建、技术改造某项固定资产时所支出的全部货币总额。它一般包括买价、包装费、运杂费和安装费等。

固定资产净值 是指固定资产原价减去历年已提折旧额后的净额。

流动资产 流动资产是指可以在一年或者超过一年的一个营业周期内变现或者耗用的资产，包括现金及各种存款、短期投资、应收及预付货款、存货等。

利税总额 指企业利润总额、产品销售税金及附加和应交增值税之和。

资金利税率 指在一定时期内已实现的利润、税金总额与同期的资产（固定资产净值和流动资产）之比。计算公式：

$$资金利税率(\%)=\frac{报告期累计实现利税总额}{固定资产净值平均余额+流动资产平均余额}\times100\%$$

资金利税率反映每单位（通常是每万元）资金所提供的利润税金额。它是考察和评价部门或企业资金运用的经济效益，分析资金投入效果的主要分析指标。

工业成本费用利润率 指在一定时期内实现的利润与成本费用之比，是反映工业生产成本及费用投入的经济效益指标，同时也是反映降低成本的经济效益的指标。计算公式：

$$工业成本费用利润率(\%)=\frac{利润总额}{成本费用总额}\times100\%$$

工业增加值率 指在一定时期内工业增加值占同期工业总产值的比重，反映降低中间消耗的经济效益。计算公式：

$$工业增加值率(\%)=\frac{工业增加值(现价)}{工业总产值(现价)}\times100\%$$

流动资金周转次数 指在一定时期内流动资产完成的周转次数，反映流动资产的周转速度。计算公式：

$$流动资金周转次数=\frac{产品销售收入}{全部流动资产平均余额}$$

产品销售率 指一定时期内销售产值与同期全部工业总产值之比，反映工业产品生产已实现销售的程度。计算公式：

$$工业产品销售率(\%)=\frac{报告期现价工业销售产值}{报告期现价工业总产值}\times100\%$$

产品销售收入 指企业销售产品的销售收入和提供劳务等主要经营业务取得的业务总额。

产品销售成本 指企业销售产品和提供劳务等主要经营业务的实际成本。

产品销售税金及附加 指企业销售产品和提供工业性劳务等主要经营业务应负担的城市维护建设税、消费税、资源税和教育费附加。

产品销售利润 指企业销售产品和提供工业性劳务等主要经营业务收入扣除其成本、费用、税金后的利润。

利润总额 指企业实现的利润。

应交增值税 指企业在报告期内应交纳的增值税额。

产值利税率 指报告期已实现的利润、税金总额（包括利润总额、产品销售税金及附加和应交增值税）占同期全部工业总产值的百分比，计算公式为：

$$产值利税率(\%)=\frac{利税总额}{工业总产值}\times100\%$$

全员劳动生产率 指根据产品的价值量指标计算的平均每一个职工在单位时间内的产品生产量。是考核企业经济活动的重要指标，是企业生产技术水平、经营管理水平、职工技术熟练程度和劳动积极性的综合表现。目前我国的全员劳动生产率是将工业企业的工业增加值除以同一时期全部职工的平均人数来计算的。计算公式：

$$全员劳动生产率=\frac{工业增加值}{全部职工平均人数}$$

资本金 指企业在工商行政管理部门登记的注册资金合计。企业资本金按投资主体可分为国家资本金、法人资本金、个人资本金和外商资本金等。资本金合计包括企业各种投资主体注册的全部资本金。

总资产 指企业拥有或控制的全部资产。包括流动资产、长期投资、固定资产、无形及递延资产、其他长期资产、递延税项等,即为企业资产负债表的资产总计项。

(1)流动资产 指企业可以在一年内或者超过一年的一个生产周期内变现或耗用的资产合计。包括现金及各种存款、短期投资、应收及预付款项、存货等。

(2)固定资产 指企业固定资产净值、固定资产清理、在建工程、待处理固定资产损失所占用的资金合计。

(3)无形资产 指企业长期使用而没有实物形态的资产。包括专利权、非专利技术、商标权、著作权、土地使用权、商誉等。

总负债 指企业承担并需要偿还的全部债务。包括流动负债和长期负债、递延税项等,即为企业资产负债表的负债合计项。

(1)流动负债 指企业在一年内或者超过一年的一个营业周期内需要偿还的债务合计,其中包括短期借款,应付及预收款项、应付工资、应交税金和应交利润等。

(2)长期负债 指企业在一年以上或者超过一年的一个生产周期以上需要偿还的债务合计,其中包括长期借款、应付债务、长期应付款项等。

所有者权益 指企业投资人对企业净资产的所有权。企业净资产等于企业全部资产减去全部负债后的余额,其中包括投资者对企业的最初投入,以及资本公积金、盈余公积金和未分配利润,对股份制企业即为股东权益。

交通运输和邮电通讯业

铁路营业里程 又称营业长度,指办理客货运输业务的铁路正线总长度。凡是全线或部分建成双线及以上的线路,以第一线的实际长度计算;复线、站线、段管线、岔线和特殊用途线以及不计算运费的联络线都不计算营业里程。铁路营业里程是反映铁路运输业基础设施发展水平的重要指标,也是计算客货周转量、运输密度和机车车辆运用效率等指标的基础资料。

铁路正线延展里程 是正线第一线、第二线、第三线和其他正线建筑里程之和,不包括站线、段管线、岔线及特殊用途线的延展里程。它是作为计算铁路线上钢轨、枕木及路基砂石需要量的主要依据。

公路里程 指在一定时期内实际达到《公路工程技术标准 JTJ01-88》规定的等级公路,并经公路主管部门正式验收交付使用的公路里程数。其计算单位为:km。它包括大中城市的郊区公路以及通过小城镇街道部分的公路里程,也包括桥梁、渡口的长度,但不包括大中城市的街道、厂矿、林区生产用道和农业生产用道的里程。两条或多条公路共同经由一路段,只计算一次,不得重复计算里程长度。公路里程是反映公路建设发展规模的重要指标,也是计算运输网密度等指标的基础资料。

内河航道里程 也称“内河通航里程”,是反映内河水运网规模、水平和发展情况的主要指标;是指在一定时期内,能通航运输船舶及排筏的天然河流、湖泊水库、运河及通航渠道的长度。包括全年季节性通航累计三个月以上的航道,但不包括仅供零散流放竹、木排的河道。

民用航空航线里程 指民航运输定期班机飞行的航线长度的总和。航线长度按机场之间的距离计算,通常有两种计算方法:将每条航线长度相加称为重复计算航线里程;如将两条或两条以上航线经过同一区段里程,只计算一次航线长度称为不重复计算航线里程。一般常用的是后者,它能确切反映民航运输网的规模,表明民航事业为国民经济服务和方便人民生活程度的主要指标。

货(客)运量 指在一定时期内,各种运输工具实际运送的货物(旅客)数量。是反映运输业为国民经济和人民生活服务的数量指标,也是制定和检查运输生产计划,研究运输发展规模和速度的重要指标。货运按吨计算,客运按人计算。货物不论运输距离长短,货物类别,均按实际重量统计;旅客不论行程远近或票价多少,均按一人一次作为客运量统计。半价票、小孩票也按一人统计。

货物(旅客)周转量 指在一定时期内,由各种运输工具运送的货物(旅客)数量与其相应运输距离的乘积之总和,是反映运输业生产总成果的重要指标,也是编制和检查运输生产计划,计算运输效率、劳动生产率以及核算运输单位成本的主要基础资料。通常以吨公里和人公里为计算单位。计算货物周转量通常按发出站与到达站之间的最短距离，也就是计费距离计算。

邮电业务总量 指以货币表现的邮电部门用于传递信息和提供其他邮电服务的总数量。它综合反映了一定时期邮电工作的总成果，是研究邮电业务量构成和发展趋势的重要指标。根据邮电管理体制不同，分为中央国营业务总量和地方国营业务总量。它用各种邮电分类业务量，如函件件数、电报份数、长话张数、市内电话和农村电话的年均户数、订销报刊累计份数等，分别乘以相应的平均单价(不变价)，加总后再加上出租电路和设备的收入、代用户维护电话交换机和线路等设备的收入、其他业务收入求得。

市内电话 指接入县城(包括个别城镇)及县以上城市的市内电话网上，并按市内电话进行经营管理的电话。按计费办法分为包月制和计次制两种。

(1)住宅电话 指话机装在居民住宅里的电话。它包括私人付费、公费和免费三个部分。

(2)私人付费电话 指住宅居民自费安装并自己缴纳通话费的电话。

无线寻呼电话用户 指携带小型寻呼机，接收市话用户通过无线寻呼中心，在规定范围内向其发出声音、数字或文字显示信息的用户。目前在邮电部门办理登记手续的无线寻呼电话用户，每一部寻呼机按一户计算。

移动电话用户 指在邮电部门登记，通过移动电话交换机进入移动电话网、占有移动电话号码的电话用户。用户数量以实际办理登记手续进入邮电部门移动电话网的户数进行计算，一部或一台移动电话统计为一户。

建筑业

建筑业总产值(即自行完成施工产值) 指建筑业企业或附营建筑施工单位自行完成的按工程进度计算的建筑安装生产总值。建筑业产值包括：

① 建筑工程产值：指列入建筑工程预算内的各种工程价值。

② 设备安装工程产值：指设备安装工程价值。

③ 房屋、构筑物修理产值：指房屋、构筑物修理所完成的价值，但不包括被修理房屋、构筑物本身的价值和生产设备的修理价值。

④ 非标准设备制造产值：指加工制造没有定型的、非标准的生产设备的加工费和原材料价值，不论是现场还是附属加工厂为本单位承建工程制造的非标准设备的价值，都应计算产值。

建筑业增加值 指建筑业企业在报告期内以货币表现的建筑业生产经营活动的最终结果。目前建筑业增加值采用分配法(收入法)计算，即从收入的角度出发，根据生产要素在生产过程中应得的收入份额计算。具体计算公式为：

建筑业增加值＝本年提取的固定资产折旧＋应付工资＋应付福利费＋管理费中的劳动待业保险金、税金＋工程结算税金及附加＋工程结算利润。

房屋建筑施工面积 指在报告期内施工的全部房屋建筑面积。包括本期内新开工的、上期施工跨入本期继续施工、上期停建本期复工的房屋建筑面积；不包括上期开工后又停工，本期未施工的房屋建筑面积。

房屋建筑竣工面积 指在报告期内，按照设计所规定的工程内容全部完成，达到了设计规定的交工条件，经有关部门检查验收鉴定合格的房屋建筑面积。

自有机械设备年末总台数 指归本企业(或单位)所有，属于本企业固定资产的生产性机械设备年末总台数。包括施工机械、生产设备、运输设备以及其他设备。

自有机械设备年末总功率 指本企业(或单位)自有施工机械、生产设备、运输设备以及其他设备等列为在册固定资产的生产性机械设备年末总功率，按设定能力或查定能力计算。包括机械本身的动力和为该机械服务的单独动力设备，如电动机等。计算单位用千瓦，动力换算可按 1 马力＝0.735 千瓦折合成千瓦数。电焊机、变压器、锅炉不计算动力。

工程结算收入　指企业(或单位)按工程的分部分项自行完成的建筑产品价值并已与甲方在报告期内办理结算手续的工程价款收入,以及向甲方收取的除工程价款以外的按规定列作营业收入的各种款项,如临时设施费、劳动保险费、施工机械调迁费等以及向甲方收取的各种索赔款。

工程结算利润　指已结算工程实现的利润。如为亏损以"－"号表示。其计算公式为:

工程结算利润＝工程结算收入－工程结算成本－工程结算税金及附加

企业总收入　指与企业生产经营直接有关的各项收入,包括工程结算收入和其他业务收入,即:

企业总收入＝工程结算收入＋其他业务收入

批发零售贸易和餐饮业

社会消费品零售额　指各种经济类型的批发零售贸易业、餐饮业、制造业和其他行业对城乡居民和社会集团的消费品零售额。这个指标反映通过各种商品流通渠道向居民和社会集团供应的生活消费品来满足他们生活需要,是研究人民生活,社会消费品购买力、货币流通等问题的重要指标。社会消费品零售额包括:(1)售给城乡居民作为生活用的商品和修建房屋用的建筑材料;(2)售给机关、团体、学校、部队、企业、事业单位的职工食堂和旅店(招待所)附设专门供本店旅客食用,不对外营业的食堂的各种食品、燃料;企业、单位和国营农场直接售给本单位职工和职工食堂的自己生产的产品;(3)售给部队干部、战士生活用的粮食、副食品、衣着品、日用品、燃料;(4)售给来华的外国人、华侨、港澳台同胞的消费品;(5)居民自费购买的中、西药品、中药材及医疗用品;(6)报社、出版社直接售给居民和社会集团的报纸、图书、杂志、集邮公司出售的新、旧纪念邮票、特种邮票、首日封、集邮册、集邮工具等;(7)旧货寄售商店自购、自销部分的商品;(8)煤气公司、液化石油气站售给居民和社会集团的煤气灶具和罐装液化石油气;(9)农民售给非农业居民和社会集团的商品。不包括售给国民经济各部门企业、事业单位(包括国有经济的农场)生产经营用的各种原材料、燃料、设备、工具等和售给批发零售贸易业、餐饮业作为转卖用的商品、旧货寄售商店受托寄售卖出的商品、服务业的营业收入、邮局出售邮票的收入、自来水、电力、煤气生产(供应)单位的产品供应收入,也不包括农民之间的商品销售。

批发零售贸易业商品购、销、存总额　指以各种经济类型的批发、零售贸易业(不包括个体)为总体的商品购、销、存。

商品购进总额　指从本企业(单位)以外的单位和个人购进(包括从国外直接进口)作为转卖或加工后转卖的商品。这个指标反映批发零售贸易业从国内、国外市场上购进商品的总量。商品购进总额包括:(1)从工农业生产者购进的商品;(2)从出版社、报社的出版发行部门购进的图书、杂志和报纸;(3)从各种经济类型的批发零售贸易企业(单位)购进的商品;(4)从其他单位购进的商品,如从机关、团体、企业、单位购进的剩余物资,从餐饮业、服务业购进的商品,从海关、市场管理部门购进的缉私和没收的商品,从居民收购的废旧商品等;(5)从国(境)外直接进口的商品。不包括企业(单位)为自身经营用,和未通过买卖行为而收入的商品以及销售退回、商品升溢等。

商品销售总额　指对本企业(单位)以外的单位和个人出售(包括对国(境)外直接出口)的商品。这个指标反映批发零售贸易业在国内市场上销售商品以及出口商品的总量。商品销售总额包括:(1)售给城乡居民和社会集团消费用的商品;(2)售给工业、农业、建筑业、运输邮电业、批发零售贸易业、餐饮业、服务业等作为生产、经营使用的商品;(3)售给批发零售贸易业作为转卖或加工后转卖的商品;(4)对国(境)外直接出口的商品。不包括:出售本企业(单位)自用的废旧包装用品,未通过买卖行为付出的商品,经本单位介绍,由买卖双方直接结算,本单位只收取手续费的业务,购货退出的商品以及商品损耗和损失等。

批发零售贸易业年末库存　指年末各种经济类型的批发零售贸易企业(单位)已取得所有权的商品。它反映各地区、各批发零售贸易企业(单位)的商品库存情况,和对市场商品供应的保证程度。期末库存包括:(1)存放在批发零售贸易业经营单位(如门市部、批发站、经营处)仓库、货场、货柜和货架中的商品;(2)挑选、整理、包装中的商品;(3)已记入购进而尚未运到本单位的商品,即发货单或银行承兑凭证已到而货未到部分;(4)寄放他处的商品,如因购货方拒绝承付而暂时存放在购货方的商品和已办完加工成品收回手续而货未提回的商品;(5)委托其他单位代销(未作销售或调出)尚未售出的商品;(6)代其他单位购进尚未交付的商品。不包括所有权不属于本单位的商品、拨付除批发零售贸易业以外的其他行业所属独立核算加工厂等加工生产尚未收回成品的商品、代国家物资储备部门保管的商品等。期末库存总额计算方法是:农副产品采购单位按购进价计算,批发单位按进货价计算,零售单位按什么价格核算就按什么价格计算。

城乡集市贸易成交额 指在农村集市和城市集市上买卖双方(包括农民、非农业居民、机关、团体、工商企业、个体商贩)成交的全部商品金额,是反映集市贸易规模的综合性指标。

对外经济贸易和旅游业

利用外资 指我国各级政府、部门、企业和其他经济组织通过对外借款、吸收外商直接投资以及用其他方式筹措的境外现汇、设备、技术等。

对外借款 是我国利用外资的主要部分。包括我国通过外国政府贷款,国际金融组织贷款,外国银行商业贷款,出口信贷以及对外发行债券,股票等方式,从境外筹措的资金。

外商直接投资 是指外国企业和经济组织或个人(包括华侨、港澳台胞以及我国在境外注册的企业)按我国有关政策、法规、用现汇、实物、技术等在我国境内开办外商独资企业、与我国境内的企业或经济组织共同举办中外合资经营企业、合作经营企业或合作开发资源的投资(包括外商投资收益的再投资)以及经政府有关部门批准的项目投资总额内,企业从境外借入的资金。

旅游人数 指来我国参观、访问、旅行、探亲、访友、休养、考察、参加会议和从事经济、科技、文化、教育、体育、宗教等活动的外国人、华侨、港澳和台湾同胞的人数。不包括外国在我国的常驻机构,如使领馆、通讯社、企业办事处的工作人员;来我国常驻的外国专家、留学生以及在岸逗留不过夜人员。

国际旅游(外汇)收入 指入境旅游的外国人、华侨、港澳台同胞在中国大陆旅游过程中发生的一切旅游支出,对于国家来说就是国际旅游(外汇)收入。

进出口总额 海关进出口总额指实际进出我国国境的货物总金额。包括对外贸易实际进出口货物,来料加工装配进出口货物,国家间、联合国及国际组织无偿援助物资和赠送品,华侨、港澳台同胞和外籍华人捐赠品,租赁期满归承租人所有的租赁货物,进料加工进出口货物,边境地方贸易及边境地区小额贸易进出口货物(边民互市贸易除外),中外合资经营企业、中外合作经营企业、外商独资经营企业进出口货物和公用物品,到、离岸价格在规定限额以上的进出口货样和广告品(无商业价值、无使用价值和免费提供出口的除外),从保税仓库提取在中国境内销售的进口货物,以及其他进出口货物。进出口总额用以观察一个国家在对外贸易方面的总规模。我国规定出口货物按离岸价格统计,进口货物按到岸价格统计。

金融和保险

存款 企业、机关、团体或居民根据可以收回的原则,把货币资金存入银行或其他信用机构保管并取得一定利息的一种信用活动形式。根据存款对象的不同可划分为企业存款、财政存款、机关团体存款、基本建设存款、城镇储蓄存款、农村存款等科目。它是银行信贷资金的主要来源。

贷款 银行或其他信用机构根据必须归还的原则,按一定利率,为企业、个人等提供资金的一种信用活动形式。我国银行贷款分为流动资金贷款、固定资产贷款、城乡个体工商户贷款以及农业贷款等科目。

承保额 又叫保险金额。它是保险人对被保险人负担损失补偿或约定给付的金额。它是保险合同上的最高责任额,也是计算保费的依据。

保费 又叫保险费。是保险人根据保险合同的有关规定,为被保险人取得因约定危险事故发生所造成的经济损失补偿(或给付)权利,付给保险人的代价。包括财产险和人身险储金收入。

赔款 保险事故发生后,经查证确属保险责任范围以内的保险标的损失,保险人根据保险合同的规定履行赔偿义务,给矛被保险人的款项叫做赔款。赔款可分为已决赔款和未决赔款两种。

教育、科技和文化事业

普通高等学校 指按照国家规定的设置标准和审批程序批准举办，通过国家统一招生考试，招收高中毕业生为主要培养对象，实施高等教育的全日制大学、独立设置的学院和高等专科学校、短期职业大学。

成人高等学校 指按照国家有关规定审批，招收通过全国成人高教统一招生考试的具有高中毕业或同等学历的在职从业人员利用脱产、半脱产、业余或函授等多种形式对其实施高等学历教育，培养高等教育专科或本科毕业水平的专门人才，修业年限、课程设置和总学时数均按高等学历教育要求付诸实施的学校。包括广播电视大学、职工高等学校、农民高等学校、管理干部学院、教育学院、独立设置的函授学院等。

小学学龄儿童入学率 指调查范围内已入小学学习的学龄儿童占校内外学龄儿童总数（包括弱智儿童在内，但不包括盲聋哑儿童）的比重。计算公式：

$$小学学龄儿童入学率=\frac{已入学的小学学龄儿童数}{校内外小学学龄儿童总数}\times 100\%$$

独立研究与开发机构 指有明确的任务和研究方向，有一定学术水平的业务骨干和一定数量的研究人员，具有研究、开发、开展学术工作的基本条件，主要进行科学研究与技术开发活动，并且在行政上有独立的组织形式财务上独立核算盈亏，有权与其他单位签订合同，在银行有单独户头的单位。包括国务院各部门、中国科学院、中国社会科学院和各省、自治区、直辖市以及地（市）以上〔含地（市）〕各部门所属的国有独立的科学研究与技术开发机构。

独立研究与开发机构职工 指在科学研究与技术开发机构工作，并由其支付工资的各种人员。包括长期职工和临时职工，不包括编制以外的离休、退休人员和停薪留职人员，但包括招聘人员。

研究与发展经费支出 指报告期内用于研究与实验发展课题活动（基础研究、应用研究、实验发展）的全部实际支出。包括用于研究与发展课题活动的直接支出，还包括间接用于研究与发展活动的一切支出（院、所管理费、维持院、所正常运转的必需费用和与研究发展有关的基本建设支出）。

科学家和工程师 指具有大学本科及以上学历的和不具备上述学历但有高、中级职称的人员。

其他科技人员 指大专、中专毕业和具有初级职称的从事科技活动人员。

发明 指专利法及其实施细则所称的发明，指对有关产品、方法或其改进所提出的新的技术方案。

实用新型 指专利法及其实施细则所称的实用新型，指对产品的形状、构造或者其结合所提出的适于实用的新的技术方案。

外观设计 专利法及其实施细则所称的外观设计是指对产品的形状、图案、色彩或者其结合所作出的富有美感并适于工业上应用的新设计。

文化事业机构 指从事专业文化工作和为专业文化工作服务的独立建制的单独核算的单位。不包括这些单位另外举办独立核算的其他机构和各部门的业余文化组织。

艺术表演团体 指从事戏曲、音乐、舞蹈、杂技等专业艺术表演，有独立帐户，实行单独核算的团体。不包括半工半艺、半农半艺和民间职业剧团。

电影放映单位 指具有放映机器设备、固定或不固定的放映场所与专职或兼职的放映技术人员，经有关部门登记批准，经常为一定的观众对象放映电影的机构。包括经批准对外开放进行营业，并与电影发行放映管理机构分帐的专用放映单位和军委系统租片单位。

艺术表演观众人数（人次） 指售票、包场演出或民族地区免费演出的艺术表演观众人次数。不包括彩排审查和内部观摩演出的观看人次数。

体育、卫生和其他事业

等级运动员人数 指经考核正式批准授予等级运动员称号的人数。运动员等级分为国际级运动健将、运动健将、一级运动员、二级运动员、三级运动员、少年级运动员。

等级裁判员人数 指经考核正式批准授予等级裁判员称号的人数。裁判员等级分为国际裁判、国家级裁判、一级裁判、二级裁判、三级裁判。

体育场 指有400米跑道(中心含足球场),有固定道牙,跑道6条以上,并有固定看台的室外田径场地。以看台容纳观众人数分:甲级25000人以上,乙级15000-25000人,丙级5000-15000人,丁级5000人以下。

体育馆 指有固定看台,可借篮球、排球、羽毛球、乒乓球、体操等项目训练比赛活动用的室内运动场地。以看台容纳观众人数分:甲级6000人以上,乙级4000-6000人,丙级2000-4000人,丁级2000人以下。

医院 指名称为医院,设有固定床位能收容病人住院并能为病人提供医疗、护理服务的医疗机构。包括县及县以上医院、农村乡卫生院、其他医院三部分。按所属性质分为卫生部门、工业及其他部门,集体经济单位三类。其中县及县以上医院按业务性质分为综合医院和专科医院。

卫生技术人员 指卫生事业机构支付工资的全部固定职工和合同制职工中现任职务为卫生技术工作的专业人员。包括中医师、西医师、中西医结合高级医师、护师、中药师、西药师、检验师、其他技师、中医士、西医士、护士、助产士、中药剂士、西药剂士、检验士、其他技士、其他中医、护理员、中药剂员、西药剂员、检验员,其他初级卫生技术人员。

医生 指经卫生部门审查合格,从事医疗工作的专业人员。分为中医医生和西医医生。包括卫生技术人员中的中医师、西医师、中西结合高级医师、中医士、西医士和其他中医。

社会福利事业单位 指集中收养社会孤老、残、幼的机构。包括由民政部门管理的社会福利院、儿童福利院、精神病人福利院和城镇集体办的福利院,以及农村集体举办的敬老院。

社会福利事业单位收养人数 包括民政部门管理的和城镇及农村集体举办的社会福利事业单位中收养的老人、少年儿童、缺乏生活自理能力的残疾人员和精神病人。

社会福利企业单位 指以安置城镇有一定劳动能力的盲、聋、哑和肢体残疾人员就业为目的,享受国家减免税待遇的国有或集体经济性质的企业。包括福利工厂、福利商业服务业、假肢厂和安置农场等单位。

律师 指受聘参加法律顾问处工作,担任法律顾问、刑(民)事代理人、刑事辩护人,办理非诉讼事件、解答法律询问,代写法律事务文书等主要从事律师业务的专职法律工作者和兼职律师。

公证人员 指在国家公证机关依法办理公证事务的司法人员。包括公证员、助理公证员和在公证处工作的其他人员。

办理公证文书 指公证处在一定时期内办结的公证文书件数。公证文书系按司法部规定或批准的格式制作。包括国内公证和涉外公证两部分。其中国内公证分为经济合同公证和民事法律关系公证两大类。

调解人员 在人民调解委员会担负调解民间一般民事纠纷和轻微违法行为所引起的纠纷的工作人员。包括调解委员会的委员和调解小组的调解员。

调解民间纠纷 指调解委员会依照法律规定,根据自愿原则,用说服教育的方法调解民间发生的有关民事权利和义务的争执,促成当事双方达到协议和谅解,解决纠纷。包括婚姻家庭纠纷,财产权益纠纷等。不包括法院受理调解的民事案件数。

离休、退休、退职人员 指正式办理了离休、退休、退职手续,并享受相应的离休、退休、退职待遇的人员。

保险福利费用 指企业、事业、机关单位在工资以外实际支付给职工和离休、退休、退职人员个人以及用于集体的劳动保险和福利费用。

(1)职工保险福利费用具体包括:

①医疗卫生费 指实行公费医疗企业的职工及其供养的直系亲属的医疗费、医务经费、职工因工负伤就医路费以及住院伙食补助费等;卫生部门开支的事业及机关单位职工的公费医疗经费;未参加公费医疗的企业、事业和机关单位职工的医药费。

②丧葬抚恤救济费 指职工死亡的丧葬费、丧葬补助费和所遗供养直系亲属的抚恤费、救济费、生活补助费以及职工供养直系亲属死亡时的丧葬补助费等。

③生活困难补助 指对生活困难的职工实际支付的定期补助和临时性补助。

④文体宣传费 指企业、事业和机关单位实际支付的文体宣传费。不包括学习费。

⑤集体福利事业补贴费 指对职工浴室、理发室、洗衣房、哺乳室、托儿所等集体福利设施各项支出与收入相抵后的差额补助费。

⑥集体福利设施费　指按照国家规定开支的集体福利设施费用。如职工食堂炊事用具的购置费、修理费、职工宿舍的修缮费用。不包括由企业、事业、机关单位自筹经费开支的职工福利设施的基本建设费用。

⑦计划生育补贴　指发给职工独生子女的补贴费和保健费。

⑧其他　指上述费用以外，单位支付给职工的保险福利费。

(2)离休、退休、退职人员保险福利费用具体包括：

①离休金　指发给离休人员的工资和按1982年国务院发布的“关于老干部离职休养制度的几项规定”发给符合规定的离休干部相当于1-2个月标准工资的生活补贴和国务院〔1989〕82、83号文件规定提高离休人员的待遇所增加的费用及粮油价格补贴等。

②退休金　指按照国家有关规定发给退休人员的退休费和国务院〔1989〕82、83号文件规定提高退休人员的待遇所增加的费用及粮油价格补贴等。

③退职生活费　指按照1978年国务院《关于工人退休、退职的暂行办法》规定定期发给退职人员的生活费用和国务院〔1989〕82、83号文件规定提高退职人员的待遇所增加的费用及粮油价格补贴等。

④医疗卫生费　离休、退休、退职人员的医疗费、住院费以及住院伙食补助等费用。

⑤护理费　因工致残、饮食起居需人扶助的离休、退休人员的护理费以及因病不能自理的离休人员的护理费。

⑥生活补贴　按照1985年国务院《关于发给离休退休人员生活补贴费的通知》规定，发给离休、退休人员的生活补贴费。

⑦交通费补贴　指按月发给离休人员的交通费补贴。

⑧丧葬抚恤救济费　指离休、退休、退职人员死亡的丧葬费、丧葬补助费和所遗供养直系亲属的抚恤费、救济费、生活补助费以及供养直系亲属死亡时的丧葬补助费等。

⑨其他　包括易地安置的离休、退休、退职人员的安家补助费；离休、退休、退职人员的生活困难补助费、书报费、洗理费、副食品价格补贴、房租价格补贴、水电补贴、少数民族补贴以及老干部活动经费开支的旅游费用等。

工业废水排放量　指经过企业厂区所有排放口排到企业外部的工业废水量。包括生活废水、外排的直接冷却水、超标排放的矿井地下水和与工业废水混排的厂区生活污水，不包括外排的间接冷却水(清污不分流的间接冷却水应计算在内)。

工业废水排放达标量　指各项指标都达到国家或地方排放标准的外排工业废水量，包括未经处理外排达标的和经过处理后外排达标的两部分。国家排放标准见GB8978-88。

工业废水处理量　指报告期内各种水治理设施实际处理的工业废水量，包括处理后外排的和处理后回用的工业废水量。虽然处理但未达到国家或地方排放标准的废水量也应计算在内。计算时，如遇有车间和厂排放口均有治理设施，并对同一废水分级处理时，不应重复计算工业废水处理量。

工业废气排放量　指企业厂区内燃料燃烧和生产工艺过程中产生的各种排入空气的含有污染物的气体的总量，以标准状态〔273K，101325Pa〕计。

二氧化硫排放量　指企业在燃料燃烧和生产工艺过程中排入大气的二氧化硫量。

工业烟尘排放量　指企业厂区内的燃料燃烧产生的烟气中夹带的颗粒物的量。

工业粉尘排放量　指企业在生产工艺过程中排放的颗粒物重量。如钢铁企业的耐火材料粉尘、焦化企业的筛焦系统粉尘、烧结机的粉尘、石灰窑的粉尘、建材企业的水泥粉尘等。不包括电厂排入大气的烟尘。

工业固体废物产生量　指企业在生产过程中产生的固体状、半固体状和高浓度液体状废弃物的总量，包括危险废物、冶炼废渣、粉煤灰、炉渣、煤矸石、尾矿、放射性废物和其他废物等；不包括矿山开采的剥离废石和掘进废石(煤矸石和呈酸性或碱性的废石除外)。酸性或碱性废石是指采掘的废石其流经水、雨淋水的pH值小于4或pH值大于10.5者。

环境污染与破坏事故　指由于违反环境保护法规的经济、社会活动与行为，以及意外因素的影响或不可抗拒的自然灾害等原因，致使环境受到污染，国家重点保护的野生动植物、自然保护区受到破坏，人体健康受到危害，社会经济和人民财产受到损失，造成不良社会影响的突发性事件。

Explanatory Notes on Main Statistical Indicators

ADMINISTRATIVE DIVISION AND NATURAL RESOURCE

Forest Coverage - Rate refers to the ratio of area of afforested land to total area of land (measured in percentage). According to regulations of the government , calculation forest coverage - rate, in addition to afforested land, the area of bush forest, the area of forest land inside farm land and the area of trees planted by the side of farm houses and along the roads, rivers and fields should be included in the area of afforested land in the calculation of the forest coverage - rate. This indicator shows the forest resources and afforestation progress of a country or a region. The formula for calculating forest coverage - rate is as follows:

$$\text{Forestry Coverage} - \text{rate}(\%) = \frac{\text{Area of Afforested Land}}{\text{Area of Total Land}} \times 100\%$$

Stock Volume of Forest refers to total stock volume of wood growing in forest area, which shows the total size and level of forest resources of a country or a region.

Ensured Mineral Reserves refer to the actual mineral reserves , which equal to the proven mineral reserves (including industrial reserves and prospective reserves) minus extracted parts and underground losses. This indicator shows the current condition of the mineral resources of a country.

GENERAL SURVEY

Gross Domestic Product refers to gross domestic product calculated at market prices, which is the final products of all resident units in a country (or region) during a certain period of time. Gross domestic product is expressed in three different forms, i. e. value added, income, and products respectively. The form of value added refers to the total value of all products and suervices produced by all resident units during a certain period of time minus total value of input of materials and services of the nature of non - fixed assets or the summation of the value added of all resident and non - resedent units; the form of products refers to all final goods and services minus imports of goods and services. In the practice of national accounting, gross domestic product is calculated with three approaches, i.e. product approach, income approach, and expenditure approach respectively to reflect gross domestic product and its composition from different aspects.

Gross National Product refers to gross national product calculated at market price, which is the final result of the primary distribution of the income created by all the resident units of a country during a certain period of time. The value added created by the resident units of a country engaged in production activities is mainly distributed to the resident units of that country while a part of it is distributed to the non - resident units of the country in the form of remuneration for the labourers and property income. Simultaneously a part of the value added created abroad is distributed to the resident units of the country in the form of remuneration for the labourers and property income. Thus the concept of gross national product is formed, which equals to gross domestic product plus overseas incomeas remuneration for the labourers and property in come minus payment abroad as remuneration for the labourers and property income. Unlike gross domestic product which is a comcept of production, gross national product is a concept of income.

The difference among gross national product and total value of society and notional income is that the total value of society and national income only take into account products of material production sectors, while the gross national product, in addition to products of material production sectors, also takes into account of products of non – material production sectors . in terms of the value composition of the three conceptions, the total value of society includes the total value of all products of the society; the gross national product includes only the newly created value in the process of producing goods and services, i.e. the value added and excludes the value of the input of intermediate goods and services; National income excludes both the intermediate input and depreciation of fixed assets and includes only the net value of output.

Three Industries Industry structure has been classified according to the historical sequence of development. Primary industry refers to estraction of natural resources; secondary industry involves processing of primary products ; and tertiary industry provides services of various kinds for production and consumption. The above classification is universal although it varies to some extent form country to country. Industry in China comprises:

Primary industry: agriculture (including farming, forestry, animal husbandry, sideline production and fishery).

Secondary industry: industry (including mining and quarrying, manufacturing, water supply, electricity generation and supply, steam ,hot water, gas) and construction.

Tertiary industry: all other industries not included in primary or secondary .

Due to the fact that tertiary industry involves in a large variety of industries in China, it is divided into two sectors: circulation sector and service sector and further into four levels:

The first level: circulation sector, including transportation, postal and telecommunications, services, commerse, catering trade, material supply and marketing, and storage.

The second level: service sector providing services for production and consumption, including banking, insurance, geological survey, real estate, puglic utilities, service for residents, consultancy service, and comprehensive technical services, and service for agriculture, forestry, animal husbandry, fishery, water conservancy, and maintenance of roads and inland water ways, etc.

The third level : service sector for up grading scientific, educational and cultural level of thepeople, including education, culture, broadcasting, televiseon, scientific research, public health, sports, and social welfare, etc.

The fourth level: sector ptoviding services for public needs, including government agencies, political and party organizations, social organizations, armies, and policemen.

GDP Calculated With Expenditure Approach refers to total expenditure on final comsumption, total capital formation and net export of goods and services by resident units of a country in a certain period of time. It reflects the composition of GDP by its use.

Final Consumption refers to the total expenditure of resident units on final consumption of goods and services in a certain period, namely the expenditure of the resident units for purchases of goods and services from domestic economic territory and abroad to meet the requirements of material, cultural and spiritual life. It excludes the expenditure of non – resedent units on consumption in the economic territory of the country. The final consumption is classi fied into resident consumption and government consumption.

(1) Resident consumption refers to the total expenditure of resident housen olds on the final consumption of goods and services in a certain period of time. The expenditure of residents on final consumption of goods is recorded when the change of the ownership of goods happens. The expenditure of residents on final consumption of services is recorded when

the services are provided. The expenditure of the residents on consumption is calculated at market prices, namely the purchasers' privices which the residents pay; the purchasers' prices of goods are the prices the resedents pay when they obtain the goods, including the transport and commercial expenses paided by the residents. In addition to the expenditure on consumption of goods and services bought by the residents directly with money, the expenditure on goods and services obtained by the residents in other ways, i.e. the so - called fictitious expenditure on consumption, is also included in the expenditure of the residents on consumption. The fictitious expenditure of the residents on consumption includes the following types: (a) the goods and services provided to the residenrs by the units in the form of payment in kind and transfer in kind; (b) the goods and services produced and consumed by the households themselves, in which the services refer only to the services provided by the residential buildings owned by the households; (c) the ser vices of financial intermediary provided by the fiancial institutions; (d) the insurance services provided by the insurance companies.

(2) Government consumption refers to the expenditure on the consumption of the public services provided by the government to the whole society and the net expenditure on the goods and services provided by the government to the households free charge or at lower prices. The former equals tothe output value of the govenment services minus the value of operating in come obtained by the government departments. (The output value of the government serveces equa ls to its current operating expenditure plus depreciation of fixed assets). The latter equals to the market value of the goods and services provided by the government to the households minus the value received by the government from the households.

Total Capital Formation refers to the net amount of the fixed assets and stock acquired minus those disposed, including the total fixed assets formation and the increase in stock.

(1)Total Fixed Capital Formation refers to the value of fixed assets purchased, transferred in by the resident units and those produced and used by themselves in a certain period deducting the value of fixed assets sold and transferred out. It can be classified into total tangible assets formation and total intangible assets formation. The total tangible assers formation include the valus of the construction projects, installation projects completed and the equipment, apparatus and instruments purchased as well as the value of land improved, the value of draught animals, breeding stock, milk, wool and recreational animals and the newly increased economic forest in acertain period. The total intangible assets formation includes the prospecting of minerals, the acquisition of computer soft wares, the originals of recreational works and works of literature and arts minus the disposal of them.

(2) Increase in stock refers to market value of the change in a certain period, i. e. the difference of value between the begining and the end of the period. The increase in stock can depositive. A positive valus indicates the increase in stock while a negative value indicates the decrease in stock. The stock includes the raw materials, fuels and reserve mate rials purchased by the production units as well as the stock of finished products, semi - finished products, work - in - progress, etc.

POPULATION

Total Population refers to the total number of people alive at a certain point of time within agiven area.

The annual statistics on total population is taken at mid night, the 31st of December.

Birth Rate (or Crude Birth Rate) refers to the ratio of the number of births to the average population during a certain period of time(usually a year), which is often expressed in ‰ . The following formula is used:

$$\text{Birth Rate} = \frac{\text{Number of Births}}{\text{Average Number of Population}} \times 1000‰$$

Number of Births refers to live births, i.e. the births when babies had showed any vital phenomena regardless of the length of pregnancy.

Annual Average Number of Population is the average of the number of population at the baginning of the year and that at the end of the year. sometimes it is substituted for with the mid - year population.

Death Rate (or Crude Death Rate) refers to the ratio of the number of deaths to the average population (or mid - year population) during a certain period of time(usually a year), which is often expressed in ‰. The following formula is used:

$$\text{Birth Rate} = \frac{\text{Number of Deaths}}{\text{Annual Average Numger of Po pulation}} \times 1000‰$$

Natural Growth Rate of Population refers to the ratio of natur al increase in population (number of births minus number of deaths) in a certain period of time (usually a year) to the average population (or mid - year population) of the same period, which is often expressed in ‰. The following formulas are applied:

$$\text{Natural Growth of Population} = \frac{\text{Number of Births} - \text{Number of Deaths}}{\text{Average Number of Population}} \times 1000‰$$

$$\text{Natural Growth Rate of Population} = \text{Birth Rate} - \text{Death Rate}$$

EMPLOYMENT AND WAGE

Employed Persons refers to the persons who are engaged in social labour and receivere muneration payment or earn business income, including:

(1) total staff and workers,

(2) reemployed retirees,

(3) employers of private enterprises,

(4) employers of individual economy,

(5) employed persons in private enterprises and individual economy,

(6) employed persons in the enterprises in the urban areas,

(7) employed persons in the rural areas,

(8) other employed persons (including teachers in the schools run by the local people engaged in religious profession and the servicemen, etc.)

This indicator reflects the actual utilization of total labour force during a certain period of time and is often used for the research on China's economic affairs and national power.

Persons employed in various units refer to all the persons working in government agencies of various levels, political and party organizations, social organizations, and enterprises and institutions and reciving payment, including staff and workers, reemployed retirees, teachers in schools run by the local people, foreigners, and Chinese compatriots from Hong Kong, Macao, and Taiwan working in various units. This indicator reflects the total number of laborers actually engaged in production or other operations in various units.

Economically Active Population refers to the population, th e members of which are aged 16 and over, capable to labour, participating in or desitous to participate in the social and economic activities, including employed persons and unemployed persons.

Registered Unemployed Persons And Registered Unemployent Rate in Urban Areas: The registered unemployed persons in urban areas refer to the persons who are registered as permanent residents in the urban areas engaged in non-agricultural activities, aged within the range of working age, capable to labour, unemployed but desirous to be employed and have been registered at the local employment service agencies to apply for a job. Registered unemployment rate in persons and the registered unemployed persons. The formula is as follows:

Registered unemployment rate in urban areas = the number of the registered unemployed persons ÷ (the number of employed persons + the number of the registered unemployed persons) × 100‰

Total Wages of Staff And Workers refer to the total remunera tion payment to staff and workersin various units during a certain period of time.

The calculation of total wages is based on the total remuneration payment to the staff and workers. Therefore, all the wages and salaries and other payments to staff and workers are included in the total wages regardless of their sources, category, and forms(in kind or cash).

Average Wage of Staff And Workers refers to the average wage in money terms per person during acertain period of time for staff and workers in enterprises, insitutions, and government agencies, which reflects the general level of wage income during a certain period of time and is calculated as follows:

$$\text{Average wage of staff and workers} = \frac{\text{Total Wages of Staff and Workers in Reference Period}}{\text{AverageNumber of Staff and Workers in Reference Period}}$$

Average Real Wage of Staff and Workers refers to average wage of sraff and workers after removing the effects of price changes, whichis calculated as follows:

Average Real Wage of Staff and Workers = Average Wage of Staff and Workers in Reference Period ÷ Consumer Price Index of Urban Residents in Reference Period

INVESTMENT IN FIXED ASSETS

Total Investment in Fixed Assets in the Whole Country Investment in fixed assets is the essential means for social reproductuion of fixed assets. By means of construction and purchase of fixed assets, more advanced technonlogies and equipment are adopted in the national economy, and new sectors are established, which promote the adjustment of economic structure and the regional distribution of productive forces and enhance the economic strengths so as to provide the material conditions for improving prople's livelihood. This is significant for speeding up the drive of socialist modernization in China.

Amount of investment in fixed assets refers to the volume of activities in construction and purchases of fixed assets in monetary terms. It is a comprehensive indicator which shows the size, pace, proportional relations and use orientation of the investment in fixed assets. Total investment in fixed assets in the whole country includes, by status of economic ownership, the investment by the state-owned units, collective units, individuals, joint ownership units, share-holding units, as well as investment by businessmen from foreign countries and from Hong Kong, Macau and Taiwan, and by other units. According to China's current management system, the investment in fixed assets in the whole country is classified into the following four parts: investment in capital construction, investment in innoation, investment in real estates development and other investment in fixed assets.

Investment in Capital Construction Capital construction refers to the new construction projects or extension projects and the related work of the enterprises, institutions or administrative units mainly for the purpose of expanding production capacity or improving project efficiency covering only projects each with a total investment of 500000 RMB yuan and over. It includes(1)projects listed in the capital construction plan of the current year of the central government and the local governments at various levels as well as the projects, though not listed in the capital construction plan of the current year, but continued to be constructed in this year, using the investment listed in the plan of capital construction of previous years and carried forward to this year(also using the equipment and materials kept in stock of the capital construction); (2)new construction projects arranged both in the plan of capital construction and the plan of innovation; extension projects with the newly increased production capacity (or project efficiency)up to the standard of a large and mediumsized project; and the projects of moving the whole factory to a new site so as to improve the distribution of productive forces; (3)new construction projects, extension projects or restoration projects or restoration projects with the total investment of 500000RMB yuan and over by the state - owned units, though listed neither in the plan of capital construction nor in the plan of innovation; the projects in the state - owned units of moving the whole factory to a nes site so as to improve thd distribution of productive forces; and the projects of building additional business houses by the administrative units and institutions and building welfare facilities by the administrative units.

Investment in Innovation Innovation refers to the renewal of fixed assets and technolical innovation of the original facilities by the enterpriese and institutions as well as the corresponding supplementary projects and the related work(excluding majoroverhaul and maintenance projects) covering only projects each with a total investment of 500000RMB yuan and over. It includes(1)projects listed in the innocvation plan of the current year of the central government and the local governments at various levels as well as the projects, though not listed in the innovation plan of the current year, but continued to be constructed in this year, using the investment listed in the plan of innovation of previous years and crarried forward to this year; (2)projects of technological innovation or renewal of the original facilitiews, arranged both in the plan of innovation and in the plan of capital construction; extension projects(main workshops ora branchof the factory) with the newly increased production capacity (or project efficiency) not up to the standard of a large and mediumsized project; and the projects of moving the whole factory to a new site so as to meet the requirements of urban environmental protection or safe production; (3) projects of reconstruction or technological innovation with the total investment of 500000 RMB yuan and over by the state - owned units, though listed neither in the plan of capital construction nor in the plan of innovation; the projects in the state - owened units of moving the whole factory to a new site so as to meet the requirements of urban environmental protection or safe production.

Investment in Real Estate Development It includes the investment by the real estate development companies, commercial buildings construction companies and other real estate development units of various types of ownership in the construction of house buildings, such as residential buildings, factory buildings, warehouses, hotels, guesthouses, holiday villages, office buildings, and the complementary service facilities and land development projects, such as roads, water supply, water drainage, power supply, heating, telecommunications, land leveling and other projects of infrastructure. It excludes the activities in simple land transactions.

Other Investment in Fixed Assets refers to the construction and purchases of fixed assets not listed in the investment in capital construction, investment in innovation and investment in real estate development. It includes:

A) The following projects of the state – owned units with the total planned (or actually needed) investment of 500000 yuan and over, which are not included in the plan of capital construction and the plan of innovation(1) projects of oil fields maintenance and exploitation with the oil fields maitenance funds and petroleum development funds; (2) opening and extending projects with the maintenance funds in coal, ore and other mining enterprises and logging enterprises; (3) project of reconstruction of the original highways and bridges with the highway maintenance funds in the department of communication; (4) projects of construction of warehouses with the funds of simple construction in the commercial department.

B) The investment in fixed assets by urban collective units: refer to projects of construction and purchases of fixed assets with the planned total investment of 500000 yuan and over by all collective units in cities and county towns and in townships which are approved by the State Council or provincial governments, excluding investment by collective units under township enterprise administration offices.

C) The projects of construction and purchases of fixed assets by the enterprises, institutions or individuals other than those mentioned above with total investment of 500000 yuan and over, which are not included in the plan of capital construction and the plan of innovation.

Private Investment in House Construction in Urban Areas, Industrial and Mining Areas and Individual Investment in Rural Areas The private house construction in the urban areas and industrial and mining areas includes all the private house construction under the jurisdiction of cities, counties, towns and industrial and mining areas, no matter whether the owner of the house is registered as the permanent resident in the locality or not. The individual investment in the rural areas includes the investment in house construction and purchase of productive fixed assets by the individuals in the rural areas.

Newly Increased Production Capacity refers to the increase of designed capacity and project efficiency through investment in fixed assets, which reflects the accomplishment of investment in fixed assets, which reflects the accomplishment of investment in fixed assets in kind. The calculation of newly increased production capacity is based on individual project which operates independently and efficiently. When an individual project is completed and checked and accepted and put into production, it is counted as newly increased production capacity.

The newly increased production capacity and project efficiency are usually expressed in one of the following forms:

(1) annual production capacity, such as extraction of coal and petroleum;

(2) raw material processing capacity, such as ore dressing capacity of ore dressing projects, the dressing capacity of a coal washery;

(3) number or capacity of major equipment increased, such as the number of cotton spindles increased and the capacity of generating sets increased;

(4) physical measures of construction, such as volume, capacity, area, and length, for instance, the capacity of reservoire, the length of railways of highways.

Newly increased production capacity in terms of quantity is calculated in designed capacity of a capacity in general, which refers to the production capacity of a project under normal conditions designed capacity in general, which refers to the production capacity of a project under normal conditions designed in construction documents regardless of the actual output.

Foor Space of Builidings Under Construction and Completed refers to total floor space in each story of buildings calculated from the outside line of building walls, including both usable space and the space occupied by constructions like pillars or walls,The floor space of multi – story buildings includes the total floor space of each story(including basement).

Floor Space of Residential Buildings refers to the floor space of the residential buildings under construction and completed among the total space of buildings under construction and completed.

Floor Space Under Construction refers to total floor space of all buildings under construction during the reference period, including floor space of newly started buildings during the reference period, floor space of construction extended from the previous period to the current period, floor space of construction suspended during the previous period and resumed in the current period, floor space of construction completed in the current period, and floor space of construction started and then suspended in the current period.

Floor Space of Buildings Completed refers to the floor space of buildings completed in the reference period, which have come up to the designed standards and have been put into use.

Completion Rate of Floor Space of Buildings refers to the ratio of the floor space of buildings completed in certain period of time to the floor space of buildings under construction in the same period, which reflects the investment result and economic efficiency of the construction industry from the angle of the speed of project construction.

Newly Increased Fixed Assets refer to the newly increased value of fixed assets through investment, including the value of equipment, tools, and vessels considered as fixed assets, as well as the relevant expenses as investment in fixed assets. This is a comprehensive indicator of investment in fixed assets, reflecting the achievements of investment in fixed assets in fifferent periods, different sectors, and different regions.

Rate of Construction Projects Completed and Put into Use refers to the ratio of the number of construction projects completed and put into use in certain period of time to the number of projects under construction in the same period. This reflects the investment efficiency from the angle of the speed of projects construction.

Rate of Projects of Fixed Assets Completed and Put into Operation refers to the ratio of the newly increased fixed assets to the total investment made in the same period. This is a comprehensive indicator, reflecting the speed of the employment of fixed assets and the investment efficiency.

ENERGY AND MATERIAL

Total Eneray Production refers to the total production of primary energy by all energy producing enterprises in the country (region) in a given period of time. It is a comprehensive indicator to show the capacity, scale, composition and development of energy production of the country(region) . The production of primary energy includes that of coal, crude oil, natural gas, hydro – power and electricity generated by other means such as wind power and geothermal power. However, it excludes the production of fuels of low calorific value, bioenergy, solar energy and the secondary energy converted from the primary energy.

Total Domestic Energy Consrmpionrefers to the total consumption of energy of various kinds by material production sectors, non – material production sectors and households in the country(region)in a given period of time. It is a comprehensive indicator to show the scale, composition and development of energy consumption. The total energy consumption includes that of coal, crude oil and their products, natural gas and electricity, However, it excludes the consumption of fuel of low calorific value, bioenergy and solar energy. Total domestic energy consumption can be divided intothree parts:

(1) Final Energy Consumption: It refers to the total energy consumption by material production sectors, non – material production sectors and households in the country(region) in a given period of time, but excludes the consumption in conversion of the primary energy into th e secondary energy and the loss in the process of energy conversion.

(2) Loss During the Process of Energy Conversion: It refers to the total input of various kinds of energy for conversion, minus the total output of various kinds of energy in the country in agiven period of time. It is an indicator to show the loss that occurs during the process of energy conversion.

(3) Loss: It refers to the total of the loss of energy during the course of energy transport, distribution and storage and the loss caused by any objective reason in a given period of time. Theloss of vareous kinds of gas due to gas discharges and stock taking is excluded.

PUBLIC FINANCE

Government Revenue refers to the revenue of the government finance by means of participating in the distribution of the social products, which is the financial resources for ensuring the government to function. The contents of government revenue have been changed several times. Now itincludes the following main items:

(1) Various tax revenues, including value added tax, business tax, consumption tax, land value added tax , tax on city maintenance and construction, resources tax, tax on use of urban land, stamp tax, tax on adjustment of the orientation of investment in fixed assets, personal income tax, enterprise income tax, tariff, tax on agriculture and animal husbandry and ta x on occupancy of cultivated land etc.

(2) Special revenues, including revenue collected from imposing fee on sewage treatment, revenue collected from imposing fee on urban water resources, and extra – charges for education, etc.

(3) Other revenues, including revenue from the repayment of capital construction loan, the funds for the state key construction projects in energy industry and transportation, and the funds foustate budget adjustment, etc.

(4)Planned subsidies for the losses of the state – owned enterprises. This is an item of negativerevenue, used to eat up part of the government revenue.

Government Expenditure refers to the distribution and use of the funds the government financehas raised, so as to meet the needs of economic construction and various causes. It includes the following main items:

(1) Expenditure for capital construction: It refers to the non – gratuitous use and appropriation of funds for capital construction in the range of capital construction, outlay of capital as well as the loans on capital construction approved by the government for special purpose or policy purpose and the expenditure with discount paid in an overall way within the amount of the funds appropriated to the departments for capital construction.

(2) Innovation funds of the enterprises: They refer to the funds appropriated from the government budget for the enterprises to tap the latent power, upgrade the technology and carry out innovation, including the innovation fund of the departments, loan of the enterprises for innovation, subsidies on the innovation of the small fertilizer plant, small cement plant, small coal mines, small machinery plant and small steel plant, the expenditure of interest for the loan for innovation.

(3) Geological prospecting expenses: They refer to the expenses appropriated from the government budget to the geological prospecting units for the expenditure of the prospecting: work, including the expenditures of the administrative agencies for geological prospecting and their institutional units as well as the geological prospecting expenditure.

(4) Expenditures for science and technology promotion: They refer to the expenses appropriated from the government budget for the scientific and technological expenditure, including new products development expenditure, expenditure for intermediate trial and subsidies on important scientific researches.

(5) Expenditure for supporting rural production: It refers to the expenditure s appropriated from the government budget for supporting the various expenditures of the rural collective units or households for production, including the subsidies to the small water conservancy projects and well drilling, sprinkling irrigation projects run by the villages; subsidies on the rural water and soilcon serving measures; subsidies to the small power stations run by the villages; subsidies to the expenditure for fighting against particularly severe draughts; subsidies on the rural waste land exclamation; fund for supportin the township enterprises; subsidies to the expenditure for popularization of the agricultural technologies and plant protection in the rural areas; subsidies to the expenditure for the protection of grass lands and cattle and rowls; subsidies on afforestation and forest protection in rural areas; subsidies on the rural aquatic products industry; special fund for developing grain prodrction.

(6) Operating expenses of the departments of farming, forestry, water conservancy and meteorologyetc.: They refer to the expenses apprlpriated from the government budget for the expenditures of agricultural exclamation, farms, agriculture, animal husbandry, agricultural machinery, forsetry, timber industry, water conservancy, aquatic products industry, meteorology, technology popularization in township enterprises, popularization (demonstration) of improved varieties, plant (cattle and fowls, forest) protection, water quality monitoring, prospecting and designing, resources investigation, cadres training, subsidies to horticulture gardens, expenditures of afforestation agencies and meteorology agencies, expenses for fishery administration and operating expenses for agricultural administration, etc.

(7) Operating expenses of the departments of industry, transport and commerce: They refer to the expenses appropriated form the government budget to the departments of industry, transport and commerce for the expenditure of buseness development, including expenses for prospecting and designing, expenditures of specialized secondary schools, expenditures of the technical training schools and expenditures for cadres training, etc.

(8) Operating expenses of the departments of culture, education, science and public health: Theyrefer to the expens-

es appropriated from the government budget for the expenditures of the causes of culture, publication, cultural relics, education, public health, traditional Chinese medical science, free medical services, sports, archives, earthquake, ocean, communications, broadcasting, film and television, family planning; expenditure for training of cadres of government, party and mass organization; expenditures for natural sciences, social sciences, association s for science and technology and the special expenditure for the high – tech researches. They include mainly wages, extra wages, welfare funds, pension for the retirees, stipend, expenses for official business, expenses for equipment purchases, expenses for repairs, business expenses and subsidies to theunits which are unable to support their expenditures by their own earnings.

(9) Pension for the disabled or for the families of the bereaved and relief funds for social welfard: They refer to the funds appropriated from the government budget for the expenditures of penseon for the disabled or for the families of the bereaved and relief funds for social welfare, including the lump – sum or regular pinsion paid by the departments of civil affairs to the members of martyrs' families and families of those who died for the public interest, pension to the revolutionary disabled, subsidies for permanent disability of various kinds, subsidies to the military martyrs' dependents and the demobilized armymen, expenditure for settling down the demobilized armymen, operating expenses of the consoling institutions, expenses for management and repair of the commemorative buildings for the martyrs, the expenses managed by the departments of civil affairs for the retirees and those who have quitted their work, expenses for social relief inrural and urban areas, operating expenses for providing relief to the areas of matural calmity andsubsidies on the reconstruction after the particularly severe natural calamities ,etc.

(10) Expenditures for national defence: They refer to the funds appropriated form the government budget for the expenditures for building up national defence and safeguarding national security, including expenses fo national defence, expenses of scientific researches on national defence, expenses for building up people's militia and expenditure for special projects, etc.

(11) Administrative expenses: They include expenditrue for administration, subsidies to the parties and mass organizations ,diplomatic expenditure, expenditure for public security, judicial expenditure, law court expenditure, procuratorial expenditure and srbsidies to the expenses fortreating the cases by the public security departments, procuratorial organs and law courts.

(12) Expenditure for price subsidies: It refers to the expenditure appropriated, with the approval of the government, form the government budget for the policy subsidies to price adjustment, including the fund for the increase of grain prices, the subsidies to the difference between the selling prices and purchasing prices of grain ,cotton and edible oil, awards in addition to thepurchasing prices of cotton, risk fund for mom – staple food, siubsidies on the prices of meat and meat products, subsidies on the price difference for curbing the high market prices of meat, meatproducts and vegetables and the subsidies approved by the government on the prices of textbooks andnewaprint of newspapers and perodicals.

PRICE

Retail Price Index reflects the general change in retail prices of commodities. The change and adjustment in retail prices directly affect the living expenditure of urban an d rural residents, government revenue, purchasing power of resedents and the equilibrium of market supply and demand, amd the ratio of consumption to accumulation. Therefore, the clalculation of retail price index isuseful to analyze the changes of the above economic acivities.

Consumer Price Index reflects the relative change in prices of consumer goods and services purchased by urban and rural resedents, and is a composite index derived from the urban consumer price index and the rural consumer price index. Consumer price index can be used to analyze the impact of consumer price change on actual expenditure for living cost of urban and rural residents.

Urban Consumer Price Index reflects the relative change in prices of consumer goods and services purchased by urban and staff and worders and their families and can be used to observe and analyze the impact of price changes in consumer goods and services on money wages of staff and workers, andprovide bases for policy making concerning the living cost and wages of staff and workers.

Rural Consumer Price Index reflects the relative change in prices of consumer goods and services purchased by rural households and can be used to observe the impact of change in prices of consumer goods and services on living expenditure and actual change in peasants' living cost. It providesbases for analysis and research on peasants' living cost and welfare.

Index of Purchasing Prices of Farm Products reflets the relative change in purchasing prices of farm products purchased by state – owned, collective – owned, and individual commercial enteprises, foreign trade sectors, government agencies, social orgazinations and other units of various types of ownership. It is used to observe the impact of change in purchasing prices of farm products on money income of peasants and is calculated with the method of weighted harmonic mean , taking theamount of purchases during a given period as the weight. Number of products involved in the current calculation totalled 276 in 11 categories.

Retail Price Index of Rural Industrial Products reflects the relative change in prices of industrial prodrcts in rural market and can be used to observe the impact of the price change on farmers' money expenditure.

Ex – factory Price Index of Industrial Products reflects the change in general ex – factory prices ofall industrial products, including sales of industrial products to commercial enterpeises, foreign trade sectors, materials supplying and distributing sectors as well as sales of production means to industry and other sectors and sales of consumer goods to residents. It can be used to analyze theimpact of ex – factory prices on gross industrial output value.

Price Index of Investment in Fixed Assets reflects th e change in prices of investment in fixedassets. The investment in fixed assests consists of three components, namely the investment inconstruction and installation, the investment in purchases of equipment and instrument, and the investment in other items. Price index of investment in fixed assets in calculated as the weighted arithmetic mean of the price indices of the three components of investment in fixed assets.

Price index of investmint in fixed assets reflects the changes of prices in various goods and services involved in investmetn in fixed assets and therefore can be used to observe the actual size, speed , structure, and efficiency of investment in rixed assets and provides reliable and scientific data for government planning, management, decision making , and further improving the current national accounting system.

PEOPLE'S LIVELIHOOD

Employed Population in Urban Households rfefers to urban residnts engagd in certain work and receiving payment for their labour or income from their business operation, including those who work in state – owned or collective units , joint ventures, foreign – owned units and private units with permanent or temporary jobs. The self – employed individuals and reemployed retires are also included. This indicator reflects the situation of urban employment and is the basic data for calculating employment rate and dependency ratio.

Total Income of Urban Households refers to the total actual cash income of the same holds, including regular or fixed income and occasional income. The income of a circulating nature such as withdrawal from band deposits, loans borrowed from relatives or friends, repayment of loans received and various temporary collection of money is excluded.

Disposable Income refers to the income of the sample horseholds which can be used for daily expenses, i.e. total income minus income tax.

Expenditure For Consumption refers to total expenditure of th e sample hoseholds for consumptionin daily life, including expenditure for various commodities and expenses for non - commodity items such as culture and service, etc., but excluding fines and confiscation, loss, tax payments (such asincome tax, license tax, real estates tax, etc.) and various espenses by individual laborers for business purposes.

Expenditure For Purchases of Commodities refers to total expense s of the sample households for the purchases of commodities from shops, factories, catering trade, canteens, markets and the peasants. This expenditure is classified into nine itims: food, clothing, daliy - life necessities, culturaland recreational articles, newspapers and magazines, medicines and medical appliances, housing and building materials, fuels and other commodities. No matter whether the commodities are purchased for their own consumption or for gifts to relatives and friends, they are all included.

Net Income of Rural Households refers to the total income of the permanet residents of the rural households during a year after the eduction of the expenses for productive and non - productive business operation, the payment ofr taxes and the payment for collective units for their contracted taskd. The net income can be spent for investments in productive and non - productive construction, for consumption in daily life and for savings deposit. It is a comprehensive indicator to show the actual level of the income of the peasants' household. The net income of the rural householdaincludes not only the income from the productive and non - productive business operation, but also the income from the non - business operation, such as the money remitted or brought back by the members of the bousehold who are in other places, the government relief payment and various subsidies. It includes not only the money income, but also the income inkind. But the income from borrowing frombanks, friends and relatives is excluded.

Able - bodied and Semi - Ablebodied Laborers of Rural Households refer to permanent residents of rural horseholds who are able to work and actually engaged in social labour, which are one factor of production and sources of rural household income. According to the relevant regulations, maleaged 18 - 50, female aged 18 - 45 are considered as able - bodied laborers; male aged 1 6 - 17 and actually engaged in social labour are also considered as able - bodied or semi - ablebodied laborers, while those who are within the above ahe range but unaboe to work are not counted as able - bodied or semi - ablebodied laborers.

Expenditure of Rural Households For Consumption refers to total expenses of rural households on daily life, including expenses on food, clthing, housing, fuel, articles for daily use, and expecnseson cultural life and services. This indicator in used to show the actual consumption level of peasants.

Expenditure of Rural Households on Commodities refers tototal expenses of the permanent residents of the rural households on purchases of food, clothing, furniture, household appliances, articles for daily use, fuels, durable foodes, and cultural, educational and medicinal articles, including purchases from state - owned shops, collective shops, free mardets, and etc. Expenditure of peasants for purchase of commodities is an important part of peasants' consumption expenditure, which reflects the extent of commercialization of peasants' consumption and the developingprocess from self - sufficient economy toward commodity economy. It provides basis for the analysis and research of peasants' market demand and for the formulation of the plan of commodity supply.

The Outstanding Amount of Savings Deposits of Urban and Rural Residents includes two parts: the band savings deposit of urban residents and the band savings deposit of rural re sidents. The cashhold by residents and the deposits of organizations such as enterprises, etc. are not included. The outstanding amount of saving deposits is the amount of saving deposits at a certain point of time such as the end of month, quarter, or year.

General Survey of Cities(Prefecture)

Production Capacity of Tap Water at The Year - End refers to the actual comprehensive production capacity of the waterworks administered by the urban construction department and those owned by enterprises or institutions, taking the capacity of the main links, such as water inflow, purification, conveyance and outflow of the trunk pipelines into account.

Length of Water Supply Pipelines at The Year - end refers to the total length of all the pipelines between the water pumps and the users' water meters.

Annual Volume of Water Supply refers to the total volume of water supplied by the public water - works and those owned by individual enterprises and institutions during the whole year, including both the effective water supply and loss during the water supply.

Consumption of Water For Residental Use refers to the water consumption of householes for daily life and the water consumption of public welfare facilities, including the consumption of restaurants, hotels, hospitals, barber shops, public bathhouses, laundries, swimming pools, shops, schools, institutions, army units and other units.

Percentage of Urban Population With Access to Tap Water refers to the ratio of the urban non - agricultural population (excluing temporary and mobile population) with access to tap water to the total urban non - agricultural population. The formula is:

$$\text{Percentage of Population with Access to Tap Water} = \frac{\text{Urban Non - agrecultural Population with Access to Tap Water}}{\text{Urban Non - agricultural Population}} \times 100\%$$

Production Capacity of Gaswork Gas refers to the actual comprehe nsive production capacity of theurban gasworkd in gas generation, purification and delivery.

Length of Gas Pipelines refers to the total pipeline length between the outlet of the compressor, blower or gas tank and the shaft pipe of users.

Volume of Gas Supply refers to the total volume of gas sold to users in a year, including the volume for industrial use, residential use and other uses.

Percentage of Urban Population With Access Gas refers to the ratio of the urban non - agricdtural population with access to gas (including gas, liquefied petroleum gas and natural gas) to the urbannon - agricultural population (excluding temporary and mobile population). The formual is:

$$\text{Percentage of Population with Access to Gas} = \frac{\text{Urban Non - agriculotural Population with Access to Gas}}{\text{Urban Non - agricultural Population}} \times 100\%$$

Heating Capacity in Urban Area refers to the capacity of hourly supply of steam and hot water tocities by thermal power plants, beating corporations and centralized neating boiler rooms which meet certain standard.

Feating Volume in Urban Area refers to the total volume of steam and hot water supplied to cities every year by therual power plants, heating corporations and centralized heating boiler rooms whichmeet certain standard.

Length of Heating Pipelines refers to the total length of pipelines for centralized supply of steam and hot water from the thermal power plants, heating corporations and centralized heatingboiler rooms which met certain standard to the users.

Length of Paved Roads at The Year – end refers to the length of r oads with a paved surface, and with a width of more than 3.5 meters, including high – quality, medium – quality and ordinary roads.

Urban Bridgesrefer to bridges over river courses, great separated junctions and overpasses inurban areas. Permanent bridges and semi – permanent bridges are included. Temporary bridges, railwaybridges and culverts are excluded.

Length of Urban Sewage Pipes refers to the total length of gener al drainage, trunks. branch and blind drainage, inspection wells, connection wells, inlets and outlets, etc.

Daily Disposal Capacity of Urban Sewage refers to the designed 24 – hour capacity of sewage disposal at the sewage treatment works.

Number of Public Vehicles (Buses and Trolley – Buses) at The Year – end refers to the total number of operational buses available at the year – end, including the year – end operational vehicles andvehicles in stock. Non – operational vehicles such as stringing cars, tank cars, m achine – shop cars, trucks and other special vehicles and the borrowed passenger vehicles are excluded.

Length of Routes in Operation refers to the length of designated regular routes in operation, including the length of suburbanroutes in operation. The length of temporary op erational lines is not included.

Area of Urban Gardens and Green Areasrefers to the total area of urban public green land, specialgreen land, production green land, protection green land and suburban scenic spots.

Public Green Arearefers to green areas of varions parks, zoos, botanical gardens, cemeterise, amusement parks, tree – flanked boulevards green – land squares for tourism and relaxing. Areas withtrees planted along – side the streets and boulevards are excluded.

AGRICULTURE

Gross Output Value of Farming, Forestry, Animal Husbandry and Fishery refers to the total volume of products of farming, forestry, animal husbandry and fishery in value terms, which reflects the total scale and total result of anricultural production during a hiven period of time. The statistical coverage of farming, forestry, animal husbandry and rishery are as follows: In terms of ownership, China's agreculture includes specialized state farms (farming, forestry, animal husbandry, fishery), farms managed by various government agencies, organ ezations, schools, research institutions, and army; farms managed by rural collective organizatons at levels of township, town, and village; farming, forestry, animal husbandry, fishery run by various rural collective organizations and individual farmers.

(1) Farming includes cultivation of farm crops and other agricultural activities. Cultivation includes the cultivation of grain crops, beans, tubers, cotton, oil - bearing crops, sugarcrops, fiber crops tobacco, vegetables, medicinal herbs, melons and gourds, a nd cultivation andmanagement of tea plantations, mulberryficlds and orchards. Other agricultural activities includes gathering fruits, fiber, gum and resin of wild plants, oil - bearing plants, grass, wild medicinal herbs, fungus plants, and commodity industries of the rural households.

(2) Forestry refers to planting trees of various kinds (excluding tea plantations, mulberryfields and orchards), gathering of forest products, and cutting and felling of bamboo and trees by villages and other cooperative organizations under villages. (3) Animal husbandry refers to raising and grazing of all animals except fishe ry and aquaculture, and hunting and raising of wild animals.

(4) Fishery refers to cultivationand catching of fish and other aquatic animals and cultivationand collection of seaweed and other aquatic plants. Gross output value of agriculture is obtained by first multiplying the output of each product orby - product by its price, resulting in the output value of each single item. For a small number of products, annual output of which is not available or difficult to get due to the long production/growing process involved, the output value is estimated through an indirect approach. The sum of output value of all products of farming, forestry, animal husbandry, and fishery is then equal to the gross output value of agriculture.

Prior to 1957, China's gross agricultural output value included barn yard men ure and handicraft products for self - con - sumption (clothes, shoes, stockings, and initial grain proce ssing undertaken bypeasants). Since 1958, cutting and felling of bamboo and trees by villages and other cooperative organizations under villages have been included in forestry; value of barnyar d manure has been excluded from animal husbandry; self - consumed handicrafts has been excluded from sidelineoccupations, while the output value of industries run by villages and cooperative orhanizationsunder village had been included in sideline occupations and the output value of fish catches bymotou fishing boats has been added to fishery. Since 1980, the value of handicraft products made forsale by individuals in households had been added to sideline occupations. Since 1984, industries run by villages and cooperative organizations under villages haue been included in the sector ofindustry. Since 1993, the subdivision of sideline occupations has been canceled, and the hunting of wild animals has been classified into animal husbandry, and the gathering of wild plants and commodity industry run by rural househole have been included in farming.

Grain Yield refers to the yield in the whole country including g rains produced by state farms, collectine units, indrstrial enterprises and mines. Grain includes rice, wheat, corn, sorghum, millet and other miscellaneous grains as well as tubers and beans. Output of beans re fers to dry beanswithout pods. The output of tubers (sweet potatoes and potatoes, not including ta ros and cassava) was converted into that of grain at the ratio 4:1 ,i. e. four dilograms of fresh tub ers was equivalentto one kilogram of grain up to 1963. Since 1964 the ratio for conversion has been 5: 1. Tuberssupplied as vegetables(such as potatoes) in cities and suburbs are calculated as fresh vegetables and their output is not included in the output of grain. Ouptut of all other grains refers to husked grain.

Yield of Oil - Bearing Crops refers to the total yield of oil - bearing crops of various kinds, including peanuts, (dry, inshell) rapeseeds, sesame, sun flower seeds, flax seeds, and other oil - bearing crops. Ssybeans, oil - bearing woody plants, and wild oil - bearing crops are not included.

Output of Aquatic Products refers to catches of both artificially cultured and naturally grown aquatic products, including fish, shrimps, crabs and shellfish in sea and inland water as well asseaweed. Freshwater plants are not included.

Output of Pork, Beef and Mutton refers to the meat of slaughtered hogs, cattle, sheep and goatswith head, feet, and offal taken away.

Cultivated Area (Area Under Cultivation) refers to farm land which is plowed constantly for growing crops, including cultivated land, newly cultivated land in the current year, farmland left without cultivation for less than three years and fallow land in the current year, rotation land, rotation land of grass and crops, farmland with some fruit trees, mulberry trees and other trees andcultivated seashore land, lake land, and etc. The land of mulberry fields, tea pl antations, orchards, nurseries of young plants, forest land, reed land, natural and man - made grassla nd and other landare not included in cultivated land.

Sown Area of Crops refers to area of land sown or trans planted with crops regard less of being incultivated area of non - cultivated area. Area of land resown due to natural disast ers is also included.

Irrigated Arearefers to areas that are effectively irrigated, i . e. level land which has water source and complete sets of irrigation facilities to lift and move adequate water for irrigation purpose under normal conditions.

Consumption of Chemical Fertilizers in Agriculture refers to the quantity of chemical fertilizersapplied in agriculture in the year, including nitrogenous fertilizer, phosphate ferttilizer, potashferilier, and compound fertilizer. The consumptiohn of chemical fertilizers is required incalcration to convert the gross weight into weight containing 100% effective component(eg. 100% nitrogen content in nitrogenous fertilizer, 100% phosphorous pentoxide contem in phosphatefertilizer, 100% potasium oxide content in potash fertilizer). Compound fertilizer is converted with its major compoment.

Total Power of Farm Machinery refers to total mechanical power of machinery used in faming, forestry, animal husbandry, and fishery, including ploughing, irrigation and dra inage, harvesting, transport, plant protection, stock breeding, forestry and fishery. The power of internal combustionengines is required to convert horsepowers into watts and the power of electric motors is required to be converted into watts. Machinery employed for non - agricultural purposes, such as the machines used in township - run and village - run industry, construction, non - agricultural transport, scientific experiments and teaching, is excluded.

Laborers Engaged in Farming, Forestry, Animal Husbandry And Fishery refers to the total laborers who are directly engaged in production of farming, forestry, animal husbandry and fishery.

Number of Livestock or Poultry on Hand at Teh Beginning (or end) Of The Reference Perild refers to the total number of large animals, pigw, sheep, fowls, ets. raised by rural cooperative organizations, state farms, rural individuals, government agencies, schools, industrial and mining enterprises, army, and urban residents at the beginning (or end)of the reference period.

Cerealsrefer to seeds of various kinds of crops which are used mainly for grain. Cereals include paddy, wheat, maize, millet, Chinese sorghum, etc., escept beans and tubers.

INDUSTRY

Industryrefers to the material production sector which is engaged in extraction of natural resources and proce ssing and reprocesseing of minerals and agricultural products, including (1)extraction of natural resources, such as mining, salt production, logging (but not includinghunting and fishing); (2) processing and reprocessing of farm and sideline produces, such as ricehusking, flour milling, wine making, oil pressing, cotton ginning, silk reeling, spinning and weaving, and leather making; (3) manufacture of industrial products, such as steel making, iron smelting, chemicals manufacturing, petroleum processing, machine building, timber processing; water and gasproduction and electricity generation and supply; (4) repairing of industrial products such as therepairing of machinery and means of transport (including cars).

Prior to 1984, the rural industry run by villages and cooperative organiza tions under village wasclassified into agriculture. Since 1984, it has been grouped into industry.

(1)**State – owned and state holding majority shares enterprises** refer to state – owned enterprises and the enterprises which state holds majority shares. State – owned enterprises(industry ownership by the whole people or state – run industry) refers to non – corporation economic units, where the entire assets are owned by the state and which have registered in accordance with the Regulation of the People's Republic of China on the Management of Registration of Corporate Enterprises, including the state – owned enterprise, sole stae – funded corporation and state – owned joint ownership enterprise. Joint state – private industries and private industries, which existed before 1957, have been transformed into state – run industrics. Since 1992, those were named state – owned industries. Statistics on these enterprises has been included in the state – industries since 1957 when separation of data was no longer necessary.

(2)**Collective – owned Enterprises** refers to industrial enterprises where the means of production are owned collectives and some enterprises which were formerly owned privately but have been registered in industrial and commercial administration agency as collective units through raising fund from the public.

(3)**Share – holding Corporations Ltd**. Refer to economic units registered in accordance with the Regulation of the People'sRepublic of China on the Management of Registration of Corporate Enterprises, with total registered capitals divided into equal shares and raised throught issuing stocks. Each investor hears limited liability to the corporationdepending on the holding of shares, and the corporation bears liability to its debt to the maximum of its total assets.

Light Industry refers to the industry that produces consummer goods and hand tools. It consists of two categories, depending on the materials used:

(1)Industries using farm products as raw materials. These are branches of light industry which directly or indirectly use farm products as basic raw materials, including the manufacture of food and beverages, tobacco processing, textile, clothing, fur and leather manufacturing, paper making, printing, etc.

(2)Industries using non farm products as raw materials. These are branches of light industry which use manufactured goods as raw materials, including the manufacture of cultural, educational articles and sports goods, chemicals, synthetic fiber, chemical products for daily use, glass products for daily use, metal products for daily use, hand tools, medical apparatus and instruments, and the manufacture of cultural and clerical machinery.

Heavy Industry refers to the industry which produces capital goo ds, and provides various sectorsof the national economy with necessary material and technical basis. It consists of the following three branches according to the purpose of production or the use of products:

(1) Mining, quarrying and logging industry refers to the industry that extracts natural resources, including extraction of petroleum, coal, metal and non – metal ores and logging.

(2) Raw materials industry refers to the industry that provides various sector s of the national economy with raw materials, fuels and power. It includes smelting and processing of metals, coking and coke chemistry, chemical materials and building materials such as cement, plywood, and power, petroleum refining and coal dressing.

(3) Manufacturing industry refers to the industry that processes raw materials. It includes machine – builiding industry which equips sectors of the national economy, industries of metal structure and cement products, industries producing means of agricultural production, such as chemical fertilizers and pesticides.

According to the above principle of classification, the rpeairing trades which are engaged primarity in repairing products of heavy industry are classified into heavy in dustry while these engaged in repairing products of light industry are classified into light indrstry.

Gross Industrial Output Value is the total volume of indrstrial products sold or available forsale in value terms which reflects the total achievements and overall scale of industrial production during a given period. It includes the value of the finished products, which are not tobe further processed in the enterprises and have been inspected, packed and prt in storage, the value of industrial services rendered to other units and the changes in the value of the semi – finihed products and products in process between the behinning and closing of th e period(only theenterprises with long ptoduction cycle are required to calculatc the changes). The gross industrial output value is calculated with "factory method". Nodouble calculations are to be made within the same enterprise. However, double counting does occur among different enterprises.

Output value of light and heavy industries is also classified with the "factory" method. Undernormal conditions, if the major products of an industrial enterprise belong to light industry products, the gross output value of that enterprise is classified whohhy into light industry; thesame principle applies to heavy industry.

Value Added of Industryrefers to the final results of industrial production of the industrial trade in money terms during the reference pereod.

Original Value of Fixed Assets refers to the original value of all fixed assets owned by industrial enterpreses, calculated at the cost paid at the time of purch ase, installation, reconstruction, expansion, and technical innoivation and transformation of the said assets; which includes expenses on purchase, package, transportation, and installation, etc.

Net Value of Fixed Assetsis obtained by deducting depreciation over years from the original value of fixed assets.

Working Capital (Circulating Assets) refers to assets which can be cashed in or spent or consumed in an operating cycle of one year or over one year, which includes cash, various deposits, shortterm investment, and receivable payments, and advance payments, stock, etc.

Total Value of Profit and Tax (Pre – Tax Profits)refers to the sum of the total profits, products sales tax and surcharges and the value added tax payable of industrial enterprises. It is alsocalled pre – tax profits.

Ration of Pre – Tax Profits to Assets refers to the ration of pre – tax profits realized in a givenperiod to total assets (net fixed assets plus working capital), which reflects the economic efficiency of the assets utilization and is calculated as follows:

$$\text{Ratio of Pre - tax Profits to Assets(\%)} = \frac{\text{Pre - tax Profits in Reference Per iod}}{\text{Average Net Fixed Asses + Average Balance of Working Capital}} \times 100\%$$

Ration of Profits to Total Industrial Costs refers to the ratil of profits realized in a given period to the total costs in the same period, which reflects the economec efficiency of input cost and is calculoated as follows:

$$\text{Ratio of Profits to Total Industrial Cost (\%)} = \frac{\text{Total Profits}}{\text{Tota l Costs}} \times 100\%$$

Value Added Rate of Industry refers to the ratio of value added of industry in a given period of the gross output value in the same period, which reflects the economic efficiency of cutting down the intermediate input and is calculated as follows:

$$\text{Value added Rate of Industry(\%)} = \frac{\text{Calue Added of Industry (at Current Prices)}}{\text{Gross Output Value (at Current Prices)}} \times 100\%$$

Number of Times of The Turnover or Working Capital refers to the number of times of turnover of work in capital in a given period of time, which reflects the speed of the turnover of working capital and is calculated as follows:

$$\text{Turnover of Working Capital (\%)} = \frac{\text{Sales Revenue of Products}}{\text{Average Balance of total Working Capital}} \times 100\%$$

Sales Rate of Industrial Products refers to the ratio of total sales in a given period to the gross output value in the same period, which reflects the extent of industrial output sold and is calculated as follows:

$$\text{Sales Rate of Industrial Products(\%)} = \frac{\text{Total Sales (at Current Prices)}}{\text{Gross Output Value (at Current Prices)}} \times 100\%$$

Sales Revenue of Industrial Productsrefers to the revenre from the sales of products by industrial enterprises and the revenre from services provided and etc.

Sales Cost of Industrial Products refers to the actual cost of products of industrial enterprises and industrial enterprises and industrial services provided, etc.

Tax and Extra Charger on Sales of Products refer to the tax on c ity maintenance and construction, consumption tax, resources tax and extracharges for education, which should be borne by the enteprises in selling products and providing industrial services.

Sales Profit of Products refers to the profit gained by the enter prises by deducting cost, chargesand taxes from the business income of the enterprises obtained in selling prod ucts and providing industrial services.

Total Profits refer to the profits gained by the enterprises.

Value Added Tax Payable refers to the amount of the value added tax which should be paid by the eterprises in the reporting period.

Ratio of Per - Tax Profits to Gross Output Value refers to the rat io of the total amount of pre - tax profits gained (including total profits, sales tax and extra charges of prod ucts as well as thevalue added tax payable) in the reporting period to the gross output value in th e samd period (theratio is expressed in percentage). The formula is as follows:

$$\text{Ratio of Pre - tax Profits to Gross Output Value(\%)} = \frac{\text{Total Amount of Pr e - tax Profits}}{\text{Gross Output Value}} \times 100\%$$

Overall Labour Productivity of Industrial Enterprises refers to the average output per staff and worker in industrial enterprises in value terms. At present, the value added and the average number of staff and workers of an industrial enterprises in a given period are used to calculate the overall labour productivity. The formula used is:

$$\text{Overall Labour Productivity} = \frac{\text{Value Added of Industry}}{\text{Average Number of Staff and Workers}}$$

For the purpose of comparison of the overall labour productivity among different years, the data on the overall labour productivity of the years prior to 1990 have beeh adjusted on the bases of 1990 constant prices.

Capital refers to the corporation's capital registered in the departments of administration for industry and commerce. According to the different nature of investors, corporations' capital can be divided into state capital, legal person's capital, personal capital, foreign capital, etc. Total capital includes total registered capital of all investors in the corporation.

Total Assetsrefer to all assets which are owned or controlled by enterprises, including circulating assets, long - term investmint, fixed assets, intangible assets and deferred assets, other long - term assets, and dererred taxes, etc. The summation of above items is equal to total assets shown in the balance sheets of the enterprises.

(1) Circulating assets (working capital) refer to assets which can be cashed in or spent or consumed in an operating cycle of one year or over one year, including cash, all kings of deposits, short term investmint, receivables, advance payment, stock, etc.

(2) Fixed assets refer to the net value of fixed assets, clearance of fixed as sets, project under construction, fised assets losses in suspense. These are corporations' fund holdings.

(3) Intangible assets refer to the assets without matereial form used by enter prises over a longtime, such as patints, non - patent technolohies, trade marks, copy right, land use right, business reputation, etc.

Total Liabilities refer to the debts that enterprises are respon sible for repayment, including liquid liabilitier, long - term liabilities and deferred taxes, etc. Total liabilities correspond to the summation item of liabilities shown in the balance sheets of rhe enterprises .

(1) Liquid liabilities (also called quick liabilities or immediate liab ilities) refer to enterprises total debt payable within an operating cycle of one year or over on e year, includingshort term loans, payables and advance payments, wages payable, taxes payable and profit payable, etc.

(2) Long - term liabilities refers to total debt payable within an operating cycle of one year orover one yera, including long - tern loans, payable liabilities, long - term payables, etc.

Creditors' Equityrefers to investors' ownership of net assets of the enterprise. It is equal to the total assets of the enterprise minus its total liabilities, including the primary input from investors, capital accumulation fund, surplus accumulation fund and undistributed profit. It is the stock nolders' equity in stock companies.

TRANSPORTATION, POSTAL AND TELECOMMUNICATIONS SERVICES

Length of Railwaus in Operationrefers to the total length of the trunk line under passenger and freight transportation. The calculation is based on the actual length of the first line even if this line has a full or partial double track or more tracks, excluding double tracks, stationsidings, tracks under the charge of stations, branch lines, special purpose lines and the non - payable connecting lines. The length of railways in operation is an important indi cator to show the development of the intra - structure for the railway transport, and also the essential data to calculate volume of passenger freight transport, traffic density and utilization efficiency of the locomotives and carriages.

Extention Length of Trunk Lines refers to the sum of the first, the second, the third lines and other constructed length of the trunk railways, excluding the extention length of the station lines, lines under the jurisdiction of depots, sidings and lines for special purpose. It provide simportant information for the calculation of the needs for rails, sleepers, sand and stone for the construction of railways.

Length of Highways refers to the length of highways which are built in conformity with the grades specified by the bighway engineering standard formulated by the Ministry of Communications, and have been formally checked and accepted by the departments of highways and put into use. The lengthof highways includes that of the suburb highways at large and medium – sized cities, highways passingthrough streets at small cities and towns, and also the length of bridges and fe rries. It does notinclude the length of streets in big and medium – sixed cities and highways built for the production purpose at factories, mines, forest areas and agricultural areas. If two or more highways go the semesaction of the way, the length of the section is only calculated for once and on duplication isallowed. The length of highways is an important indicator to show the development of the highway construction and to provide essential information to calculate the transport net work density.

Length of Navigable Inland Waterways refers to the length of the natural rivers, lakes, reservoirs, canals, and ditches open to navigation during a given period, which enables the transport byships and rafts. It includes the channels open to navigation for over 3 months a ccumulatively in ayear, yet this does not include the river courses which are only used to float o dd logs and bamboorafts.

Length of Civil Aviation Routes refers to the length of all rou tes for regular civil aviationflights. There are usually two ways to calculate the distance between airports connected by theroute length: One is to put the length of all air routes together , called duplic ated calculation ofthe length of the routes; the other is not to allow the duplication in calculati on when two or moreroutes passing the same section. The latter is usually used, as it can precisely show the size ofthe civil aviation network and indicate the extent of civil aviation serving th e national economyand the people.

Freight (Passenger) Traffic refers to the volume of freight (pas senger) transported with various means. Freight transport is calculated in tons and passenger traffic is calculated in the number of persons. Despite the type of freight and travelling distance, the freight transport is calculated in the actual weight of the goods: and despite the travelling distance and ticket price, the apassenger traffic is calculated by the principle that one person can be counted only once in onetravel. The passenger who travel with a half – price ticket or a child ticket is also calculated asalso calculated as one person. The freight (passenger) traffic provides a quant itative measure to show how the transport industry serves the national economy and people, and is also an important indicator for planning the transport industry and for studying the development scale and speed of the transport industry.

Freight Ton – Kilometers(Passenger – Kilometers) refer to the sum of the products of the volume of transported cargo(passengers) multiplying ty the transport distance, usually using ton – kilometer and passenger – kilometere as units for measurmement. Normally, the shortest distance between thedeparture station and the desination station (i.e., the payable distance) is the basis to calculatethe freight ton – kilometers. This is an important indicator to show the total results of thetranspor industry, to prepare and examine the transport plan and to measure th e efficiency, thelabour productivity and the unit cost of transport.

Business Volume of Post and Telecommunications refers to the inf ormation delivered and other post and telecommunications services provided by the post and telecommunications departments for the customers. It is derived by first multiplying busindss volume of different types , such as number of letters, telegrams, long distance calls, city and rural telephone subscribers and accumulated number of newspapers and jounals subscribed and sold, etc. by their respective average unit price (fixedprice) and then adding these products together: plus the income from mainte nance of telephone exchanges and lines, and the income from other business operations. The business volume of post and telecommunitations indicates the total achievements made by the post and telecommunications deparment during a given period of time in a comprehensive way, and is an important indicator to study the composition and development of the post and telecommunications busines s.

Local (Urban) Telephone refers to telephones connected to urban telephone network (at and abovework (at and above county level). The telephone charge is either monthly fixed rate or numerical rate.

(1) Resident telephones refer to telephones installed in resident dwellings, in cluding those withtelephone charges paid by individuals, by public units and free of charge.

(2) Personal telephones refer to telephones instlled and paid at one's own expe nse.

Subscriber of Pagding Services refer to subscribers who carry small size pagers and receive audiosignals, digital signals or literal signals sent out by city telephone through wireless pagingcenter within assigned area. Each pager is counted as a subscriber.

Mobile Thlephone Subscribers rerfer to the persons who own mobil e belephone number connected withthe mobile telephone communicaiton network and registered by post and telecommunications organization. The number of subscribers is calculated only when the subscribers who bave gone through all the register formalities and entered into the mobile telephone ne twork. One mobile telephone is treated as a subscriber.

CONSTRUCION

Gross Output Value of Construction (Output Value of Projeots Under Cons truction) refers to the gross output value of construction and installation projects that are undertaken by construction enterpreses or affiliated constructing units, calculated in line with the planned schedule. It includes;

(1) Output value of construction projects, that is the value of projects covered by the project budgets;

(2) Output value of installation projects, that is the value of the installation of equipment;

(3) Output value of repair of buidings and structures, that is the value created through therepairs of buildings or structures, but does not include the value of buildings or structures being repaired and the value of the repair of production equipmint;

(4) Output value of manufactured non - standard equipment, that is the valu e of non - standard production equipment (including raw materials and manufacturing cost) made for the construction project, irrespective of whether the equipment is manufactured on the construction site or by subsidiary owrkshops.

Value - added of Construction refers to the final result of the activities of production and management of construction in monetary terms in the reference period. At present, the vcalue added of construction is calculated with the income approach. In other words, it is the sum of income of various production factors in the production process. The formula is as follows:

Value - added of construction = depreciation of fixed assets in the year + wages payable + welfare expenses payable + insurance premium and tax for wait in for employment in the administrative expenses + taxes and sturcharges on project settlement + profit gained from project settlement.

Floor Space of Buildings Under Construction refer to floor space of building under construction during the reference period, in cluding newly started buildings, buildings started earlier and continued during the reference period, and buildings suspended earlier but restarted during thereference period. Excluded are buildings started and then suspended earlier that have not been restarted during the reference time.

Floor Space of Buildings Completed refers to the floor space of buildings that are completed in the reference period in accordance with the requirements of the design, up to the standard for putting them into use, and have been checked and accepted by concerned departments as qualified ones.

Total Number of Machinery and Equipment Owned by The Construction Ente rprises(or Units) By TheEnd of Year refers to the number of machines and equipment owned by the enterprises (or units, andlisted as the fixed assets of the enterprises (or units) by the end of the year, including machinery and equipment for construction, production and transportation.

Total Power of Machinery and Equipment Owned By The Construction Enterprises (Or Untits) By The End of Year refers to the total power of machinery and equipment owned by the enterprises (or nuits), and listed as the fixed assets of the enterprises (of units) by the end of the year, including machinery and equipment for construction, production and transportation. The power of the machineryis calculated on basis of the designed or verifide capacity, covering the power of the machinery/equipment and the separate power equipment serving the machinery/equipment (such aselectric motors), but excluding welders, transfomers and boilers. The unit used for the calcuation of power is kilowatt, with horsepower converted to kilowatt by 1 horsepower = 0.73 5 kilowatt.

Income From Settlement of Projects refers to the incom e received by the construction enterprise/unit from the commpleted portion of the project through settlement procedures with the contracte during the refercnce preiod, and other charges to the contractee as operational costs, such as facility fee, labour insurance premium, moving cost of construction unit, as well as various types of claims to the contractee.

Profit From Settlement of Projects refers to profit realized th rough settled projects. It is calculated with the following formula:

Profit from Settlement of Projects = Income from Settlement of Projects – Sttled Cost – Settled Taxes and Other Cost

Total Revenys of Enterprisesrefers to the sum of income from production and operation of enterprises, including income from settlement of projects and other operational income, namely:

Total Revenue of Enterprises = Income from Settlement of Projects + Other Operational Income

WHOLESALE, RETAIL SALES AND CATERING TRADE

Total Retail Sales of Consumer Goods refer to the sum of retail sales of consumer goods by the establishments in wholesale trade, retail sale trade, catering trade, manufacturing industry and other industries of different types of ownership, to urban and rural residents and social groups. This indicator is used to show the supply of consumers goods through various channels to households and institutions to meet their demands, and is therefore very important for the study of the issues on people's livelihood, on the purchasing power of consumer goods and on the circulation of money. The retail sales of consumer goods include: (1) commodities sold to urban and rural residents forresidential use and building materials sold to them for the construction of repair of houses; (2) food and fuels sold to canteens of institutions, enterprises, schools, military units and to canteens of hotels and hostels that only serve their guests, and commodities produced by enterprises, institutions of state farms and sold directly to their employees of their canteens; (3) grain and non – staple food, clothing, daily articles and fuels sold to military personnel; (4) cosumer goods sold to foreigners, overseas Chinese, and Chinese compatriots from Taiwan, Hong Kong and Macao during their stay in the mainland of China; (5) Chinese and western medicines, herbs and medicalfacilities purchased by residents; (6) newspapers, books and magazines directly sold to residentsand social groups by publishers, new and old commemorative stamps, special stamps , first – day covers, stamp albums and other stamp – collection articles sold by stamp companies; (7) consumer goods purchased and then sold by second – hand shops; (8) stoves and other heating facilities and liquified gas sold by gas companies to households and institutions; and (9) commodities sold by farmers to non – agricultural residents and social groups. Excluded under this heading are: raw materials, fuels, epuipment, tools sold to enterprises, institutions and state farms for production purpose; commodities sold to trade establishments for re – selling; commissioned sales at second – hand shops; operational income of urban public utilities; stamps sold at post offices; income of water, power, gas production and supply establishmets from the supply of their products; and sales of commodities among farmers.

Pruchase, Sales and Stock of Commodities by Wholesale and Retail Trade refer to the purchase, sales and stock of commodities by wholesale and retail estabilshments of different ownership (excluding individual sellers).

Total Purchasses of Commodities refer to the purchases of commodities by the establishments fromother establishments or individuals (including direct import from abroad) for the purpose of re – selling, either with or without further processing of the commodities purchased.

This indicator isused to show the total value of purchases of commodities by wholesale and retail establishmentsfrom domestic and overseas markets. The total purchases include: (1) agricultual and industrial products purchased from producers; (2) books, magazines and newspapers purchased from distribution departments of the publishers; (3) commodities purchased from wholesale and retail establishments; (4) commodities purchased from other units, such as surplus materials purchased from govermnent agencies, enterprises or institutions, commodities purchased from cate ring and service establishments, confiscated goods purchased from customs authorities or market m anagement agencies, second – hand goods and wastes purchased from residents; and (5) commodities directly imported from abroad. Excluded are commodities purchased by establishments (units) for use in their own businessoperation, commodities obtained without buying or selling procedures, rejected commodities, etc.

Total Sales of Commodities refer to selling of commodities by the establishments to other establishments and individuals (including direct export). This indicator is used to show the total value of sales of commodities at domestic markets and export. The total sales include: (1) commodities sold to urban and rural residents and social groups for their consumption; (2) commodities sold to establishments in industry, agriculture, construction, transportation, post and telecommunications, wholesale and retail trades, catering trade and public utility for their production and operation; (3) commodities sold to wholesale and retail establishments for re – selling, with or without further processing; and (4) commodities for direct to other countries. Excluded are selling of waste packaging materials used by the establishments (units) themselves, commoditie stransferred without buying of selling procedures, commission income from brokerage in transcationswhose settlement is directly handled by buyers and sellers, rejected commodities in the purchase, loss in commodities, etc.

Commodity Stock of Wholesale and Retail Enterprices at Year – End refers to total commodities possessed by wholesale and retail enterprises (units) of various types of owners hip, which reflects the commodity stock level of various wholesale and retail enterprises and the potential for market supply. It includes: (1)commodites located in storage, garages, counters, and shelves of operating units (such as sale stores, wholesale centers, and operating offices) of wholesale and retail enterprises; (2)commodities in the process of selecting, sorting, and packing; (3) commodities not arrived but recorded as purchase in the account, i.e. commodities not arrived but payment receiptsfor the commodities from the sellers or the banks arrived; (4) commodities deposited in other places rather than places mentioned above, for instance: commodities in the hold of purchasers temporarily due to the refusal of payment and commodities not taken back after going through the formalities; (5) commodities entrusted entrusted to other units to sell but not sold yet; (6) commodities purchased for other units but not delivered yet. Commodities not included as stock are thos e not owned by theenterprises (units), those allocated to financially independent factories rather than wholesale and retail enterprises for processing but not taken back yet, and finally those put in stock bywholesale and retail enterprises on behalf of the state material reserves units. In the calculation of the value of commodities stock at the end of period, the value is calculated at purchasing prices in agricultural goods purchasing units and wholesale units, and at the a ccunting prices in retail units.

Volume of Business (Transaction Value) at Urban and Rural Free Market refers to the value of all goods changed hands between sellers and buyers, includiug farmers, non – agricultural residents, institutions, organizations, enterprises and private, at urban and rural free markets. It is a comprehensive indicator used to show the size of the transaction at the free trade markets.

FOREIGN ECONOMY TRADE AND INTERNATIONAL TOURISM

Utilization of Forcign Capital refers to remittance, equipment and technology financed from abroad, by loans, foreign direct investment and other forms undertaken by the Chinese governments at alllevel, by various departments, enterprises and other economic units.

Foreing Loansa major part of China's utilization of foreign capital, refer to funds borrowed from abroad, including loans of foreign governments, loans of international financial institutions, commercial loans of foreign bands, export credit, and funds raised by Chinese bonds and shares issued abroad.

Direct Investment By Foreing Entrepreneurs refers to the investments inside China by foreign enterprises and economic organizations or individuals(including overseas Chinese, compatriots from Hong Kong and Macao, and Chinese enterprises registered abroad), following the relevant policies and laws of China, for the establishment of ventures exclusively with foreign own investment, Sino – foreign joint ventures and cooperative enterprises or for co – operative exploration of resources with enterprises or economic organizations in China. It includes the re – investment of the foreign entrepreneurs with the profits gained from the investment and the funds that enterprises borrow form abroad in the total investment of projects which are approved by the relevant department of the government.

Number of Tourists refers to the number of foreigners, overseas Chinese, and compatriots from HongKong, Macao and Taiwan coming to China for sight seeing, visits, tours, family reunions, vacations, study tours and other activities of an economic, scientific and technological, cultural, physical cultureand religious nature. This does not include the number of employees of foreign organizations stationed in China such as embassies, consulates, news agencies, the offices of corporations and enterprises and foreign experts and students residing in China and the persons staying briefly inChina but not for passing the night.

Foreing Exchange Earnings From International Tourism refer to the total expenditures of the foreigners, overseas Chinese, compatriots from Hong Kong, Macao and Taiwan in the process of their tourism in the mainland of China. Their expenditures mentioned above are foreign exchange earnings to China.

Total Imports and Exports at Customs refer to the value of commodities imported into and exported from the boundary of China. They include the actual imports and exports through foreign trade, imported and exported goods under the processing and assembling trades and materials, supplies and gifts as aid given gratis between governments and by the United Nations and other internation alorganizations, and contributions donated by overseas Chinese, compatriots in Hong Kong and Macao and Chinese with foreign citizenship, leasing commodities owned by tenant at the expiration of leasing period, the imported and exported commodities processed with imported materials, commodities trading in border areas (excluding mutual exchange goods), the imported and exported commodities and articles for public use of the Sino – foreign joint ventures, cooperatioe enterprises and ventures exclucively with foreign own investment. Also included are import or export of samples and ad vertising goods forwhose CIF or FOB value are beyond the permitted ceiling (excluding goods of no tr ading or use value and free commodities for export), imported goods sold in China from bonded warehoues and other imported or exportde goods. The indicator of the total imports and exports at customs can be used toobserve the total size of external trade in a country. In accordance with the stipulation of theChinese government, imports are calculated at CIF, while exports are calculated at FOB

BANKING AND INSURANCE

Deposit is a form of credit by which enterprises, institutions, or ganizations or residents can putmoney into banks and other credit institutions for safekeeping and interest earning under the principle of free withdrawal. According to different depositors, deposits are divided into enterprise deposits, treasury deposits, deposits of govenment agencies and organizations, capital constructiondeposits, urban savings deposits, rural deposits and other deposits. Deposits are major sources of the credit funds of bands.

Loan is a form of credit by which banks and other credit institutions provide funds at certaininterest rate to enterprises and individuals in the light of the principle of unconditional repayment. Loans from Chinese banks include circulating capital loans, fixed assets loans, loans tourban and rural individuals engaged in industrial and commercial business and agricultural loans.

Amount Insured refers to the amount of compensation for the loss or agreed sum of money to be paid by the insurer to the insurant. It is the maximum amount of liabilities written in thein surance contract and is also used as a basis to calculate the premium.

Premium is the fee paid by the insurant based on a proportion of the benefit he or she may get from the insurance plus the insurance value. It includes the income from the deposit of property insurance and presonal insurance.

Settled Clain is the compensation paid by the insurer to the insurant in accordance with the insurance contract for the loss which has been checked and found to be in the range of liability of the insurance after an accident has happened to the insured property or to a person who has insured his life. It is further divided into settled and unsettled claim.

EDUCATION, SCIENCE AND CULTURE

Regular Institutions of Hegher Learning refer to educational est ablishments set up according to the government evaluation and approval procedures, enrolling graduates from senior secondary schoolsand providing higher education courses and training for senior professionals. They include full – time universities, colleges, high professional schools and short – term professional universities.

Institutions of Higher Learning For Adults refer to educational establishments, set up in line with relevant rules approved by the government, enrolling staff and workers with senior secondary school or equivalent education, and providing higher education courses in many forms of full – time, part – time, spare – time, or correspondence for adults. professionals thus trained receive aqualification equivalent to graduates studying regular courses at regular univer sities, colleges and professional colleges. Institutions of higher learning for adults include Radio and TV universities, schools of high education for staff and workers and peasants, colleges for management cadres, pedagogical colleges, independent correspondence colleges.

Proxlment Rrte of Primary School – Age Children refers to the propor tion of school – age children enrolled at schools to the total number of school – age children both in and outside schools (including regarded children, but excluding blind, deaf and mute children). The formula is:

$$\text{Enrollment Rate of Primary School – age Children} = \frac{\text{Total Primary School – age Children at Schools}}{\text{Total Primary school – age Children Both at and Outside Schools}} \times 100\%$$

Independent Research and Development Institutions refer to the state – owned insitutions which havederect mission and research purpose, a certain number of core member with higher research level and a certain number of research personnel, favorable conditions for R&D and engaging in scientific research and technological development. The institutions also have their own independent organization and finance, authority to sign contracts with other units, with their own accounts inbands. Independent research and development institutions include the institutions attached tocentral governmert agencies, Chinese Academy of Sciences. Chinses Academy of Social Sciences and the institutions attached to local governments.

Presonnel of Independent Research and Development Institutions refers to the persons who work and receive payment in research and development institutions. It includes regular full – time and temporary staff and workers, but excludes retirees and persons who leave their work temporarily without payment but still retain their posts.

Total Expenditure on Research and Development refers to all actual expenditure made for R&D (basic research, applied research and experimental development) in reference period. It includes direct expenditure on R&D and indirect expenditure on R&D (including m anagement expenses, administrative expense and investment in capital construction ralating to R & D.

Scientists and Engineers refer to persons who have completed university or higher education orobtained titles of senior and middle – level professional positions.

Other Technical Personnel refers to persons involved in science and technology with secondary specialized education or three – year college education and persons with junior professional titles.

Inventions refer to the inventions as specified by the patent law and its detailed rules and regulations for implementation. They refer to the new technical proposals to the products ormethods or their modifications.

Utility Models refer to the utility models as specified by the patent law and its detailed rulesand regulations for implementation. They refer to the practical and new technical proposals on the shape and structure of the product or the combination of both.

Desings refer to the designs as specified by the patent law and its detailed rules and regulationfor implementation. They refer to the aesthetics and industry - applicable new designs for the shape, pattern and color of the product, of their combinations.

Cultural Institutions refer to units which have their own organizatinal system and independent accounting system and specialize in or serve cultural development. They exclude other establishments run by these cultural institutions and amateur cultural groups established by various departments.

Art Troupe refers to the troupe which is engaged in drama, opera, music, dance, acrobatics or other art performance, opens independent accounts with banks annd has self - supporting accounting system; excluding the troupes which are engaged partly in industrial or agricultural activities, partly art performance and the professional troupes organized by the people.

Film Projection Units refer to units with film projection equipment, full or part - time projectionists, permanent or non - permanent places, approved by related administrative departments to show films regularly for certain groups of audience, includinng those film projection units whichhave been approved to give commercial shows and run business with independent accounting system aswell as those film - renting units of the military system.

Number or Spectators at art Performance refers to the number of attendants at commercial shows, completely booked shows or free shows given in minority national areas, and does not include thenumber of spectators at rehearsals for examination and internal shows for study.

SPORTS, PUBLIC HEALTY AND OTHERS

Number or Athletes in Grades refers to the number of athletes who have been given titles through examination. The titles of athletes include international masters of sports, masters of sports, first - grade, second - grade and third - grade sportsmen and young athletes.

Number of Referees in Grades refers to the number of referees who have been given titles after examination. They are classified as international referees, national referees and referees of the first, second and third grades.

Stadiums refer to stadiums for track annd field events with six - lane 400 - meter tracks around soccer felds, permanent track marks and permanent bleachers. stadiums are classified according toseating capacity. They inclrde Class A stadiums seating 25000 people each. Class B stadiums seating15000 to 25000 people each. Class C stadiums seating 5000 to 15000 people each, and Class D stadiums seating fewer than 5000 people.

Gymnasiums refer to indoor sports grounds with permanent seats in which basketball, volleyball. badminton, tabble tennis and gymnastics competitions can be held. Gymnasiums are classified according to seating capacity. They include Class A gymnasiums seating over 6000people. Class B gymnasiums seating 4000 to 6000 people. Class C gymnasiums seating 2000 to 4000 people, and Class D gymnasiums seating fewer than 2000 people.

Hospitals refer to medical institutions named as"hospital"with permanent hospital beds, which areable to take in patients and provid them with medical and nursing services. Hospitals are classified into three categories: hospitals at or above the county level, hospitals of rural townships, and otherhospitals. According to their ownership, hospitals can be classified into three categories: hospitals under the public health departments, hospitals under industrial and other departments and collective - owned hospitals. Hospitals at or above county level are divided into comprehensi ve and specialized hospitals.

Medical Technical Personnel refers to all permanent medical staff and workers employee by medical institutions, including doctors of Chinese and Western medicine, senior doctors who integrate traditional Chinese thrapeutics with Western thrapeutics in practice, senior nurses, pharmacists of Chinese and Western medicine, laboratory specialists, other specilists, paramedics of Chinese and Western medicine, nurses, midwives, druggists in Chinese and Western medicine, laboratory technicians, other technieians, other practitioners of Chinese medicine , nursing attendants, pharmacological workers of Chinese and Western medicine, laboratory workers, and other primary medical personnel.

Doctors refer to qualified professional medical workers approved to practice by public health departments. They are classified into doctors of Chinese medicine, doctors of Western medicine, seniordoctors who integrate traditinal Chinese thrapeutics with Western thrape utics in practice, paramedics of Chinese medicine and Western medicine, annd other specialists of Chinese medicine.

Social Welfare Institutions refer to institutions taking care of old people without children, handicapped people and orphans. They include social welfare institutions run by civil affairs departments, children's welfare institutions, social welfare institutions form ental patients, and collective - owned old people's homes in rural areas.

Number of People Taken in By Social Welfare Institutions refers to the number of old people, children, totally dependent handicapped people and mental patients taken in by scoial welfare institutions run by civil affairs departments and those run by collective units in urban and ruralareas.

Social Welfare Enterprises are collective - owned enterprises which employ the blind, deaf - mute, and other handicapped people who are able to work in cities and towns and enjoy exemption from state taxes, including welfare plants, welfare commercial services, artificial limb plants and farms, etc.

Lawyers are legal workers who are employed full - time by legal counseling firms to act as legal advisers, agents in criminal or civil law suits, or defenders in criminal law suits, or to handle non - litigious legal affairs, to advise on matters of law or to write legal papers for others. Both full - time and part - time lawyers are included.

Notary Personnes refers to judicial workers of the state notary offices handling notarization work according to law. They include notaries, as sistant notaries, and other people working for notary offices.

Notarized Documents refer to the documents settled by notary offices in a year. The notarial documents are drawn up in accordance with the regulations of the Ministry of Justice, including domestic documents and foreign - related documents. Domestic documents are divided into two major categories, documents on economic contracts and documents on civil legal relations.

Mediatorsrefer to workers on people's mediation committees res ponsible for mediating in civil disputed and cases of slight in fraction of the law. They include members of the mediation committees and mediators of mediation groups.

Mediation of Civil Disputes refers to mediation committees' work in mediating in civil disputes concerning civil rights and duties through persuasion and education in a ccordance with the provisions of law on a voluntary basis, so as to solve disputes by helping the parties involved come to an agreement and understanding. These disputes include divorce cases and disputes over property ownership, but exclude the civil cases to be handled by the court.

Retired or Restgned Personnel refers to the persons who have formally gone through the formalities for their retirement or quitting work and enjoy the corresponding treatments.

Insurance and Welfare Funds refers to labour insurannce and welfare fund paid by entrprises, oranizations and institutions to their staff and worders as well as retired and resigned personsin addition to their wages and salaries.

(1) **Insurance and Welfare Funds For Staff and Workess** include:

① Medical Care Allowance: It refers to the cost of medical care of staff and workers and their dependent family members who are covered by the medicare system of enterprises, travellig expenses of injured employees to hospital and their perdiem subsidies during hospita lization, cost of medical care of employees who are covered by the medicare system of institutions and organizations, as well as cost of medicine of employees of enterprises and institutions who are not covered by the medicare system.

② Funeral Expenses and Pensions for family of the Deceased: They refer to funeral expenses of staff and workers, and pensions and allowance for their dependent family members, as well assbsidies to funeral expenses of staff and workers' dependent family members.

③ Subsidies for Living Expenses: They refer to regular or abhoc subsidies to staff and worderswho have difficulties in making ends meet.

④ Expenses for Recreational, Sports and Pubilcity Acitivities: They refer to actual payment made by enterprises and institutions in recreational, sports and publicity activities, excluding training cost.

⑤ Subsidies to Collective Welfare Undertakings: They refer to subsidies to the operation of welfare undertakings that can not fully cover their cost, such as public bath rooms, barber shops, laundries, nurseries and kinder gartens.

⑥ Expenses for Collective Welfare Facilities: They refer to expenses for collective welfare facilities that are spent in line with state regulations, such as the purchase and repair of cook ingutensils for canteens, and repair of living quarters of staff and workers, but excluding the expenses for welfare projects that are constructed with self - raised funds.

⑦ Family Planning Subsidy: It refers to subsidy and health allowance paid to the one - child family of staff and workers.

⑧ Others: They refer to other insurance and welfare funds paid to staff and workers.

(2) **Insurance and Welfare Funds For Retired and Resigned Staff and Workers**

① Pensions for retired veteran cadres: They refer to pensions and other subsidies paid toretired in line with relevant government documents.

② Pensions for retirement: They refer to living allowance and other subsidies paid to retired staff and workers in line with the relevant government documents.

③ Resignation Allowances for Living Expenses: They refer to living allowance and subsidies paid to resigned staff and workers in line with relevant government instructions.

④ Expenses for Medical Care: They refer to the costs for medical treatment, hospetalization and food subsidies in hbospitals for retired and resigned staff and workers.

⑤ Nursing Cost: It refers to cost for nursing retired or resigned staff and workers who are unable to take care of themselves and need the help from nurses.

⑥ Living Subsidy: It refers to living subsidy paid to retired employees in line with the instructions in a 1985 State Council document.

⑦ Traffic Subsidy: It refers to the monthly traffic subsidy paid to senior retired staff.

⑧ Funeral Expenses and Pensions for Family of the Deceased: They refer to th e funeral expenses of retired staff and workers, and pensions and allowance for their dependent family members, as wellas subsidies to funeral expenses of retired staff and workers' dependent family members.

⑨ Others: They refer to other expenses, including moving and settlement allow ance, allowance for difficult families, book and newspaper allowance, subsidy for non - staple foods, housing subsidy, water and electricity subsidy, special allowanec for staff and workers of national minorities, travelling cost for senior retired staff, etc.

Volume of Industrial Waste Water Discharged refers to the volume of industrial waste water discharged, through all outlets, to the outside of industrial enterprises, including waste water produced, direct - cooling water, underground water from mines that does not meet the standard of discharge, and the domestic sewage mixed up with industrial waste water when discharged, but excluding discharged indirect - cooling water.

Volume of Waste Water up to The Standard For Discharge refer s to the volume of discharge dindustrial waste water that, with or without treatment, has come up to the national or local standards for discharge.

Volume of Treated Industrial Wasth Waterrefers to the volume of industrial waste water after being treated and purified through various water treatment facilities in the reference period, including the volume discharged or recovered after being treated. The volume of waste water that fails to meet the national or local standards after treatment is also included. If there aretreatment facilities both at the outlets of workshops and at the outlets of the factory, and the same volume of waste water has been treated twice, duplication should be avoided in the calculation of the volume of treated industrial waste water.

Volume of Wasth Gas Emission refers to waste gas emitted from burning of fuels and from production process in the area of the factory, and is measured by 10000 standard cubic metres each year under normal condition.

Volume of Sulphur Dioxide Discharged refers to the volume of sulp hurdioxide discharged to the air in the process of fuel burning or in the production process.

Volume of Industrial Soot Discharged refers to the volume of solid soot in the smoke discharged in the process of fuel burning in the area of the factory.

Industrial Dust Discharged refers to the total weight of solid dust discharged by industrial enterprises in the production process, such as dust of refactory materials from iron plants, dust from coke - screening system or from sintering machines of coking plants, dust from lime kilms, cementdust from building material enterprises, etc., but excluding smoke and dust discharged by powerplants.

Volume of Industrial Solid Wastes Produced refers to the total volume of solid, semi - solid or high concentration liquid residue produced by industrial enterprises in their production process, including dangerous wastes, residues from melting, slag, powdered coal ash, gangue, chemical residues, tailings, radioactive residues and other residues, but excluding stripped or dug stones inmining (except gangue and acid or alkali stones which are stones washed or soaked by water with a pH value smaller than 4 or larger than 10.5.)

Accidents of Environment Pollution and Destruction refer to sudden accidents, due to economic and social behavior or activities in contrast with environment protection legislation, unexpected factors or irresistible natural disasters, that cause the pollution of environment, the destructionof natural protectionzones, wild plants and animals, the danger to the health of people, and theloss in the property of the society and people.